国际商务硕士(MIB)考试辅导用书

国际商务专业基础真题汇编及详解

(第7版)

科兴教育　编

中国石化出版社
·北京·

内 容 提 要

本丛书是配合教育部命制的434国际商务专业基础考试大纲而编写的考试辅导用书，整个系列有《国际商务专业基础复习指南》《国际商务专业基础真题汇编及详解》两本，分别适用于第一轮和第二轮复习。

《国际商务专业基础真题汇编及详解》收集了51套最近6年(2020—2025年)各大名校具有典型代表性的国际商务硕士434国际商务专业基础考试真题，并提供了参考答案与解析。本书在为试题提供参考答案时，尽量详细地解析相关考点，并且适时进行归纳总结，做到讲练合一。

本书适用于参加国际商务硕士(MIB)入学考试的学生，也可供高等院校国际商务、国际贸易等专业的师生参考。

图书在版编目(CIP)数据

国际商务专业基础真题汇编及详解 / 科兴教育编. 7版. -- 北京 : 中国石化出版社, 2025. 10. -- (国际商务硕士(MIB)考试辅导用书). -- ISBN 978-7-5114-8172-6

Ⅰ. F740-44

中国国家版本馆CIP数据核字第2025AJ4941号

中国石化出版社出版发行

地址:北京市东城区安定门外大街58号

邮编:100011 电话:(010)57512500

发行部电话:(010)57512575

http://www.sinopec-press.com

E-mail:press@sinopec.com

宝蕾元仁浩(天津)印刷有限公司印刷

全国各地新华书店经销

*

787毫米×1092毫米 16开本 18.25印张 454千字

2025年10月第7版 2025年10月第1次印刷

定价:59.00元

前　　言

本丛书是配合教育部命制的 434 国际商务专业基础考试大纲而编写的考试辅导用书，整个系列有《国际商务专业基础复习指南》《国际商务专业基础真题汇编及详解》两本，分别适用于第一轮和第二轮复习。

《国际商务专业基础真题汇编及详解》第 1 版是 2013 年出版发行的。12 年过去了，本书也出到了第 7 版。相比于以前的版本，本次改版主要体现在以下几个方面：

一、以大纲为主筛选试卷。434 国际商务专业基础是每个高校自主命题的，因此考查的内容有较大区别。有些学校侧重国际商务管理，比如对外经济贸易大学、东华大学；有些学校侧重国际金融，比如南京大学；还有的学校侧重贸易实务，比如暨南大学、辽宁大学。为了提升本书的适用性，我们决定以教育部考试中心给定的 434 大纲为标准筛选试卷。本版选定的 51 份试卷中，绝大多数都与大纲比较契合。

二、以指定教材为准解析试卷。第 7 版中约收录了 1000 道试题，我们为每道试题做了详细解析。由于每所高校的参考教材并不一致，这客观上为试题解析增加了难度。为了保证解析的准确性，我们一般会查阅命题高校指定的教材来进行答题。

三、以应试为导向适度拓展。我们在第 7 版增加了一些“科兴点评”和“科兴提示”的插件，或简评试题难度，或推荐参考用书，或阐述命题规律，或归纳总结，或知识拓展，或说明题源，这些对考生的应试备考是大有裨益的。

由于图书版面有限，我们删除了部分命题重复率较高、时间较早的试题（2011—2019 年），删除的试题及其解析可以加 QQ 群 186721930 免费领取。

可以领取的试题名单见下表：

高　校	年　份	高　校	年　份
对外经济贸易大学	2011—2014、2016—2017	宁波大学	2011—2012、2016—2018
东华大学	2013—2014、2017	西南财经大学	2014—2016、2017—2018
中国人民大学	2011—2012、2014	江西财经大学	2011—2012

续表

高　校	年　份	高　校	年　份
东北财经大学	2011—2012	深圳大学	2011—2012
浙江大学	2011—2012	华东师范大学	2014
首都经济贸易大学	2011、2015—2016	中山大学	2017—2019
南京大学	2011—2014、2017	辽宁大学	2011—2012
中央财经大学	2011—2014、2016—2019	河北大学	2011—2012、2015
中国海洋大学	2018—2019	南开大学	2011—2012
复旦大学	2011—2019	浙江财经大学	2018
暨南大学	2011—2014、2017、2019	上海财经大学	2011—2014、2016—2019
山东大学	2016—2017、2019	浙江工商大学	2017—2019

由于编者水平有限，且时间紧迫，再加上各高校考试侧重点和参考用书区别较大，本书肯定还存在诸多不当之处。如果您对本书有任何意见或者建议，可发邮件至275443204@ qq. com进行反馈和交流，我们定会及时回复。

科兴教育

2025年9月12日

目　录
CONTENTS

复旦大学 2020 年 434 国际商务专业基础试题

一、问答题(8 题，共 90 分)

1. (15 分)2018 年美国出口至加拿大最大宗商品为汽车，同年加拿大出口至美国最大宗商品也为汽车。请问比较优势论能否解释这一贸易行为？为什么？

2. (15 分)货币之间汇率波动为国际商务带来了不确定性。请简述购买力平价理论对汇率波动的解释，你认为这种理论能解释过去三个月中英镑与美元之间的汇率变动吗？为什么？

3. (20 分)A 企业的国际商务活动主要是将自己在国内生产的商品出口，卖给海外市场的经销商，其海外销售份额占总销量的 90%以上。B 企业的国际商务活动主要是在海外设立生产基地，组织生产，然后将产品运回国内市场销售，其国内销售份数占总销量的 90%以上。请问，A 企业是跨国公司吗？B 企业呢？为什么？

4. (20 分)投资组合理论论证了理性投资者可以将资产分别投资于不同产品，来降低资产面临的总的风险，基于这一著名投资理论，许多学者认为，跨国企业 FDI 之所以存在，目的是将经营活动分散在世界各地，从而降低自身面临的经营风险。你认同这一观点吗？为什么？

5. (20 分)用国家竞争优势论论述好莱坞是如何成为世界影视中心的？

二、论述题(每题 30 分，共 60 分)

1. (30 分)两个学者提出了全球一体化和当地反应化两个概念，之后分别诞生了国际战略、全球战略、多国战略、跨国战略。解释这四种战略的内容、优缺点和适用条件。麦当劳餐饮连锁商店实施的是哪种战略？

2. (30 分)企业的进入方式有绿地投资、战略联盟，企业在什么情况下倾向于战略联盟而不是绿地投资？战略联盟还有很多类型，如基于合作企业之间合同的契约型，或基于交叉持股和合资经营的股权型，请论述这两种战略联盟的区别。

复旦大学 2020 年 434 国际商务专业基础试题解析

一、问答题(8 题，共 90 分)

1. (1) 比较优势理论认为，只要各国之间存在生产技术上的相对差别，就会出现生产成本和产品价格的相对差别，从而使各国在不同的产品上具有比较优势，使国际分工和国际贸易成为可能。比较优势理论可以用来解释发展中国家与发达国家之间的产业间贸易现象，却不能用来解释题目中出现的发达国家之间的产业内贸易现象。

比较优势理论对这一新的现象无法解释，是由于其模型的假设条件是局限的。比较优势理论是以规模不变的生产技术和完全竞争的市场结构为特征的，这些假设条件为进行理论分析提供了便利，但随着实际情况的变化，已经不再适用。二战以后，随着经济的发展，人们发现很多制造业产品，如汽车、半导体、计算机等的生产过程存在规模经济现象，即随着产量的扩张，产品的单位生产成本下降，从而规模收益不再是不变的，而是递增的。另外，比较优势理论要求的完全竞争市场在现实中也是很少出现的，绝大多数行业的厂商生产的产品是有差异的，市场结构也是非完全竞争的，这也限制了比较优势理论的解释能力。

(2) 规模经济理论可以用来解释题目中出现的发达国家之间的产业内贸易现象。加拿大和美国都是资本充裕的国家，都生产资本密集型的工业品汽车，但汽车的种类有很多，至少有卡车和轿车两种。在贸易发生之前，各国各自生产一部分卡车和一部分轿车，如果两国允许贸易，市场就不再局限于本国，产品的生产可以增加从而产生规模经济使成本下降。假如加拿大抢先扩大生产卡车，并降低价格向美国出口，就有可能占领美国市场，并使卡车价格下降。由于汽车的种类很多，美国就没有必要继续生产卡车与加拿大竞争，可以将资源转移到轿车上去，扩大轿车生产，并以较低价格向加拿大出口。这种分工和贸易的结果使两国生产成本都降低，资源利用更加有效，而各国的消费量还有可能增加。

2.（1）汇率是在外汇市场上一国货币与他国货币相互兑换的比率，是衡量两国货币价格高低的标准。购买力平价是国家间综合价格之比，即两种货币在不同国家购买相同数量和质量的商品和服务时的价格比率，衡量对比国家间价格水平的高低。根据20世纪初瑞典经济学家古斯塔夫·卡塞尔提出的购买力平价理论，认为在一个充分开放、充分贸易和市场充分有效的世界经济中，汇率是购买力平价的无偏估计量，即汇率的变动收敛于购买力平价。因此，购买力平价作为均衡汇率，是评价汇率波动正常与否的依据。但是在现实经济中，由于各国存在着大量的非贸易品，且市场经济条件也千差万别，满足购买力平价理论的前提条件并不成立，两者呈现出不同的走势。

（2）通过分析材料发现，英镑对美元近三个月以来一直处于升值状态，与购买力平价出现了一定程度的偏差。因此，不能使用购买力平价理论来解释三个月内英镑与美元间的汇率波动。究其原因，这是由购买力平价理论的缺点造成的。

① 在范围上，购买力平价包含了各国之间国内生产总值所有商品和服务的价格对比关系，而汇率只反映国与国之间贸易品部分的价格比率，没有反映各国建筑品、各种服务项目等非贸易品价格的对比关系。

② 在决定因素上，购买力平价直接受对比国之间实际价格水平的影响，反映某一货币在不同市场上的实际购买力；而汇率除了受各国通货膨胀率变动的影响以外，主要由外汇市场的供需关系所决定，并随本国的国际收支状况、利率、经济增长甚至政策干预、投机炒作、资本流动等诸多因素的变动而波动。

具体来说，本次英镑对美元的汇率表现是由一系列因素综合作用的结果。

① 协议脱欧影响投资者预期。英国脱欧公投后，英镑大幅贬值，这使得外国买家对英国资产的需求显著上升。英国脱欧的进展可能会使英镑从低估的水平上升，并回到脱欧公投前的水平附近。英国官方在2019年8月首次明确表示，将避免“无协议脱欧”，英镑汇率就处于稳定上升趋势中。在与欧盟签署脱欧协议后，涨势明显加速。汇价上涨，证实了投资者对英国经济前景重新树立信心。

② 英镑加息预期。在过去几个月，英国经济出现停滞。英国制造业下滑，工厂自4月份以来持续表现疲弱，抵消了服务业的增长。这可能使英镑再次受到经济基本面的推动。政府通过实施扩张性的财政政策，而不是寄托于英国央行政策宽松来提振经济，市场就会预期英国央行2020年内可能加息，这样就有利英镑走强。

③ 美联储连续降息，美元走弱。在2018年四次升息之后，美联储在2019年共进行了三次降息。这三次连续降息分别发生在7月、9月和10月，联邦基金利率目标区间下调至目前的1.5%~1.75%水平。美元降息，意味着美元资产的收益率下降。投资者会抛售美元资产，转而购买具有升值预期的英镑资产，英镑因此升值。

3. 跨国公司是指具有全球性经营动机和一体化的经营战略，在多个国家拥有从事生产经营活动的分支机构，并将它们置于统一的全球性经营计划下的大型企业。

关于跨国企业内涵的界定，主要有以下几个标准：

（1）结构标准。在这种标准体系下跨国公司应该满足下面几个条件中的至少一个：在两个以上的国家经营业务；公司的所有权为两个以上国籍的人所拥有；公司的高级经理人员来自两个以上的国家；公司的组织形式以全球性地区和全球性产品为基础。

（2）业绩标准。这种标准是指凡是跨国公司其在国外的生产值、销售额、利润额、资产额或雇员人数就必须达到某一个百分比以上。而实践中采用25%作为衡量标准的情况较多。

（3）行为标准。该标准指跨国公司应该具有全球战略目标和动机，以全球范围内的整体利益最大化为原则，用一视同仁的态度对待世界各地的商业机会和分支机构。

题干中，A 企业是跨国企业。从结构标准来看，A 企业的产品国内生产，国外销售为主，显然满足了在两个以上的国家经营业务的标准；从业绩指标来看，A 企业在国外的销售额为 90%，大大高于 25% 的标准；从行为标准来看，A 企业具有明显的全球战略动机。

B 企业也是跨国企业。从结构标准来看，B 企业国外生产产品，主要销往国内，显然满足了在两个以上国家经营业务的标准；从业绩标准来看，B 公司在国外的生产值占 90% 以上，大大高于 25% 的标准；从行为标准来看，B 企业明显具有全球性经营动机和一体化的经营战略。

4.（1）理论基础

马科维茨的现代投资组合理论认为，所有资产都具有风险和收益的两重性，在证券投资中，一般投资者的目的是获得一定的收益。投资者把资金投在几种证券上，建立一个投资组合，通过证券的分散而减少风险。

20 世纪 70 年代发展起来的分散风险理论，从马科维茨的证券组合理论出发，认为对外直接投资多样化是分散风险的结果。其前期代表人物是凯夫斯和斯蒂文斯。凯夫斯认为，直接投资中的“水平投资”通过产品多样化降低市场不确定性，减少产品结构单一的风险；而“垂直投资”是为了避免上游产品和原材料供应的不确定性风险。斯蒂文斯认为，厂商分散风险的原则和个人一样，要求在一定的预期报酬下，力求风险最小化。但个人投资条件与企业不一样，个人主要投资于金融资产，厂商则投资于不动产，投资于不同国家和地区的工厂和设备。

该理论的后期代表人物阿格蒙和李沙德还认为，跨国公司对外直接投资是代表其股东作为分散风险的投资，不同国家和地区直接投资收益的不相关性为个人分散风险提供了很好的途径，甚至是证券投资无法提供的途径，因为证券市场，资本移动成本较高且制度不完善。另一学者阿德勒认为，既然跨国公司是直接代表股东作出投资决策的，个人证券投资上的限制不一定会导致对外直接投资，只有当外国证券市场不完善，不能满足个人投资需要时，跨国公司的直接投资才会进行。在这种情况下，跨国公司起到了分散风险的金融中介作用。

（2）具体分析

我认同题干中的观点。实行国际分散化经营，可以减少风险，取得较为稳定的收益。如果把企业用于生产和销售产品的资产看作一项组合，那么将仅仅置于一国之内与分散于多个国家，对于企业的经营风险和收益则大不相同；企业仅在一国经营，无法回避一国经济周期波动以及其他政治经济突发事件的不利影响；企业涉足多个国家，由于各国经济周期不同，经济、政治环境互有差异，就可以分散这类系统性风险，从而使企业全球范围内的净现金流量保持稳定。

5.（1）理论基础

波特的国家竞争优势钻石模型认为，国家是企业或者产业参与国际竞争的基础，企业或产业的国际竞争优势是国家竞争优势的体现，或者说，国家竞争优势最终以特定产业作为载体而表现出来。国家竞争优势取决于四个基本因素：生产要素（包括人力资源、天然资源、知识资源、资本资源、基础设施等），需求因素（本国市场对该项产业所提供产品或服务的需求如何），相关和支撑产业因素（这些产业的相关产业和上游产业是否具有国际竞争力），企业组织、战略和竞争状态因素（企业在一个国家的基础、组织和管理形态，以及国内市场竞争对手的表现），以及两个辅助因素：机遇和政府。这六个因素共同构成一个动态的、激励创新的竞争环境，形成一个类似钻石分子结构的菱形结构。由于钻石结构是一个互相增强的系统，许多因素的相互作用产生互相加强的利益，从而构成一国国际竞争力的来源。

（2）具体分析

① 好莱坞影视产业集群的要素：区位优势及资本优势。

在好莱坞成为电影中心的初始阶段，区位优势不可不提。地处加利福尼亚州洛杉矶市西北郊的好莱坞，有着得天独厚的自然面貌，这是其他地方难以比拟的。尤其是在电影艺术发展初期，对外景的需求，使得好莱坞跟美国其他地方相比，有着绝对难以超越的地理优势。好莱坞三面环山、一面临海，气候温和宜人，日照时间长，对电影拍摄非常有利。除了自然环境之外，远离美国传统文化中心——以纽约为代表的经济发达、文化繁荣的东海岸，也是好莱坞在当时的历史条件下能够迅速发展起来的优势之一。由于远离了文化中心，好莱坞电影从诞生之日起，就沿着完全商业化的道路前进，并且在百余年的发展过程中，一直保持着其商业本性。好莱坞同其他国家电影行业的不同之处首先在于它的商业规模。

② 好莱坞影视产业发展的必要条件：国内国外的庞大市场。

强大的国内市场需求保证了美国电影产业的持续发展，美国本土的电影市场基本上就可以确保电影投资商收回成本。而海外市场的持续增长更是好莱坞电影发展的另一强劲动力。20 世纪 80 年代以来，伴随着全球一体化进程的加快，好莱坞文化霸权在全球市场急剧扩张。好莱坞电影成为先进文化和潮流时尚的代名词，迅速蔓延到世界各地，受到全球的支持和青睐。全球市场的扩张给好莱坞影视产业提供了强大的票房来源和市场动力。

③ 与好莱坞影视产业集群相关的产业：娱乐经济。

好莱坞所拥有的不仅是影视产业，同时也是全球时尚的发源地，世界上众多商品大多是由于好莱坞影片而成为奢侈品顶级品牌的。好莱坞影片的营销模式带动了广告、时尚、衍生品销售、主题公园等娱乐经济的迅猛发展。好莱坞的相关产业，在电影主体产业的前期、后期均有涉及，使得好莱坞不仅在电影工业，更是在娱乐经济方面占据重要位置。

④ 好莱坞影视产业集群的发展战略：从垄断到分散。

电影产业是以高成本著称的，较高的门槛限制了很大一批中小企业的进驻，尤其是在垂直一体化时期，好莱坞完全由几个大型公司垄断。这种体制给好莱坞带来标准化的生产流程和较高的利润保证，但同时也有潜在的风险和危机。现在，好莱坞的生产和发行活动被两种主要的公司类型——巨型公司和独立公司所主宰，同时有第三种公司类型作补充，即巨型公司的辅助公司。这三种公司类型是根据它们各自在好莱坞集聚体经济中所起的作用，以及在外部营销和发行活动中所扮演的角色来划分的。

⑤ 好莱坞影视产业集群发展的机遇。

除了生产要素、需求条件、相关产业、企业战略等四大要素之外，波特的钻石模型中还包括两个相关要素，即机遇和政府。好莱坞成为全球影视产业的旗帜，绝对不是一件偶然的事情。好莱坞影视产业集群形成的过程中，有几次大的机遇悄然降临并被抓住：世界电影中心从法国转移到美国；美国电影中心从纽约转移到好莱坞；数字化浪潮缔造好莱坞新的神话。

当然，在好莱坞影视产业集群形成和发展的过程中，政府一直是不可或缺的推动力之一。二战结束以后，好莱坞的商业利益和华盛顿政府的目标逐渐一致，尤其是在经济领域。一个显著的例子就是针对欧洲的马歇尔计划，使得好莱坞影片可以大量出口到欧洲。美国政府、商务部和多个美国大使馆也共同努力，采用多项措施刺激贸易，帮助好莱坞建立其内部和外部经济。美国政府也在全球范围内不遗余力地推进自由贸易政策，尤其是在文化产品领域，联邦政府经常在各类商业论坛中向其他国家的政府呼吁，要求其对好莱坞影片持更加开放的态度。

二、论述题(每题 30 分，共 60 分)

1. (1) 国际市场营销战略是指企业根据国内外市场环境及其内部条件所制定的具有全局性和长远性的营销目标和实现营销目标的途径。全球化背景下的战略可以分为国际战略、多国战略、全球战略和跨国战略等四种模式。每种战略各有其优缺点，各种战略的适用性取决于降低成本和地区调适压力的程度大小。

① 国际战略指跨国企业先为国内市场生产产品，再根据地区情况稍做改变，以将产品销往世界各地。采用这一战略的企业的目的是，在世界范围内通过充分利用母公司的创新能力和开发出来的技术获得更多的利润。国际战略的优点在于向国外输出独特的竞争力；其缺点是：当地市场反应差，难以取得区位经济及经验曲线效果。其适用的情形是，企业面对降低成本压力低而其产品可以满足普遍需求且缺少强大竞争对手。追求该战略的企业往往把产品的开发只能集中于母国，母公司雄厚的创新技术是运用该战略的前提条件。

② 多国战略又称本土化战略，该战略把战略重点放在各东道国的差异上，通过提高东道国的经营环境和市场需求的适应能力，扩大在国外市场的占有率和销售收入。企业经营很大程度依赖于东道国子公司自身的适应能力、创新能力以及当地市场的开拓能力。多国战略的优势是可以将公司的竞争策略同东道国的环境匹配起来。多国战略有两个很大的缺陷：很难跨越国家的边境，利用和转移公司的能力和资源；不会

促进建立一致的统一的竞争优势。实行该战略的适用条件是，当各国消费者对国际企业所提供的产品或者服务的兴趣差异大，而降低成本压力不高时。

③ 全球战略，又称全球标准化战略。采用这种战略的企业，跨国经营的侧重点在于通过获得全球性经营效率、规模经济、学习效应以及区位经济获得成本优势，提高在全球市场的占有率，以增强企业的盈利能力。全球战略的优点是可以获得经验曲线效果及区位经济效果；缺点在于当地市场反应差。该战略实行的条件是当成本降低压力强烈，而地区调试压力较低时。

④ 跨国战略综合了上述三种战略目标，其侧重点在于同时建立全球效率、经营灵活性和世界范围的学习能力，并且同时兼顾创新能力与效率、成本与收入；该战略的核心内容是确定如何合理配置资源及各种生产、管理和经营能力，同时在适应能力、全球经营效率和创新能力三个方面建立竞争优势。跨国战略可实现区位经济，可实现曲线经验经济，可把核心竞争力转移到国外，可获得全球学习的好处。所以跨国战略的优点最多，其缺点则是由于组织上的问题而不易实行。该战略实行的条件是当企业同时面临着降低成本的压力与很高的地区调试压力时。通过区域市场解决地区差异问题以提高产品差异化能力，且通过公司全球经营网络的子公司之间实行技术流动进而实现技术扩大效应。

（2）我认为麦当劳连锁店在其国际化过程中使用的是全球化战略。

① 麦当劳统一的经营原则。麦当劳著名的经营原则质量（Quality）、服务（Service）、清洁（Cleanliness）和价值（Value），即 Q. S. C& V 原则。

② 统一的品牌形象。麦当劳公司通过其产品、员工、儿童游乐场、麦当劳店的实体设施、口碑、广告展示着麦当劳的品牌形象。在顾客脑海中形成高品质的产品、方便快捷的服务、清洁温馨的进餐环境与氛围的麦当劳形象。

③ 全世界都熟悉的核心菜单。麦当劳在长期以来，依靠大批顾客的信任度——他们热衷于熟悉的核心菜单。在哪里的菜单基本是不变的：汉堡包、土豆条、饮料、沙拉。而全球统一标准的汉堡、薯条、可乐正是麦当劳快餐食品的不变象征，随着几十年的全球连锁店的扩张，也将这份核心菜单带入了每个顾客心中，从而也在顾客心中形成了物化的麦当劳概念。

④ 标准化的管理。在用人方面与肯德基不同的是，麦当劳的管理层几乎都是洋面孔，这是因为中国区对麦当劳来说是全球战略的一部分，无论在其他方面还是人才方面，都要保持与全球的一致性。麦当劳公司在全球实行标准化的特许经营，对所有的连锁店麦当劳公司强调本部监控，严格管理。例如麦当劳公司使用一本长达 350 页的员工操作手册用于各连锁店的管理，该手册对有关食品、促销、店址的选择和装潢、各种工作的方法和步骤等方面都详细给出了定性或定量的规定。

当然，麦当劳也在一定程度上实施了本土化策略，比如每个国家的产品都会根据本地人的口味作相应调整，并且营销手段也有很强的本土化色彩。但综合来看，本土化战略只是辅助，全球化战略才是核心。

2.（1）企业在以下情况下倾向于战略联盟而不是绿地投资：

① 有效绕过贸易壁垒，减少贸易摩擦。全球一体化的过程中，区域经济一体化趋势加剧。为保护本国市场，削弱外来竞争，各国在降低关税的同时，采用了大量的非关税壁垒。特别是欧盟建立大市场以来，成员国对汽车和纺织品等采取了统一的贸易保护政策，非成员国与欧盟的贸易摩擦不断出现。为了有效应对欧盟的贸易保护壁垒，美国和日本的跨国公司积极与西欧同行业的大公司结成战略联盟。

② 有利于促进技术创新。先进技术是企业提高竞争力的关键。新技术的突破，往往带动新产品、新工艺、新材料的全面发展，并可为企业开辟新的经营领域，提高企业现有的运营效率和经济效益。随着技术创新和普及速度的不断加快，企业在充分利用和改进原有核心技术的同时，必须不断创新拓展新的技术领域。同时，联盟战略还有利于缩短产品创新的时间。因此，企业之间结成战略联盟促进技术创新已成为一种新的经营模式。特别是在航空、电子、信息、自动化、汽车等高科技产品领域，这种企业战略联盟现象尤为引人注意。

③ 实现资源互补。国际竞争环境的变化对公司的绩效目标造成巨大压力，使它们制定的战略绩效目标同它们依靠自身资源和能力所能达到的目标之间存在一个缺口，这个缺口就是战略缺口。战略缺口在不同程度上限制了公司走一切依靠自身资源和能力而自我发展的道路，在客观上要求跨国公司走战略联盟与合

作的道路。通常认为，资源在企业之间的配置总是不均衡的，在资源方面或拥有优势，或存在某种不足，通过战略联盟便可以达到资源共享、优势互补的效果。

④ 实现强强联合、寻求更高资本收益。随着经济全球化趋势的加强，跨国公司面临的市场都是作为一个整体的全球市场，它们之间演绎的寡头间的竞争变得越来越激烈，企业传统的核心业务领域越来越多地面临着来自企业内外激烈的竞争，技术革新速度的加快使得原来单挑独干的企业越来越感到力不从心。为了分散风险，通过资源和优势的互补来实现强强联合无疑是适应全球化竞争的重要战略。

（2）按照联盟企业之间的相互依存程度来划分，跨国战略联盟可以分为股权式战略联盟和契约式联盟两种。股权式联盟是指涉及股权参与的企业间同盟。通常的情况是联盟成员通过购买彼此少量的股份而结成战略联盟，以巩固良好的合作关系。契约式联盟是指借助契约建立的、不涉及股权参与的合伙形式，如联合研究与开发、产业协调协议等。

相对于股权式战略联盟而言，契约式联盟由于更强调相关企业的协调与默契，从而更具有联盟的本质特征。其在经营的灵活性、自主权和经济效益等方面比股权式战略联盟有更大的优越性：

① 股权式战略联盟要求组成具有法人地位的经济实体，对资源配置、出资比例、管理结构和利益分配均有严格规定；而契约式战略联盟无须组成经济实体和固定的组织机构，结构比较松散，协议本身在某种意义上只是无限制性的“意向备忘录”。

② 股权式战略联盟各方按出资比例有主次之分，且对各方的资金、技术水平、市场规模、人员配备等有明确规定，股权大小决定发言权的大小；而契约式战略联盟各方一般都处于平等和相互依赖的地位，相对保持经营上的独立性。

③ 在利益分配上，股权式战略联盟按出资比例分成，合资各方的利益体现在最后的分配上，而契约式战略联盟中各方可以根据自己的情况，在各自承担的工作环节上进行经营活动，取得自己的利益。

④ 股权式战略联盟的初始投入较大，转置成本较高，难撤离，灵活性差，风险大，政府的政策限制也很严格，而契约式战略联盟则可避开这些问题。

【科兴点评】2020年的试题相比于往年而言，难度有了明显的提升。以前多数试题的答案能从指定参考书目上找到。2020年的试题明显加大了对教材知识点理解与运用的考查，很难从书上找到现成的答案。只能说，现在复旦大学的题目出得越来越好了，能很好地区分考生的知识水平和答题能力。

暨南大学2020年434国际商务专业基础试题

一、单项选择题(每题2分，共10分)

1. 购买力平价说是瑞典经济学家(　　)在总结前人研究的基础上提出来的。

A. 葛森　　B. 卡塞尔　　C. 蒙代尔　　D. 麦金农

2. 所谓空白抬头、空白背书提单是指(　　)。

A. 提单的收货人一栏什么也不填，也不背书

B. 提单的收货人一栏内填上“空白”二字，在提单的背面也写上“空白”二字

C. 提单的收货人一栏填上“TO ORDER”，在提单背面由托运人签字

D. 提单的收货人一栏填上“TO ORDER”，在提单背面由承运人签字

3. 信用证规定到期日为2001年5月31日，而未规定最迟装运期，则可理解为(　　)。

A. 最迟装运期为2001年5月10日　　B. 最迟装运期为2001年5月16日

C. 最迟装运期为2001年5月31日　　D. 该信用证无效

4. 在CIF贸易术语下，以(　　)作为划分风险的界限。

A. 装运港码头　　B. 装运港船舷　　C. 目的港码头　　D. 目的港船上

5. 欧洲货币市场是(　　)。

A. 经营欧洲货币单位的国家金融市场　　B. 经营欧洲国家货币的国际金融市场

C. 欧洲国家国际金融市场的总称　　D. 经营境外货币的国际金融市场

二、名词解释(每题8分，共40分)

1. 租赁贸易

2. 不可抗力

3. 购买力平价

4. “自动”出口配额制

5. 倾销和反倾销

三、简答题(每题14分，共42分)

1. 请列举鼓励出口的措施。

2. 国际结算方式主要有哪些？

3. 简述进口国征收反倾销税的充要条件以及出口商实施倾销行为的必备条件。

四、计算题(18分)

下表为2000—2015年广东省来料加工和进料加工进出口额在加工贸易总额中所占比重。

	来料加工 进出口总额/亿美元	进料加工 进出口总额/亿美元	加工贸易 进出口总额/亿美元	来料加工 所占比重/%	进料加工 所占比重/%
2000	444.89	766.62	1211.51	36.72	63.28
2005	688.98	2232.10	2921.08	23.59	76.41
2010	845.32	3615.04	4460.36	18.95	81.05
2015	543.68	3869.63	4403.31	12.35	87.65

数据来源：广东省统计年鉴。

请解释来料加工贸易与进料加工贸易的区别。另外，上表数据中所占比重历年的变化能说明些什么，请简述之。

五、论述分析题(每题 20 分，共 40 分)

1. 请论述企业跨国并购(M&A)的基本动机与内外部风险。

2. 请论述外汇(汇率)风险的三种类型及其防范措施。

暨南大学 2020 年 434 国际商务专业基础试题解析

一、单项选择题(每题 2 分，共 10 分)

1. B。购买力平价理论最早是由 20 世纪初瑞典经济学家古斯塔夫·卡塞尔提出的。

2. C。提单“收货人”栏，又称提单抬头，表明货物所有权的归属。不记名指示提单仅填写“TO ORDER”(凭指定)，必须由托运人背书后才能转让，又称“空白抬头”。

3. A。装运期或最迟装运期：即卖方将全部货物装上运输工具或交付给承运人的期限或最迟日期。理想的到期日(有效期)=最迟装船期+交单期，信用证中如有规定，必须在规定的有效期内交单；如没有规定，则最迟于运输单据日期 21 天内交单。

4. B。CIF 到岸价即“成本、保险费加运费”是指在装运港被装上承运人船舶时即完成交货。按 CIF 术语成交，虽然由卖方安排货物运输和办理货运保险，但卖方并不承担保证把货送到约定目的港的义务，因为 CIF 是属于装运交货的术语，而不是目的港交货的术语，也就是说 CIF 不是“到岸价”。

5. D。传统意义上的欧洲货币市场是指非居民间以银行为中介在某种货币发行国国境之外从事该种货币借贷的市场，又可以称为离岸金融市场。现代欧洲货币市场的定义是经营在货币发行国境外被储蓄和借贷的各种货币的市场。

二、名词解释(每题 8 分，共 40 分)

1. 租赁贸易，指出租人提供设备，承租人并不付价款，只按期缴纳租金，协议期满设备另行处理的一种贸易方式。现代经济活动中的租赁贸易，是租赁公司向国内外用户出租动产的一种业务。这些动产的价格一般比较昂贵，如电子计算机、飞机、船只、汽车、采矿设备、纺织机械、农业机械等，近年来又扩大到成套工厂和大型成套设备。租赁贸易下，在租期内，动产的所有权归出租方，使用权归承租方，承租方可以利用动产的收益偿付租金，减少了投资费用。同时承租方可在租赁期内更换设备，经常使用新技术。

2. 不可抗力是指不能预见、不能避免并不能克服的客观情况。不可抗力的来源既有自然现象，如地震、台风，也包括社会现象，如军事行动。作为人力所不可抗拒的强制力，具有客观上的偶然性和不可避免性，主观上的不可预见性以及社会危害性。世界各国均将不可抗力作为免责的条件，中国民法也不例外。《中华人民共和国民法典》第一百八十条规定，因不可抗力不能履行民事义务的，不承担民事责任。法律另有规定的，依照其规定。

3. 购买力平价是根据各国不同的价格水平计算出来的货币之间的等值系数。目的是对各国的国内生产总值进行合理比较。购买力平价汇率与实际汇率可能有很大的差距。在对外贸易平衡的情况下，两国之间的汇率将会趋向于靠拢购买力平价。购买力平价分为绝对购买力平价和相对购买力平价。前者指本国货币与外国货币之间的均衡汇率等于本国与外国货币购买力或物价水平之间的比率；后者指不同国家的货币购买力之间的相对变化，是汇率变动的决定因素。

4. “自动”出口配额制是出口国家或地区在进口国的要求或压力下，“自动”规定某一时期内某些商品对该国的出口限制，在限定的配额内自行控制出口，超过配额即禁止出口。它是在二战后出现的非关税壁垒措施，出口限制实际上是进口配额制的变种，同样起到了限制商品进口的作用。它的重要特点就是带有明显的强制性，“自动”出口限制往往是出口国在面临进口国采取报复性贸易措施的威胁时被迫做出的一种选择。

5. 倾销是产品以低于其正常价值的价格出口到另一国家(地区)的行为。若出口方的经济为市场经济，则可用其国内销售价、向第三方的出口价等为依据确定正常价值；若出口方的经济被认定为非市场经济，则要以替代国价格、相似产品在进口国的销售价格等为依据确定被指控产品的正常价值。反倾销是指对外国商品在本国市场上的倾销所采取的抵制措施。一般是对倾销的外国商品除征收一般进口税外，再增收附加税，使其不能廉价出售，此种附加税称为“反倾销税”。

三、简答题(每题 14 分，共 42 分)

1. 出口鼓励措施包含：

(1) 鼓励出口的财政政策主要是指各种类型的出口补贴，是指一国政府为了降低本国的出口商品价格，加强其在国外市场上的竞争能力，在出口某种商品时给予出口厂商的现金补贴或财政上的优惠待遇。出口补贴又包括直接补贴和间接补贴两种方式。

(2) 出口信贷是指一个国家的银行为了鼓励本国商品的出口，加强本国出口商品的竞争力，对本国的出口厂商、外国的进口厂商或进口方银行提供的贷款。出口信贷通常是在出口成套设备、船舶、飞机等商品时由出口方银行提供的，因这类商品价格昂贵，进口方难以马上支付，若出口商得不到货款，又无法正常进行资金周转，这就需要有关银行对进口方或出口方提供资金融通，促成生意，扩大本国商品出口。

(3) 商品倾销就是指出口商以低于国内市场价格，甚至低于商品生产成本的价格，集中或持续地大量向国外市场抛售商品的行为。

(4) 资本政策是指出口国政府通过资本输出来带动本国出口贸易的发展。资本输出包括生产资本输出即对外直接投资和借贷资本输出即对外间接投资，包括有价证券投资和直接对外贷款。

(5) 组织政策即设立专门的促进出口的组织机构等。

2. 国际结算，通过国际间的货币收付，对国与国之间由于经济、政治和文化往来而发生的债权债务予以了结清算。国际结算方式是通过货币收付，结清国际贸易和非贸易交易中产生的债权债务的具体方式。国际结算方式共分为三种，即信用证、托收和汇付。

(1) 信用证是一种由银行依照客户的指示和要求开立的有条件承诺付款的书面文件。一般分为不可撤销的跟单信用证和可撤销的跟单信用证。最新的 UCP600 规定银行不可开立可撤销信用证。信用证业务涉及六个方面的当事人：开证申请人、开证行、通知行、受益人、议付银行、付款银行。

(2) 托收是指出口商开立汇票连同货运单据委托出口地银行通过进口地代收银行向进口企业收款的结算方式。托收也称单托收，根据交单条件不同分为付款交单和承兑交单。

(3) 汇付是指交款人按约定的时间和条件通过银行把款项交收款人的结算方式，汇付分为信汇、电汇和票汇。

3. (1) 反倾销的实施条件：根据 WTO 的《反倾销协定》的规定，反倾销措施的实施必须具备以下三个基本条件：

① 存在倾销。倾销的确定是实施反倾销措施的首要条件，在确定一个产品是否倾销时，必须比较该产品的出口价格与正常价值。如果出口价格低于正常价值便存在倾销。协定提供了三种计算产品“正常价值”的方法，其一是基于出口国国内的市场价格；其二是基于另一国出口商的价格；其三是考虑出口商生产成本、其他费用和正常利润的综合计算值。

② 存在实质损害。损害应该根据确凿的证据确定，主要有三种表现：一是指对进口国国内产业的实质损害，二是指对进口国产业产生实质威胁，三是指对进口国新建产业产生实质阻碍。

③ 倾销与损害存在因果关系。《反倾销协定》还要求协调其他可能使国内产业受到损害的已知因素。如：需求萎缩或消费模式的改变、技术发展等因素。凡其他因素造成的损害，不能归咎于倾销的进口产品。

(2) 出口商实施倾销行为的必备条件：

① 必须是不完全竞争的行业，具有垄断力量的厂商是市场价格的制定者而非市场价格的接受者。

② 本国和外国必须被很好地分隔，使国内居民不能轻易回购出口产品。

③ 出口厂商在国内面临的需求弹性较国外的小。只有具备了这些条件，垄断厂商会发现实施倾销有利可图。由于倾销实施低价策略，虽然可以扩大出口，但是存在利润下降和亏损风险。因此，倾销必须有政府强有力的支持，例如，出口国政府高筑关税和非关税壁垒控制外国商品进入以维持国内垄断高价、弥补出口损失，防止出口商品倒流；出口国政府负担出口亏损，对内高价收购、对外低价倾销；出口商在挤垮竞争对手、垄断国外市场后抬高价格以弥补倾销阶段的损失等等。

四、计算题(18分)

进料加工和来料加工有相似的地方，二者均表现为“两头在外”，即原料来自国外，由国内企业加工后，成品又销往国外，但二者有明显的区别：

(1) 进料加工业务中，原料进口和成品出口是两笔不同的交易，两笔交易均发生所有权的转移，且原料供应者与成品购买者之间没有必然的联系。而来料加工属于委托加工，原料运进和成品运出属于一笔交易，原料供应者也就是成品的接受者。

(2) 进料加工业务中，企业从国外购进原料，经过加工使价值增值，再销往国外市场，全部产品附加值都由加工企业获得。当然，企业也要承担相应的销售风险。而在来料加工业务中，加工企业挣取的仅仅是劳务报酬，商品附加值的相当大部分由委托商获得，与此相应，加工好的产品由委托方自行销售，加工方无须承担销售风险。

(3) 上表数据表明加工贸易进口总额不断增加，其中来料加工所占比逐年下降，进料加工所占比逐年增加。说明广东省的产业结构在发生变化，更加注重自有品牌的发展，单纯做中间加工挣取劳工费的企业越来越少。进料加工的好处很多，可以利用国外资源弥补本国资源的不足；对企业经营管理水平要求更高，迫使企业改革企业经营管理机制；可以扩大外贸出口，为国家增加外汇收入；可以充分利用本国的厂房、设备、人力资源；可以产生更大的社会综合效益。

五、论述分析题(每题20分，共40分)

1. (1) 跨国并购是指跨国兼并和跨国收购的总称，是指一国企业为了达到某种目标，通过一定的渠道和支付手段，将另一国企业的所有资产或足以行使运营活动的股份收买下来，从而对另一国企业的经营管理实施实际的或完全的控制行为。

(2) 跨国并购的基本动机如下：

① 扩大市场份额。并购可以使一国企业以最快的速度进入他国市场并扩大市场份额。

② 获取各种现有资源。目标企业在东道国一般都有比较成熟和丰富的资源。这些资源的存在可以使并购方绕开初入他国市场的困难，迅速投入生产，完善和开拓销售渠道，扩大市场份额，减少竞争压力。这些都是其他跨国投资方式难以获得的。

③ 融资便利。一国企业向他国投资常常需要融资，与“绿地投资”相比，并购可以比较容易获得融资，从而避免现金支付的压力。

④ 其他优势。跨国并购还可以有效降低进入新行业的壁垒，大幅度降低企业发展的风险和成本，充分利用经验曲线效应，获得科学技术上的竞争优势等。

(3) 企业跨国并购内部风险包含价值风险和整合风险：

① 价值风险是指并购过程中存在信息不对称的问题，并购企业对目标企业的信息不能够进行充分了解，因而过高估计了被并购企业的价值。

② 整合风险是指在并购活动完成后，对被并购企业的有形资源的重组和无形资源的整合出现的不确定性带来的并购失败的风险。对并购双方资源的重新配置是企业并购后非常重要的内容，也是决定并购最终成功与否的关键。企业文化差异、组织方式不一、管理理念不同都会造成整合的困难与失败。

(4) 企业跨国并购外部风险包含政治风险和法律风险：

① 政治风险指在国际经济活动中，投资所在国国内政治环境或东道国与其他国家之间政治关系发生改变而给并购企业或投资者带来经济损失的可能性。东道国与目标企业担心被收购之后，本国资源会被垄断，经济受到损害，甚至危害国家安全。这种政治敌意使海外并购之路困难重重，政府甚至会利用法律或者行政手段对并购项目进行直接干预，使项目失败或者令并购企业蒙受巨大损失。

② 在并购阶段面临的法律风险，主要是很多国家会对并购进行立法规范，包括反垄断法、证券法、公司法等，如果在并购过程中触犯到这些法律，必然会导致失败。而且，在并购中，并购企业会面临很多债权人，只有债权人批准，目标公司才可以出售资产。并购公司不仅要继承目标公司的资产，也要承担目标公司的债务责任和法律责任，风险的隐蔽性更大。

2. 外汇风险又称汇率风险，是指一定时期的国际经济交易当中，以外币计价的资产与负债，由于汇率的波动而引起其价值涨跌的可能性。从国际商务角度来看，外汇风险可以分为：交易风险、折算风险和经济风险。

（1）交易风险是指国际企业在其经营活动中，由于外汇汇率波动引起其拥有的债权或应付的债务价值变化的风险。这种风险从签订交易合同，确定以外币计价的交易金额时就开始产生，直到结算为止。

企业交易风险防范措施有：

① 采用货币保值措施。货币保值措施是指买卖双方在交易谈判时，经协商，在交易合同中订立适当的保值条款，以应对汇率变化的风险。常用的有硬货币保值条款和一揽子货币保值条款。

② 选择有利的计价货币。企业在交易过程中，选择计价货币应遵循以下原则：选择可自由兑换的货币；付汇用软货币，收汇用硬货币。

③ 采用远期外汇交易法。远期外汇交易就是进出口企业用外币计价结算的应付(收)货款，在合同签订后，同银行办理远期买进(卖出)外币货款的合同，以贸易结算日为合同交割日，合同汇率根据相应期限的远期汇率预先确定。

④ 采用国际借贷法。国际借贷法是指在中长期国际收付中，企业利用国际信贷方式，一方面获得资金融通；另一方面转嫁或抵消外汇风险。主要有出口信贷、福费延、保付代理三种形式。

⑤ 采用提前或延期结汇法。提前或延期结汇法是指在国际收支中，企业通过预测支付货币汇率的变动趋势，提前或延迟收付外汇款项，来达到降低外汇风险的目的。

⑥ 利用衍生金融工具进行套期保值。利用衍生金融工具进行套期保值，主要包括货币期权、货币期货、掉期外汇交易三种形式。

（2）折算风险又称会计风险，是指国际企业在合并财务报表时，由于汇率的变化而引起的以外币计价的资产与负债价值及利润价值发生变动的风险。

企业防范折算风险的方法主要有两种：资产负债表中性化和风险对冲。

① 资产负债表中性化要求企业调整资产和负债，使得以各种功能货币表示的资产和负债的数额相等，从而让受险的资产和负债之差为零。

② 风险对冲法是通过金融市场操作，利用外汇合约的盈亏来冲销折算盈亏。但由于税收差异的存在，风险对冲操作有时难以有效降低企业的实际风险。

（3）经济风险又称经营风险，是指由于意料之外的汇率波动引起公司或企业未来一定期间的收益或现金流量变化的一种潜在风险。

经济风险是衡量企业未来现金流量对潜在汇率变动的敏感性，其防范的主要目标是隔离这种影响。因此，企业可以根据生产经营的特点，选择以下措施降低经济风险。

① 营销战略选择。当本币升值时，国内产品在国际市场上将处于不利的竞争地位，国内市场相对来说潜力较大，企业此时应注重国内市场的开拓。

② 生产调整战略。当外汇汇率波动较为剧烈，以至于上述营销调整无济于事时，企业应把精力转向生产策略调整方面，着手降低生产成本，对经济风险进行有效的控制。

③ 财务战略。财务战略是对企业的债务结构进行重新调整，以便在汇率发生变动时，企业的资产收益的下降会被相应的清偿债务的成本下降所抵消。跨国公司如果预期某子公司所在国货币将发生贬值时，应当通过转移定价及早将子公司以当地货币表示的利润转移到母公司。反之，当预期某子公司所在国货币将升值时，可以延迟将该子公司的利润转移到母公司，甚至可以将其他子公司的利润通过转移定价的方式转移到该子公司。

南开大学2020年434国际商务专业基础试题

一、名词解释(每题5分，共30分)

1. 国民总收入　　2. 价值链
3. 经验曲线　　4. 外汇掉期
5. 最惠国条款　　6. 金本位制度

二、简答题(每题10分，共80分)

1. 简述绝对优势理论和比较优势理论的假设前提。
2. 简述离岸金融中心的概念和主要特征。
3. 简述公司垂直差异化角度下，集权和分权策略选择，以及赞成集权的理由。
4. 简述企业国际扩张的地理分散化策略和集中化策略，以及影响选择的因素。
5. 简述菲利普斯曲线长期失败原因。
6. 结合总供给总需求曲线解释滞胀的原因。
7. 结合消费者剩余解释消费者购买行为的发生。
8. 最低工资政策对有经验的高技能工人和刚入职的低技能工人，哪个影响更大？

三、论述题(每题20分，共40分)

1. 常用的国际定价策略有哪些？并简述歧视性定价策略的适用条件。
2. 结合汇率决定理论和汇率制度的知识，解释影响人民币汇率走势的因素，并且展望人民币的长期发展趋势。

南开大学2020年434国际商务专业基础试题解析

一、名词解释(每题5分，共30分)

1. 国民总收入(GNI)，是指一个国家或地区所有常住单位在一定时期内所获得的初次分配收入总额。它等于国内生产总值加上来自国外的净要素收入。1993年以前，这一指标被称为国民生产总值(GNP)，由于它是一个总量衡量指标，叫“生产”总值名不符实，所以联合国1993年的国民经济核算国际标准将其改为GNI。

2. 价值链是指企业价值创造过程中一系列不相同但相互联系的价值活动的总和。企业其实是研发、设计、生产、营销和售后服务等一系列价值活动的集合。可见，企业是一条由各项作业链接而成的作业链。

3. 经验曲线是一种表示生产单位时间与连续生产单位之间的关系曲线。横轴表示连续生产单位，纵轴表示生产一单位产品的时间。经验曲线效应认为，随着连续不断地生产，生产一单位产品的时间缩短。

4. 外汇掉期，是指交易双方约定以货币A交换一定数量的货币B，并以约定价格在未来的约定日期用货币B反向交换同样数量的货币A。外汇掉期业务结合了外汇市场、货币市场和资本市场的避险操作，为规避中长期的汇率和利率风险提供了有力的工具。

5. 最惠国条款是国际经济贸易关系中常用的一项制度，又称“无歧视待遇”。它通常指的是缔约国双方在通商、航海、关税、公民法律地位等方面相互给予的不低于现时或将来给予任何第三国的优惠、特权或豁免待遇。

6. 金本位制度是以黄金为本位币的货币制度。在金本位制下，每单位的货币价值等同于若干重量的黄金(即货币含金量)；当不同国家使用金本位时，国家之间的汇率由它们各自货币的含金量之比来决定。在历史上，曾有过三种形式的金本位制：金币本位制、金块本位制、金汇兑本位制。其中金币本位制是最典型的形式。

二、简答题(每题 10 分，共 80 分)

1.(1) 绝对优势理论的假设前提如下：

① 世界上只有两个国家，并且只生产两种商品。

② 劳动是唯一的要素投入，每国的劳动力资源在某一给定时间都是固定不变的，且具有同质性，劳动力市场始终处于充分就业状态。

③ 劳动力要素可以在国内不同行业之间流动但不能在国家之间流动。

④ 两国在不同产品上的生产技术不同，并且，两国的技术水平都保持不变。

⑤ 规模报酬不变。

⑥ 所有市场都是完全竞争的，没有任何一个生产者和消费者有足够的力量对市场施加影响，他们都是价格的接受者；且各国生产的产品价格都等于产品的平均生产成本，没有经济利润。

⑦ 实行自由贸易，不存在政府对贸易的干预或管制。

⑧ 运输费用和其他交易费用为零。

⑨ 两国之间的贸易是平衡的，因此，不用考虑货币在国家间的流动。

(2) 比较优势理论的假设前提如下：

① 假定贸易中只有两个国家和两种商品，这一个假设的目的是用一个二维的平面图来说明这一理论。

② 两国在生产中使用不同的技术。技术的不同导致劳动生产率的不同进而导致成本的不同。

③ 模型只假定在物物交换条件下进行，没有考虑复杂的商品流通。

④ 在两个国家中，商品与要素市场都是完全竞争的。

⑤ 在一国内要素可以自由流动，但是在国际间不流动。

⑥ 分工前后生产成本不变。

⑦ 不考虑交易费用和运输费用，没有关税或影响国际贸易自由进行的其他壁垒。

⑧ 价值规律在市场上得到完全贯彻，自由竞争，自由贸易。

⑨ 假定国际经济处于静态之中，不发生其他影响分工和经济变化的因素。

⑩ 两国资源都得到了充分利用，均不存在未被利用的资源和要素。

2.(1) 国际离岸金融中心是一些国家和地区，特别是加勒比和南太平洋地区资源匮乏的发展中岛国，通过立法手段培育和发展一些特殊的经济区，允许国际自然人或者法人在其领土上从事各种离岸业务，并主要依靠低税或者免税政策大力发展离岸金融业来吸引逃避本国税收和其他目的的国外资本，以发展本国经济。

(2) 其主要特征如下：

① 业务活动很少受法规的管制，手续简便，低税或免税，效率较高。

② 离岸金融市场借贷货币是境外货币，借款人可以自由挑选货币种类。该市场上的借贷关系是外国放款人与外国借款人的关系，这种借贷关系几乎涉及世界上所有国家。

③ 离岸金融市场利率一般来说，其存款利率略高于国内金融市场，利差很小，更富有吸引力和竞争性。

3.(1) 国际企业的组织结构分为水平差异化和垂直差异化。水平差异化即部门划分，实质是部门专业化；垂直差异化即配置权威，也称控制。根据决策权是否下放给低层级管理者分为集权和分权。集权是指决策权在组织系统中较高层级的一定程度的集中。分权是指决策权在组织系统中较低管理层级的一定程度的分散。集权与分权并不是非此即彼的关系，企业的组织原则应体现决策的集中与分散相结合的原则，对集权层面、分权层面及决策的可分散程度，应有较为明确的划分。就组织层级而言，在国外子公司层面上做出的决策应从分权角度考虑，而在总公司层面上做出的决策则应从集权角度考虑；就公司职能而言，有关公司的整个战略、重要的财务支出、财务目标等诸如此类的决策采用集权形式，而经营决策如生产、营销、研发和人力资源管理则更多的是采用分权形式。

（2）赞成集权的理由有：

① 可以政令统一，使标准一致，便于管理者统筹全局，兼顾其他；

② 可以指挥方便，使命令容易贯彻执行；

③ 有利于形成统一的企业形象，形成排山倒海的气势；

④ 可以集中力量应对危局。

4. 国际扩张地理分散化策略是指在多个国家设置生产工厂，并在当地进行国际贸易。国际扩张地理集中化策略是指将生产工厂集中在少数几个国家，并向其他国家进行出口。

企业国际生产布局的影响因素有：

（1）国家因素

① 政治、经济、文化的差别，差别大则集中生产。

② 区位外部性在产业中作用是否重要，重要则集中生产。

③ 是否具有贸易壁垒，贸易壁垒少则集中生产。

④ 运输成本和对外直接投资的规则和管制也会影响生产地点的选择。

⑤ 预期未来的汇率变动，汇率稳定集中生产。

⑥ 要素成本差别，差别多则集中生产。

（2）技术因素

① 固定成本。固定成本高，选择从一个或少数几个产地供应世界市场，即集中生产；固定成本低，应选择分散生产。

② 最小效率规模。大多数工厂规模经济达到极限的产出水平被称为产出的最小效率规模。一家工厂的最小效率规模相对于全球总需求越大，越应该集中在一个地点或少数几个地点生产。反之，当生产的最小效率规模相对于全球需求较小时，在多个地点从事一种产品的生产可能是经济的。

③ 柔性生产与大规模定制。当柔性制造技术对产品可行时，产品的生产地点倾向于集中生产，不可行时，倾向于分散生产。

（3）产品因素

① 产品的价值重量比。影响运输成本，价值重量比高的产品应在最佳区位生产并供应世界。

② 是否服务于共同需要。这种需要在全世界都相同，则应在最佳区位集中生产。

5.（1）短期菲利普斯曲线是用来表示失业与通货膨胀之间交替关系的曲线。其政策含义是，在短期中引起通货膨胀率上升的扩张性财政与货币政策是可以起到减少失业的作用的，换句话说，调节总需求的宏观经济政策是有效的。

长期菲利普斯曲线是指从长期来看，工人将根据实际发生的情况不断调整自己对价格水平的预期，使工人预期的通货膨胀率与实际的通货膨胀率一致，这时工人会要求改变名义工资，以使实际工资不变，导致失业率和通货膨胀率不再存在替代关系。在长期，经济社会能够实现充分就业，经济社会的失业率将处在自然失业率的水平，长期菲利普斯曲线为垂直于潜在国民收入的一条垂线。其政策含义是政府应用扩张性政策不但不能降低失业率，还会使得通货膨胀率上升。

（2）长期菲利普斯曲线是由短期菲利普斯曲线不断移动得到的。货币主义者认为，在工资谈判中，人们关心的是实际工资而不是货币工资。当通货膨胀率不太高、工人还没有形成新的通胀预期的时候，失业和通货膨胀之间的替代关系就被称为短期菲利普斯曲线。随着时间的推移，工人们发现他们的实际工资随着物价的上涨而下降，就会要求雇主相应地增加货币工资，以补偿通货膨胀给自己造成的损失。由于工人不断地形成新的通货膨胀预期，使换取一定失业率的通货膨胀率越来越高，菲利普斯曲线不断向右上方移动，最终演变为垂直的菲利普斯曲线。此时，失业与通货膨胀之间交替关系失效。

6. 滞胀是指经济发展缓慢甚至萎缩，而失业率和通货膨胀率又比较高的一种现象。总供给-总需求模型中总供给曲线的移动可以解释滞胀，如果某一冲击(如原材料价格上涨)使总供给曲线向左移动而总需求曲线位置不变，在新的均衡点，就会带来物价水平的上涨和总产量的下降，这就是滞胀现象。在图 1 中，*AD* 是总需求曲线，AS 是短期总供给曲线，二者交点 E 决定的产量或收入为 Y，价格水平为 P。现在出现供给冲击，AS 左移到 AS'，与总需求曲线 AD 交于 E'，E' 点所决定的产量为 Y'，价格水平为 P'。这个产量低于原来的产量，而价格水平却高于原来的价格水平，这种情况表示经济处于滞胀状态，即经济停滞和通货膨胀结合在一起的状态。

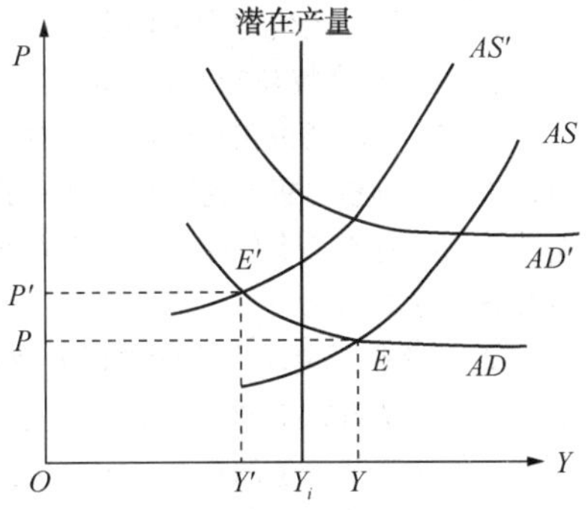

图 1　滞胀的形成

7.（1）消费者剩余是指消费者消费一定数量的某种商品愿意支付的最高价格与这些商品的实际市场价格之间的差额。商家让利给消费者的部分利润就是消费者剩余。消费者购买行为是消费者围绕购买生活资料所发生的一切与消费相关的个人行为，包括从需求动机的形成到购买行为的发生直至购后感受总结这一购买或消费过程中所展示的心理活动、生理活动及其他实质活动。

（2）消费者剩余是影响消费者购买行为发生的一个非常重要的因素，消费者剩余为零是产品定价的一个分界点。若产品定价超过了消费者愿意支付的价格，也就是说产品定价使消费者剩余为负，消费者在主观上感觉消费此产品物所不值，消费者将不会接受此价格，从而会影响消费者购买行为的发生，影响产品的销售。若产品定价低于消费者愿意支付的价格，则产品经营者的收益不会是最大。只有当产品的价格和消费者愿意支付的价格相等，即消费者剩余为零时，这样的价格对产品经营者和消费者来讲都是可以接受的，对于产品经营者来讲也是最佳的。

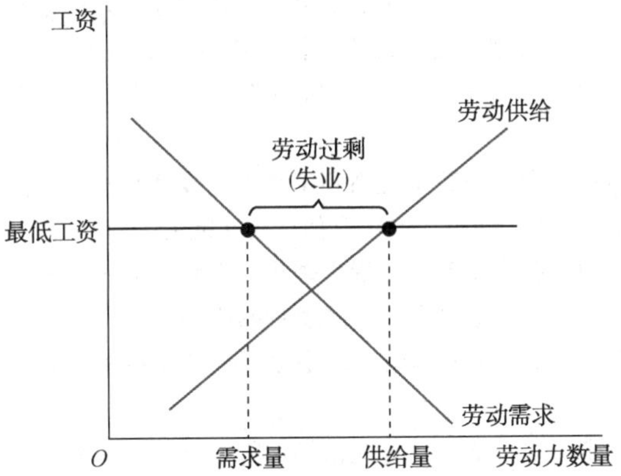

图 2　存在最低工资的劳动力市场

8.（1）当有最低工资的限制时，许多人冲着最低工资的政策加入劳动力市场，劳动力的供给量将会增加。与此同时，一些企业由于工资会增加支出而减少工作岗位数量（如图 2），此时，供给量大于需求量。在这种情况下，可能会造成失业的现象。

（2）对大多数工人来说，最低工资约束不起作用，因为他们赚到的工资远高于最低水平。但对一些工人，特别是对不熟练的工人和缺乏经验的工人来说，最低工资将他们的工资提高到均衡水平之上。最低工资使企业不能降低工资，减少了企业对劳动的需求，使得非熟练工人特别是青年工人的失业率增加。因此，最低工资政策对刚入职的低技能工人影响更大。

三、论述题（每题 20 分，共 40 分）

1.（1）在激烈的国际市场竞争中，定价策略是企业争夺市场的重要武器，是企业营销组合策略的重要组成部分。企业必须善于根据市场环境、产品特点、产品生命周期、消费心理和需求特点等因素，同时结合企业的定价目标，正确选择定价策略，争取实现营销目标。

常见的国际营销定价策略有：

① 产品生命周期定价策略：根据产品从投入市场到退出市场的不同阶段而采取的相应定价策略。该策略在对商品经济生命周期分析的基础上，依据商品生命周期不同阶段的特点而制定和调整价格。

② 折扣定价策略：企业为了鼓励顾客及早付清货款、大量购买、淡季购买，可以酌情降低其基本价格，按照原定的价格少收一定比例或者一定数量的货款。

③ 心理定价策略：指企业在定价时，考虑消费者购买时的心理因素，有意地将产品价格定得高些或低些，以诱导消费者的购买来扩大市场销售量的一种定价策略。

④ 差别定价策略：也称为歧视性定价，是对企业生产的同一种产品根据市场的不同、顾客的不同而采用不同的价格。实行差别定价，前提是市场能够细分，而且细分后的市场对同一类产品的需求程度不同。

⑤ 调价策略：当企业的内部环境或外部环境发生变化时，企业必须调整价格，以适应激烈的市场竞争。

（2）歧视性定价适用条件有：

① 实施价格歧视的厂商必须具有一定的市场力量。在竞争市场中，价格歧视是不可能的。在竞争市场上，有许多以市场价格出售同一种物品的企业，没有一个企业愿意向任何一个顾客收取低价格，因为企业可以以市场价格出售它想出售的所有物品；而如果任何一个企业想向顾客收取高价格，顾客就会向另一个企业购买。对于一个价格歧视的企业来说，它应该有某种市场力量，价格歧视通常都是发生在垄断市场或者是寡头垄断市场中。

② 价格歧视要求厂商能根据消费者的支付意愿划分顾客。这个支付意愿包括不同消费者的支付意愿，以及同一消费者在不同购买量下的支付意愿。厂商可以从地域、年龄、收入、消费习惯等多个方面来划分顾客。但是隐蔽信息的存在一定程度上却制约了价格歧视的实行。

③ 厂商必须能够阻止转售的发生。如果被厂商索取低价的消费者群体 A 能够转售产品给被索取高价的消费者群体 B，所开出的价格低于垄断厂商向 B 索取的价格，但高于 A 自己购买的价格，那么 A 群体就能够从转售中获利，而 B 群体中的任一成员都不会直接向垄断厂商购买了。限制转卖是使所有类型的价格歧视成立的必要条件。

2.（1）人民币汇率的影响因素多种多样，共同作用，才形成了如今的汇率体系，其中，较为重要的影响因素有：国际收支差额、利率、通货膨胀、外汇储备、中国经济实力、公众预期、美元币值变化。在下文中，将会以人民币对美元汇率为例，对这七个因素影响方式进一步说明。

① 国际收支差额。国际收支是影响人民币汇率的一个重要因素，当我国对美国存在较大的国际收支逆差或贸易逆差时，即本国美元收入小于美元支出，对美元的需求较大，美元汇率上涨，相应地，人民币对美元贬值；反之，当我国对美国存在较大的国际收支顺差或贸易顺差时，说明我国出口等外汇收入增加，进口等外汇支付较少，美元收入大于支出，同时美国对人民币货币需求增加，从而造成人民币对美元升值，外汇汇率下跌。

② 利率。利率是货币的一种特殊价格，是借贷的成本和利润。当我国提高利率水平，或者我国利率高于美国利率时，会引起美国资本流入，由此对人民币的需求增大，使得人民币升值，美元贬值。

③ 通货膨胀。货币购买力是汇率决定的基础，当我国通货膨胀率升高，货币购买力下降，人民币对内贬值，进而造成对外贬值。当中美两国都发生货膨胀，则汇率的变化取决于两国通货膨胀程度之比较，若中国通货膨胀程度高于美国通货膨胀，则人民币对美元贬值；反之，若美国通货膨胀程度高于中国通货膨胀，则美元对人民币贬值，人民币对美元升值。

④ 外汇储备。是否有充足的外汇储备在一定程度上决定了央行能否对外汇市场进行干预。当美元市场汇率对我国经济、贸易产生不良影响或中央需要通过汇率调节来达到一定的政策目标时，央行若拥有足够美元储备，便可通过参与美元买卖，在市场上大量买进或抛出人民币或美元，以改变美元的供求关系，促使汇率发生变化。往往是在特殊情况或为了特殊目标，央行才会对市场进行干预，干预手段对汇率的作用往往是短期的。

⑤ 中国经济实力。一国经济实力的强弱是奠定其货币汇率高低的基础。中国强大的经济实力，是人民币币值稳定和坚挺的物质基础，使得外汇市场对人民币有一定信心。反之，若我国经济实力弱，人们对人民币失去信心，则人民币将会对外不断贬值。

⑥ 公众预期。若公众预期人民币汇率继续升值，公众会少持有美元，尽快结汇以减少人民币升值带来的损失，人民币升值的压力会加大，升值步伐也会加快。若公众预期人民币汇率会贬值，则更愿意持有外汇形成外汇存款。

⑦ 美元币值的变化。人民币汇率的定义是人民币对外币的比价，反映了当前人民币和美元购买力之比。前六个影响因素都是从中国的角度出发，但美元的币值变化也会对人民币汇率产生一定影响。在一定的名义汇率水平下，若美元币值下降，人民币币值就相对上升，人民币升值压力就大；若美元币值上升，人民币币值就相对下降，人民币升值压力将下降。

（2）近年来，人民币汇率双向波动增强，主要受国际金融市场条件、境内外汇供求等多种因素共同影响。但是，汇率的长期趋势主要由国内基本面决定，我国经济实力逐步增强，对全球经济的贡献稳步提升，作为世界第二大经济体，未来中国经济发展的巨大潜力将继续为人民币汇率提供根本支撑。

宁波大学2020年434国际商务专业基础试题

一、名词解释(每题5分，共35分)

1. 外包(outsourcing)
2. 价格歧视
3. 绿地投资
4. 套期保值
5. 所有权优势
6. 外汇倾销
7. 内部规模经济

二、简答题(5题，共55分)

1. 小岛清边际产业扩张理论的基本内容是什么？根据该理论，美国与日本两种不同类型的对外投资对本国经济和进出口贸易产生的影响有什么不同？(12分)

2. 什么是要素价格均等化理论？为什么在现实中发达国家与发展中国家工人工资差距那么大？(12分)

3. 跨文化冲突产生的主要原因是什么？(10分)

4. 虽然自由贸易已是众所周知的使世界福利最大化的最优选择，但几乎所有国家都实行某种程度的贸易保护主义政策。这是为什么？(12分)

5. 新产品的开发对于企业有哪些重要意义？(9分)

三、案例分析题(每题15分，共30分)

1. 据新华社消息，中国国务院总理李克强当地时间11月4日上午在泰国曼谷出席第22次东盟与中日韩(10+3)领导人会议时指出，区域全面经济伙伴关系协定(RCEP)15个成员国已结束全部文本谈判以及实质上所有市场准入谈判。这是世界上人口数量最多、成员结构最多元、发展潜力最大的东亚自贸区建设取得的重大突破，必将有力推动区域经济一体化进程，维护自由贸易，提振市场信心。

据悉，RCEP由东盟十国发起，并邀请中国、日本、韩国、澳大利亚、新西兰、印度共同参加，旨在通过削减关税及非关税壁垒，建立16国统一市场的自由贸易协定。若RCEP成功，将涵盖约35亿人口，GDP总和达23万亿美元，占全球总量的1/3，所涵盖区域也将成为世界最大的自贸区。

11月4日，商务部研究院国际市场研究所副所长白明告诉《21世纪经济报道》记者，RCEP完成谈判的时间节点已经数次后延，其中印度是RCEP谈判中的难点。

白明介绍，印度的开放程度相对较低，整体关税水平偏高。印度认为其国内产业发展比较脆弱，其钢铁、汽车等多个行业大多是在政府的保护下发展的，担心开放后对本国冲击比较大。不过，近年来其对开放的态度正在转暖，印度在积极推进南亚合作联盟，同这一区域的国家共同推动降低关税。他认为，随着谈判的推进，一个囊括全球1/2的人口、1/3的GDP、1/4的贸易额、1/5的外资的多边自由贸易协定正在呼之欲出。

根据以上材料，试回答：

(1) RCEP的签署对东亚地区的意义。(6分)

(2) RCEP的签署对中国的意义。(5分)

(3) 为什么印度没有加入？未加入对印度有什么不利影响？(4分)

2. 意大利W公司与中国C公司谈判出售某项技术。由于谈判已进行了一周，但仍进展不快，于是意方代表罗尼先生在前一天做了一次发问后告诉中方代表李先生："我还有两天时间可谈判，希望中方配合，在次日拿出新的方案来。"次日上午中方李先生在分析的基础上拿了一方案，比中方原要求(意方降价 40%)改善 5%(要求意方降价 35%)。意方罗尼先生讲："李先生，我已降了两次价，计 15%，还要再降 35%，实在困难。"双方相互争论、解释一阵后，建议休会下午 2：00 再谈。

下午复会后，意方先要中方报新的条件，李先生将其定价的基础和理由向意方做了解释，并再次要求意方考虑其要求。罗尼先生又讲了一遍其努力，讲中方要求太高。谈判到下午4：00 时，罗尼先生说："我为表示诚意向中方拿出最后的价格，请中方考虑，最迟明天 12：00 以前告诉我是否接受。若不接受我就乘下午 2：30 的飞机回国。"说着把机票从包里抽出在李先生面前显了一下。中方把意方的条件理清后，要求再降 30%，意方表示仍有困难，但可以研究。谈判即结束。

中方研究意方价格后认为还差 15%，但能不能再压价呢？明天怎么答？李先生一方面向领导汇报，与助手、项目单位商量对策，另一方面派人调查第二天下午 2：30 的航班是否有。结果了解到该日下午 2：30 没有去欧洲的飞机，李先生认为意方的最后还价、机票是演戏，判定意方可能还有降价空间。于是在次日 10：00 给意方去了电话，表示："意方的努力，中方很赞赏，但双方距离仍存在，需要双方进一步努力。作为响应，中方可以在意方改善的基础上，再降 5%，即从 30%降到 25%。"意方听到中方有改进的意见后，没有走。

基于上述案例材料，试回答：

（1）意方的戏做得如何？效果如何？（4 分）

（2）意方还有别的方式做戏吗？（4 分）

（3）中方破戏的戏如何评价？（3 分）

（4）意方和中方在谈判的进取性上各表现如何？（4 分）

四、论述题(30 分)

谈谈你对人民币国际化的认识。

宁波大学 2020 年 434 国际商务专业基础试题解析

一、名词解释(每题 5 分，共 35 分)

1. 外包(Outsourcing)是指企业动态地配置自身和其他企业的功能和服务，并利用企业外部的资源为企业内部的生产和经营服务。其方式是将非核心业务下放给专门营运该项运作的外界第三方，原因是为了节省成本、集中精力于核心业务、善用资源、获得独立及专业人士服务等。

2. 价格歧视实质上是一种价格差异，通常是指商品或服务的供给方在向不同消费者提供相同的商品或服务时，收取不同价格的现象。价格歧视理论有几个基本假设：①该产品必须有向下倾斜的需求曲线，即产品的需求与价格呈反比；②不同消费者有不同的需求价格弹性，即消费者对于价格的敏感程度不同；③消费者之间无法进行完全有效的信息沟通，高价承受者无法购买低价产品。满足以上三个条件的垄断厂商可以通过价格歧视获取更高利润。

3. 绿地投资又称新建投资，是指跨国公司等投资主体在东道国境内依照东道国的法律设置的部分或全部资产所有权归外国投资者所有的企业。绿地投资有两种形式：一是建立国际独资企业，其形式有国外分公司、国外子公司和国外避税地公司；二是建立国际合资企业，其形式有股权式合资企业和契约式合资企业。

4. 套期保值又称对冲贸易，是指交易人在买进(或卖出)实际货物的同时，在期货交易所卖出(或买进）同等数量的期货交易合同作为保值。它是一种为避免或减少价格发生不利变动的损失，而以期货交易临时替代实物交易的一种行为。

5. 所有权优势指跨国公司特有的优势，凭借这些优势，跨国公司能够拥有足够的市场影响力以抵消在国外生产的劣势。所有权优势可以是跨国公司特有的产品或生产工艺，比如专利和技术秘密，也可以是商标和商誉等无形资产，还可以是规模经济、专业化生产和资源使用效率方面的优势。它的一个特点是可以在公司内部跨国流动。

6. 外汇倾销指的是利用本国货币对外贬值的机会，向外倾销商品和争夺市场的行为。这是因为本国货币贬值后，出口商品用外国货币表示价格降低，提高了该国商品在国际市场上的竞争力，有利于扩大出口；而因本国货币贬值，进口商品的价格上涨，削弱了进口商品的竞争力，限制了进口。外汇倾销需要一定的条件，主要是本国货币对外贬值速度要快于对内贬值以及对方不进行报复等。

7. 内部规模经济指的是单位产品成本取决于单个厂商的规模而不是其所在的行业规模。内部规模经济主要来源于企业本身生产规模的扩大。由于生产规模扩大和产量增加，分摊到每个产品上的固定成本（管理成本、信息成本、设计成本、科研与发展成本等）会越来越少，从而使产品的平均成本下降。

二、简答题（5题，共55分）

1.（1）边际产业扩张理论也称动态比较优势投资理论，是日本一桥大学教授小岛清于20世纪70年代中期研究发展的。该理论认为，对外直接投资应从对外投资的产业、对外投资的主体、投资国与东道国在投资产业上的技术差距、对外直接投资的企业形式等方面进行研究，选择符合比较成本与比较利润率相对应原则的产业、主体、技术、企业形式进行投资。因此，按照边际产业依次进行对外投资，所带来的结果是：东道国乐于接受外来投资，因为由中小企业转移到国外东道国的技术更适合当地的生产要素结构，为东道国创造了大量就业机会，对东道国的劳动力进行了有效的培训，因而有利于东道国建立新的出口工业基地。与此同时，投资国可以集中发展那些具有比较优势的产业，结果，直接投资的输出输入国的产业结构均更趋合理，促进了国际贸易的发展。

（2）小岛清认为，美国对外直接投资主要分布于拥有比较优势的制造业，这不符合国际分工原则，而且会引起国际收支不平衡和贸易条件恶化。这是因为，拥有比较优势的产业应该把生产基地设在国内，通过产品出口进入国际市场。如果它通过对外直接投资把生产制造活动转移到国外，就会减少本国同类产品的出口量，使本国可以通过出口而保持的巨额贸易顺差丧失殆尽。这种贸易替代型的投资不利于促使国际收支平衡和改善贸易条件。

与美国不同，日本的对外直接投资是偏重于贸易创造型的，即对外直接投资不仅没有替代同类产品的出口，而是带动了本国产品的出口。这主要是因为日本企业能够遵循国际分工原则，充分发挥自己的比较优势。日本到海外投资建厂的企业，一般都是国内已失去比较优势的产业。为维持或扩大原有的生产规模，它们就向具有比较优势的国家和地区投资，在那里建立新的生产和出口基地。而在本国组织生产的企业，则是在国内拥有比较优势的产业，它们可以利用自己的优势扩大产品的出口。这种贸易创造型投资使日本在扩大对外直接投资的同时，保持了巨额国际贸易收支顺差。

2.（1）要素价格均等化理论认为，国际贸易会最终使得生产要素价格在不同国家趋于一致，不仅使得生产要素价格在不同国家的相对价格相等，而且绝对价格也相等。也就是说，发达国家劳动者的工资与发展中国家劳动者的工资不仅是相对的相等，而且是绝对的相等。

（2）但现实世界中，发达国家和发展中国家的劳动者的工资差距却很大。那是因为该理论的存在基于一系列苛刻的假设，我们不难发现有些假设在现实中是无法实现的，也不存在。首先，国际贸易并不完全自由。各国为了实现其经济政治目标，往往会设置一些贸易壁垒，使贸易不能完全自由。其次，生产要素在各国国内也达不到自由流动。一国国内同一生产要素在不同产业的收益也无法达到一致。最后，各国生产技术也不是固定不变的，不同国家间的生产技术也不是完全相同的。

虽然，不像要素价格均等化理论表明的那样生产要素价格在国际间趋于一致，但就某一个领域或者某个行业而言，生产要素价格的差距确实在明显缩小。因此，从这个角度而言，该理论仍有重要的现实意义。

3. 跨文化冲突产生的主要原因有：

(1) 信息理解的差异。不同国家语言不同、文化背景不同对同一信息的翻译理解会产生差异，甚至会得出截然不同的结论。

(2) 沟通形式不同。沟通是人际或群体之间交流信息的过程。不同的文化模式有不同的沟通方式，如果沟通双方来自不同的文化便会存在沟通障碍。

(3) 管理风格不同。一个精明的跨国公司的管理者不仅要具备在本土经营和管理公司的能力，更应具备在不同文化环境中从事综合管理的能力。如果片面地以自我为中心进行管理，死守教条，不知变通，势必导致管理上的失败。

(4) 法律和政策意识。在跨国经营中，许多发达国家法律政策比较完善，如合资企业的经理享有较多的权利。相比之下，有些国家的法律政策不完善，这种情况也容易导致双方的摩擦与冲突。

(5) 民族个性差异。处于不同民族之中的群体及其成员有着特定的价值取向，遵循着特定的风俗习惯和文化规范。人们往往习惯于“自我参照”，根据自身文化的个性和价值观念去解释或判断其他一切群体的行为，因而产生了对异文化的偏见，导致文化冲突。

(6) 思维方式上的差异。不同文化、个人知识背景等因素会形成不同的思维方式，而思维模式的不同使得针对同一问题的看法不同，引发跨文化冲突。

4. (1) 从理论和实践两个角度说，全球贸易自由化是发展的方向，也是大势所趋。理论上，自由贸易是成本最小、收益最大的方式。就国际贸易理论而言，贸易自由化或自由贸易永远都是福利最大化的，任何限制贸易的措施和政策都有损于本国，也有损于他国的福利最大化。然而，现实中几乎并不存在自由贸易，只有极少数国家和地区接近于自由贸易。换言之，绝大多数国家和地区都对国际贸易进行某种程度的干预，而只要干预就必然扭曲商品价格，从而破坏公平贸易的原则。

(2) 这就需要从生产者和消费者两个角度进行解释，消费者会从自由贸易中获利，而国内的生产者由于受到进口商品的冲击，可能会破产。这就出现了一个悖论，即如果按照比较优势进行国际分工，各国只能生产具有比较优势的商品，进口没有比较优势的商品。但是，这样分工的结果会出现两个现象：一个是按成本递增的原理，各国不可能实现完全分工，因此必然存在某些不具有比较优势的领域；另一个是，即使能够实现完全分工，各国都将成为严重依赖他国的国家。因为任何国家都不可能在所有领域均具有比较优势，这是很多国家无法接受的，特别是大国。既然各国需要不具有比较优势商品的行业，就只能通过保护来实现其存在和发展，这就是保护主义的理论依据，其也有合理的一面，它在保护本国生产者的同时也保护了消费者。如果完全按照比较优势进行分工，很多行业和企业都要倒闭，工人都要失业，工人没有了收入，也就谈不上消费了，进口也就不会增加。

5. 新产品开发是企业持续发展的核心动力，对其生存与增长具有多维度战略意义。

(1) 提升市场竞争力。在动态市场环境中，消费者需求不断变化，新产品能帮助企业满足未被满足的需求，抢占市场空白。例如，通过技术升级或功能创新，企业可差异化竞争，避免陷入同质化价格战，巩固市场份额。

(2) 开辟新的收入来源。单一产品依赖会增加经营风险，而新产品能拓展营收渠道，平衡业绩波动。无论是延伸产品线还是跨界创新，都可能创造新的利润增长点，尤其在原有市场饱和时，为企业注入增长活力。

(3) 推动技术与流程创新。新产品开发往往伴随研发投入，倒逼企业提升技术能力，优化生产流程。这种创新溢出效应不仅提升产品质量，还能降低成本，增强整体运营效率，形成长期竞争优势。

(4) 适应战略转型与风险分散。市场趋势更迭(如数字化、绿色经济)要求企业主动调整产品结构。通过新产品布局，企业可提前布局新兴领域，降低对传统业务的依赖，增强抗风险能力，实现可持续发展。

总之，新产品开发既是企业应对市场变化的“防御手段”，也是主动创造机会的“进攻策略”，是平衡短期业绩与长期战略的关键纽带。

三、案例分析题(每题 15 分，共 30 分)

1. (1) RCEP 的签署对东亚地区的意义如下：

① RCEP 将有力提振各方对经济增长的信心。在当前全球经济面临困难的背景下，RCEP 自贸区的建

成发出了反对单边主义和贸易保护主义、支持自由贸易和维护多边贸易体制的强烈信号，必将有力提振各方对经济增长的信心。

② RCEP 将显著提升东亚区域经济一体化水平。RCEP 自贸区的建成是东亚区域经济一体化新的里程碑，将显著优化域内整体营商环境，大幅降低企业利用自贸协定的制度性成本，进一步提升自贸协定带来的贸易创造效应。RCEP 还将通过加大对发展中和最不发达经济体的经济和技术援助，逐步弥合成员间发展水平差异，有力促进区域协调均衡发展，推动建立开放型区域经济一体化发展新格局。

③ RCEP 将促进区域产业链、供应链和价值链的融合。RCEP 成员之间经济结构高度互补，域内资本要素、技术要素、劳动力要素齐全。RCEP 使成员国间货物、服务、投资等领域市场准入进一步放宽，原产地规则、海关程序、检验检疫、技术标准等逐步统一，将促进域内经济要素自由流动，强化成员间生产分工合作，拉动区域内消费市场扩容升级，推动区域内产业链、供应链和价值链进一步发展。

（2）RCEP 的签署对中国的意义如下：

① RCEP 将成为新时期我国扩大对外开放的重要平台。RCEP 一体化大市场的形成将释放巨大的市场潜力，进一步促进区域内贸易和投资往来，这将有助于我国通过更全面、更深入、更多元的对外开放，进一步优化对外贸易和投资布局，不断与国际高标准贸易投资规则接轨，构建更高水平的开放型经济新体制。

② RCEP 将助力我国形成国内国际双循环新发展格局。RCEP 将促进我国各产业更充分地参与市场竞争，提升在国际国内两个市场配置资源的能力。这将有利于我国以扩大开放带动国内创新、推动改革、促进发展，不断实现产业转型升级，巩固我国在区域产业链供应链中的地位，为国民经济良性循环提供有效支撑，加快形成国际经济竞争合作新优势，推动经济高质量发展。

③ RCEP 将显著提升我国自由贸易区网络“含金量”。RCEP 签署后，我国对外签署的自贸协定，将达到 19 个，自贸伙伴将达到 26 个。通过 RCEP，我国与日本建立了自贸关系，这是我国首次与世界前十的经济体签署自贸协定，是我国实施自由贸易区战略取得的重大突破，使我国与自贸伙伴贸易覆盖率增加至 35%左右，大大提升我国自贸区网络的“含金量”。

（3）① 印度不加入 RCEP 的具体原因包括以下几个方面：

首先，担心经济受冲击。目前，印度同 RECP 十五个成员国中的十一个国家都有贸易赤字，原因是印度制造业薄弱，生产规模小、分散，产品价格高，没有国际竞争力。

其次，担心中国主导 RCEP。在 RCEP 成员国中，中国是最大的经济体。印度有关人士都认为，RCEP 会被中国主导，或者担心中国借 RCEP 进一步扩大地区影响力。

第三，印度是选举政治，也是利益博弈的政治，其对外政策受多重因素的影响。目前，印度国内不仅政治分裂严重，而且经济没有形成统一的市场，要与中日韩等国竞争信心不足。在是否加入 RCEP 问题上，其国内一直有不同声音。

第四，经济增速下降。目前，印度经济下滑严重，国内保护主义呼声高涨。2020 年，受疫情影响，印度经济增长率创下几十年以来的新低。

第五，为追随“印太战略”留下空间。目前，在地区合作框架中，除 RCEP 外，美国等国家积极拉拢印度加入“印太战略”，脱欧的英国也希望与印度签署自贸协定。

② 未加入 RCEP 对印度的不利影响：

首先，不加入 RCEP 不利于印度经济发展。

其次，不利于印度“东进”战略的深化。

第三，不利于亚太地区的团结协作和互利共赢。

第四，增加印太地区的不确定性。

2.（1）意方的戏做得不好，威胁战略失败后，意方采用的谈判策略是最后通牒策略，该例反映意方通过“最后通牒”策略压制中方价格欲望，使自己仍在不错的条件下拿到合同。但意方也有缺陷，“机票”显示的航班不实，被中方抓住了破绽，又失去了部分策略效力。意方的戏做得不好，效果也没达到。

（2）若仍以机票为道具，则应把时机改成确有回意大利航班的时间，至少有顺路航班的时间。若为表示“最后通牒”，可以把包合上，丢下一句：“等贵方的回话”，即结束谈判，效果会更好。或仍用原话但不讲“若不接受，我就乘下午 2∶30 的飞机回国”的话。

（3）中方破戏的方法不错。中方通过实际调查得知无返回欧洲航班，这一做法是明智的，没有被对方的做法吓到，这么做，可以增加谈判信心，觉得有机会再降价，避免因高价买入，造成公司财务损失，有助于以后对立场进行阐述，增加议价空间。中方通过成功调查，破解了意方的威胁战术，有助于取得满意的价格，增强了谈判信心，也激发了中方进行讨价还价的欲望。

（4）双方均有进取性，但中方表现更好。中方在让步及目标的调整上紧紧抓住对方“最后通牒”的虚伪性，从心理上，做法上具有针对性。中方与意方开始谈判时，价格差距较大，但是，中方不气馁，不浮躁，没有被对方的威胁所吓倒，并且，通过调查，识破了对方的骗局；最后，意方在无计可施的情况下，陷入被动，中方也出于友好合作原则，对前期报价有所改进，没有使对方感到难堪。以至于对以后的成功成交埋下了伏笔。双方通过不断磨合最终取得了理想方案。

四、论述题(30 分)

（1）人民币国际化是指人民币能够跨越国界，在境外流通，成为国际上普遍认可的计价、结算及储备货币的过程。尽管目前人民币境外的流通并不等于人民币已经国际化了，但人民币境外流通的扩大最终必然导致人民币的国际化，使其成为世界货币。

（2）人民币国际化对我国的正面效应包括：

① 提升中国国际地位，增强中国对世界经济的影响力。美元、欧元、日元等货币之所以能够充当国际货币，是美国、欧盟、日本经济实力强大和国际信用地位较高的充分体现。人民币实现国际化后，中国就更强，拥有了一种世界货币的发行和调节权，对全球经济活动的影响和发言权也将随之增加。同时，人民币在国际货币体系中占有一席之地，可以改变目前处于被支配的地位，减少国际货币体制对中国的不利影响。

② 减少汇价风险，促进中国国际贸易和投资的发展。对外贸易的快速发展使外贸企业持有大量外币债权和债务。由于货币敞口风险较大，汇价波动会对企业经营产生一定影响。人民币国际化后，对外贸易和投资可以使用本国货币计价和结算，企业所面临的汇率风险也将随之减小，这可以进一步促进中国对外贸易和投资的发展。同时，也会促进人民币计价的债券等金融市场的发展。

③ 进一步促进中国边境贸易的发展。边境贸易和旅游等实体经济发生的人民币现金的跨境流动，在一定程度上缓解了双边交往中结算手段的不足，推动和扩大了双边经贸往来，加快了边境少数民族地区经济发展。另外，不少周边国家是自然资源丰富、市场供应短缺的国家，与中国情况形成鲜明对照。人民币流出境外，这对于缓解中国自然资源短缺、市场供应过剩有利。

④ 获得国际铸币税收入。实现人民币国际化后最直接、最大的收益就是获得国际铸币税收入。铸币税是指发行者凭借发行货币的特权所获得的纸币发行面额与纸币发行成本之间的差额。在本国发行纸币，取之于本国用之于本国。而发行世界货币则相当于从别国征收铸币税，这种收益基本是无成本的。

（3）人民币国际化对我国的挑战：

① 对中国经济金融稳定产生一定影响。人民币国际化使中国国内经济与世界经济紧密相连，国际金融市场的任何风吹草动都会对中国经济金融产生一定影响。特别是货币国际化后，如果本币的实际汇率与名义汇率出现偏离，或是即期汇率、利率与预期汇率、利率出现偏离，都将给国际投资者以套利的机会，刺激短期投机性资本的流动，并可能出现像 1997 年亚洲金融危机时产生的“群羊效应”，对中国经济金融稳定产生一定影响。

② 增加宏观调控的难度。人民币国际化后，国际金融市场上将流通一定量的人民币，其在国际间的流动可能会削弱中央银行对国内人民币的控制能力，影响国内宏观调控政策实施的效果。

③ 加大人民币现金管理和监测的难度。人民币国际化后，由于对境外人民币现金需求和流通的监测难度较大，将会加大中央银行对人民币现金管理的难度。同时人民币现金的跨境流动可能会加大一些非法活动如走私、赌博、贩毒的出现。

上海财经大学 2020 年 434 国际商务专业基础试题

一、名词解释(每题 6 分，共 30 分)

1. 转口贸易
2. 比较优势
3. 绿地投资
4. 特别提款权
5. 公司核心竞争力

二、简答题(每题 10 分，共 40 分)

1. 最惠国待遇和国民待遇的异同。
2. 简述中国出口企业对外投资的优势。
3. 简述绝对购买力平价理论和相对购买力平价理论。
4. 简述政治风险及其主要种类和管理策略。

三、论述题(每题 20 分，共 80 分)

1. 阐述出口补贴型的战略性贸易政策理论。
2. 结合实际分析改革开放 40 周年以来中国引进外商投资的正负效应。
3. 2017 年，中美贸易逆差有三千多亿，分析长期的贸易逆差形成的原因，并分析逆差下降是否会给美国整体以及相关经济领域带来福利。
4. 论述跨国公司内部贸易的特征、种类和影响。

上海财经大学 2020 年 434 国际商务专业基础试题解析

一、名词解释(每题 6 分，共 30 分)

1. 转口贸易又称中转贸易，指国际贸易中进出口货品的生意，不是在生产国与消费国之间直接进行，而是通过第三国易手进行的买卖。这种贸易对中转国来说即是转口贸易。贸易的货品能够由出口国运往第三国，在第三国不通过加工再销往消费国；也能够不通过第三国而直接由生产国运往消费国，但生产国与消费国之间并不发生贸易联系，而是由中转国分别同生产国和消费国发生贸易。由于中国是世界上遭遇反倾销最多的国家，所以这种贸易形式，也几乎变成躲避贸易制裁的专用方式之一。

2. 比较优势是指，如果一个国家在本国生产一种产品的机会成本(用其他产品来衡量)低于在其他国家生产该产品的机会成本的话，则这个国家在生产该种产品上就拥有比较优势。各生产单位对资源的占有、分配和利用等情况的差别，导致了比较优势的产生。而比较优势造成的差别直接导致了生产产品的专业化和贸易的产生。这种专业化的结果是，当每个人都能够专门地从事自己最擅长的事情时，生产就会变得更加有效率，从而整个社会可创造的物质财富总量与其整体的经济福利便会有所增加。专业化所带来的总产量增量，就是贸易的好处，那么，贸易的进行，也就由此变得顺理成章。

3. 绿地投资又称创建投资，是指跨国公司等投资主体在东道国境内依照东道国的法律设置的部分或全部资产所有权归外国投资者所有的企业。创建投资会直接导致东道国生产能力、产出和就业的增长。绿地投资作为国际直接投资中获得实物资产的重要方式是源远流长的。早期跨国公司的海外拓展业务基本上都是采用这种方式。绿地投资有两种形式：一是建立国际独资企业，其形式有国外分公司、国外子公司和国外避税地公司；二是建立国际合资企业，其形式有股权式合资企业和契约式合资企业。

4. 特别提款权(special drawing rights，SDRs)是国际货币基金组织创立的用于进行国际支付的特殊手段，它是一种储备资产和记账单位。特别提款权目前主要用美元、欧元、英镑、日元和人民币等 5 种货币定值。它作为会员国原有普通提款权以外的一种使用资金的特别权力，以补充储备资产的不足。特别提款权可用于政府间的结算，或向其他成员国换取外汇，弥补国际收支逆差，偿还向国际货币基金组织借的贷款和利息，但不能兑换黄金或直接用于贸易或非贸易支付。

5. 公司核心竞争力是一个企业能够长期获得竞争优势的能力。在美国学者普拉哈拉德和海默看来，核心竞争力首先应该有助于公司进入不同的市场，它应成为公司扩大经营的能力基础。其次，核心竞争力对创造公司最终产品和服务的顾客价值贡献巨大，它的贡献在于实现顾客最为关注的、核心的、根本的利益，而不仅仅是一些普通的、短期的好处。最后，公司的核心竞争力应该是难以被竞争对手所复制和模仿的。

二、简答题(每题 10 分，共 40 分)

1.（1）最惠国待遇，是国际经济贸易关系中常用的一项制度，是国与国之间根据某些条约规定的条文，在进出口贸易、税收、通航等方面互相给予优惠利益、提供必要的方便、享受某些特权等方面的一项制度，又称“无歧视待遇”。国民待遇原则指在民事权利方面一个国家给予在其国境内的外国公民和企业与其国内公民、企业同等待遇，而非政治方面的待遇。

（2）最惠国待遇与国民待遇原则的区别表现在：

① 最惠国待遇必须由条约规定，不能由国内立法规定。而国民待遇既可以在国内立法中也可以在国际条约中规定。

② 最惠国待遇的受惠国可以根据最惠国条款的规定，自动取得与第三国同等的待遇，无须再与施惠国订立新条约或再作请求。而国民待遇不涉及第三方，而且需要在法律或条约中明确规定。

③ 最惠国待遇的适用范围一般限制在经济贸易领域，通过自然人、法人、货物、商船等所享受的待遇表现出来。而国民待遇的适用范围一般是在物权、债权、婚姻家庭、财产继承等民事关系方面。

④ 最惠国待遇的作用是保证在国内的有关各外国公民和法人的民事权利地位平等，从而排除或防止某一外国的公民和法人的权利地位低于第三国公民或法人。而国民待遇是以国人的待遇为标准，作用是使在国内的外国人在某些领域与国人的民事法律地位相同。

2. 中国出口企业对外投资的优势有：

（1）现阶段国内外经济发展形势有利于中国企业开展对外直接投资

① 中国当前的对外开放，从靠贸易量的提高、进出口促进 GDP，转向参与国际分工，通过国际市场配置经济资源。

② 政治环境相对稳定，政府鼓励企业走出国门。

③ 经济全球化，中国加入 WTO 以及国际间产业转移，对外直接投资适应中国对外开放的发展要求。

（2）中国企业的竞争优势

① 我国大型企业的优势。改革开放以来，国内一批大型公司凸显，多年的生存发展，这些企业具有了相对雄厚的技术资金实力，不断吸收高水平管理人才和高科技人才、先进理念；另一方面，中国大型企业踊跃进入部分发达国家和发展中国家，寻求更广泛的市场或资源进行投资。某种程度上来说，这些大型企业已具备了国际生产折衷理论所阐述的所有权和区位优势。

② 中国中小型企业的优势。中国大量中小型企业从事劳动密集型生产，逐渐掌握和积累了一系列生产技术和方法，可凭借低成本优势实行产品低价营销策略。

3. 购买力平价是指两种货币之间的汇率决定于它们单位货币购买力之间的比例。购买力平价的表达方式有两种：绝对购买力平价和相对购买力平价。

（1）绝对购买力平价反映的是某一时点上汇率的决定，认为两国货币之间的汇率可以表示为两国货币的购买力之比。用公式表述为：

$$e=\frac{P}{P^*}$$

其中，e 表示直接标价法下的汇率；P 表示本国可贸易商品的价格水平；P^* 表示外国可贸易商品的价格水平。

（2）相对购买力平价反映的是不同国家的货币购买力之间的相对变化，是汇率变动的决定因素。其计算公式为：

$$e_t = \frac{PI_{d,\ t}}{PI_{f,\ t}} \cdot e_0$$

其中，$PI_{d,\ t}$ 和$PI_{f,\ t}$ 分别是本国和外国在 t 期的物价指数的变动；e_0 是基期的汇率；e_t 是计算期的汇率。相对购买力的含义是：尽管汇率水平不一定能反映两国物价绝对水平的对比，但可以反映两国物价的相对变动。物价上升速度较快的国家，其货币就会贬值。

4.(1) 政治风险是东道国的政治环境或东道国与其他国家之间政治关系发生改变而给外国投资企业的经济利益带来的不确定性。政治风险主要包括：

① 征收风险。这是指东道国政府对外资企业实行征用、没收或国有化的风险。东道国中央、地方政府不公开宣布直接征用企业的有形财产，而是以种种措施阻碍外国投资者有效控制、使用和处置本企业的财产，使得外国投资者的股东权利受到限制等而构成事实上的征用行为。

② 汇兑限制风险。这是由于东道国国际收支困难而实行外汇管制，禁止或限制外商、外国投资者将本金、利润和其他合法收入转移到东道国境外。

③ 战争和内乱风险。这类风险指东道国发生革命、战争和内乱，致使外商及其财产蒙受重大损失，直至无法继续经营。

④ 政府违约风险。这是指东道国政府非法解除与投资项目相关的协议或者非法违反或不履行与投资者签订的合同项下的义务。

(2) 政治风险的管理策略有：

① 正确评估东道国的政治环境。政治风险可能对投资造成重大的损害，跨国企业因海外投资金额与分布点遍及各地，在运作上对政治风险考量格外注重，经常由专家小组进行风险分析，并找出避险方案以应对。

② 采取风险分散化的方法：

(a) 风险转移。风险转移是将风险转移到企业外部或将风险外部化，企业可以通过合营、许可贸易、分包、租赁等方法，让更多的本土企业参与到企业的经营活动中来，不仅可以在发生政治风险时将风险转移，而且有助于减小来自经济、民族主义方面的风险。

(b) 本地融资。在东道国内寻求股票和债务融资渠道。这样做既可以使东道国的相关领域受益，又使东道国政府不情愿做出对公司不利的行为，因为东道国对外国公司的干预将会使东道国政府或其金融机构遭受经济上的损失。

(c) 员工本土化。每一个国家和地区都有自己的文化特性，善用当地的员工并提升当地员工为管理人员可以更好地使公司尊重当地的风俗习惯，融入当地的社会生活。而当企业遭到政治风险时，很有可能造成当地的员工失去工作机会，这会迫使当地的劳工组织同政府交涉，让当地政府不得不重新考虑自己的政策。

③ 购买保险。把被保险人的政治风险转移给保险人，从而减少损失。随着产品市场和单个国家经济全球化进程的发展，要求提供减少政治风险机制的需求日益增强，一些国际组织，单个国家政府以及私营保险公司现在都可以提供政治风险的承保业务。

三、论述题(每题 20 分，共 80 分)

1. 加拿大经济学家布兰德和斯宾塞认为：在不完全竞争条件下，出口补贴的效应不同于在完全竞争条件下所考察的出口补贴效应。如果市场结构是寡头垄断的，那么出口补贴可提高本国企业在国际市场上的市场占有率，从而使本国企业获得更多的超额利润。若新增的利润能够抵消出口补贴的成本，那么实行出口补贴就可提高本国福利。

我们把考察对象分别称为 H 国和 F 国，假设世界市场(不包括 H 和 F 两国国内市场)上只有分别来自 H 国和 F 国的两个厂商，即世界市场是双寡头结构。另外假设两个厂商的决策变量为产量或销售量，这样问题就变成了古诺模型所讨论的问题。在寡头市场条件下，每个厂商的决策都取决于其对竞争对手情况的判断。这里我们采用厂商的反应曲线来说明寡头市场均衡的决定。在图 1 中，横轴表示 *H* 国厂商在世界市场的销售量，纵轴表示 F 国厂商在世界市场的销售量；曲线 HH' 与 FF' 分别表示 H 国和 F 国厂商的反应曲线。HH' 与 FF' 两条曲线的交点 E 是古诺均衡点。对应于 E 点，H 国和 F 国都厂商的均衡销售量分别是 $q_H{}^0$、$q_F{}^0$。也就是说，在这一点上，每个厂商都不愿再改变其选择。均衡时，每个厂商都获得一部分超额利润，至于所得利润的多寡则取决于每个厂商的市场份额。销售量越大或市场份额越高，则厂商获得的利润就越多。

现在假设 H 国的厂商为了提高利润，向政府求助。假设 H 国政府对本国出口商提供补贴，则本国厂商的实际边际成本将低于其生产中的边际成本，两者之间的差额等于单位补贴金额。此时，H 国厂商再增加产出与销售量，虽然价格下降导致其边际收益降低，但由于边际成本也下降了，所以增加出口可使 H 国厂商获得更多的利润。与此同时，F 国厂商的利润也将受到影响，为了抵消因价格下降而导致的利润下降，F 国厂商不得不减少产量与销售量，以促使价格有所回升，减少其利润损失。

如图 1 所示，政府提供出口补贴后，H 国厂商的反映曲线将向右移，新的反映曲线与 F 国厂商的反映曲线相交于 E' 点。对应于新的均衡点，H 国厂商的产出与销售量扩大到 $q_H{}^1$，而 F 国厂商的产出与销售量减少到 $q_F{}^1$。补贴后，H 国厂商的利润比之前增加了，但 F 国厂商的利润则下降了。因此，在这种情况下，H 国厂商利润的增加是以 F 国厂商利润的损失为代价的，所以这也属于一种“利润转移”或“抽取租金”的行为。

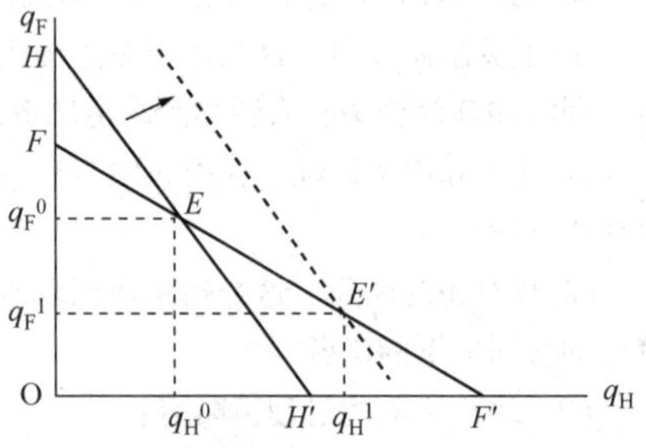

图 1　出口补贴促进出口模型

出口补贴对 H 国的福利影响有两方面：一是增加本国厂商的利润；二是增加了政府支出。由于不考虑国内市场，所以出口补贴对国内消费者福利没有直接的影响。如果本国厂商利润的增加超出政府补贴，那么本国福利将会改善。也就是说，在这种情况下，本国实行贸易保护要优于自由贸易。

2. 自从改革开放以来，我国利用外资取得了长足稳健的发展。随着近几年我国的投资环境和市场运行环境日益改善，吸引了越来越多的外商来我国投资。我国改革开放以来引进外资的正负效应如下：

（1）引进外资的正效应

① 弥补了建设资金之不足。外资已成为我国经济繁荣和发展的重要源泉之一。

② 推动了产业升级和产品换代。国际直接投资带来的先进实用技术，填补了国内不少产业和产品的空白，使一大批老企业的技术装备得到改善，产品实现了升级换代，缩小了与世界水平的差距。

③ 引进了国际先进的管理经验。外商的直接投资，尤其是国际知名跨国公司的在华投资，带来了生产管理、人事管理、财务管理以及经营销售等各方面比较先进的管理经验，为国内其他企业提供了可资借鉴的范例。

④ 增加了就业机会和财政收入。据不完全统计，截至 2000 年 8 月底，在外商投资企业中就业的中国员工达 2300 万人，占到全国城镇职工人数的 15%。中国 GNP 的年增长率中，有 2 至 3 个百分点源于外资。

⑤ 推动了中国经济的国际化进程。外资企业进入中国，带来了他们在资本市场、技术开发、营销网络、管理人才与管理经验等方面的国际联系，开拓了外贸产品的出口渠道，提高了中国商品的国际竞争能力。

⑥ 有助于中国建立和完善社会主义市场经济体制。外资企业采用国际通行的组织形式，导入了市场竞争机制。大量外资企业的出现，要求政府管理部门建立起一整套运用利率、税收、汇率与法律规范调控经济的新型管理机制和协调体系，促进了政府职能的转变。

（2）引进外资的负效应

① 对国内民间资本的挤出效应。首先，外商投资将导致对国内资本和其他生产要素的占用、对国内市场的垄断，进而阻碍国内投资的可持续增加，这是外商投资产生挤出效应的根本原因。其次，流入外资的投向、来源与技术特征等是外商投资产生挤出效应的直接原因。

② 超国民待遇的不平等竞争问题。长期以来，中国对外资企业贯彻“税负从轻、优惠从宽、手续从简”

的原则，普遍地给予外资企业税收优惠待遇。外资企业在职工工资的税收抵扣方面也享受了特殊的优惠，内资企业则要同时缴纳个人所得税和企业所得税。超国民待遇引起的不公平竞争对内资企业产生了很大冲击，对外资进入也起到了不合理的引导作用。

③ 影响国际收支，加剧通货膨胀。外资的大量流入将导致国际收支的不平衡，并可能导致通货膨胀。

④ 技术水平低、环境污染问题突出。在外资流入拉动中国经济增长的同时，一些高污染产业也纷纷转移过来，造成局部地区的环境恶化和经济的不可持续增长。

⑤ 导致国民财富流失与财政收入减少。在利用外资的过程中，过多的政策优惠以及管理和制度上的缺陷，导致国民财富流失和财政收入减少现象十分严重。

3.（1）中美贸易逆差的原因是：

① 美元的"特里芬难题"是导致美国贸易逆差的内在原因。如果美国不放弃美元国际货币功能，仅仅依靠削减从其他国家的进口规模和本国的再工业化战略，美国贸易平衡问题仍然难以从根本上得到化解。

② 美国的贸易赤字与其自身"制造业空心化"密切相关。目前造成中国对美国商品贸易巨大顺差的根源之一在于：中国还处于工业化时期，而美国已经进入后工业化时期。美国经济逐渐向金融和服务业为主转型，制造业岗位不断向海外转移，而美国本土只保留研发与设计等价值链上游产业。

③ 美国贸易逆差是国民低储蓄文化、高消费习惯长期累积的必然结果。美国的消费意愿始终大于储蓄意愿，在世界范围内的贸易赤字已成为常态；而中国的储蓄率常年处于高水平，进一步拉大了两国贸易差额。

④ 全球价值链和产业链的垂直分工和横向转移加大了中国对美国贸易顺差。美国对华逆差实质上反映的是对出口产品整个价值链和产业链相关的所有国家和地区的逆差。

⑤ 现行国际贸易统计制度和中美两国在统计方式上的差异在一定程度上夸大了中国对美贸易顺差。

⑥ 美国对中国实行高新技术产品出口限制也扩大了美国对华贸易逆差。这是长期存在的问题，由全球价值链上两国的分工格局决定，只要分工格局不变，则贸易不平衡的局面不会改变，无法通过单纯的贸易政策调整消除。

（2）贸易逆差减少并不等同于贸易福利增加，同时减少对中国的贸易逆差不会改变美国总体贸易收支状况。双边贸易结构反映基于各国比较优势的国际劳动分工，一国从贸易中获得的收益并非只来源于顺差。例如，美国进口铝产品导致了贸易逆差，但更便宜的进口铝材料会促进美国飞机出口。因此，限制铝产品进口不仅会伤害美国飞机出口，也会降低国际劳动分工的效率。

4.（1）跨国公司体系内部的国际化市场包括三种类型的交易：

① 母公司对国外子公司的销售。

② 国外子公司对母公司的销售。

③ 同一跨国体系内子公司之间的交易。

（2）跨国公司内部贸易是一种特殊形式的国际贸易，其核心特点有两个：

① 实行计划性管理。公司内部贸易的计划性主要是指内部贸易的商品数量、商品结构以及地理流向等要受公司长远发展战略计划、生产投资计划、市场营销计划和利润分配计划的控制和调节。跨国公司实施内部贸易计划管理的目的是，调节公司内部的资源配置，使之不断适应公司发展战略和外部环境变化的要求，在激烈竞争环境中立于不败之地。

② 实行转移价格。实行转移价格有助于克服公司内部分工的统一性与各部门利益不一致性的矛盾。海外子公司采取的是多样化股权形式，使得母公司与各子公司之间形成多样化、多层次的经济关系。这种经济利益的差异性必然导致跨国公司的总体利益与各子公司的局部利益之间的矛盾和冲突。跨国公司实行转移价格是克服这一矛盾的有效方法。转移价格使整个公司的经营活动在全球战略目标指导下实现内部交换，并在协调的基础上使各自的利益得到满足。以上两个特点决定了跨国公司内部贸易运作的核心是投资决策和转移价格的制定。

（3）跨国公司内部贸易对国际贸易的影响：

① 降低交易成本。跨国公司内部贸易是在跨国公司内部母公司以及子公司和子公司之间进行的，由母

公司统一组织协调和管理，从而可以降低各种交易成本。

② 消除外部市场的不确定性。公司内部贸易经常发生在市场集中程度高的行业或领域。跨国公司通过公司内部贸易不仅可稳定地维持并扩大自己的市场份额，并且使新的公司进入市场参与竞争更为困难。

③ 防止技术优势流失。公司内部贸易为跨国公司内部各部门之间的技术转移和交流提供了有效的通道。这样跨国公司既可以保持技术垄断，又可以实现跨国公司国际化生产和服务体系对新技术和新工艺的需要。

④ 利用转移价格获取额外收益。跨国公司是通过内部转移价格取代了外部市场的公平交易价格。转移定价一方面是跨国公司组织与管理内部市场、实施资源配置的必要工具，另一方面转移定价可以作为逃税和规避风险的手段，母公司可以压低子公司产品的销售价格，使其利润减少到最低限度，而提高在低税率国家的子公司产品的销售价格，从而降低公司的纳税总额，使利润提高到最高限度。

西南财经大学 2020 年 434 国际商务专业基础试题

一、简答题(每题 10 分，共 20 分)

1. 简述非股权投资的定义及类型。
2. 简述国际货币体系的内涵及类型。

二、简述题(每题 15 分，共 105 分)

1. 简述小国和大国的关税福利效应。
2. 简述影响国际营销的社会文化因素。
3. 简述交易风险和折算风险的内涵，以及规避这两类风险的主要手段。
4. 简述外汇市场的作用及主要特征。
5. 简述电子商务带来的国际贸易的创新方式。
6. 简述跨国并购相较于绿地投资的主要优势。
7. 简述内部化理论的假设及其核心内容。

三、论述题(25 分)

论述金融开放对我国金融业产生的积极和消极影响，以及应对消极影响所采取的措施。

西南财经大学 2020 年 434 国际商务专业基础试题解析

一、简答题(每题 10 分，共 20 分)

1. 非股权安排是 20 世纪 70 年代以来逐渐被广泛采用的一种国际市场进入方式，主要是指跨国公司在东道国中不参与股份，而是通过与股权没有直接联系的技术、管理、销售等为东道国提供各种服务，与东道国保持着密切联系，并从中获取各种利益。非股权安排主要有许可证合同、管理合同、产品分成合同、“交钥匙”工程、咨询服务合同等常用形式。

(1) 许可证合同：是指跨国公司与东道国公司就技术转让和使用问题所签订的合同。许可证合同具体可分为独占许可证合同、普通许可证合同、排他许可证合同、从属许可证合同等。

(2) 管理合同：是指跨国公司通过合同在不涉及股权参与情况下，向东道国企业提供综合性服务，在合同有效期内按规定提供各项服务和收取相应的报酬。

(3) 产品分成合同：签订这种合同的跨国公司起着一个承包商的作用，即东道国出钱，跨国公司替东道国公司购买设备和进行投资，并实施管理，跨国公司不占股权，但要与东道国在一个预先商定的分配方案的基础上分享公司的产品，以作为这种非股权安排的报酬。

(4) 交钥匙工程：指跨国公司为外国企业或外国政府从事工程建设，在工程完工后，跨国企业负责试生产，在保证工程开工后的产品产量、质量等指标达到合同规定标准后，才将工程移交给工程的主人。

(5) 咨询服务合同：由跨国公司与东道国企业相互签订。合同中规定，跨国公司负责解决东道国企业提出的技术课题，或提供各种技术服务，并以此获取技术咨询费作为技术投资的报酬。

2. 国际货币体系也称作国际货币制度，指在国际经济关系中，为满足国际间各类交易的需要，各国政府对货币在国际间的职能作用及其他相关国际货币金融问题所制定的协定、规则和建立的相关组织机构的总和。国际货币体系可划分为三种类型：国际金本位制度、布雷顿森林体系和牙买加体系。

(1) 国际金本位制度是以黄金作为国际储备货币或国际本位货币的国际货币制度，它大约形成于 1880 年末，到 1914 年第一次世界大战爆发时结束。其特点是各国货币之间的汇率由各自的含金量比例决定，黄金可以在各国间自由输出输入，国际收支具有自动调节机制。

(2) 布雷顿森林体系是二战结束至1973年间的国际货币体系，其实质是建立一种以美元为中心的国际货币体系，基本内容包括美元与黄金挂钩、国际货币基金会员国的货币与美元保持固定汇率。

(3) 牙买加体系是1974年以来的国际货币体系，其主要内容包括黄金非货币化、浮动汇率制度、国际储备多元化。

二、简述题(每题15分，共105分)

1. (1) 小国征收关税的经济效应

如果一国某商品的进口额占世界总额的比重很小，其进口量的改变不足以影响世界市场价格，这个国家就只能是世界价格的接受者，就称该国为贸易小国。这样的贸易小国在征收关税后，进口商品国内价格上涨的幅度将等于关税税率，关税全部由进口国消费者负担。贸易小国的关税经济效应如图1所示。图1中 D 为国内需求曲线，S 为国内供给曲线。$P_{w(free)}$ 为自由贸易条件下的国际价格，Q_1Q_2 为此条件下的进口；P_t 为征收关税时的国内价格，Q_3Q_4 为征收关税后的进口。

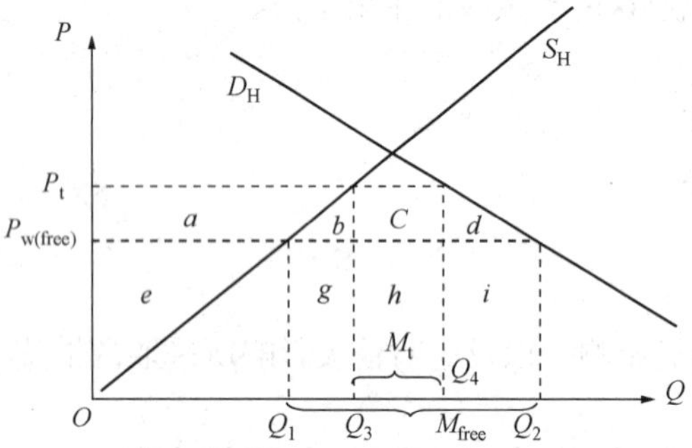

图1 贸易小国的关税经济效应

贸易小国的经济效应如下：

① 价格效应。进口国的价格由 P_w 上升为 P_t。

② 消费效应。国内的消费量降低，需求由 Q_2 降到 Q_4，关税给消费者带来损失，损失为 $a+b+c+d$ 的面积。由于关税，国内消费者减少消费，降低了物资福利水平。

③ 生产效应。国内价格上升，供给由 Q_1 增到 Q_3。关税给生产者带来好处，其好处为 a 的面积。征收关税，使国内一部分资源从生产有优势的出口行业，转移到相对劣势的进口行业，造成资源配置效率的下降。

④ 贸易效应。商品进口由 Q_1Q_2 减少为 Q_3Q_4，这就是征收关税的贸易效应。

⑤ 财政收入效应。征收关税给国家带来了财政收入，只要关税没有提高到禁止关税的水平，就会给进口国带来关税收入，用 c 的面积表示。

⑥ 收入再分配效应。征收关税使消费者的收入再分配，生产者利益的增加是由消费者收入的减少转化而来的。国家税收也增加了。

⑦ 净福利效应。福利效应的净值为 $-(b+d)$，说明小国征税使福利水平降低。这部分损失也称为保护成本，其中 b 为生产扭曲，是因为资源配置效率下降引起的损失；d 为消费扭曲，是消费者剩余的净损失。

综上可见，对小国而言，最优的贸易政策是不征收关税，自由贸易是最好的贸易政策。

(2) 大国征收关税的经济效应

如果一个国家是某种商品的贸易大国，其进口量的变化会引起国际价格的改变。贸易大国对某种商品征收关税后，其经济效应如图2所示。

图中 D_H 为国内需求曲线，S_H 为国内供给曲线。$P_{w(free)}$ 为自由贸易条件下的国际价格，M_{free} 为此条件下的进口；$P_{w(tariff)}$ 为征收关税时的国际价格，M_t 为征收关税后的进口量。

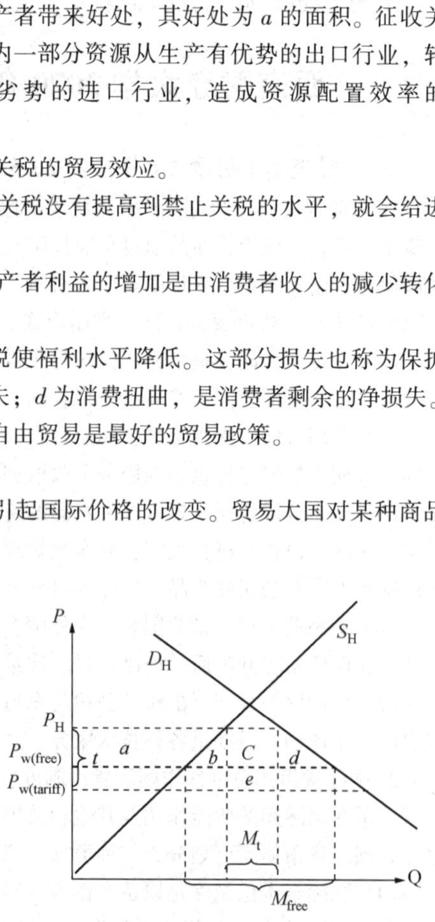

图2 贸易大国的关税经济效应

① 价格效应。国内价格从 $P_{w(free)}$ 上升到 P_H。价格的上升导致国内生产扩大，消费减少。导致该大国减少对该商品的购买，该商品的国际价格从 $P_{w(free)}$ 降到 $P_{w(tariff)}$。大国的进口商在进口商品时支付的关税不是由进口国的消费者单独承担的，而是由进口国消费者和出口国生产者共同负担。大国向出口国转嫁了部分关税。

② 贸易条件效应。进口价格降低，贸易条件改善，其利益为 e 的面积。相对小国而言，其关税对生产者的保护作用

比较小，因为其关税的上升被进口价格的下降抵消了一部分。

③ 消费效应。消费者的损失为 $a+b+c+d$，此时这部分面积比小国的情况小。

④ 生产效应。给生产者带来利益 a。

⑤ 财政收入效应。财政收复为 $c+e$。

⑥ 福利效应。关税的净福利效应=生产者福利增加-消费者福利损失+政府财政收入 $=a-(a+b+c+d)+(c+e)=e-(b+d)$。所以，大国征收关税，福利增加还是减少是不确定的。取决于贸易条件效应、生产扭曲和消费扭曲效应之和。

2. 影响国际营销的社会文化因素：

(1) 语言文字。语言是文化的镜子，是文化的核心组成部分，折射出民族的价值观和世界观，反映某一文化的本质特性，也是经济活动沟通的桥梁和表达思想、传递感情的工具，需要适时、适地而用。

(2) 教育水平。教育是技能、思想、态度的传授和专门知识的学习和培训，与经济发展水平密切相关，越是经济发达的地区和国家，教育越受重视、教育水平也越高。教育状况影响国际营销表现在这样几个方面：其一，受教育水平影响人们的消费行为；其二，受教育水平制约国际市场营销活动；其三，教育状况影响当地市场的商品构成；其四，受教育水平影响国际营销活动在当地可利用的人力资源状况。

(3) 宗教信仰。宗教对很多国家和地区的国际市场营销活动的影响很大。宗教信仰影响了人们的消费行为、社交方式、穿着举止、经商风格、价值观、在社会中处理和谐与冲突的方式，以及人们对时间、财富、变化、风险的态度。企业要在其国际营销活动中充分认识到宗教信仰对企业营销的影响，尊重目标市场各方的宗教信仰和观念，充分利用营销契机、巧妙规避风险。

(4) 社会组织。在对社会组织的考察中，分析社会阶层、家庭规模和特点、妇女的角色和地位、群体行为等对国际市场营销活动的开展很有意义。

(5) 价值观念。价值观念主要体现为：对待时间的态度、对待变革的态度、对待金钱的态度、对待风险的态度和对待权力的态度。

(6) 风俗习惯。风俗习惯主要包括节日习俗、婚丧习俗、饮食习俗和交往习俗，其对国际营销的影响主要表现在商务谈判、消费方式、新产品开发和包装等方面。

(7) 审美意识。美是一种高层次的人类心理需求，是关于美、审美认识的观念，是文化的重要组成部分，在不同的文化环境中，美有不同的评价标准。

3. (1) 交易风险及其管理

交易风险是指在运用外币进行计价收付的交易中，经济主体因外汇汇率变动而蒙受损失的可能性，是一种流量风险。对交易风险的管理方法可以分为三类：

① 可供签订合同时选择的防范措施，包括选择好合同货币、加列合同条款、调整价格或利率。

② 金融市场操作。在交易合同签订后，涉外经济实体可以利用外汇市场和货币市场来规避外汇风险。主要方法有：现汇交易、期汇交易、期货交易、期权交易、借款与投资、借款-现汇交易投资、外币票据贴现、利率和货币互换等。

③ 除上述签订合同的方法、借助金融操作的方法外，还有一些方法，如提前或错后收付外汇、配对、保险等。

(2) 折算风险及其管理

折算风险有时又称为“转换风险”或“会计性风险”，是指汇率变动对企业财务账户的影响。国际商务企业对折算风险的管理，通常是实行资产负债表保值。这种方法要求在资产负债表上以各种功能货币表示的受险资产与受险负债的数额相等，以使其折算风险头寸(受险资产与受险负债之间的差额)为零。只有这样，汇率变动才不致带来任何折算上的损失。实行资产负债表保值，一般要做到以下几点：

① 弄清资产负债表中各账户、各科目上各种外币的规模，并明确综合折算风险头寸的大小。

② 根据风险头寸的性质确定受险资产或受险负债的调整方向，如果以某种外币表示的受险资产大于受险负债，就需要减少受险资产，或增加受险负债，或者双管齐下。

③ 在明确调整方向和规模后，要进一步确定对哪些账户、哪些科目进行调整。这正是实施资产负债表

保值的困难所在，因为有些账户或科目的调整可能会带来相对于其他账户、科目调整更大的收益性、流动性损失，或造成新的其他性质的风险(如信用风险、市场风险等)。从这一意义上说，通过资产负债表保值获得折算风险的消除或减轻，是以经营效益的牺牲为代价的。因此，需要认真对具体情况进行分析和权衡，决定科目调整的种类和数额，使调整的综合成本最小。

4.(1) 外汇市场的功能主要表现为：

① 实现购买力的国际转移。国际贸易和国际资金融通至少涉及两种货币，而不同的货币对不同的国家形成购买力，这就要求将该国货币兑换成外币来清理债权债务关系，使购买行为得以实现。而这种兑换就是在外汇市场上进行的。外汇市场所提供的就是这种购买力转移交易得以顺利进行的经济机制，它的存在使各种潜在的外汇售出者和外汇购买者的意愿能联系起来。当外汇市场汇率变动使外汇供应量正好等于外汇需求量时，所有潜在的出售和购买愿望都得到了满足，外汇市场处于平衡状态之中。这样，外汇市场提供了一种购买力国际转移机制。同时，由于发达的通信工具已将外汇市场在世界范围内联成一个整体，使得货币兑换和资金汇付能够在极短时间内完成，购买力的这种转移变得迅速和方便。

② 提供资金融通。外汇市场向国际间的交易者提供了资金融通的便利。外汇的存贷款业务集中了各国的社会闲置资金，从而能够调剂余缺，加快资本周转。外汇市场为国际贸易的顺利进行提供了保证，当进口商没有足够的现款提货时，出口商可以向进口商开出汇票，允许延期付款，同时以贴现票据的方式将汇票出售，拿回货款。外汇市场便利的资金融通功能也促进了国际借贷和国际投资活动的顺利进行。

③ 提供外汇保值和投机的机制。在以外汇计价成交的国际经济交易中，交易双方都面临着外汇风险。由于市场参与者对外汇风险的判断和偏好的不同，有的参与者宁可花费一定的成本来转移风险，而有的参与者则愿意承担风险以实现预期利润。由此产生了外汇保值和外汇投机两种不同的行为。在金本位和固定汇率制下，外汇汇率基本上是平稳的，因而就不会形成外汇保值和投机的需要及可能。而浮动汇率下，外汇市场的功能得到了进一步的发展，外汇市场的存在既为套期保值者提供了规避外汇风险的场所，又为投机者提供了承担风险、获取利润的机会。

(2) 外汇市场的特征有：

① 交易"场所"特殊。外汇市场交易场所的"场所"既可以指一个地方，也可以指一个交易网络，或者一种交易机制。外汇市场不像其他市场必须具备交易场所，这个场所可以是有形的，也可以是无形的——由电话、电传、计算机终端、通信线路等组成的网络，通过交易指令实现外汇的买卖、资金的交割和资金的转移。一般来说，外汇买卖业务并不在某个具体的地方开展。

② 高度一体化的市场。在外汇市场上交易的货币在世界各地都是相同的，具有很大的同质性，而且由于货币的频繁流动所进行的套汇行为，消除了汇价的波动，最终出现价格的均等化。

③ 24 小时交易。在全球范围内，由于时差的存在，各国外汇市场开闭时间也不同，由此形成了一个在时间上和空间上都连续不断的市场。

④ 交易币种集中，便于操作。外汇市场上交易的币种相对集中，相对而言，主要集中于美元、欧元、日元、英镑、瑞郎、澳元等，便于操作。

⑤ 成交量大，不易被操纵。外汇市场是全球最大的市场，参与者众多，包括商业银行、外汇经纪人、中央银行、企业、个人等。无论参与者规模的大小，都很难对外汇市场造成持续的影响。

5. 电子商务带来的国际贸易的创新方式主要表现为：

(1) 国际贸易理论创新。传统的比较优势理论认为，各国比较优势的形成基础是自然资源、资本、劳动力和人力资源等方面的差异；而在电子商务模式下，信息成为最重要的生产要素和资源，即国与国之间对信息的生产、反馈与使用能力上的差异——信息比较优势，在国际贸易中的地位越来越重要。"虚拟经营"这一跨国公司新型合作竞争方式，是信息社会公司组织及运作方式变革的序幕，打破了传统公司组织机构的层次和界限，使跨国公司成为一个开放系统。

(2) 国际贸易宏观管理创新。电子商务的发展必然会给国家对国际贸易监管带来新的挑战，但同时也为国际贸易宏观管理方式的创新带来新的机遇。我国政府有关部门在运用电子商务开展国际贸易宏观管理，积极推行电子商务方面已取得了一定成效。这些创新使国际贸易的监管变得更加公开和透明，而更加公开和透明的监管环境也必将进一步推动国际贸易的发展。

(3) 国际贸易政策创新。目前，电子商务环境中的国际贸易政策创新主要体现在世贸组织(WTO)通过了电子商务免、禁征关税协议。该协议的达成将对永久性禁止征收电子商务关税产生推动作用，在电子商务的发展史上树起了一个重要的里程碑。从全球范围来看，电子商务是未来世界经济发展的最重要的驱动力之一，世界各国都十分重视信息产业和电子商务的发展。在当前电子商务发展的摇篮时期，各国给予免关税扶持，有利于电子商务的普及和成熟。

(4) 国际贸易运行机制创新。电子商务创造了一个网上虚拟市场，形成新的国际贸易运行机制，促进以信息网络为纽带的世界市场信息一体化进程。在这种网络贸易的环境下，各国间的经济贸易联系进一步加强，这为进一步促进国际贸易创新奠定了基础。

(5) 国际贸易交易方式创新。电子商务的发展和应用推动了国际贸易方式的创新，实现对以纸面贸易单据的流转为主体的传统国际贸易流程和交易方式的变革。在信息产业向纵深发展的同时，发展迅速的国际贸易迫切要求实现全球贸易运作的信息化，节约社会成本和贸易成本，电子商务的发展正好满足了这种需求。

(6) 国际贸易营销创新。网络贸易引起市场营销的巨变，促进国际贸易营销创新，产生了新的市场营销形式——电子营销。企业通过电子营销，借助互联网，可以进行生产、信息传递、广告、购物、支付和信息化产品等业务，双向交互信息可以交换资料文件、影像、声音等，可以进行一对一双向交互，甚至可以是一对无数和无数对无数的交互。它可以将实体市场转移到最广大的人们均可以参与的虚拟市场上。

(7) 国际贸易运输方式创新。在EDI普及的情况下，国际贸易运输不仅仅是单一方式的运输，而是必须将仓储、运输、交通等密切结合起来，形成电子商务下的国际贸易综合物流。运用信息网络对整个国际贸易运输过程进行综合管理，提高综合物流的每一个环节链的效率和服务水平，降低库存、联运等综合物流的各环节的成本。

6. 跨国并购相较于绿地投资的主要优势为：

(1) 便于迅速营运。通过并购现有的企业，可以快速建立起自己在外国目标市场的运营设施。企业之所以实施并购，是因为它们知道这是在目标市场建立大规模设施的最快途径。

(2) 迅速获取市场份额。在许多情况下，企业实施并购是为了在竞争对手之前抢占先机。在快速全球化市场先发制人，如电子通信行业，企业相互竞争试图争夺全球领先地位，因此这些市场呈现出集中的并购浪潮。

(3) 获取战略资产。战略资产，如研发或技术诀窍、专利、商标、当地特许权以及供应与分销网络等无法在其他市场上获得，而自己开发又需要时间。

(4) 融资便利。与“绿地投资”相比，并购可以比较容易地获得融资。具体来说，跨国并购完成后，并购方可以通过以下途径获得资金：①用目标企业的实有资产和未来收益作抵押，通过发行债券获得融资；②用目标企业的实有资产和未来收益作抵押，直接从金融机构获得贷款；③并购方通过与被并购方互相交换股票的方式控制目标企业，从而避免现金支付的压力。

(5) 并购比新建企业风险要小。当企业实施并购时，它买下的是一种能生产出收入和利润流的资产。当企业在国外市场实施一项并购，不仅获得一系列有形资产，如工厂、物流系统、顾客服务系统等，而且也获得了有价值的无形资产，包括全球品牌和管理人员对那个国家商务环境的了解。这些知识可以降低由于不了解该国的文化而导致错误发生的风险。

7. (1) 内部化理论的假设有：

① 企业面对的是不完全的市场，且企业的目标是利润最大化。

② 当中间品市场不完全时，企业创建内部市场的动力就会产生。

③ 企业市场内部化的界限超越国界时就产生了跨国公司。

（2）内部化理论的核心内容为：

内部化理论强调企业通过内部组织体系以较低成本，在内部转移该优势的能力，并把这种能力当作企业对外直接投资的真正动因。在市场不完全的情况下，企业为了谋求整体利润的最大化，倾向于将中间产品、特别是知识产品在企业内部转让，以内部市场来代替外部市场。由于市场的不完全，若将企业所拥有的科技和营销知识等中间产品通过外部市场来组织交易，则难以保证厂商实现利润最大化目标；若企业建立内部市场，可利用企业管理手段协调企业内部资源的配置，避免市场不完全对企业经营效率的影响。企业对外直接投资的实质是基于所有权之上的企业管理与控制权的扩张，而不在于资本的转移。其结果是用企业内部的管理机制代替外部市场机制，以便降低交易成本，拥有跨国经营的内部化优势。

三、论述题(25分)

（1）金融开放对我国金融业的正面影响

① 有助于改善公司治理结构，加快金融机构的经营转型。新一轮金融开放对外资准入限制的进一步放开，以及外资机构业务范围的不断扩大，有助于国内金融机构吸取国际金融机构先进的风控和经营管理经验，竞争的加剧也将倒逼国内金融机构提升公司治理水平、完善内控机制。与中国本土金融机构相比，外资企业具有更加成熟的经营管理文化以及更加丰富灵活的业务创新机制。此外，新一轮的金融开放可以促进中外金融机构在人才、技术、信息等资源上充分交流共享，进一步优化中资金融机构的组织管理架构和人才梯队建设，实现管理机制的改进、运营流程的畅通、经营体制的转型。

② 提高金融服务水平，助力实体经济转型。引导金融回归本源、服务实体经济是当前我国金融工作的主要任务。新一轮金融开放全面覆盖了银行、证券、保险、基金等各行业，引入外资金融机构的产品技术体系、风控体系，从根本上丰富我国金融机构的产品种类，增强市场的活力，提升整体的资源配置效率。另外，与外资金融机构同处一个竞争平台，可以激发中资金融机构树立先进的服务意识，为扩大自身的品牌效应，不断推陈出新，为客户提供质量上乘的服务，推动金融业长期健康发展，进而为实体经济转型升级提供更有效率的金融服务。

③ 引入先进“走出去”经验，进一步提升国际竞争实力。目前，中美贸易摩擦不断，用先进的理念、技术武装自己，提升国际综合竞争实力愈显重要。然而，中资企业“走出去”的国际经验积累还存在较大提升空间，在海外业务拓展、风险防控以及盈利等方面的能力都有待增强。新一轮金融开放将进一步引入外资金融机构在国际市场上的相关管理和业务优势，为中资企业拓宽视野、提升国际化发展能力提供有效途径，在新形势下，进一步提升国际综合竞争力。

（2）金融开放对我国金融业的负面影响

① 加剧金融机构竞争。从增加金融机构风险的角度来看，扩大金融业对外开放将使中国金融行业竞争加剧，增加金融市场的流动性风险。由于外资金融机构的待遇与服务较好，将使中资金融机构的人才流失加速，增加客户流失风险。扩大金融业对外开放格局进入之后与我国金融机构之间的竞争造成了人才的流动。

② 引起金融制度的冲击。我国的金融制度面对西方市场金融制度的冲击，可能会引起国内金融制度的急剧变革。其中冲击最为集中的，一是我国的金融分业经营、分业管理制度；二是利率管制和汇率管制制度；三是国有金融机构产权制度。

③ 降低货币政策的有效性。由于外资金融机构的进入将使货币政策传导机制发生变化，货币政策控制力减弱，当国内货币政策的意图发生变动时，它们会通过转向国外市场加以规避。这必然会弱化货币政策效应。货币政策中间目标 M_1、M_2失真，部分货币政策工具的调控效应也将随之减弱。

（3）应对消极影响的措施：

① 制定完整监管体系并维护国家金融安全。监管部门需加强立法，完善金融开放过程中的监管法律体系，使其不仅能够有效地规制外资金融机构在中国的经营行为，而且还能有效地规范中资及合资金融机构的经营行为。

② 建立合理的外资金融机构税收制度。目前，我国税收制度中对引进外资还存在多重税收优惠，中、

外资金融机构的税收差异影响着中资金融机构的盈利能力。特别是营改增以后，中资金融机构在税收筹划方面仍需加强学习，有可能导致金融机构在中国获取的企业利润向海外转移。

③ 增强中资金融机构的市场竞争力。此次扩大金融业对外开放，将增加中、外资金融机构与业务的竞争，必须尽快激励国有金融机构的改革意识，提高其金融业务的核心竞争能力。同时也应鼓励外资金融机构提供附加值较高的新金融产品和服务，与中资金融机构展开竞争，实现金融服务业的充分发展与普惠使命。

④ 加强对外资金融机构母国和母公司风险的监管。根据不同国家的风险情况，在外资金融机构市场准入一般标准的基础上设置附属条款，包括对高风险机构各类申请提出附加申请材料、设置附加准入条件以及采取特别监管措施和必要的行政处罚手段等，限制高风险机构的进入以及业务活动。

浙江工商大学2020年434国际商务专业基础试题

一、名词解释(每题5分，共60分)

1. 公司内部转移定价
2. 关税同盟
3. 海外仓
4. 外汇期权
5. 购买力平价
6. 欧洲货币市场
7. 内部化理论
8. 服务外包
9. BOT投资
10. 垄断优势理论
11. 反倾销
12. 撇脂定价策略

二、问答题(每题15分，共90分)

1. 阐述近年来中美贸易摩擦的原因和我国企业的应对策略。
2. 区域经济一体化的贸易效应有哪些?
3. 利用产品小规模技术理论分析中国民营企业的对外直接投资现象。
4. 跨国公司M型组织结构的特征是什么?其对我国企业的适用性如何?
5. 分析国际商务文化环境的霍夫斯泰德模型的几个文化维度。
6. 目标市场选择策略有哪几种?

浙江工商大学2020年434国际商务专业基础试题解析

一、名词解释(每题5分，共60分)

1. 公司内部转移定价，又称调拨价格，是指跨国公司内部母公司与子公司之间，或子公司与子公司之间进行交易时所执行的价格，包括货物价格、劳务费、贷款利息、租金费、专利或其他知识产权的使用费及其支付方法。

2. 关税同盟是指两个或两个以上国家缔结协定，建立统一的关境，在统一关境内缔约国相互间减让或取消关税，对从关境以外的国家或地区的商品进口则实行共同的关税税率和外贸政策。

3. 海外仓是指建立在海外的仓储设施。在跨境贸易电子商务中，国内企业将商品通过大宗运输的形式运往目标市场国家，在当地建立仓库、储存商品，然后再根据当地的销售订单，第一时间作出响应，及时从当地仓库直接进行分拣、包装和配送。

4. 外汇期权也称为货币期权，指合约购买方在向出售方支付一定期权费后，所获得的在未来约定日期或一定时间内，按照规定汇率买进或者卖出一定数量外汇资产的选择权。

5. 购买力平价是指两种货币之间的汇率决定于它们单位货币购买力之间的比例。购买力平价分为绝对购买力平价和相对购买力平价。绝对购买力平价阐述的是某一时点上汇率的决定，认为两国货币之间的汇率可以表示为两国货币的购买力之比。相对购买力平价阐述的是两个时点汇率的变动，认为汇率的变动同两国物价水平的相应变动成比例。

6. 欧洲货币市场是非居民间以银行为中介在某种货币发行国国境之外从事该种货币借贷的市场。其特点是：经营自由，资金规模庞大，资金周转极快，调度灵便，有独特的利率体系，其经营以银行间交易为主。

7. 内部化理论的主要观点可概括为：由于市场的不完全，若将企业所拥有的科技和营销知识等中间产品通过外部市场来组织交易，则难以保证厂商实现利润最大化目标；若企业建立内部市场，可利用企业管理手段协调企业内部资源的配置，避免市场不完全对企业经营效率的影响。企业对外直接投资的实质是基于所有权之上的企业管理与控制权的扩张，而不在于资本的转移。其结果是用企业内部的管理机制代替外部市场机制，以便降低交易成本，拥有跨国经营的内部化优势。

8. 服务外包是指企业将价值链中原本由自身提供的具有基础性的、共性的、非核心的 IT 业务和基于 IT 的业务流程剥离出来后，外包给企业外部专业服务提供商来完成的经济活动。因此，服务外包应该是基于信息网络技术的，其服务性工作通过计算机操作完成，并采用现代通信手段进行交付，使企业通过重组价值链、优化资源配置，降低了成本并增强了企业核心竞争力。

9. BOT(build-operate-transfer)即建设-经营-转让，是私营企业参与基础设施建设，向社会提供公共服务的一种方式。中国一般称之为“特许权”，是指政府部门就某个基础设施项目与私人企业签订特许权协议，授予签约方的私人企业来承担该项目的投资、融资、建设和维护，在协议规定的特许期限内，许可其融资建设和经营特定的公用基础设施，并准许其通过向用户收取费用或出售产品以清偿贷款，回收投资并赚取利润。

10. 垄断优势理论是关于垄断优势的国际直接投资理论，由美国海默在其 1960 年的博士论文中提出。该理论认为：国际直接投资是结构性市场不完全尤其是技术和知识市场不完全的产物；企业在不完全竞争条件下获得的各种垄断优势，如技术优势、规模经济优势、资金和货币优势、组织管理能力的优势，是该企业从事对外直接投资的决定性因素或主要推动力量；跨国公司倾向于以对外直接投资的方式来利用其独特的垄断优势。

11. 反倾销是一个金融术语，是指对外国商品在本国市场上的倾销所采取的抵制措施。一般是对倾销的外国商品除征收一般进口税外，再增收附加税，使其不能廉价出售。世贸组织的《反倾销协议》规定，一成员要实施反倾销措施，必须遵守三个条件：第一，确定存在倾销的事实；第二，确定对国内产业造成了实质损害或威胁，或对相关产业造成实质阻碍；第三，确定倾销和损害之间存在因果关系。

12. 撇脂定价策略是指新产品上市之初，将新产品价格定得较高，在短期内获取厚利，尽快收回投资。这一定价策略就像从牛奶中撇取其中所含的奶油一样，取其精华，所以称为撇脂定价策略。一般而言，对于全新产品、受专利保护的产品、需求的价格弹性小的产品、流行产品、未来市场形势难以测定的产品等，可以采用撇脂定价策略。

二、问答题(每题 15 分，共 90 分)

1. 贸易摩擦，是指在国际贸易中，国与国之间在进行贸易往来的过程中，在贸易平衡上所产生的摩擦，一般是由于一国的持续顺差、另一国的持续逆差，或一国的贸易活动触及或伤害另一国的产业所引起的。贸易摩擦主要分为显性贸易摩擦和隐性贸易摩擦两类。显性贸易摩擦是指当前呈现出来的贸易摩擦，包括反倾销、反补贴和保障措施引起的贸易摩擦。隐性贸易摩擦是指潜在的可能出现的贸易摩擦，包括由 TBT/SPS、知识产权保护和社会责任要求引起的贸易摩擦。

此轮中美贸易摩擦的表面原因是中国对美国多年来的贸易顺差。从 1985 年开始，美国对中国一直保持贸易逆差，并且逆差额逐年升高。截至 2017 年末，我国的外汇储备余额达到 3.14 万亿美元。但是，对于美国而言，贸易逆差对国内经济造成了重大影响，其造成本国商品国际竞争力的削弱，引起贸易条件的恶化，同时造成失业率的增加，减少内需，影响经济发展和国际信誉。长达 30 多年的对华贸易逆差被特朗普及其班子认为是美国当今“最大的政治不正确”，认为美国是其他国家不公平和掠夺性贸易的受害者。在 2008 年全球经济危机后，美国经济非常脆弱，目前仍面临着失业率居高不下、国内消费低迷的状态，有效控制进口，保护国内经济体的快速恢复显得尤为迫切。而中国作为美国最大的贸易逆差国，因此，特朗普在就任美国总统几天后，就表达了其对中国政策的核心就是要平衡 30 多年累积的贸易逆差，最终目的是逼使中国“第二次门户开放”。

挑起对华贸易摩擦，贸易逆差并不是最主要的原因。中美两国更深层次表现出来的是隐性贸易摩擦。近年来，美国不断对我国的知识产权保护提出严重质疑，通过对出口到美国产品的专利、版权、技术标准、商标等发难，造成中美贸易摩擦的出现。在 2018 年最近的这次中美贸易摩擦中，美国对中国发起“301”调查以阻止中国通过不合理及歧视性措施获取美国的技术与知识产权。2018 年 4 月 16 日，美国商务部宣布禁止美国公司向中兴通讯销售电子技术或通讯元件，禁令有效期长达 7 年。上述一系列措施背后，是美国对华贸易政策的深层目标：一是美国的技术和知识产权不能流入中国企业手中；二是要保护国内的关键产业。美国发动贸易战的最终目的是保持美国国内产业，尤其是高科技产业的全球领先地位，反映出特朗普政府对中国技术进步和产业升级的忧虑。

面对中美贸易摩擦的不断升级，我国应制定如下应对措施：

(1) 降低外贸依存度。我国国内市场庞大，但是需求不足导致我国对海外市场依赖性高，因此，拉动国内消费意义重大。为了实现这一目标，我国应该完善社会保障体系，提高居民可支配收入，引导居民建立正确的消费观。

(2) 加快产业结构升级转型。针对美国对高端制造业和高新技术产业的关税政策，我们应该加快知识产权保护等基础设施建设，实施人才引进战略，坚定不移地推进国内产业结构转型，化解过剩产能，提高产业竞争力。

(3) 进一步完善我国应对贸易摩擦的法律体系。这主要是指要加快知识产权保护、环境保护等方面的立法，在这些方面，我国虽然颁布了一系列法令，但是保护力度仍比较薄弱，与发达国家仍有很大差距，这就要求我国继续在这些方面加快立法进程。同时，目前我国应对贸易摩擦的法律体系是以《中华人民共和国对外贸易法》为核心的，但我国的《对外贸易法》还有很多不完善的地方，这就需要我们借鉴别国经验使《对外贸易法》突出应对对外贸易摩擦的职能，而且真正具有可操作性。

(4) 善于利用WTO框架下的贸易争端解决机制。中国作为WTO的成员，可以积极运用WTO规则，通过磋商谈判和利用争端解决机制，就我国出口产品遭受的不公正待遇开展有理、有利、有节的斗争，以合理、合法地维护自身利益。

2. (1) 区域经济一体化的静态效应

① 贸易创造效应，所谓贸易创造是指由于取消了同盟内的关税壁垒，使生产转向同盟内最有效率的供应者所产生的净利益。

② 贸易转向效应是指由于关税同盟对外设置统一的关税壁垒，使一些成员国的消费者不得以低价购买非同盟国生产的更低廉的商品，只能转向同盟内的高价产品并由此产生的经济损失。

(2) 区域经济一体化的动态效应

① 规模经济效应。建立区域经济一体化的组织成员国市场连成一体，自由市场的规模可以扩大，产品成本趋向于下降，企业可以获得规模经济的利益。

② 竞争加强效应。区域经济一体化组织的建立，摧毁了原来各国受保护的市场，使各国生产的专业化程度提高，资源使用效率提高，从而提高市场的竞争性。

③ 投资刺激效应。实行经济一体化的区域内，随着市场的扩大，风险与不稳定性降低，会吸收成员国的厂商增加新的投资；另外，为了提高竞争能力，原有的厂商也会增加投资，改进产品质量，降低生产成本。

④ 生产要素自由流动的经济效应。区域经济一体化的建立，推动了区域内商品的自由流通，资本和劳动力从边际能力生产力低的地区流向边际能力生产力高的地区，使生产要素配置更加合理，降低了要素闲置的可能性，从而使产量增加，提高了经济效益。

⑤ 加速经济增长效应。加速经济增长效应是建立在以上四点都能成立的前提下。也就是说，区域经济一体化，促进了商品和生产要素的自由流动，刺激了投资增加，厂商面临更加激烈的竞争并能实现规模经济，那么，大规模的厂商能提供充裕的资金用于研究与开发，更激烈的竞争环境使厂商致力于更多的创新活动，从而促进区域内各成员国的经济加速成长。

3. (1) 小规模技术理论，是指发展中国家企业可以利用其小规模生产技术在竞争中获得优势。发展中国家的企业拥有为小市场服务的生产技术，这些技术具有劳动密集型的特征，成本较低，灵活性较高，特别适合小批量生产，能够满足低收入国家制成品市场的需要。而发达国家跨国公司拥有的大规模生产技术在这种市场无法获得规模效益。

(2) 下面我们用小规模技术理论来分析我国民营企业的竞争优势。

① 尽管我国民营企业不能像发达国家跨国公司那样，利用垄断技术，获取高额利润，但是却能在需求

多元化、多层次化的市场结构中，拥有大公司无法替代的技术优势。在经历了改革开放以来的近20年的高速发展之后，一些经营状况较好，发展较快的企业在技术上已经有了相当的知识积累，也有了向外实行技术转移，在全球范围内追求要素边际效益最大化的可能。虽然相对发达国家来说，我国民营企业的技术水平不能说拥有多大的优势，但相对一般发展中国家和市场经济转轨国家来说，仍会拥有比较优势的落差，特别是在劳动密集型产业领域，经过多年的发展，这一产业已经成为我国的优势产业。

② 产业优势。我国的优势产业是一些劳动密集型产业，如中低档的纺织、服装、皮革、化纤、普通机械等。我国在这些产业上已经有了较为充分的技术积累，具有一定的国际竞争力，同时在产业上和发达国家差别较大，有利于在全球化产业细分中占据一定地位。

③ 低管理成本和低价营销优势。“小、快、活”是我国民营企业在经营管理上的优势。民营企业反应敏捷，经营灵活，能随时根据市场需求变化，迅速组织生产，准备期短，适应性快，灵活性强。我国民营企业还具有灵巧的组织结构，在海外设立企业不必像发达国家跨国公司那样在公司体系内部有复杂、多样、紧密交织的组织管理结构，因此具有较低的管理成本。同时，民营企业一般都有较大的经营自主权，能充分发挥自身机动灵活的特性，风险意识较强，市场经验丰富。

4. 跨国公司M型组织结构，又称事业部制组织结构，是由美国的斯隆在20年代初，担任美国通用汽车公司副总经理时研究和设计出来的。它是一种按照组织所经营的事业，包括按产品、按地区、按顾客(市场)等划分部门，设立若干事业部的组织结构类型。事业部是在组织的统一领导下，拥有自己的产品和独立的市场，拥有一定的经营自主权，实行独立经营、独立核算的部门，既是受公司控制的利润中心，具有利润生产和管理的职能，又是产品责任单位或市场责任单位，对产品设计、生产制造及销售活动负有统一领导的职责。

(1) 跨国公司M型组织结构的特征是：

① 专业化管理部门。按企业的产出将业务活动组合起来，成立专业化的生产经营管理部门，即事业部。如产品品种较多，每种产品都能形成各自市场的大企业，可按产品设置若干事业部，凡与该产品有关的设计、生产、技术、销售、服务等业务活动，均组织在这个产品事业部之中，由该事业部总管；在销售地区广、工厂分散的情况下，企业可按地区划分事业部；如果顾客类型和市场不同，还可按顾客(市场)成立事业部。这样，每个事业部都有自己的产品或服务的生产经营全过程，为企业贡献出一份利润。

② 政策与经营不同。在纵向关系上，按照“集中政策，分散经营”的原则，处理企业高层领导与事业部之间的关系。实行事业部制之间的关系。实行事业部制，企业最高领导层要摆脱日常的行政事务，集中力量研究和制定企业发展的各种经营战略和经营方针，而把最大限度的管理权限下放到各事业部，使他们能够依据企业的经营目标、政策和制度，完全自主经营，充分发挥各自的积极性和主动性。

③ 利润独立核算。在横向关系方面，各事业部均为利润中心，实行独立核算。这就是说，实行事业部制，则意味着把市场机制引入到企业内部，各事业部间的经济往来将遵循等价交换原则，结成商品货币关系。

④ 职能制结构组织。企业高层和事业部内部，仍然按照职能制结构进行组织设计。从企业高层组织来说，为了实现集中控制下的分权，提高整个企业管理工作的经济性，要根据具体情况设置一些职能部门，如资金供应和管理、科研、法律咨询、公共关系、物资采购等部门。从事业部来说，为了经营自己的事业，也要建立管理机构。因事业部规模小，产品单一，故一般采用职能制结构。

(2) 事业部制组织结构适用于规模庞大、品种繁多、技术复杂的大型企业，是国外较大的联合公司所采用的一种组织形式，近几年我国一些大型企业集团或公司也引进了这种组织结构。我们必须承认，事业部制反映了平台决策者的集团化意愿，但是事业部制并非简单的集团化企业所能应用，尤其是对资产属性不清、盈利能力薄弱、产业实力不强的平台类集团企业。

5. 文化四因素理论是荷兰教授霍夫斯泰德提出来的，又称霍夫斯泰德模型。他认为：文化是在一个环境中的人们共同的心理程序，不是一种个体特征，而是具有相同的教育和生活经验的许多人所共有的心理程序。不同的群体、区域或国家的这种程序互有差异。这种文化差异分为四个维度：权力距离，不确定性避免，个人主义与集体主义以及男性度与女性度。

① 权力距离。权力距离即在一个组织当中，权力的集中程度和领导的独裁程度，以及一个社会在多大的程度上可以接受组织当中这种权力分配的不平等，在企业当中可以理解为员工和管理者之间的社会距离。一种文化究竟是大的权力距离还是小的权力距离，必然会从该社会内权力大小不等的成员的价值观中反映出来。因此研究社会成员的价值观，就可以判定一个社会对权力差距的接受程度。

② 不确定性避免。在任何一个社会中，人们对于不确定的、含糊的、前途未卜的情境，都会感到面对的是一种威胁，从而总是试图加以防止。防止的方法很多，例如提供更大的职业稳定性，订立更多的正规条令，不允许出现越轨的思想和行为，追求绝对真实的东西，努力获得专门的知识等等。不同民族、国家或地区，防止不确定性的迫切程度是不一样的。相对而言，在不确定性避免程度低的社会当中，人们普遍有一种安全感，倾向于放松的生活态度和鼓励冒险的倾向。而在不确定性避免程度高的社会当中，人们则普遍有一种高度的紧迫感和进取心，因而易形成一种努力工作的内心冲动。

③ 个人主义与集体主义。“个人主义”是指一种结合松散的社会组织结构，其中每个人重视自身的价值与需要，依靠个人的努力来为自己谋取利益。“集体主义”则指一种结合紧密的社会组织，其中的人往往以“在群体之内”和“在群体之外”来区分，他们期望得到“群体之内”的人员的照顾，但同时也以对该群体保持绝对的忠诚作为回报。美国是崇尚个人主义的社会，强调个性自由及个人的成就，因而开展员工之间个人竞争，并对个人表现进行奖励，是有效的人本主义激励政策。中国和日本都是崇尚集体主义的社会，员工对组织有一种感情依赖，应该容易构建员工和管理者之间和谐的关系。

④ 男性度与女性度。男性度与女性度即社会上居于统治地位的价值标准。对于男性社会而言，居于统治地位的是男性气概，如自信武断，进取好胜，对于金钱的索取，执着而坦然；而女性社会则完全与之相反。有趣的是，一个社会对“男子气概”的评价越高，其男子与女子之间的价值观差异也就越大。美国是男性度较强的国家，企业当中重大决策通常由高层做出，员工由于频繁地变换工作，对企业缺乏认同感，因而员工通常不会积极地参与管理。中国是一个女性度的社会，注重和谐和道德伦理，崇尚积极入世的精神。

6. 目标市场选择策略是指企业决定选择哪些细分市场为目标市场，然后据以制定企业营销策略。常见的目标市场选择策略有：无差别性市场策略、差别性市场策略和集中性市场策略。

(1) 无差别市场策略。无差别市场策略就是企业把整个市场作为自己的目标市场，只考虑市场需求的共性，而不考虑其差异，运用一种产品、一种价格、一种推销方法，吸引可能多的消费者。这种策略的优点是产品单一，容易保证质量，能大批量生产，降低生产和销售成本。但如果同类企业也采用这种策略时，必然要形成激烈竞争。

(2) 差别性市场策略就是把整个市场细分为若干子市场，针对不同的子市场，设计不同的产品，制定不同的营销策略，满足不同的消费需求。这种策略的优点是能满足不同消费者的不同要求，有利于扩大销售、占领市场、提高企业声誉。其缺点是由于产品差异化、促销方式差异化，增加了管理难度，提高了生产和销售费用。目前只有力量雄厚的大公司采用这种策略。

(3) 集中性市场策略就是在细分后的市场上，选择二个或少数几个细分市场作为目标市场，实行专业化生产和销售。在个别少数市场上发挥优势，提高市场占有率。采用这种策略的企业对目标市场有较深的了解，这是大部分中小型企业应当采用的策略。采用集中性市场策略，能集中优势力量，有利于产品适销对路，降低成本，提高企业和产品的知名度。但有较大的经营风险，因为它的目标市场范围小，品种单一。如果目标市场的消费者需求和爱好发生变化，企业就可能因应变不及时而陷入困境。同时，当强有力的竞争者打入目标市场时，企业就要受到严重影响。

三种目标市场策略各有利弊。选择目标市场时，必须考虑企业面临的各种因素和条件，如企业规模和原料的供应、产品类似性、市场类似性、产品寿命周期、竞争的目标市场等。选择适合本企业的目标市场策略是一个复杂多变的工作。企业内部条件和外部环境在不断发展变化，经营者要通过市场调查和预测，掌握和分析市场变化趋势与竞争对手的条件，扬长避短，发挥优势，把握时机，采取灵活的适应市场态势的策略，去争取较大的利益。

中国人民大学 2020 年 434 国际商务专业基础试题

一、简答题(每题 10 分，共 50 分)

1. 运用国际贸易理论解释美国对中国的贸易逆差。

2. 如何看待中国企业在全球价值链中的国际分工地位？

3. 请说明反对自由贸易的经济学依据。

4. 简述以产业内贸易为主要内容的新贸易理论与传统贸易理论的异同。

5. 说明强美元的利弊？

二、论述及计算题(每题 20 分，共 60 分)

1. 某产品原价为 10 万元(不含税)，征收 20%的关税；产品原材料价格为 6 万元(不含税)，征收 10%的关税。请计算名义关税保护率和有效保护率，并说明二者产生差异的原因。

2. 本国中央银行突然增加货币供给，外国银行货币供给不变，本国货币是会增值还是贬值，为什么？(10 分)什么是汇率超调，为什么会发生汇率超调？(10 分)

3. 随着“温室气体”的排放量不断增多以及传统人工合成制冷剂对大气层的损害作用，利用二氧化碳进行节能减排已成为世界各国政府和企业努力研究的方向。二氧化碳，是天然的制冷剂之一，具有高密度和低黏度，其流动损失小、传热效果良好，并且通过对传热作用的强化，可以弥补其循环不高的缺点。同时二氧化碳环境表现优良、费用低、易获取、稳定性好、有利于减小装置体积。在应对全球气候变暖的历史性时刻，节能减排，不仅仅是各国政府协调一致的行动共识，也是各国企业实现企业发展，履行社会责任的重大举措。而二氧化碳在制冷行业的广泛使用，恰恰能减少温室效应。利用二氧化碳进行节能减排，较为深刻地体现出了中国企业在全球性问题的责任和担当。中国是世界上最大的发展中国家，在深度落实绿色发展和可持续发展的路上，需要企业的实际行动。中科院院士团队研发了一款二氧化碳制冷设备，获得了技术专利，系列产品可用于冰箱冷库等设备，可代替氟利昂，有利于保护臭氧层，制冷效果好，安全性有保障，热量传导速度快，排放全球变暖气体少。可广泛应用于石化、医疗、制药、生化、冻干、军工等行业。其温度范围为-80～-30℃，制冷量(At-60℃，180kW)可达 154800kcal/h，循环泵(50m^3/h)2.5bar(最大值)，噪声可控制在 90 分贝以内。国家支持该科研团队成立公司开发系列产品，现向资本市场进行天使轮投资。请写一份商业计划书的大纲，并列举搜集哪方面的数据和资料会引起投资人兴趣。

三、案例题(每题 20 分，共 40 分)

1. 一家中国机电企业以直接出口、间接出口等渠道进入国际市场，产品又以经销/代理等方式进入国际市场，在美国销售情况较好。目前，由于中美贸易摩擦，美国对其加征关税，该机电企业销量受到极大冲击。

(1) 简述企业进入国际市场的方式和内涵。(5 分)

(2) 简述商品进入国际市场的渠道，经销和代理有什么不同？(5 分)

(3) 该机电企业该采取什么措施应对中美贸易摩擦带来的冲击？(10 分)

2. 传音控股有限公司于 2006 年 7 月成立于香港，是一家从事移动通信产品研发、生产、销售和服务的高新技术企业。自成立始，传音手机的销售就主要面向非洲市场，经过

10余年的发展，现已成为非洲市场主要手机供应商之一。目前传音手机的非洲市场占有率高达46%，在非洲的市场份额排名第一，超过苹果、三星等国际知名品牌。传音拥有TECNO、Itel、Infinix等手机品牌，均进入最受非洲消费者喜爱的百强品牌，其中TECNO排名第14位，Itel排名第25位，Infinix排名第37位。传音开发出适合非洲人的多卡多待、美黑科技、媲美音响的手机，深受非洲消费者欢迎。

一、传音手机对非洲出口的发展

非洲人口数量仅次于中国、印度，但是由于经济发展水平、购买力等方面的限制，非洲市场手机普及率很低。在2005年前后，非洲大陆的手机普及率仅仅为6%。根据国际电信联盟的统计数据，到2008年年初，全球手机普及率达到50%，中国的手机普及率达到了60%—70%，非洲的手机普及率大约只有30%，非洲手机市场待开发空间巨大。传音正是发现了非洲的巨大商机，在非洲市场的发展历程可分为四大阶段。

（一）第一阶段(2006—2008年)，明确非洲市场，打造专属品牌

经过短暂的贴牌代工时期，传音手机在2008年策划全球营销网络和适合各区域市场的手机产品，最终决定进入手机巨头们不愿意进入的非洲市场，创建自己的品牌。2008年初推出旗下两大品牌TECNO、Itel，聚焦非洲的品牌策划全面启动。2008年TECNO T570上市，成为非洲市场的代表机型之一。

（二）第二阶段(2009—2011年)，产品本土化，逐渐增加非洲市场份额

传音针对非洲市场开发出系列产品，较好满足了当地消费者的需求，关注手机细节功能的开发，在非洲市场逐渐站稳脚跟。TECNO连续推出多款手机，包括商务手机、电视手机、高清手机、音乐手机，同时，开始成立售后服务品牌Carlcare，并于2010年在尼日利亚开业。2010年，TECNO品牌销量跻身非洲手机市场前三。2011年，开始在埃塞俄比亚建立生产设施，进行本地化生产，在非洲本地雇用了1万名员工，其中当地人的比例超过了90%现已经成为传音在全球的主要生产基地之一。

（三）第三阶段(2012—2015年)，紧随非洲市场趋势发展智能机，提高市场占有率

传音手机根据市场变化调整策略，推出系列性价比高的智能手机，并实施多品牌策略，针对不同的消费群体开发的主要智能机品牌有TECNO，intel和infinix三个品牌，满足不同收入水平和不同喜好消费者的需求。同时，2014年创建配件品牌oraimo，售后服务体系更加完善，在尼日利亚、肯尼亚、南非、埃塞俄比亚等地的市场地位更加稳固。

（四）第四阶段(2016年至今)巩固非洲市场地位，向其他低收入地区进军

该阶段的传音手机以巩固自身品牌在非洲市场的地位为主。除了东部和西部非洲，开始进入乌干达、埃及等北非市场，坦桑尼亚、莫桑比克等东非市场。在营销网络的建设方面，传音手机在推广方面采用了全渠道推广，全方位渗透的方式，建立了庞大而忠诚的经销商网络。营销方式上，传音借助传统的“涂墙”方式的平面广告，以及电视广告大范围营销，蓝底白字的TECNO logo无处不在。营销渠道方面，传音手机和当地的电信运营商合作，同时大量发展经销商。通过和经销商的合作，传音在尼日利亚、肯尼亚、坦桑尼亚、加纳、刚果等30多个国家设有分支机构，在30多个国家内建立了零售分销网络，目前非洲各国的购物中心、通信市场遍布传音的经销商。在售后服务方面，传音手机完善的服务提高了传音手机的品牌影响力。几年来，传音手机投资数亿元人民币，在非洲建立了86个世界级售后服务中心和超过1000个售后维修收集点，目前已经成为非洲最大的用户服务网络。2016年传音手机销售量为8000万台，同比增长54%，2017年，传音手机销量全球排名第四(根据IDC

数据)，2018 年，传音被 Facebook 和毕马威评为“中国出海领先品牌 50 强”之一。在非洲大陆站稳脚跟以后，传音于 2016 年进军印度市场，并开始向东南亚、中东和拉丁美洲地区扩张。大量在温饱线挣扎的人口对价格低廉的功能机依然有很大的需求。而在非洲的成功，可以帮助传音进军这些第三世界国家的低收入人群市场。

二、传音手机在非洲发展的现状

(一) 传音手机对非洲出口的规模较大，增长较快

从近几年的销售量来看，传音手机在非洲市场发展十分迅速。2013 年，传音手机在非洲市场手机销售量为 3700 万部，2017 年突破 1.2 亿部，年均增长超过 30%。根据 IDC 数据显示，传音旗下 Itel、TECNO、Infinix 三个品牌手机在非洲总的市场份额排名第一，超越三星、苹果等品牌。2018 年，非洲手机市场整体出货量为 2.153 亿台，传音手机占据 58.7%的市场份额。

(二) 传音手机对非洲出口的产品以功能机为主，并向智能机转变

传音主推的三大手机品牌 Itel、TECNO 和 Infinix 中，价格较为低廉的功能机 Itel 最为畅销，而后两款则是智能手机，其销售的占比也在逐渐提升。从销售数量来看，据 IDC 近几年的数据，2016 到 2018 年，非洲功能手机的销售占比约为 55%—60%，而智能手机占比在逐渐增加，年均增长 2%左右。2016 年传音手机销售量近 8100 万部，约占非洲市场 40%的市场份额，当然也以功能机为主，智能手机的比例约为 25%。到了 2017 年，传音手机出货量超过 1.2 亿台，在非洲手机市场已经占据 46%的市场份额，其中约 9000 万台功能机，智能机超过 3500 万台，智能手机的比例大约占比 30%，超越三星智能手机排名第一，智能机比例进一步上升。2018 年，传音品牌(TECNO、Infinix 和 ltel)以 58.7%的市场份额占据非洲功能机市场的首位，智能手机的出货量比例约为 34.3%。从非洲手机排行榜来看，在 2017 年 8 月的手机畅销排行中，排名前 10 的传音手机品牌占据 8 个，其中智能机 TECNO 和 Infinix，占据了 6 个席位。而功能机品牌 Itel 只占了 2 个席位。传音手机在市场格局发生变化，不过仍然保持了其领先地位。

(三) 传音手机出口非洲的产品价格较低

传音手机出口非洲的产品价格都比较低。根据旭日大数据的资料，2017 年出口量位居前十名的手机品牌中，均价 100 美元以上的品牌有 5 个，分别是苹果、华为、小米、摩托罗拉和 OPPO，70 美元以上的有联想、中兴等品牌，出口印度低端市场的 micromax 和 LAVA 的均价在 20 美元左右，而传音出口的手机价格更为低廉，只有区区 19 美元。传音智能手机的价格也比较低，大约 95%的智能手机价格都在 200 美元以下，而非洲市场其他智能手机如一部 iPhone 7 售价为 900 美元左右，一部三星 Galaxy J7 售价约为 360 美元。

(1) 为什么传音手机选择进入非洲市场？(5 分)

(2) 为什么传音手机在非洲市场能获得巨大的成功？(5 分)

(3) 传音手机日后在非洲的经营会遇到哪些风险，又该如何解决？(10 分)

中国人民大学 2020 年 434 国际商务专业基础试题解析

一、简答题(每题 10 分，共 50 分)

1. 根据国民收入恒等式，GDP 的支出形式为：GDP=C+I+G+(X-M)，其中：C 为消费，I 为投资，G 为政府购买，(X-M)为净出口。GDP 的收入形式为：GDP=C+S+T，S 为储蓄，T 为税收。两式联立可得：

S-I=(G-T)+(X-M)。美国是一个储蓄率低的国家，等式左边是负。财政赤字再加上经常项目赤字，美国经济形成了“双赤字”现象。其形成原因有：

(1) 经济危机让美国的经济一度衰退，导致国民收入这一税收基数增长缓慢。在支出这方面，美国政府财政压力空前之大。美国政府不得不为无业大军的福利保障买单，同时，巨额的军事支出，以及庞大的社会福利支出(包括社会保障、医疗保险、公共医疗补助等)，大量的外债产生的净国债利息等，使得美国的财政支出大大增加，造成了严重的财政赤字。

(2) 从国际贸易角度来看，美国的商品相对于其他国家的商品成本居高不下，价格就比较高，出口就相对较小。此外，美国是一个石油进口量巨大的国家，石油价格上升，使得美国的进口成本增加，直接导致了逆差的扩大。

(3) 贸易赤字也是弥补国内财政赤字的重要手段，贸易逆差一方面是国外资源的流入，另一方面是美元的流出，作为贸易盈余方的其他国家大量购买美国政府债券，为美国财政赤字的减少做出了“隐性贡献”。

2. 全球价值链作为一个提升实力的重要机遇，中国积极参与到全球价值链中，充分发挥了中国的优势，国际分工地位有所提高，但是，随着全球价值链的不断深入，中国处于全球价值链中的劣势不断显现，以下将从制造业和服务业两方面分析中国在全球价值链下参与国际分工的地位。

(1) 中国制造业目前仍处于全球价值链分工的中低端。从改革开放之后，中国走出国门，参与到国际分工中，但中国长期以来依靠的是国内的劳动力成本优势，推动国内相关制造业发展，促进出口产品的增加。目前，中国已是世界第二大经济体，中国制造的产品随处可见。但是，中国制造业“大而不强”，从事的主要为全球价值链中附加值低的加工制造环节，要素收益较低。中国主要通过进口中间产品和零部件，经过中国工厂的制造加工为成品后再出口到其他国家，中国有很多像富士康这样的加工制造厂，这些工厂虽出口贸易额增加，但实际利润率低。目前，中国的高等教育普及，劳动力素质提高，中国的劳动力成本优势丧失，但是像品牌、专利等高端生产要素尚未形成，中国制造业面临着向高端制造业转型的压力，造成中国制造业在全球价值链中“低端锁定”的局面。

(2) 中国服务业融入全球价值链的程度亟待提高。微笑曲线中，位于两端的分别是研发和售后服务，都是属于附加值高、获利空间大的行业，在全球价值链中，发达国家主要扮演着这种角色。之前的发展中低估了服务业的作用，随着逐步发展，中国的服务业参与国际地位逐渐提高。从 2019 年 1—9 月中国服务出口类别数据中看出，传统服务业如运输业、旅游业和建筑业分别占服务业总出口的 16.3%、12.1%和 9.7%，这三大行业占服务业总出口的 38.1%，占比较高；新兴服务贸易行业如金融服务和保险服务分别占比 1.3%和 1.5%，占比较低，而金融服务中的衍生品开发和保险服务中的需求分析等行业处于服务价值链的上游，附加值高，从新兴服务贸易行业占服务业总出口的比例看，目前中国对此类行业的开放力度不足，服务业又是国家重点发展产业，可以创造出更多的获利空间，也是产业结构变革的最后方向，所以中国服务业融入全球价值链的发展潜力巨大，仍是未来发展的重点方向。

3. (1) 斯托尔珀-萨缪尔森理论认为，国际贸易会使一国出口商品相对价格上升，进口商品相对价格下降。当一种商品的相对价格上升时，相应地会出现该商品中密集使用的生产要素报酬的提高；当一种商品的相对价格下降时，相应地会出现该商品中密集使用的生产要素报酬的下降。所以，自由贸易的结果是：在出口产品生产中密集使用的生产要素(本国丰裕生产要素)的报酬提高；在进口产品生产中密集使用的生产要素(本国稀缺生产要素)的报酬降低。

这一结论表明，国际贸易虽然能提高整个国家的福利水平，但是并不对每一个人有利，一部分人在收入增加的同时，另一部分人的收入却减少了。国际贸易会对一国要素收入分配格局产生实质性的影响。这也恰恰是为什么有人反对自由贸易的原因。在发达国家，劳动是稀缺要素，资本是丰裕要素。自由贸易使得劳动的价格(工人工资)下降；资本的价格上升，所以发达国家劳动者反对自由贸易。同理，在发展中国家，劳动是丰裕要素，资本是稀缺要素，自由贸易使得劳动的价格上升，资本的价格降低，因此，发展中国家的劳动者欢迎自由贸易。

如果国际贸易引起分配格局的变化过于剧烈，引起很多社会问题，政府就必须采取关税、配额、补贴等政策和措施，来调节收入分配，使任何个人或阶层都不因对外开放而蒙受收入水平绝对下降的痛苦。例如，发达国家为了保护就业，会提高劳动密集型产品关税；而发展中国家为了发展民族产业，会提高资本密集型产品的关税。

4.(1) 传统贸易理论与新贸易理论的联系

① 传统贸易理论与新贸易理论都是用于解释为何一国从事国际贸易是有利的这一观点。

② 二者都不涉及企业的边界问题，仅限于部分均衡分析而没有考虑公司内贸易的国际维度。

(2) 传统贸易理论与新贸易理论的区别

① 贸易政策不同

传统的贸易理论是建立在完全竞争的市场结构框架下，完全竞争市场是最具效率的市场，任何干预只会带来效率损失。因此传统贸易理论强调自由贸易的重要性。

新贸易理论则认为现实中市场的有效性值得怀疑。因此提出了两个干预贸易的论点：利润转移论和外部经济论，在此基础上提出战略性贸易政策理论，即政府为支持发展某出口导向型产业，应采取一些有限的、有选择性的干预措施。

② 研究对象不同

传统国际贸易理论主要研究的是产业间贸易。大多数研究都假定规模报酬不变，市场是完全竞争的，并且传统的国际贸易理论将贸易与投资问题孤立地进行研究。

新贸易理论主要研究的是规模报酬递增和不完全竞争条件下的产业内贸易，并且开始注重国际贸易理论与国际直接投资理论的融合。

③ 贸易的福利效应不同

传统贸易理论并未对国际贸易的福利效应作专门分析，因为其理论的结论是按比较优势进行分工对各国都有利益，贸易利益来源于专业化生产效率的提高。

新贸易理论认为贸易利益不仅来自比较优势，还来自规模经济性、增加了不完全竞争产业的竞争程度、增加了产品的差异性等。同时，新贸易理论指出，尽管存在着潜在贸易得益，但不完全竞争市场同时也产生了风险，使一国经济有可能不仅无法利用潜在的贸易得益而且实际上遭受损失。当贸易使得本国以递增规模生产的行业和高度垄断的行业收缩，而带来的其他利益不足以弥补这种收缩带来的损失时，贸易使本国受损，这说明，参加贸易并不是总能得到利益。

5.(1) 强美元的好处有：

① 降低美国通胀压力。目前美联储最迫切的任务是尽快将通胀恢复至目标水平。为了实现这一目标美联储不惜冒着经济衰退的风险快速收紧货币政策。美元走强有助于缓解美国通胀压力。一方面，由于全球大宗商品多数以美元计价，美元走强有助于抑制石油等大宗商品价格上涨；另一方面，从其他国家进口的消费品价格也会相对下降，这些都有助于降低输入性通胀压力。

② 减轻美联储紧缩对利率上行的影响。美元强势有助于吸引国际资本流入美国，境外投资者购买美债将会增加。不仅有助于抑制美债收益率快速上行，而且可以避免金融条件过快收紧。

③ 延缓美国经济衰退的时间。通胀压力减轻有助于改善消费者预期，提高消费者信心，金融条件边际宽松也有助于美国经济复苏延续更长时间。

(2) 美元强势对其他国家较为不利，主要体现在以下几个方面：

① 加大其他国家货币贬值的压力。美元走强对新兴经济体影响较为明显，一般情况下都会导致新兴经济体货币出现下跌。另外，由于美国经济复苏好于其他发达经济体，美元走强也会给其他发达经济体货币带来贬值压力。

② 其他国家输入性通胀压力加大。其他国家货币贬值后，不论是大宗商品还是其他商品和服务进口成本都会上升，进而加大输入性通胀压力。

③ 资本市场将加剧动荡。美元走强将吸引全球资本流入美国，新兴经济体将会出现资本流出，进而加大资本市场波动。

④ 外债风险。由于新兴经济体外债较多，本币贬值后将导致外债偿付压力上升。尤其是在当前新兴经

济体经济复苏较为脆弱的情况下，一旦出现外债大量违约，可能引发金融风险由外向内传染。总之，美元强势持续时间越长，对其他国家的负面影响也就越大。

二、论述及计算题(每题 20 分，共 60 分)

1.(1) 关税名义保护率(NPR)是指对一商品由于实行关税保护而引起的国内市场价格超过国际市场价格的部分与国际市场价格的百分比。用代入公式可得：

$$NPR=\frac{P^*-P}{P}\times 100\%$$

其中，P^* 表示进口商品的国内市场价格，P 为进口商品的国际市场价格。代入数字可得：

$$NPR=\frac{12-10}{10}\times 100\%=20\%$$

(2) 有效保护率是指一种加工产品在关税结构作用下带来的增加值的增量与其在自由贸易条件下加工增加值的百分比，即：

$$ERP=\frac{V^*-V}{V}\times 100\%$$

其中，V 表示自由贸易条件下某一产品生产过程的增值，V^* 表示在各种关税保护措施作用下该产品生产过程中的增值。代入数字可得：

$$ERP=\frac{(10\times 1.2-6\times 1.1)-(10-6)}{10-6}\times 100\%=35\%$$

(3) 通过计算的过程，可以发现二者的结果不同。其原因在于，有效保护率关注的是在产品生产增值过程中，考察关税对被保护行业的生产过程所产生的影响。名义保护率关注的是被保护产品的市场价格差异。

2.(1) 弹性价格货币分析法假定本国债券与外国债券之间可完全替代，商品价格在短期内具有完全弹性，因此货币市场的平衡情况决定了汇率的变动，这样弹性货币分析法就将货币市场上的一系列因素引入了汇率水平的决定之中。它的基本模型得出的结论是：本国与外国之间的实际国民收入水平，利率水平以及货币供给水平通过对各自物价水平的影响而决定了汇率水平。具体公式可以表示为：

$$e=-\alpha(Y-Y^*)+\beta(r-r^*)+(M_S-M_S^*)$$

其中，e 为直接标价法下的汇率，$\alpha(Y^*-Y)$ 表示本国与外国实际国民收入变动的差额，$\beta(r-r^*)$ 表示本国与外国利率变动的差异，$M_S-M_S^*$ 表示本国与外国货币供给变动的差异。

根据弹性货币表达式，本国中央银行突然增加货币供给，外国银行货币供给不变，即 $M_S-M_S^*$ 增大，汇率 e 变大，在直接标价法下本币贬值。

(2) 汇率超调(即黏性价格货币分析法)，是指汇率对货币供给变动的短期反应超过其长期应有的反应水平的现象。在国内产出水平不变的情况下，一国货币供给的永久性增加将导致该国货币的贬值，并且短期贬值的幅度大于它在长期内应该贬值的幅度。随后，随着该国价格水平的逐渐上升和货币供给增加对国内利率水平影响的消除，该国的货币将逐渐向长期汇率水平升值，并最终稳定在长期均衡的汇率水平上。

汇率超调发生的原因在于：它认为商品市场价格和资产市场价格的调整速度是不同的，商品市场上的价格水平是具有黏性的特点，而资产市场的价格则没有黏性，这就使得购买力平价在短期内不能成立，在货币供给的冲击下，经济存在着由短期不平衡向长期平衡的过程。由于一段时间后商品价格开始调整，所以长期平衡就是商品价格充分调整后的经济平衡。

3.(1) 商业计划书大纲

第一节：公司基本情况及未来发展战略

①公司基本情况。②创业人员的背景及素质。③公司的发展规划。

第二节：公司产品及市场分析

①公司产品、特点及优势。②行业和市场。③公司的独特性和市场竞争力。④竞争对手的优势和劣势。

第三节：融资需求和财务预测

①公司目前的财务状况和资本结构。②融资需求。③财务分析汇总表。④财务分析。

第四节：公司运营和管理

①公司发展战略。②公司的组织结构和管理模式。③人力资源规划。④软件开发管理。⑤市场策略。⑥外部支持。⑦资本运营。

第五节：投资方的介入和退出

①投资建议。②投资方在公司经营管理中的地位和作用。③资本退出。

第六节：风险及对策

①风险。②对策

(2) 创业团队可以从以下几方面收集资料以吸引投资者：

① 宏观经济分析。它是指分析一般经济环境及影响未来供需平衡的因素，如产业范围、经济增长率、产业政策及发展方向、行业设施利用率、货币汇率及利率、税收政策与税率、政府体制结构与政治环境、关税政策与进出口限制、人工成本、通货膨胀、消费价格指数、订购状况等因素。

② 中观经济分析。它集中于研究特定的工业领域，并且在这个层次，很多信息都可以从国家的中央统计部门和工业机构中获得。它们有关于营利性、技术发展的劳动成本、间接成本、资本利用、订购状况、能源消耗等具体信息。这个层次主要包括以下信息：供求分析、行业效率、行业增长状态、行业生产与库存量、市场供应结构、供应商的数量与分布等。

③ 微观经济分析。它集中于评估个别产业供应和产品的优势与劣势，如供应商财务审计、组织架构、质量体系与水平、产品开发能力、工艺水平、生产能力与产量、交货周期及准时率、服务质量、成本结构与价格水平，以及作为供应商认证程序一部分的质量审计等。它的目标是对供应商的特定能力和其长期市场地位进行透彻地理解。

三、案例题(每题 20 分，共 40 分)

1.(1) 企业通常运用六种不同的模式进入外国市场：出口、交钥匙工程、技术授权、特许经营、与东道国企业成立合资企业以及在东道国成立全资子公司。

① 出口，即在国内进行生产然后再把产品运往海外市场进行销售。

② 交钥匙工程是指承包商同意代理外国客户处理工程所有的细节，其中包括对经营人员的培训。

③ 技术授权指在某一特定时间内，许可方把无形资产授予另一个实体(接受方)，并向接受方收取一定的许可使用费。

④ 特许经营本质上是技术授权的一种特殊形式，特许人向被特许人出售无形资产(通常为商标)，而且坚持要求被特许人同意遵守严格的有关如何经营企业的规则，特许人收取特许使用费。

⑤ 合资企业是指由两个或两个以上的独立企业共同出资而成立的企业。

⑥ 全资子公司，即在一个外国市场中建立一家企业拥有 100%的股权的子公司。

(2) 经销一般是指经销商与生产厂家或供货商达成协议，在规定的期限和地域内购销指定的商品。在经销情形下，供货商和经销商之间是一种买卖关系。经销商是以自己的名义购进货物，在规定的区域内转售时，也是以自己的名义进行，货价涨落等经营风险要由经销商自己承担。

代理，是指被代理人或委托人授予代理商以“销售商品的代理权”，在销售代理权限内代理商代理委托人搜集订单、销售以及办理销售有关事务。代理与经销在合同关系的连续性和长期性、销售区域的固定性、交易量限制、对不正当竞争的限制等方面均有相同之处，所以在实际业务中，有的人会错误地将代理与经销混为一谈。具体来说，代理与经销主要有以下几点区别：

① 代理的双方是一种代理关系，而经销双方则是一种买卖关系。

② 代理是以委托人即厂商的名义销售，签订销售合同，而经销商则以自己的名义从事销售。

③ 代理商的收入是佣金收入，而经销商的收入则是商品买卖的差价收入。

④ 从法律关系上讲，代理行为即委托人行为，代理商与第三人之间在授权范围内发生的民事行为的法律后果归于委托人(供货商)，而经销商与用户之间发生的民事行为的法律后果需由其自己承担。

(3) 机电企业应对中美贸易战的策略：

① 开拓多元化市场。第一，努力改变我国进出口贸易结构，努力提高非洲、拉美、中东、东南亚等国，特别是邻国的进出口比重；第二，在努力开拓我国国外市场的同时也急需开拓更广阔的营销渠道，建立系统健康的营销网络；第三，在新开拓的市场上，大力进行机电产品的投资。

② 规避贸易壁垒。第一，要正面积极地应对技术贸易壁垒对中国机电产品的影响。使得技术贸易壁垒的伤害实现最小化；第二，我国机电产业要充分地了解和掌握有关出口的质量、卫生、安全、技术、销售的一些规则，还要对出口的有关合格评定程序和认证制度非常熟悉及了解；第三，总结我国历来遭受贸易壁垒的企业的经验和教训，并形成企业出口的教科书。要机智地运用国际、机制律例，来维护好我国的利益；第四，积极关注国际市场产品质量的标准，生产适销对路的高质量产品；第五，实现企业投资的多元化，以贸易为主，投资为辅，机制地避开贸易壁垒。

③ 创造良好的科研氛围，加大社会资本的投入。企业要加大科技人才的引入，建立相关激励机制促进科研人员的积极性。机电设备的种类也要实现多样化，在具体的操作中其内容也越来越庞大，因此增强管理和控制更是必要，使得机电工程在一定意义上能够获得有效应用。

2. (1) 传音公司主攻非洲市场的原因是非洲市场潜力巨大。在传音创立初期，中国手机市场一片红海，国产品牌的生存空间十分有限。而非洲市场却因较低的市场渗透率，遭到各大品牌的忽视。因此，传音将目光锁定在了“最后一个超过10亿人口的蓝海市场”——非洲。

(2) 传音手机之所以在非洲如此深受欢迎，其原因有：

① 价格低。与其他地区相比，非洲经济较为落后，人们的消费者水平也不高。因此，传音手机的售价非常低，一部智能机的售价平均在200美元上下，远低于非常市场的其他手机品牌。传音手机也因此成为非洲消费者的首选。

② 人性化。为了迎合非洲消费者的需求，传音推出一系列本土化产品。例如专门研制了针对非洲黑人肤色的摄像技术、夜间拍照捕捉等。而且，由于非洲经常停电，昼夜温差大，还专门研发了超长待机、快充以及温度检测等技术。

③ 广告营销。传音手机采取广告和代理商销售。用“刷墙”方式进行品牌推广，大街小巷都充斥着传音手机的广告，通过大规模涂墙广告建立市场依赖。

(3) 传音手机未来面临的挑战有：

① 中低端形象固化。目前传音手机在非洲市场主打功能机型和低端智能机型，以低廉的价格、高品质的质量在非洲中低端市场占据极大市场，但竞争也更激烈，价格战使手机盈利空间非常小。高端手机市场正主导着手机市场的盈利空间。然而，传音手机形象固化在低中端市场，不利于未来高端市场开拓。

② 技术更新慢，产品同质性高。传音手机与知名厂商相比，在产品更新和技术革新方面滞后，市场很易被挤占。传音主打功能机型和低端智能机，技术方面不存在壁垒，大多厂商均使用Android系统，各类厂家可产出类似质量和外观的机型。传音手机缺乏核心技术，产品技术更新慢且同质性高。长此以往，价格战将导致无利可图。

③ 销售渠道单一。传音手机采取广告和代理商销售。但随着非洲电子商务平台日益发展普及，越来越多消费者会选择电商平台购物。传音销售渠道虽短期效果不错，但长远来看销售渠道过于单一。传音对互联网销售平台重视程度过低，将会对日后发展线上渠道造成不良影响。

④ 受到山寨手机的严重冲击。非洲市场中充斥着大量仿照传音手机造型和商标的山寨手机，山寨手机不需要承担产品研发、广告、促销等费用，以远低于正牌手机的价格在手机市场中疯狂销售，但品质得不到保障。其低劣的产品质量对消费者造成恶性影响，并对传音手机的品牌造成极大破坏。传音手机通过法律手段对有害自身权益的山寨手机进行有效维权难度较大。

传音手机出口非洲市场存在问题的对策建议有：

① 提升品牌形象，深耕高端手机市场。传音手机要挖掘高端机型市场，可着力于高端子品牌，研发旗舰高端机型。要想占领高端目标市场，可通过有选择地与某些高端国际知名品牌联合，以此来努力提升企业的品牌形象。

② 专注核心技术研发，提升产品国际竞争力。应注重弥补产业核心技术差距，加快核心技术研发。与元器件提供商合作，加强协同研发，紧随非洲手机市场的前进脚步，重点致力于芯片研发等核心技术，多渠道开发和引进软件等核心技术。

③ 多样化销售渠道。伴随“一带一路”政策，中国媒体公司进入非洲市场，打破了西方企业贸易壁垒，数字电视也成为中非人文交流的重要载体。传音手机可利用电视购物拓展销售渠道。

④ 注重专利保护，通过专利手段维护自身权益。传音应重视专利申请并通过多方渠道积极打击各种山寨手机，向相关部门申诉，因为劣质的山寨机对传音手机在大众面前的良好形象起着很大的破坏作用。采取交叉许可及专利授权等方法来抵御和削弱山寨机的影响，积极主动利用法律来保护本企业专利权，对冒用传音专利或商标的山寨手机企业进行诉讼，维护传音自身权益。

暨南大学 2021 年 434 国际商务专业基础试题

一、单项选择题(每题 2 分，共 10 分)

1. 进口替代是这样一项政策(　　)。

A. 以进口品替代出口品　　B. 以国内生产的产品替代进口品

C. 以进口的资本品替代进口的消费品　　D. 以进口品替代国内生产的产品

E. 以出口品替代进口品

2. “贫困化增长”的一个必要条件为(　　)。

A. 国家的增长偏向于出口产业

B. 外国对该国的出口需求具有价格弹性

C. 国家的消费偏好高度偏向于出口商品

D. 贸易在国民经济中比重不大

3. 根据国际生产折中理论，一企业具有所有权优势和内部化优势，应选择(　　)。

A. 技术转让　　B. 出口　　C. 独资　　D. 合资

4. 对进口国而言，对进口竞争厂商的直接生产补贴(　　)。

A. 保护效果不如关税　　B. 福利效果优于关税

C. 国际收支效果优于关税

5. 所谓要素密集度是指(　　)。

A. 一国所拥有的要素的密集程度　　B. 一国某种要素被密集使用的程度

C. 生产某种商品使用某种要素的程度　　D. 生产某种商品所投入的要素比例

二、名词解释(每题 8 分，共 40 分)

1. 对外贸易依存度　　2. 保护幼稚工业论

3. 产业内贸易　　4. 要素禀赋理论

5. 战略性贸易政策

三、简答题(每题 14 分，共 42 分)

1. 简述汇率变动对物价的影响。

2. 鼓励出口措施中的生产补贴可以有哪些直接及间接形式。

3. 请解释产业内贸易与产业间贸易的不同。

四、计算题(18 分)

某小国的国内手机的生产曲线为$Q_S=50+5P$，需求曲线为$Q_D=400-10P$。而世界其他地方的手机价格为 10 元/台。在此，我们额外假设国内厂商每生产一台手机能产生 10 元的边际社会效益(marginal social benefit)。试回答下面问题：

(1) 若小国对国外手机课征 5 元/台的进口关税，请计算对社会福利的总效益影响。

(2) 若小国给予该国国内厂商 5 元/台的生产补贴(production subsidy)，请计算对社会福利的总效益影响。

(3) 上述两种政策(课征进口关税与生产补贴)，哪一政策对社会福利增益较大？为什么？

五、论述分析题(每题 20 分，共 40 分)

1. 何谓里昂惕夫之谜(Leontief paradox)？请列出至少三个理论对里昂惕夫之谜的解释。

2. 当前国际形势复杂，一国基于安全和战略考虑会选择对另外一国(或企业主体)进行贸易制裁，请结合现实讨论贸易制裁存在哪些手段以及产生的福利影响。

暨南大学 2021 年 434 国际商务专业基础试题解析

一、单项选择题(每题 2 分，共 10 分)

1. B。进口替代政策是指一国采取各种措施，限制某些外国工业品进口，促进国内有关工业品的生产，逐渐在国内市场上以本国产品替代进口产品，为本国工业发展创造有利条件，实现工业化。

2. A。贫困化增长发生的前提有三：一是该国的商品出口在世界市场上占有较大份额；二是该国生产能力的增长主要集中在出口产业；三是国际市场对这种商品的需求弹性较低。显然，对于一个发展中大国的开放经济来说，这三个条件是基本符合的，因而更加需要警惕出现经济的贫困化增长。

3. B。根据国际生产折中理论，若企业仅拥有所有权优势，则应该选择许可证方式进行技术转移；若企业具有所有权优势和内部化优势，则应该选择国内生产再出口的方式；企业只有在同时拥有所有权、内部化、区位优势时，才会选择对外直接投资。

4. B。关税是自由贸易价格基础上的加价。征收进口关税会损害消费者的利益。关税作为一种间接税，会加到商品的价格之上。商品价格的提高将使消费者的需求量减少，进而减少消费者剩余。因此进口关税的征收会损害进口国消费者的利益，同时会减少进口竞争厂商的生产者剩余。

5. D。要素密集度是一个相对概念，即使生产两种产品时各投入的要素数量不同，但只要所投入的各种要素的相对比率相同，那么这两种产品的要素密集度就是相同的。两种产品的要素比例和要素价格之间的关系是可以比较的，相应于某种价格水平上的相对要素密集度也就可以确定。

二、名词解释(每题 8 分，共 40 分)

1. 对外贸易依存度是指一国的进出口总额占该国国民生产总值或国内生产总值的比重。其中，进口总额占 GNP 或 GDP 的比重称为进口依存度，出口总额占 GNP 或 GDP 的比重称为出口依存度。对外贸易依存度反映一国对国际市场的依赖程度，是衡量一国对外开放程度的重要指标。

2. 保护幼稚工业论是一种对某些产业采取过渡性的保护、扶植措施的理论，是国际贸易中贸易保护主义的基本理论。其基本内容是：某个国家的一个新兴产业，当其还处于最适度规模的初创时期时，可能经不起外国的竞争。如果通过对该产业采取适当的保护政策，提高其竞争能力，将来可以具有比较优势，能够出口并对国民经济发展作出贡献的，就应当采取过渡性的保护、扶植政策。保护幼稚工业论主要运用关税保护之类的手段来实现。

3. 产业内贸易是指一个国家或地区，在一段时间内，同一产业领域既进口又出口的现象。出现产业内贸易的原因是：同类产品的异质性是产业内贸易的重要基础；自然条件的差异是造成产业内贸易的直接原因；获得规模效益是产业内贸易的重要原因；经济发展水平的相似性是产业内贸易的重要制约因素。

4. 要素禀赋论指狭义的赫克歇尔–俄林理论。它主要通过对相互依存的价格体系的分析，用生产要素的丰缺来解释国际贸易的产生和一国的进出口贸易类型。根据要素禀赋论，一国的比较优势产品是应出口的产品，是它需在生产上密集使用该国相对充裕而便宜的生产要素生产的产品，而进口的产品是它需在生产上密集使用该国相对稀缺而昂贵的生产要素生产的产品。

5. 战略性贸易政策，是指在“不完全竞争”市场中，政府积极运用补贴或出口鼓励等措施对那些被认为存在着规模经济、外部经济的产业予以扶持，扩大本国厂商在国际市场上所占的市场份额，把超额利润从外国厂商转移给本国厂商，以增加本国经济福利和加强在有外国竞争对手的国际市场上的战略地位。战略性贸易政策手段包括生产补贴、出口补贴或保护国内市场等。

三、简答题(每题 14 分，共 42 分)

1. 汇率变动是指货币对外价值的上下波动，包括货币贬值和货币升值。汇率变动影响一个国家的购买力，而两国产品的相对价格会受到汇率波动的影响，从而影响本国产品在国际市场上的竞争力。汇率变动对国内的物价水平有一定的调节作用。

(1) 汇率变动后，立即对进口商品的价格产生影响。首先是进口的消费品和原材料价格变动，进而以进口原料加工的商品或与进口商品相类似的国内商品价格也发生变动。当本币升值时，以本币表示的进口商品价格便会下降，进而带动国内同类产品价格的下降。

(2) 汇率变动后，出口商品的国内价格也发生变动。如本币汇率下降，则外币购买力提高，国外进口商就会增加对本国出口商品的需求。在出口商品供应数量不能相应增长的情况下，出口商品的国内价格必然上涨。在初级产品的出口贸易中，汇率变化对价格的影响特别明显。当本币升值时，以外币表示的本国出口商品价格会上升，出口难度加大，部分商品则会转为内销，国内同类产品供给增加，则会促使国内物价水平的降低。

2. 出口补贴是指一国政府为了降低本国的出口商品价格，加强其在国外市场上的竞争能力，在出口某种商品时给予出口厂商的现金补贴或财政上的优惠待遇。出口补贴包括直接补贴和间接补贴两种方式。

(1) 直接补贴，指政府在商品出口时直接付给出口商的现金补贴，其目的是弥补出口商品的国际市场价格低于国内市场价格所带来的损失。

(2) 间接补贴，指政府对部分商品的出口给予财政上的优惠，其目的在于降低商品的成本以及提高商品的国际竞争力。间接补贴主要有以下几种：

① 出口退税。出口退税是指政府对出口商品的原料进口税和其在国内生产及流转过程中已缴的国内税款全部或部分地退还给出口商。

② 出口减税。出口减税是指政府对出口商品的生产和经营减免各种国内税和出口税。

③ 出口奖励。出口奖励是指政府对出口商按其出口业绩给予各种形式的奖励。

④ 其他形式。间接的出口补贴目前发展得更为隐蔽和多样化。例如，政府对出口商品的国内运输减免收费或提供低价运输工具，通过允许加速折旧等措施来减税、免税等。

3. 产业内贸易指一国在出口的同时又进口某些同类产品，它是相对于产业间贸易而言的。产业间贸易是指一国进口与出口的产品属于不同的产业领域。美国和日本相互进口对方的电脑就属于产业内贸易，而美国进口日本的汽车，日本进口美国的钢铁则属于产业间贸易。

二者的不同点在于：

(1) 流向性不同：产业间贸易中，同一产业产品基本上是单向流动，即要么进口，要么出口；而产业内贸易是双向流动的，因此产业内贸易又叫双向贸易。

(2) 交易对象不同：产业间贸易是不同产业间产品的贸易，如一国生产的工业品和另外国家生产的农产品进行交易，而产业内贸易则主要是工业产品中的某一类产品间的贸易。

(3) 特点不同：产业内贸易的产品具有多样化的特点，这些产品中，既有劳动密集型产品也有资本密集型产品，既有标准技术产品，也有高技术产品。产业间贸易则不是。

四、计算题(18 分)

在没有关税的情况下，一国生产的产品等于 $S=50+5\times10=100$ 单位，消费的产品 $D=400-10\times10=300$ 单位，因此进口 200 单位产品。

(1) 对每单位产品征收 5 个单位的进口税会导致产量 $S=50+5\times(10+5)=125$ 单位，消费为 $D=400-10\times(10+5)=250$ 单位。增加的福利等于增加的社会效益减去生产扭曲的损失和消费扭曲的损失，即 $25\times10-(25\times5)/2-(50\times5)/2=62.5$ 单位。

(2) 数量为 5 个单位的生产补贴导致的新的供给曲线为 $S=50+5\times(P+5)$，当消费量保持在 300 单位，生产上升为 125 单位时，增加的福利等于更高产量而增加的收益，减去生产扭曲的成本，最终得到的收益是 $25\times10-(25\times5)/2=187.5$ 单位。

(3) 与进口关税相比，生产补贴目标比较明确，因为它直接影响决策，而这个决策在反映社会成本与私人成本差异的同时，不会影响其他决策。关税具有双重的功能，既可以充当生产补贴，也是消费税。

五、论述分析题(每题 20 分，共 40 分)

1.(1) 里昂惕夫之谜是指美国经济学家瓦西里·里昂惕夫针对要素禀赋论而提出的一项反论。根据传统的要素禀赋理论，战后美国出口的应是资本密集型产品，进口劳动密集型产品；但美国经济学家华西里·里昂惕夫采用投入产出法对战后美国对外贸易发展状况进行分析后，却发现，美国进口的是资本密集型产品，出口的是劳动密集型产品。这与赫-俄模型刚好相反。里昂惕夫之谜是西方国际贸易理论发展史上的一个重要转折点，它推动了战后国际贸易理论的迅速发展。关于对里昂惕夫之谜的解释，实际上是从不同侧面对要素禀赋理论假定前提的修正，并为以后一系列国际贸易新理论的产生奠定了基础。

(2) 为解开里昂惕夫悖论，西方学术界提出了一些解释，但截至 90 年代初仍未找到一个能为经济学界共同接受的解释。

① 人力资本。里昂惕夫本人提出了劳动力非同质的结论，即复杂劳动是简单劳动的倍加，从而指出了 H-O 模型前提中的缺陷。里昂惕夫认为，美国工人的劳动生产率比其他国家高 3 倍，因此，美国的劳动存量应是劳动人数乘以 3，这样美国出口的就是劳动密集型产品了。在此基础上，美国经济学家基辛对这个问题进一步加以研究。他将美国企业职工区分为熟练劳动和非熟练劳动。他根据这两大分类对 14 个国家的进出口商品结构进行了分析，得出了以下结论：资本较丰裕的国家倾向于出口熟练劳动密集型商品，资本较缺乏的国家倾向于出口非熟练劳动密集型商品。美国经济学家凯恩发现美国的出口以物质资本加人力资本密集型商品为主，该发现支持了 H-O 定理。

② 自然资源。该解释认为，一些自然资源密集型的产品，如能源，往往也是资本密集型的。考虑到美国的某些自然资源如石油是相对稀缺的，从自然资源角度看，如果考虑美国进口的稀缺自然资源，就可以解释美国为什么进口的是资本密集型商品。

③ 要素密度逆转。要素密度逆转是指同一种产品中要素的比例在不同的国家会有重大不同，如某些产品在劳动力相对丰裕的国家中属于劳动密集型产品，但在资本相对丰裕的国家中则属于资本密集型产品。要素密集度逆转是由于各国的生产要素赋予程度和要素价格不同，它们在生产同一种商品时可能会采用不同的方法，因而投入的要素比例也就不同。

④ 需求逆转。在要素禀赋理论中，两国消费者偏好被假设完全相同。事实上，两国消费者偏好是不可能完全相同的，存在一定的需求差异。基于需求逆转，里昂惕夫之谜可以这样解释：虽然美国的资本比较充裕，但如果美国消费者的消费结构中资本密集型商品(以制成品为主)占据绝大部分比重，那么美国则有可能出口劳动密集型产品，进口资本密集型产品。

2.(1) 贸易制裁是一国或数国政府通过法令对另一国采取强硬措施，以断绝相互之间的经济和贸易关系的行为。最典型的做法是出口禁运和进口抵制。

(2) 近年来我国贸易顺差持续加大，引发了与其他国家的诸多贸易摩擦，甚至招致贸易制裁。尤其是美国，直接对我国发动贸易战。下面我们从出口禁运和进口抵制两个角度分析贸易制裁的福利影响。

① 出口禁运。为了分析的方便，我们假设制裁国是美国，被制裁国是中国，不参与制裁的是欧盟。在美国和欧盟的市场图中，S、D 分别表示本国工业品的供、求曲线。在中国的图中显示的是中国对进口工业产品的需求曲线和外国出口中国的产品供给曲线。在没有贸易制裁的情况下，美国和欧盟都向中国出口(图 1 中把美国的出口记为 S_e，欧盟的出口记为 S_n)，在中国市场上，总的供给曲线是 S_e+S_n，在供求均衡时，价格是 P_0，在此价格下，美国和欧盟共向中国出口 20 个单位的商品，其中美国出口 10，欧盟也出口 10，美国向中国出口所得的利益是三角形面积 a，欧盟所得是 b。

实行贸易制裁，美国不再向中国出口，中国的外国商品供给曲线中的 S_e 部分消失了，但欧盟没有加入制裁，S_n 还存在。由于供给减少，造成中国的进口工业品价格上涨，其结果是一方面减少了中国对进口工业品的消费，另一方面刺激了欧盟向中国的出口。在新的价格上，欧盟向中国出口了 15 个单位的工业品，比以前增加了 5 个单位。中国仍然能进口 15 个单位的工业品，但必须支付比以前更高的价钱。

在这场贸易制裁中，中国自然受到了一定的打击，表现在消费者剩余减少了 $c+d$ 部分，这是美国所希望看到的。但是美国也失去了在中国的市场，其损失是 a。欧盟作为非制裁国却从中捞到了便宜：通过扩

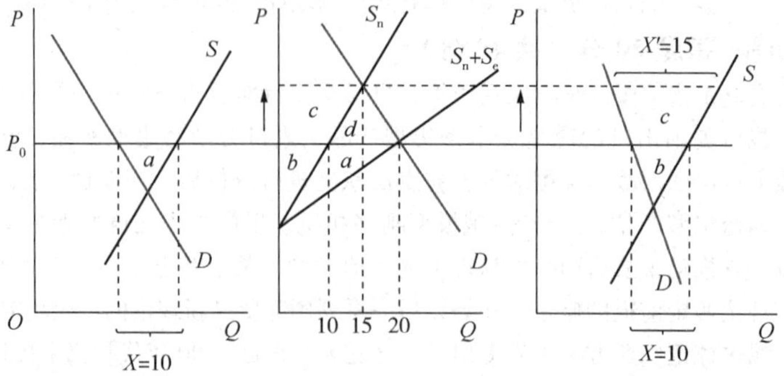

(a)制裁国(美国)　(b)被制裁国(中国)　(c)非制裁国(欧盟)

图 1　出品禁运的福利变动

大出口和提高价格，增加了收益 c。从整个世界角度看，出口禁运仍然带来了净损失 $a+d$，而这一损失除了被制裁国的损失，也包括制裁国的损失。

②进口抵制。如图 2 所示，我们假设美国对中国发起了贸易制裁，禁止从中国进口大豆。在进口抵制前，美国和欧盟都从中国进口大豆，欧盟的进口需求曲线是 D_n，美国的进口需求曲线是 D_e，在中国大豆市场上的总需求曲线是 D_n+D_e。

在三个经济体大豆供求均衡时价格为 P_0，美国进口 10，欧盟进口 10，总量为 20。假设现在美国决定对中国进行贸易制裁，停止从中国进口大豆，但欧盟未参与进口抵制，仍然存在对中国大豆的需求曲线 D_n。

中国大豆的价格由于美国的抵制而下降，而欧盟趁着低价增加了对大豆的进口。进口抵制的结果是，中国大豆价格下跌，出口量减少，生产者损失 $c+d$。美国停止从中国进口低价大豆，其损失为 a。欧盟没有参与制裁，却付更少的钱进口了更多的大豆，其收益为 c。与出口禁运一样，制裁和被制裁双方都在进口抵制中受到了伤害，唯有不参与制裁者从中渔利，得到了好处。

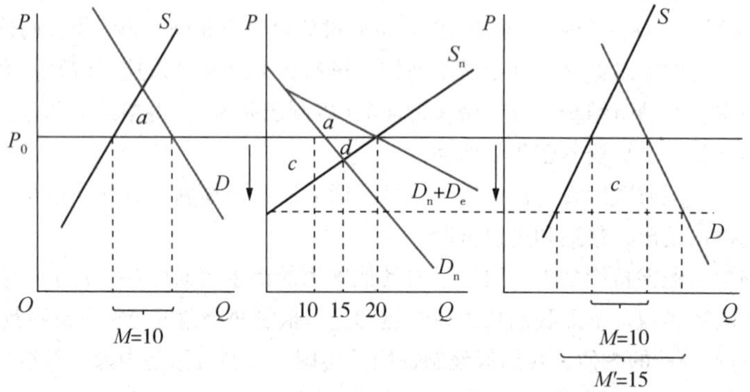

(a)制裁国(美国)　(b)被制裁国(中国)　(c)非制裁国(欧盟)

图 2　进口抵制的福利变动

南开大学2021年434国际商务专业基础试题

一、名词解释(每题5分，共30分)

1. 国际费雪效应
2. 折算风险
3. 本土化战略
4. 痛苦指数
5. 对销贸易
6. 区域经济一体化的静态效应

二、简答题(每题10分，共80分)

1. 什么是欧洲债券？什么是外国债券？为什么欧洲债券比外国债券融资更具有吸引力？

2. 跨国企业进入海外市场策略中，选择全资子公司或者合资企业各有什么优劣？如果跨国企业有技术优势选哪种方式最优？

3. 简述福利经济学第一定律和第二定律，并以此来分析效率和公平能否兼得？

4. 什么是转移价格？转移价格有什么作用？

5. 什么是占优均衡？什么是纳什均衡？二者有何区别？

6. 附加预期的菲利普斯曲线在短期和长期分别是什么特征？

7. 在内部化理论下，解释国际直接投资比技术授权为什么更有利？

8. 为什么消费物价指数不是衡量生活费用的最优指数？

三、论述题(每题20分，共40分)

1. 在企业进行国别风险分析时，要考虑哪些因素？需要利用哪些国别风险的分析方法和工具？

2. 生产活动究竟应该在什么地方进行？各国在要素成本、关税壁垒、政治风险等方面存在差异，在这种情况下，为实现成本最小化和增值最大化，生产应该集中到一个国家还是分散到世界各地？结合2020年新冠疫情后的全球经济情况，给中国芯片制造企业全球供应链管理提出建议。

南开大学2021年434国际商务专业基础试题解析

一、名词解释(每题5分，共30分)

1. 国际费雪效应所表达的是两国货币的汇率与两国资本市场利率之间的关系。它认为，即期汇率的变动幅度与两国利率之差相等，但方向相反。国家间的利率差异为即期汇率的未来变化提供了一个无偏预测。拥有相对较高利率国家的货币将相对于具有较低利率国家的货币贬值。假设资本可以自由流动，则各国实际利率最终会相等。因此两国名义利率之差就等于两国通货膨胀率之差，再结合购买力平价理论，即可得到国际费雪效应。

2. 转换风险，是指由于外汇汇率的变动而引起的企业资产负债表中某些外汇资金项目金额变动的可能性。在实际操作中，一般应根据财务报表的分类，将折算风险分为损益表风险和资产负债表风险。企业的现金流量表是在以上两表的基础上编制而成，因而不需要单独考虑其折算风险。

3. 本土化战略，是跨国公司力图融入目标市场，努力成为目标市场中的一员所采取的策略。其实质是跨国公司将生产、营销、管理、人事等全方位融入东道国经济中的过程。这样一方面有利于外来跨国公司生产出来的产品，能更好地满足本土消费者的需要，同时也节省了国外企业海外派遣人员和跨国经营的高昂费用、与当地社会文化融合、减少当地社会对外来资本的危机情绪。

4. 痛苦指数是美国经济学家奥肯在20世纪70年代提出的一种经济指数。该指数认为，失业与通货膨胀给人们带来的痛苦是相同的，失业率上升1%与通胀率上升1%对人们构成同样程度的痛苦。用公式可以简单表达为：痛苦指数=失业率+通胀率，数字越高，表示痛苦程度越高。

5. 对销贸易，是一种以货物或劳务(包括工业产权和专有技术等无形财产)作为偿付货款手段的一种贸易方式。它把进口和出口结合起来，组成相互联系的整体交易，交易双方都有进有出，并求得各自的收支基本平衡。对等贸易的基本形式有：易货贸易、互购和补偿贸易。

6. 区域经济一体化的静态效应包括贸易创造效果和贸易转移效果。贸易创造是指由于取消了同盟内的关税壁垒，使生产转向同盟内最有效率的供应者所产生的净利益。贸易转向是指由于关税同盟对外设置统一的关税壁垒，使一些成员国的消费者不得以低价购买非同盟国生产的更低廉的商品，只能转向同盟内的高价产品并由此产生的经济损失。

二、简答题(每题10分，共80分)

1.(1) 外国债券是某一国借款人在本国以外的某一国家发行的以该国货币为面值的债券。欧洲债券是借款人在本国以外市场发行的，以第三国的货币为面值的国际债券。

(2) 欧洲债券对投资者和发行者具备着巨大的魅力，其优势主要有以下几方面：

① 发行市场自由。欧洲债券市场是一个完全自由的市场，债券发行较为自由灵活，既不需要向任何监督机关登记注册，又无利率管制和发行数额限制，还可以选择多种计值货币。

② 方便筹资者筹集资金。发行欧洲债券筹集的资金数额大、期限长，而且对财务公开的要求不高，方便筹资者筹集资金。

③ 发行面广、发行费用低。欧洲债券通常由几家大的跨国金融机构办理发行，发行面广，手续简便，发行费用较低。

④ 利息免税。欧洲债券的利息收入通常免交所得税。

⑤ 不记名发行。欧洲债券以不记名方式发行，并可以保存在国外，满足一些希望保密的投资者需要。

⑥ 安全性、收益率高。欧洲债券发行者多为大公司、各国政府和国际组织，他们一般都有很高的信誉，对投资者来说是比较可靠的。同时，欧洲债券的收益率也较高。

2.(1) 合资经营的优点和缺点

① 优点：首先，企业可以通过从当地合资者处获得有关东道国竞争状况、文化、语言、政治体制和经营体制等知识而受益。其次，与当地合作伙伴共担投资成本和损失风险，并共享利润，学习对方先进的技术和管理。最后，在许多国家，出于政治上的考虑，合资企业往往是唯一的可行的进入模式。与当地合资者建立合资企业将在国有化或政府采取其他形式的干预时面临较低的风险。

② 缺点：首先，存在将其技术控制权让给其合伙人的风险。其次，合资企业不能使企业为实现经验曲线和区位经济而给予其分支机构可能需要的严密控制，它不能使企业为对竞争对手进行协调性的全球进攻而给予外国的分支机构可能需要的严密控制。最后，当投资企业各自的目标与目的发生了变化与冲突，或者实施的战略不同时，这种共同拥有股权的安排往往会导致在控制权上的矛盾。

(2) 全资子公司的优点和缺点

① 优点：首先，当一家企业的竞争优势建立在技术能力基础上时，全资子公司常常是最合适的进入模式，因为它可以降低对这种能力失去控制的风险。其次，如果企业想要实现区位经济和经验曲线经济时，就必须设立全资子公司。

② 缺点：设立全资子公司的企业必须承担进行海外经营的全部成本和风险。如果企业并购一家东道国的现有企业，那么在全新的文化中学习经营的风险相对要小一些。但是，并购也会引起其他的问题，包括试图融合不同的公司文化而产生的问题。

(3) 如果跨国企业拥有技术优势，应优先选择全资子公司，因为进行合资经营很容易将技术优势转让给合伙人，而全资子公司拥有百分之百的股权，有利于对技术进行保护。

3.(1) 福利经济学第一定理认为，在完全竞争的条件下，市场竞争能够通过价格机制有效调节经济活动，从而达到帕累托最优的资源配置。福利经济学第二定理认为，在完全竞争的市场条件下，自由竞争市场可以使资源配置达到帕累托最优状态。每个人的福利状态取决于他初始资源拥有状态。政府要想调节社会间的福利水平，应该对每个人的原始资源配置状态进行干预和调整。

（2）福利经济学第一定理认为，市场机制能够解决效率问题。但是，有效率并不意味着公平，比如在一个贫富悬殊的社会也可能是帕累托最优的。福利经济学第二定理告诉我们，满足一定条件，在给定某种禀赋配置下，帕累托有效配置可以通过竞争性市场均衡来实现，换句话说，要实现公平目标，只要对初始禀赋进行调整，剩下的交给市场即可，这也说明公平和效率是可以兼顾的。

4.（1）转移定价是跨国公司的一种经营策略，它是指集团内关联企业之间进行商品和服务的内部交易价格，这种定价服从于跨国公司的全球战略目标和谋求最大限度利润的需要，不受市场正常供求关系的约束。

（2）转移定价的作用：

① 减轻税负。一方面是利用不同企业、不同地区税率及免税条件的差异，将利润转移到税率低或可以免税的关联企业；另一方面是将盈利企业的利润转移到亏损企业，从而实现整个集团的税负最小化。

② 调节利润以树立新建公司在当时的形象。关联企业间的母公司为使其控股的新建公司占有市场，往往通过低价向新建公司提供原材料、零部件或劳务，而高价购买其产品的做法，提高新建公司的利润率和竞争力，使其在市场竞争中站稳脚跟。

③ 将企业资产和利润转移到主要投资者、关键管理人员及其家属所控制或有重大影响的企业，从而达到为少数人谋取私利的目的。

④ 转移资金。许多国家在国内资金和外汇相对短缺的情况下，大都采取一些限制资金转移的措施。此时，跨国公司往往通过转移定价以高价向处于该国的子公司发运货物或提供劳务等方法，实现资金的转移。

⑤ 规避风险。跨国公司通过转移价格，可将利润转出，以降低预期的外汇风险，减少通货膨胀损失，躲避政治风险。

5.（1）占优策略均衡，是由博弈中的所有参与者的占优策略组合所构成的均衡。因为在一个博弈里，如果所有参与人都有占优策略存在，那么，占优策略均衡是可以预测到的唯一均衡。应该指出的是，占优策略均衡只要求每个参与人是理性的，并不要求每个参与人知道其他参与人是理性的，这是因为不论其他参与人是否理性，占优策略总是理性参与人的最优选择。

纳什均衡是这样一种策略集，在这一策略集中，每一个博弈者都确信，在给定竞争对手策略决定的情况下，他选择了最好的策略。纳什均衡是所有参与人的最优策略所组成的一个策略组合。也就是说，给定其他人的策略，任何人都没有积极性选择其他策略，从而这个均衡没有人有积极性去打破。

（2）二者的区别在于：占优策略均衡是比纳什均衡更强的一个博弈均衡概念。占优策略均衡要求任何一个参与者对于其他参与者的任何策略选择来说，其最优策略都是唯一的。而纳什均衡只要求任何一个参与者在其他参与者的最优策略选择给定的条件下，其选择的策略也是最优的。所以，占优策略均衡一定是纳什均衡，而纳什均衡不一定就是占优策略均衡。

6.（1）20世纪60年代末美国经济学家弗里德曼等人认为，标准的菲利普斯曲线表示了货币工资增长率或通货膨胀率与失业率之间的交替关系，但忽略了通货膨胀预期对货币工资增长率和通货膨胀率的影响。因此在标准的菲利普斯曲线的基础上，加入了通货膨胀预期的因素，提出了附加预期的菲利普斯曲线。

附加预期的菲利普斯曲线的表达式为：

$$\pi-\pi^{e}=-\varepsilon(u-u^{*})$$

其中，π^{e}为预期的通货膨胀率。

很明显，附加预期的菲利普斯曲线相对于标准的菲利普斯曲线，整体上发生了右移。在短期里，菲利普斯曲线仍然是一条斜率为负的直线，表达了失业率与通货膨胀率之间交替关系。

（2）长期来看，工人将根据实际发生的情况不断调整自己对价格水平的预期，使工人预期的通货膨胀率与实际的通货膨胀率一致，即 $\pi=\pi^{e}$，此时 $u=u^{*}$，即失业率处在自然失业率水平。长期中菲利普斯曲线是一条垂直线，表明失业率与通货膨胀率之间不存在替换关系。且长期中经济社会能够实现充分就业，失业率处在自然失业率水平。其政策含义表明，长期中，政府运用扩张性政策不但不能降低失业率还会使通货膨胀率不断上升。

7.（1）内部化理论从外部市场不完全与企业内部资源配置的关系来说明对外直接投资的动因。该理论认为，跨国公司生产以外的活动如研究与开发、培训等，与中间产品(半成品和原材料，结合在专利权、人力资本中的各种知识)密切相关。中间产品市场尤其是知识产品市场的不完全，使企业不能有效利用外部市场来协调其经营活动，这是构成内部化的关键前提。当内部化过程超越国界，跨国公司便应运而生。跨国公司国际直接投资是为了避免因交易不确定性而导致的高交易成本。

（2）内部化理论解释了企业为何偏好国际直接投资而不是技术授权来进入外国市场。根据内部化理论，以技术授权作为利用外国市场的战略具有三个主要缺陷：

① 技术授权可能导致一家公司将宝贵的技术和技能转让给潜在的外国竞争对手。

② 技术授权并不能使企业牢牢掌握利润最大化所需要的在国外的制造、营销和战略控制权。

③ 如果企业的比较优势并非在于产品，而是在于这些产品的管理、营销和制造能力，这种能力并不是单靠技术授权所能拥有的。

8. 消费者物价指数(CPI)，是反映与居民生活有关的商品及劳务价格统计出来的物价变动指标。但它并不能完美衡量居民的生活费用，原因有：

（1）CPI 的计算是固定的一篮子物品，但是事实上，只要物品价格发生变化，居民对一些价格过高的产品就会选择替代物进行更换，这样那些价格上涨较高的物品，实际的购买量并没有最初设定的那么多，所以，CPI 可能会高估了居民的生活费用。

（2）其次，新物品的引进会造成货币价值的变化。如果有新的物品引进，那么同样的货币就可以有更多的选择，这可以说是变相地增加了社会福利。比如同样 998 元的手机，智能手机和传统手机相比，明显前者更能增加幸福感，所以新物品的引进会导致维持同样社会福利水平的费用降低。

（3）产品质量的变动。产品质量的变动同样会导致货币价值的变化。比如同样 10 块钱包邮的粽子，但是质量不同，货币的价值就会不同。

实际上，上述任何一条，都会引起消费者需求的变动，所以，固定的一篮子物品，必然有它不适应的时候。

三、论述题(每题 20 分，共 40 分)

1.（1）国别风险是指由于某一国家或地区经济、政治、社会变化及突发事件，导致该国家或地区债务人没有能力或者拒绝偿付金融机构债务，使金融机构在该国家或地区的商业存在遭受损失，或使银行业金融机构遭受其他损失的风险。

国别风险评估因素包括政治外交环境、经济金融环境、制度运营环境、社会安全环境。

① 政治外交环境因素细分为：政治稳定性、政治力量平衡性、政体成熟程度、地缘政治与外交关系状况。

② 经济金融环境因素细分为：宏观经济运行状况，国际收支状况，金融指标表现，外债结构、规模和偿债能力，政府财政状况，经济受其他国家和地区的影响程度，是否为国际金融中心。

③ 制度运营环境细分为金融体系、法律体系、投资政策、会计和金融监管标准、政府纠正经济及预算问题的意愿和能力。

④ 社会安全环境因素细分为：社会文明程度和文化传统、宗教民族矛盾、恐怖主义活动和社会治安等其他社会问题。

（2）国别风险的评估方法有很多，各个行业、各个公司所采用的评估方法也不尽相同。这里列举几种国际企业常用的、比较典型的评估方法。

① 国别冷热比较法。这种方法把一国的生产经营环境归结为七大因素，并对其效果的“冷”与“热”作出分析，然后进行综合评价。这七个因素是：政治稳定性、市场机会、经济发展和成就、文化一元性、法令障碍、实质障碍、地理文化差距。在这七个因素中，前四种程度高，即具有“热效果”，程度低则具有“冷效果”；后三种则相反。如果某一因素存在的程度不高也不低，其效果则为中，即“不冷也不热”。把对各国的这些因素的评价填制在同一张表中，进行比较，就可以选出最佳经营环境的国家。经营、投资环境

越好的国家，即为“热国”，经营环境越差的国家则为“冷国”。

② 经营环境等级评分法。这种方法认为，经营环境中各因素对国际商务活动，特别是对企业投资的作用和影响是不同的，不能同等看待。该方法首先根据不同因素的作用效果，确定其等级评分，然后再按每一个因素的有利和不利程度给予不同的分值，最后把所有因素的等级评分值加总，作为对当地跨国经营环境的总体评价。该方法主要从东道国政府对外国直接投资者的政策着眼，在影响国际经营的各种因素中挑选了八个主要的因素进行评价：资本抽回限制、外商股权比例、对外商的管制和歧视程度、货币稳定性、政治稳定性、给予关税保护的意愿、当地奖金的可供程度、近五年的通货膨胀率。这种评分法的优点在于：每一因素的分值是依各自在经营、投资环境中的作用大小来评定的，从而避免了对不同因素平等看待的缺点。根据这种方法，总分越高，跨国经营的环境越好，反之则表示跨国经营环境越差。

③ 机会-威胁分析法。这是从企业自身的角度来分析评定其国际经营环境的一种方法。环境变化给公司带来的影响基本上可以分为两大类：一类是环境威胁，另一类是环境机会。首先，根据不同时期的形势，从公司的内部条件和外部环境中归纳出若干基本因素；然后，对每一个基本因素出现的概率大小给公司带来的影响分别进行判断，绘制出威胁矩阵图和机会矩阵图；最后，把上述因素的两个综合性指标进行汇总编制，由此可以得出公司所面临的威胁和机会的整个状况的综合特征。

2.(1) 跨国公司面临的一个基本决策是在哪里从事生产活动，以最好地实现成本最小化和提高产品质量的双重目标。考虑的因素可分为国家因素、技术因素和产品因素。

① 国家因素

政治经济、文化和相对要素成本在国与国之间是不同的。在其他条件相同的情况下，一家公司应该把它不同的生产活动置于经济、政治和文化条件(包括相对要素成本)对这些活动的绩效最有利的地方。这种战略中获得的利益称为区位经济。对于有些产业，在特定地方进行全球性集中生产也是重要的。区位外部性在决定到哪里从事生产活动时会起到重要作用。外部性包括具有适当技能的劳动力资源和辅助产业的存在。此外，正式和非正式贸易壁垒会明显影响有关生产地点的决策，运输成本和对外直接投资的规则和管制，也会影响生产地点的选择。另一个国家因素是预期未来的汇率变动。

② 技术因素

企业在从事特定制造活动中所采用的技术对于生产选址的作用可能是关键性的。一项制造技术的三个特点值得注意：固定成本水平、最小效率规模及技术柔性。

(a) 固定成本。在某些情况下建立制造工厂的固定成本太高，以致一家公司必须仅从一个产地或少数几个产地供应世界市场。给定这样的前提而且其他条件相同，那么以一个(最理想的)地点的一家工厂生产的产品服务于世界市场就很有意义了。相反，相对低水平的固定成本能使在不同地点同时从事一项生产活动变得经济。这样做的优势之一就是公司能更好地适应当地的需要。在多个地点生产也有助于避免公司对一个产地的过度依赖。

(b) 最小效率规模。大多数工厂规模经济达到极限的产出水平被称为产出的最小效率规模。一家工厂的最小效率规模相对于全球总需求越大，越应该集中在一个地点或少数几个地点生产。反之，当生产的最小效率规模相对于全球需求较小时，在多个地点从事一种产品的生产可能是经济的。

(c) 柔性制造技术。与大批量生产标准化产品相比，采用柔性制造技术更能提高效率和降低单位成本，同时使公司比以前在更大程度上满足客户的不同需要。对国际商务来说最重要的是，柔性制造技术能够使公司为不同国家的市场定制产品。可以采用柔性制造技术时，公司可在最佳地点的单独一家工厂为不同国家的市场定制产品，而且不必承担很大的成本。因此，公司再也不必在每个主要国家市场建厂生产，以满足特定客户的偏好和需求，这也就是实施本土化战略的部分原理。

③ 产品因素

产品的两个特点影响选址决策。首先是产品的价值重量比。因为它影响运输成本。对价值重量比高的产品，若其他条件相同，那么应在最佳区位生产这些产品并从那里供应全世界。其次，该产品是否服务于共同的需要，即这种需要在全世界都相同。若几乎相同，则增加了在一个最佳区位集中生产的吸引力。

(2) 2020 年新冠疫情的暴发，再加上美国贸易战对华为的制裁，给中国芯片供应链带来沉重打击，当不确定性成为常态，暴露出中国甚至全球范围内芯片供应链的脆弱性。在此，我认为应该从以下几个方面着手改善芯片制造企业的供应链管理：

① 补齐制造环节短板，推动全产业链协同发展。当前芯片制造产业进入“全产业链竞争”时代，提升全产业链协同发展能力是我国产业提升芯片制造业整体实力的必然选择。着力引进一批先进制程、先进工艺的大尺寸、高水平项目，推动制造环节取得重大突破。加快推动具有自主知识产权的新型封装技术规模量化，增强与国内外设计企业的配套能力。加强产业链对接合作，加快集成电路设计业、制造业、封装测试业及终端应用商等多环节协同发展。

② 深耕核心关键技术研发，更加重视标准制定工作。积极主动对接国家对芯片制造产业的战略布局，围绕产业链部署创新链，围绕创新链配置资源链。充分利用国际创新资源，坚持开放合作创新，大力吸引芯片领域跨国公司研发中心、高端研究机构等进入中国。

③ 引进与培养并重，以全球视野集聚国际高端人才。当前，我国芯片产业人才及原创人员尤为缺乏，产学研缺乏深度融合，人才引进、人才储备、人才培养方式有待改革创新。要更加注重引进海外人才，解决高端人才培养周期和短期高端人才不足问题。

宁波大学2021年434国际商务专业基础试题

一、名词解释(每题5分，共35分)

1. 外部规模经济
2. 最优关税
3. 内部化优势
4. 铸币平价
5. 市场挑战者战略
6. 品牌管理
7. 虚拟经营

二、简答题(5题，共55分)

1. 加入SA8000对中国企业有何影响?（9分）

2. 利用国家竞争优势理论，分析我国加工贸易型外贸发展模式对我国国家竞争优势培育的不利影响?（12分）

3. 何为战略性贸易政策?试述战略性贸易政策理论的基本内容，并进行评价。(12分)

4. 跨国公司之间的战略竞争中，获得成本领先优势的方法有哪些?成本领先战略的适用条件是什么?（12分）

5. 试述企业开展国际市场营销面临的机遇与挑战?（10分）

三、案例分析题(每题15分，共30分)

1. 丰田公司认识到全世界有大量的消费者希望得到和愿意承担一辆昂贵的汽车。在这群体中，许多消费者愿意买奔驰，但又认为价格过高。他们希望购买像奔驰同样性能的车，并且价格要合理。这给了丰田一个想法，开发一辆能与奔驰竞争，甚至定位于更高价值的轿车，一个“聪明”的购买者欲获得身价但不会浪费钱。丰田的设计者和工程师开发了雷克萨斯汽车并开展多方位的进攻。新汽车安装精良，内部装饰豪华。丰田的广告画面旁边显示的是奔驰，并写上标语：“这也许是历史上第一次，只需花36000美元就能买到值73000美元的高级轿车。”丰田努力挑选能高度胜任的经销商和精心设计陈列室，并把销售作为汽车设计的工作之一，陈列室有宽敞的空间，布置了鲜花和观赏植物，免费提供咖啡，备有专业的销售员。经销商开列了潜在客户的名单，向他们寄发手册，内含12分钟戏剧性体现雷克萨斯优异功能的录像带。例如，录像带显示工程师把一杯水放在引擎上，当奔驰引擎发动时，水发生抖动，而雷克萨斯却没有，这说明雷克萨斯有更平稳的引擎和提供更稳定的驾驶。录像带更戏剧性地展示，把一杯水放在操纵盘旁，当雷克萨斯急转弯时水不溢出来，真令人兴奋。购买者向他们的朋友到处介绍，成了新雷克萨斯最好的销售员(免费的)。

针对雷克萨斯的挑战，你认为奔驰应该如何应对?（15分）

2. 2020年11月10日晚，中国国际进口博览局对外发布第三届进博会闭幕信息。数据显示，虽然目前全球新冠肺炎疫情仍在蔓延，但第三届进博会各方合作意愿热度不减，按一年计，累计意向成交726.2亿美元，比上届增长2.1%。

进博会期间，包括中核集团、航天科技在内的55家中央企业与几十个国家和地区的企业签署意向采购协议，技术装备类、医疗健康类、服务贸易类比第二届有所增加，特别值得一提的是，向亚洲、非洲、南美洲发展中国家意向采购金额增长一倍以上。

中国国际进口博览局副局长孔福安介绍说，本届进博会上进行的全球首发、亚洲首秀、中国首展的产品数量占比达一半以上。日本参展企业数量最多，美国企业展览总面积最大。

而意大利、葡萄牙、巴基斯坦、斐济和匈牙利等国则通过进博会官网，以图片和视频形式线上展示本国风土人情和发展投资机遇，吸引网友关注。

今年受疫情影响较大的中国航空企业，率先在全球航空业“寒冬”喊出了“回暖”的口号。东航集团与CFM(GE通用电气公司与赛峰飞机发动机公司50/50的平股合资公司)、霍尼韦尔分别签署了LEAP-1A航空发动机小时包修协议及6台备用航空发动机的采购协议和131-9A型辅助动力装置(APU)的采购协议；南航集团分别与14家全球航空服务领域的大型国际厂商、供应商签署了采购协议。

全球著名的酵母生产企业、法国乐斯福大中华区总裁浦建菲则透过进博会看到了“中国税收营商环境的改变”，他成为第一批预订明年展位的参展商之一，“过去对外支付模式中，企业要分别到税务、银行窗口交相关资料，办理成本较大；今年，企业可以通过上海电子税务局进行对外支付备案的全流程电子化办理。”“在全球经济受到新冠肺炎疫情深刻影响的情况下，第三届进博会如期举行，无疑会对集团发展产生极大推动作用。”进博会期间，浦建菲接待了包括良品铺子等众多热情的考察团体，“感受到巨大的活力和信心，我们会扎根中国，在这里继续发展下一个30年。”

结合上述材料回答如下问题：

(1) 进口贸易对中国经济发展有哪些作用？(7分)

(2) 第三届进博会如期举行有哪些重大意义？(8分)

四、论述题(30分)

试分析中国利用外资的主要特点和存在的主要问题。

宁波大学2021年434国际商务专业基础试题解析

一、名词解释(每题5分，共35分)

1. 外部规模经济是指当整个产业的产量(因企业数量的增加)扩大时(企业外部的因素)，该产业各个企业的平均生产成本下降，因而有时也称为外部经济或范围经济。其产生的源泉有很多，具体来说，其包括：①行业地理位置的集中带来的外部规模经济效应。②行业内每个企业从整个行业的规模扩大中获得更多的知识积累。

2. 最优关税是指使本国福利达到最大的关税水平。在小国情形下，由于关税全部由国内消费者承担，所以最优关税就是零关税。然而在大国情形下，由于征收关税，一方面贸易条件得益，但又因为生产扭曲和消费扭曲而导致损失。因此大国的最优关税将取决于两者的比较。确定最优关税的条件是进口国由征收关税所引起的额外损失与额外收益相等。

3. 内部化优势是指拥有所有权优势的企业为避免市场不完善，而将所有权优势加以内部利用所获得的优势。由于某些产品或技术通过外部市场转移时会增加交易费用，跨国公司通过对外直接投资，在母公司与子公司或子公司之间进行中间产品的转移，尽可能地减少交易成本，获取高额利润。

4. 铸币平价是在金本位制度下，两国货币的价值量之比表现为含金量之比。金铸币本位制度下，汇率的波动界限是黄金输送点，汇率比较稳定。这种金本位制下，各国货币的自动调节机制使得汇率保持了比较稳定的状态。

5. 市场挑战者指在行业中占据第二位及以后次位，有能力对市场竞争者和其他竞争者采取攻击行动，希望夺取市场领导者地位的公司，如美国汽车市场的福特公司、软饮料市场的百事可乐公司。这些竞争者可以采用两种战略：一是争取市场领先地位，向比自己强大的竞争者发起挑战；二是安于次要地位，在共处的状态下求得尽可能多的收益。

6. 品牌管理是指针对企业产品和服务的品牌，综合运用企业资源，通过计划、组织、实施、控制来实现企业品牌战略目标的经营管理过程。品牌管理贯穿于品牌的塑造、应用、维护和提升的全过程中，包括了品牌的定位、策略、形象设计、传播和市场监测等。

7. 虚拟化经营是指企业在组织上突破有形的界限，虽有生产、行销、设计、财务等功能，但企业体内却没有完整地执行这些功能的组织。就是说企业在有限的资源下，为了取得竞争中的最大优势，仅保留企业中最关键的职能，而将其他的功能虚拟化，通过各种外力进行整合互补，其目的是在竞争中最大效率地利用企业有限的资源。

二、简答题(5 题，共 55 分)

1. 社会责任标准“SA8000”，是 Social Accoutability 8000 的英文简称，是全球首个道德规范国际标准。其宗旨是确保供应商所供应的产品，皆符合社会责任标准的要求。

（1）从长期看，SA8000 标准对我国企业的发展是有好处的，具体表现在：

① 实施 SA8000 标准，有利于保护劳工权益、激励员工积极性，进而提高生产效率，增加企业的盈利。企业树立了一个良好的社会形象，便能更有效地吸引人才和激励员工的积极性，从而提高其生产效率。

② 实施 SA8000 标准，有助于改善企业的形象和声誉，从而提升企业的国际竞争力。一个有社会责任感的企业，消费者对其产品也就更加信赖，从而提高了企业的销售额和客户的回头率，赢得了市场。

③ 实施 SA8000 标准，有利于改善企业与公众、政府及民间组织的关系，从而为企业的可持续发展创造有利条件。企业造福于所在地区，而所在地区的发展又为企业提供了新的机遇，最终实现了企业和社会的同步发展。

（2）SA8000 标准是一把“双刃剑”。在推动企业发展的同时，目前它对我国企业的负面影响也是不可忽视的。

① 会损害一些企业利益。会迫使我国大部分企业尤其是劳动密集型企业通过降低劳动成本来获取利润。跨国公司的双重要求使我国企业在极其有限的空间难以改善劳工状况，甚至使一些劳工状况更加恶化。

② 会导致一些企业经营困难。我国的很多企业为了达到这个标准，必然会增加成本，结果就导致一些企业经营困难，甚至破产、关闭。

③ 会影响部分企业的国际竞争力。未通过认证企业的产品将被贴上压榨工人、剥削童工、不人道等耻辱的标签。在市场竞争中，显然会处于不利地位。SA8000 标准认证会增加产品成本，将降低我国企业在成本优势上的竞争力。

④ 会影响一些企业产品的出口。SA8000 标准已经越来越多地出现在许多跨国公司订单的附加条件中，对我国企业出口造成很大影响，正在形成一道劳工贸易壁垒。

⑤ 会影响跨国公司与我国企业建立合作伙伴关系。跨国公司在选择我国的合作伙伴时，也往往将社会责任标准作为一个重要的选择依据。只有通过审核与评估，才能建立合作伙伴关系。

2.（1）国家竞争优势理论认为一国兴衰的根本在于能否在国际竞争中赢得优势，而取得国家竞争优势的关键在于国家是否有合适的创新机制和充分的创新能力。而这又主要决定于四组基本因素，即要素条件，国内需求条件，相关产业与支撑产业，公司的战略、结构和竞争。这四组因素中的每一个都可单独发生作用，并同时作用于其他因素。四者组成一个系统，共同决定国家竞争优势。另外，国家竞争优势还受到机遇和政府作用的影响，但由于两者要通过四组基本因素影响国家竞争优势，所以属于辅助因素。

（2）加工贸易型外贸发展模式对我国国家竞争优势培育的不利影响

① 技术创新落后是创造竞争优势的重要制约因素。加工贸易只是一种初级阶段的劳务贸易，加工方只能赚取加工费，产品从原料转化为成品过程中的附加价值，基本被对方占有，进行技术创新的空间较小。

② 生产要素受限。我国许多优质资源属于不可再生资源，难以维持经济的持续发展需求，被赶超的可能性非常大。加工贸易型外贸发展模式方式单一，难以解决对外贸易的长期、可持续发展的问题。

③ 公司的战略、结构和竞争受阻。我国大多数外资企业与资方国家存在千丝万缕的关系，容易受到国际经济和政治局势变化的影响，对外依赖性强，缺乏自主性和灵活性。

3.（1）战略性贸易政策理论认为：在规模经济和不完全竞争的市场条件下，一国政府可以通过政策干预的方式创造新的竞争优势，从而增强本国产业企业在国际市场上的竞争力，同时提高本国福利水平。战略性贸易政策理论的主要内容包括利润转移理论和外部经济理论。

① 利润转移理论认为，许多国际贸易的商品是由不完全竞争产业——寡头竞争产业生产的，其重要特征是产品价格高于边际成本，通过政府政策扶持这类产业出口，剥夺外国厂商的出口利润，从而实现超额利润由外国厂商向本国转移。

② 外部经济理论认为，某些产业或厂商能产生巨大的外部经济效应，从而促进相关产业或同一产业其他厂商的发展或出口扩张，而政府提供适当的保护和扶持便能使得这些外部经济效应被相关产业和企业充分吸收，从而提高其国际竞争力，获得长远的战略利益。

（2）战略性贸易政策理论动摇了在规模经济和不完全竞争条件下自由贸易政策的最优性，证明了政府干预的合理性，提出了适当运用关税、补贴等战略性贸易政策，将有助于提高一国贸易福利的主张。这一核心结论正好与传统贸易理论相悖。战略性贸易政策理论因其在理论的独创性、分析方法的独到性及其解释现实的能力等方面取得重大的突破而日益为人们所重视。

4.（1）成本领先战略是指企业通过降低自己的生产和经营成本，以低于竞争对手的产品价格，获得市场占有率，并获得同行业平均水平以上的利润。

（2）实施成本领先战略获取成本优势的途径包括：①改变流程，减少或简化多余的环节；②经营过程的部分环节实现自动化；③更大范围地寻找便宜的进货渠道；④规模化采购；⑤采用有效的广告、促销方式；⑥产地销，以减少运输费用；⑦把不擅长的业务活动外包；⑧前向或后向一体化；⑨技术优势，以特殊专利或技术节省成本等。

（3）成本领先战略的适用条件如下：①现有竞争企业之间的价格竞争非常激烈；②企业所处产业的产品基本上是标准化或者同质化的；③实现产品差异化的途径很少；④多数顾客使用产品的方式相同；⑤消费者的转换成本很低；⑥消费者具有较大的降价谈判能力。

企业实施成本领先战略，除具备上述外部条件之外，企业本身还必须具备如下技能和资源：①持续的资本投资和获得资本的途径；②生产加工工艺技能；③认真的劳动监督；④设计容易制造的产品；⑤低成本的分销系统。

5.（1）企业开展国际市场营销面临的机遇

① 经济全球化。经济全球化是指生产要素在全球范围内流动，世界资源在全球范围内配置，世界各国经济在全球范围内相互交融，从而形成有机整体。经济全球化是资源在全球范围内的配置过程和结果，经济全球化伴随着投资全球化、生产全球化、贸易全球化，促使国际贸易和国际投资快速发展。

② 跨国公司的榜样力量。跨国公司是经济全球化的中坚力量，也是促使世界经济发展的中坚力量。随着经济全球化不断深化，跨国公司的数量急剧增加，并在世界经济中处于举足轻重的地位。

③ 通信技术和互联网的发展。电子技术和通信网络的发展，为各国经济交流架起了一座桥梁，大大缩短了各国的时空距离，既方便了人们及时跨越国界的沟通，也方便了人们跨越国界的贸易和投资，因而它是企业快速涉足国际市场，从事国际市场营销的有效途径和工具。

④ 世界经济和国际贸易快速发展。世界经济和国际贸易的快速发展趋势，为开展国际市场营销提供了有利的市场条件。

（2）企业开展国际市场营销面临的挑战

① 经济全球化带来的挑战。经济全球化是一把双刃剑，既为企业走向国际市场带来机遇，也为其带来了挑战。面对强大的跨国公司及外商投资企业，面对众多世界名牌，当地企业如何通过有效的营销在市场争得一席之地，关乎企业的生死存亡。

② 新贸易保护主义的挑战。20 世纪 90 年代，国际竞争进一步加剧，新贸易保护主义逐渐盛行，大体上包括：从关税壁垒转向非关税壁垒，非关税壁垒实行的范围逐渐扩大，对发展中国家的歧视性非关税壁垒的措施也在逐渐加强。同时，贸易集团化进一步加强，随着世界经济发展的不平衡性加强，区域经济一体化现象进一步加剧，形成了东盟、欧盟、北美自由贸易区等区域经济体，但是对于非集团成员的国家来说，则设置了更多的进入障碍和贸易壁垒。

三、案例分析题(每题 15 分，共 30 分)

1. 针对雷克萨斯的挑战，奔驰不应该降价，而应该保持原价，甚至应该提高产品的价格，同时要采取相应的营销组合策略来支持其高价格策略。

(1) 奔驰采用的是高质量-高价格的溢价策略，而雷克萨斯采用的是高质量-中等价格的优良价值策略来发动对奔驰的攻击。在这种情况下奔驰不能降价，因为一旦降价意味着它以前所采取的策略是对顾客的一种欺骗。

(2) 雷克萨斯的目标顾客群和奔驰的目标顾客群也不相同。雷克萨斯的目标顾客群是那些希望能够得到像奔驰一样的性能的车，同时又要求合理价格的人。顾客在购买产品时，不仅关注产品质量和价格，同时还关注品牌内涵。对于其目标顾客群来说，奔驰不仅代表着高质量，而且也是身份和地位的象征，有着丰富的品牌内涵，这一点雷克萨斯是无法与之抗衡的。

(3) 在这种情况下，奔驰绝不能降价来与雷克萨斯打价格战。但是奔驰应该采取相应的营销组合策略来应对雷克萨斯的挑战。在产品方面，奔驰应该致力于提高产品质量，使得在质量上超越雷克萨斯车，更加完美，使雷克萨斯无法攻击其产品质量。在渠道方面，应该选择优秀的中间商，为顾客提供高附加值的服务，通过服务塑造差异，提高价值。在促销沟通方面，致力于打造丰厚的品牌内涵，提高顾客的忠诚度。

总之，面对雷克萨斯的挑战，奔驰应该继续完善产品质量的同时，突出品牌个性和内涵，牢牢抓住自己的目标顾客群，不能陷入价格战的泥潭中。

2. (1) 进口贸易对中国经济发展的作用如下：

① 弥补供给缺口。我国经济高速增长的同时，国内投资和消费需求的扩张，或超出了国内既有的生产供给能力，或国内现有供给水平不能满足先进科技的需求。通过进口国内短缺资源、关键设备和先进技术来打通国内经济发展的供给瓶颈，是中国实行从封闭型向开放型经济转型，推动国内经济稳步持续发展的主要手段。

② 缓和贸易摩擦。近几年来，我国进出口规模不断扩大，贸易顺差增加很快，但过大的贸易顺差并不是好事。一方面，贸易顺差过大会带来货币政策的被动性；另一方面，贸易顺差过大增加了我国与其他贸易伙伴之间的摩擦。目前我国已成为世界上反倾销和贸易保护措施的最大受害国，出口贸易环境严重恶化。因此，适度扩大进口有利于缓和我国与一些主要贸易伙伴的矛盾，为我国产品进入国际市场创造条件。

③ 诱导国内需求。进口商品的冲击将刺激国内企业提高技术与管理水平，提高产品质量，降低成本，巩固和扩大自己的市场份额。激烈的竞争加速低效率的企业退出市场，促使高效率的企业达到合理的规模，从而提高我国企业的生产效率和产品质量，促进国内产品的升级换代，带来经济的动态增长。

④ 激发技术创新。改革开放以来，我国走产品引进→技术引进→技术创新之路，以产品引进带动技术创新，不仅使居民的生活水平得到快速提高，也为技术创新提供了重要条件。进口节省了创新的成本，促进了国内生产的发展和生产率的提高，并且为发展高科技产业、培育后发优势提供可能。

(2) 全球疫情背景下举办第三届进博会具有特殊意义：

① 进博会的举行有利于促进全球经济恢复。在全球面临前所未有的危机之时，中国更大地张开双臂，愿意与全世界并肩携手，共渡难关，共创共享美好的未来，充分反映出中国推动开放进取、共建人类命运共同体的美好愿望。这对于当前身处多重危机中的全球而言，至关重要。

② 进博会的举行有利于促进形成双循环新发展格局。2020 年 5 月，中共中央政治局常委会会议首次提出“要深化供给侧结构性改革，充分发挥我国超大规模市场优势和内需潜力，构建国内国际双循环相互促进的新发展格局”。此后新发展格局在多次重要会议中被提及。新发展格局是我国基于目前国内外经济形势作出的一个战略决策，第三届进博会的举行有利于促进国内产业链的加速构建和新发展格局的加快完善。

③ 进博会有利于借助全世界优质资源加速促进国内大循环的完善。当前国际上疫情严重，需求不足，买方市场格局明显，进博会的召开有利于以较为优惠的条件扩大进口，提升中国的综合生产能力，有利于世界，也有利于中国。

④ 进博会有利于加强国内国际双循环的联动协同发展。当前，中国已成为全球最具潜力的市场，中国制造已经成为全球产业链和供应链的重要组成部分，为世界经济发展作出了积极贡献。中国市场是世界的

市场、共享的市场、大家的市场，中国提出的国内国际双循环之间不是隔离孤立的，而是协同并进、共同发展的，强大的国内市场与高水平的对外开放互为基础、互相促进，两者缺一不可。

四、论述题(30分)

（1）我国利用外资的主要特点：

① 地区分布的特点。我国利用外资主要集中在东部地区，但正在逐步向中西部发展。改革开放以来，由于地理位置的优势以及国家政策的大力支持，东部地区收到了良好的利用外资的效果，投资总额占到全国外商投资总额的80%以上，成为我国利用外资的主要地区。近些年，随着国家“西部大开发”“振兴东北老工业基地”和“中部崛起”战略的逐步实施，东部与中西部地区的差距开始逐渐缩小，但我国利用外资的上述总体格局仍将保持一个长期的稳定局面。

② 产业分布的特点。我国利用外资的产业分布特点表现为第一产业分布较少，主要集中在第二产业，但近年来重心向第三产业倾斜。一直以来，我国利用外资的重心都在第二产业即制造业。由于改革开放前我国经济发展水平、科学技术等都处于落后地位，因此，我们以使用大量廉价劳动力以及牺牲国内资源为代价，发展简单的加工制造业，借此同外资企业建立合作关系。中国加入世界贸易组织之后，服务业利用外资的比例不断增加，成为我国新的经济增长点。

③ 来源地的特点。我国利用外资的来源地以亚洲为主，欧美等国家所占比例并不大，但仍起到不可忽视的作用。就地理位置而言，亚洲国家距离我国较近；从文化角度来看，亚洲国家与我国文化差异相对较小；而运输方面，亚洲国家与我国具有更加便利、成本更低的交通条件，因此亚洲国家更加倾向于来我国进行投资。但由于近年来我国对外开放程度不断加深，越来越多的发达国家愿意来我国进行投资。

（2）当前我国外资利用中存在的主要问题

① 引进外资的质量偏低。我国存在盲目引进和重复引进外资，一味追求外资利用的规模和数量，在引进外资的过程中往往缺乏长远的目标和规划，只注重眼前利益，导致能源消耗、环境污染、国土资源流失等一系列问题，同时还造成了许多低水平的外资重复引进，大大浪费了有限的资源。

② 利用外资的结构有待优化。从外资利用的产业结构来看，由于第一产业具有生产周期长、投资收益见效慢的特点，使得目前我国农业领域利用外资所占的比例最低，外资利用产业结构的倾斜加大了我国三次产业结构的偏差，使得三次产业之间的发展水平与国际竞争能力的距离扩大，对我国产业结构的进一步升级产生了负面影响。

我国外资利用过度集中在某些亚洲国家或地区，本身不利于我国外资利用水平和质量的进一步提升。我国吸引来的外资多投向于东部沿海经济发达的地区。这样的区域失衡状况将加剧我国东、中、西部地区的发展差距，造成更大的不平衡，不利于我国区域经济的协调发展。

③ 外资“超国民待遇”现象依然存在。长期以来，为了充分地利用国外资源促进国内经济的发展，我国政府在引进外资上出台了许多优惠政策，通过对外国资本实施“超国民待遇”，吸引外商来华投资，但带来了一系列的负面效应。

④ 外资进入挤压国内企业空间并进入敏感行业。外国资本通常会投资于我国的劳动密集型和资源密集型产业，与国内企业争夺劳动力和自然资源，同时外国资本依靠技术优势逐步扩大相关产品的市场份额，从而使得国内企业的发展空间变得越来越小。并且，随着我国对外开放程度的不断提高，外资进入的广度和深度也在不断增强，一些外资进入了可能涉及我国经济安全的制造业、流通业以及高科技等敏感行业，从而使得我国的国家安全受到较大的威胁。

⑤ 引进外资的软环境有待进一步完善。我国正处在经济全面转型时期，有些法律法规还不完善，使得外商投资企业担心来华的利益受损，也不利于我国对外资进行有效监管；外资进入的审批环节过于复杂，手续烦琐，降低了外资进入的效率；国内的知识产权保护意识较为薄弱，外商企业对技术研发创新心存顾虑，减缓了外商投资的技术溢出速率。

上海外国语大学 2021 年 434 国际商务专业基础试题

一、名词解释(每题 5 分，共 30 分)

1. 提供曲线
2. 技术性贸易壁垒
3. 关税有效保护率
4. 国民待遇原则
5. 汇率超调
6. 马歇尔-勒纳条件

二、简答题(每题 16 分，共 80 分)

1. 根据产品生命周期理论分析不同阶段对应的贸易或跨国投资特征。
2. 简述经常账户逆差的原因及影响，消除经常账户逆差的政策措施。
3. 推导对外贸易乘数。
4. 简述跨国并购、绿地投资的适用条件，比较分析各自优缺点。
5. 简述国际商务的经营方式及适用条件。

三、论述题(每题 20 分，共 40 分)

1. 从贸易商的视角出发，分析国际贸易存在的风险，规避风险的手段。
2. 作为发展中国家，解释中国跨国公司的对外投资现象，中国的跨国公司对外投资有哪些特点？

上海外国语大学 2021 年 434 国际商务专业基础试题解析

一、名词解释(每题 5 分，共 30 分)

1. 提供曲线表示的是一国为了进口其某一数量的商品而愿意出口的商品数量。提供曲线包含了供给和需求两方面因素，反映了一个国家在不同的相对价格水平下所愿意进口和出口的商品数量。曲线本身是由一个国家的供给(出口)、需求(进口)曲线合成的。

2. 技术性贸易壁垒，是指为了限制进口所规定的复杂苛刻的技术法规、标准与合格评定程序，以及烦琐复杂的申报与检验检疫手续等所形成的贸易障碍。一般通过颁布法律、法令、条例、规定、建立技术标准、认证制度、检验检疫制度等方式，提高对进口产品要求，增加进口难度，最终达到限制其他国家商品自由进入本国市场的目的。

3. 关税有效保护率，指各种保护措施对某类产品在生产过程中的净增加值所产生的影响。用公式表示，对行业 j 的有效保护率 e_j 为：

$$e_j=\frac{V'_j-V_j}{V_j}$$

其中，V_j 为自由贸易时 j 行业单位产品的增加值，V'_j 为有关税或非关税壁垒保护下的 j 行业单位产品的增加值。

4. 国民待遇原则是 WTO 的基本法律原则之一。所谓国民待遇，指的是一国给予所有成员国的公民和企业在经济上的待遇不低于本国公民和企业的待遇，这种待遇主要包括税收、知识产权的保护、市场的开放等，以保证成员国产品与本国产品以同样的条件竞争。例如，中国政府对本国生产的商品不征销售税，那么对外国商品在支付了进口关税后也不能征收销售税。

5. 汇率超调，是指汇率对货币供给变动的短期反应超过其长期应有的反应水平的现象。在国内产出水平不变的情况下，一国货币供给的永久性增加将导致该国货币的贬值，并且短期贬值的幅度大于它在长期内应该贬值的幅度。随后，随着该国价格水平的逐渐上升和货币供给增加对国内利率水平影响的消除，该国的货币将逐渐向长期汇率水平升值，并最终稳定在长期均衡的汇率水平上。汇率超调现象是短期价格刚性和利率平价条件共同作用的结果。

6. 马歇尔-勒纳条件是由英国经济学家马歇尔和美国经济学家勒纳揭示的关于一国货币的贬值与该国贸易收支改善程度的关系。一国货币相对于他国货币贬值，能否改善该国的贸易收支状况，主要取决于贸易商品的需求和供给弹性。只有当一国进出口需求弹性之和大于1时，本币贬值才能改善国际收支。

二、简答题(每题16分，共80分)

1. 产品生命周期指一种新产品从开始进入市场到被市场淘汰的整个过程，要经历创新、成长、成熟、标准化、衰落五个阶段。不同阶段对应的贸易或跨国投资特征如下：

(1) 创新阶段：产品仍属新颖，是新发明。需求主要来自本国市场，生产也主要是针对本国需求。此时贸易主要在国内进行，也没有对外直接投资。

(2) 成长阶段：需要大量的R&D投资；需要有利于R&D的环境；需要进行R&D的人才；需要较有利的市场环境；因此，生产会集中在少数最富裕的国家，并且可能开始向其他富裕国家出口。

(3) 成熟阶段：技术已经成熟，大批量生产，创新国国内市场饱和，国外的需求不断扩大，此时进行对外直接投资，突破贸易壁垒，发明国开始大量生产并向其他国家出口，出口达到最大。进口国能够迅速地模仿并掌握技术并开始在本国生产，生产就会先转移到其他发达国家，并且其他发达国家的进口就会减少，向发展中国家的出口开始出现并增加。

(4) 标准化阶段：技术已不再是秘密，生产可以用无技能的工人在流水线上大规模进行，成本大幅度降低，创新国通过对外直接投资将生产转移到发展中国家，并向发达国家出口。

(5) 衰落阶段：产品进入了淘汰阶段，创新国优势完全丧失，依赖进口满足国内需求。又由于产品在市场上已经老化，不能适应市场需求，市场上已经有其他性能更好、价格更低的新产品，足以满足消费者的需求。此时成本较高的企业就会由于无利可图而陆续停止生产，该类产品的生命周期也就陆续结束，以致最后完全撤出市场。

2. (1) 以美国为例，经常账户逆差的原因：①巨额财政赤字。财政赤字会导致利率升高、外资流入、美元升值，从而产生了经常账户逆差。②储蓄过低。美国向消费型社会蜕变的进程加快，导致国内储蓄日益不足，从而不得不从国外输入巨额资本，以弥补国内储蓄与总投资之间的缺口。③美元特权。其使美国向世界直接发行和供给美元，放任经常账户巨额逆差而不受外汇储备短缺的制约。推动经常账户逆差和软约束借贷的膨胀而不受金融危机威胁。④全球储蓄过剩。全球储蓄过剩压低了美国的利率，使得联邦政府的预算赤字扩大，消费者愿意花费更多的钱。⑤世界经济增长不平衡。美国在经济增长率明显高于其主要贸易伙伴国的情况下，出口需求就不如进口需求强劲，经常账户逆差随之加大。

(2) 造成的影响如下：①全球性的流动性过剩和通货膨胀。因为不断扩大的美国经常账户逆差，对应的是全球美元资产或外汇储备资产的持续增加。②全球金融货币体系动荡。大量全球美元资产催生了“海量式”的外汇投机交易、数之不尽的金融衍生产品和眼花缭乱的金融创新，导致全球资产价格急剧动荡，蕴含着无法监管的巨大金融风险，随时有可能对各国金融体系造成巨大冲击。③中央银行陷入无所适从的“监管悖论”。中央银行几乎无法监管金融机构的全球性活动，它们甚至无法理解各种稀奇古怪的金融创新。④影响人民币升值。美国政府强压人民币升值的主要理由，就是要纠正美国的经常账户逆差。

(3) 消除经常账户逆差的政策措施包括：①改革现行的国际货币体制。②把注意力从萎缩的制造业转移到服务产业的贸易上来。③推动服务业的自由贸易。

3. 对外贸易乘数，是一国在既定的边际消费倾向作用下，由于对外贸易收入而增加的该领域消费会通过国民经济的产业链增加相关领域的收入和消费，最终对国民经济增长和国民收入产生倍加效果。

推导过程如下：

四部门经济，即开放经济，在三部门经济基础上加上国外部门，在小国假定下，出口为$\bar{x}$(给定的外生变量)，进口为$m=m_0+\gamma y$，m_0为自发性进口，γ为边际进口倾向，即收入增加1单位时进口会增加多少。

有了净出口后，国民收入决定的模型可以表示为：

$$y=c+i+g+x-m$$

$$c=\alpha+\beta y_d$$
$$y_d=y-t+t_r$$
$$t=\bar{t}$$
$$i=\bar{i}$$
$$g=\bar{g}$$
$$t_r=\bar{t_r}$$
$$x=\bar{x}$$
$$m=m_0+\gamma y$$

计算可得四部门经济条件下的国民收入恒等式：

$$y=\frac{1}{1-\beta+\gamma}(\alpha+\bar{i}+\bar{g}-\beta\bar{t}+\beta\bar{t_r}+\bar{x}-m_0)$$

对上面的恒等式求导可得对外贸易乘数：

$$\frac{\mathrm{d}y}{\mathrm{d}\bar{x}}=\frac{1}{1-\beta+\gamma}$$

4.（1）跨国并购包括跨国兼并和跨国收购两种。跨国兼并是指原来两个不同国家企业的资产和经营结合成一个新的法人实体。跨国收购是指东道国当地企业资产和经营的控制权从当地企业转移到外国企业。跨国并购的适用条件：在经营状况好，竞争力相对较大的市场，采取跨国并购。

绿地投资，是指跨国公司等投资主体在东道国境内依照东道国的法律设置，部分或全部资产所有权归外国投资者所有的企业。绿地投资的适用条件：在不存在可以被并购的企业，或核心竞争力为企业技术时，采取绿地投资。

（2）绿地投资和跨国并购两种模式的优缺点可用下表表示：

模　式	优　点	缺　点
绿地投资	没有旧企业遗留问题； 没有资产高估风险； 技术不易泄露	投资大，建设时间长； 市场不确定性大
跨国并购	可以迅速切入目标市场； 获取自然资源； 减少竞争，增强核心竞争力； 在某些情况下，可以实现低成本的并购	信息不对称导致估价过高； 整合困难； 失败率高

5. 国际商务经营方式主要包括商品出口、技术授权、合同安排、对外直接投资。

（1）出口，指任何实物货品或消费品等，以船运、陆路运输或空运方式离开生产地。适用条件为：目标国家的市场规模较小，市场竞争结构较为分散，当地生产成本较高，市场基础较为完善，政策上限制外国投资或限制进口，地理距离成本较低，政治风险较高；产品差异性较大，本企业缺乏国际经营经验。

（2）技术授权，指技术许可企业通过签订合同的方式，向技术受许可企业提供所必需的专利、商标或专有技术的使用权以及产品的制造权和销售权。适用条件为：当本企业的产品技术较为一般，并不是核心竞争优势；本企业缺乏向海外市场发展的资金；目标国政局动荡；被政策壁垒限制。

（3）合同安排，指双方或多方共同协议订立的有关买卖、抵押、租赁等关系。适用条件为：目标国家的市场规模较小，当地生产成本较高，政策上限制外国投资，地理距离成本较高，与本国环境差异较大，政治风险较高；产品差异性较大，政治风险较高，本企业缺乏国际经营经验。

（4）对外直接投资，指投资者直接在外国举办并经营企业而进行的投资。适用条件为：目标国家的市场规模较大，当地生产成本较低，市场基础较为完善，政策上鼓励外国投资，政治风险较低；产品差异性较小，产品技术水平较高，本企业国际经营经验丰富。

三、论述题(每题20分，共40分)

1.(1) 经济全球化给国际贸易的发展带来了众多的机遇，但同时新形势下逆全球化的爆发、国际金融市场的大幅波动和国际的频繁变化，这些都给国际贸易活动带来更多的风险和挑战。常见的国际贸易风险包括：

① 国际贸易中的汇率风险。汇率风险，是指在国际贸易过程中，由于本币与外币之间的汇率发生不可预测的波动，给交易双方所带来的经济风险。对于国际贸易合同，在贸易结算时，一般是按照当时本币与外币之间的汇率进行结算。本币与外币之间的汇率并非固定不变，而是随着国际外汇市场的波动而不断变化。国际外汇市场极易受到国家政策和国际整体经济形势等因素的影响，从而引发国际外汇市场的波动。

② 国际贸易实务操作中的风险。国际贸易实务操作中的风险主要包括专业合同条款风险和付款方式的风险。其中专业合同条款是指在交易双方签订的贸易合同中，包含很多国际贸易专业术语，其对交易双方的权利和义务进行了严格界定。如果在国际贸易中合同约定不当，专业术语使用不当，则存在侵害交易双方权利的风险。

③ 国际贸易中国家政策的风险。经济全球化推动跨国商品与服务贸易及资本流动规模和形式的增加，促进先进技术的迅速传播，同时使世界各国经济的相互依赖性增强，国际贸易取得了快速发展，为世界各国经济发展注入了强劲的动力。然而，近些年来新兴贸易保护主义抬头，逆全球化风潮愈演愈烈，一些国家采取贸易保护政策，严重影响了国际贸易活动，也给国际贸易中的交易双方带来风险。

(2) 国际贸易活动中存在众多潜在的风险，如何采取有效的措施防范风险，已经成为企业参与国际贸易过程的必修课。主要防范措施有：

① 汇率风险的防范措施。针对国际贸易中可能存在的汇率风险，一是可以利用银行提供的金融工具，如即期购汇、锁定远期汇率和套期保值等一系列手段进行宏观金融调控；二是在合同签约时慎重选择计价货币，如果当期外汇汇率波动过大，可以采取以人民币本币签约的方式予以防范；三是企业要保持敏锐的嗅觉，一些重要或突发的事件往往会对国际外汇市场产生重大的影响。

② 实务操作中的风险防范措施。针对国际贸易实务操作中的合同条款风险，企业在签订进出口贸易合同之前，一是要充分了解本国和交易方国家有关进出口贸易的法律法规，以及相关的国际惯例，熟练掌握并使用各种国际贸易专业术语；二是要制定并尽量采用本企业的标准合同文本，尽量避免合同中出现不利于本企业的合同条款。

③ 国家政策风险的防范措施。在国际贸易中，交易双方国家层面的政策等对国际贸易有着直接影响，在某些特定情况下会转变成国际贸易中的风险。例如美国等西方国家施行的贸易保护政策、贸易战等，都会严重影响正常的国际贸易，进而对国际贸易中的交易双方带来风险。企业应随时关注贸易国相关政策的动态，充分掌握贸易国的经济政策，尽可能降低潜在的风险。

2.(1) 我国企业对外投资的现状

① 投资合作地区分布越来越广。随着我国“走出去”战略的广泛实施，我国企业参与世界经济活动越来越频繁，对外直接投资的区域分布越来越广。但是由于多种因素，发展中国家依然是我国企业对外直接投资的主要对象。

② 投资模式出现多样化。我国企业对外直接投资起步较晚，国际化发展的经验相对缺乏。因此，为了更快更好地开辟和适应东道国市场，初期投资多以试探为主，通常采取合资方式。但是近几年的投资模式不断创新，投资办厂、兴建生产基地、国内销售、跨国并购、参股控股等方式逐渐开始兴盛。

③ 投资规模不断扩大。随着我国对外开放程度不断提高，特别是加入世贸组织后，企业对外直接投资总量不断增加、增速不断加快。

④ 行业领域不断扩大。随着我国参与国际经济活动的程度不断加深，我国企业对外投资的行业领域不断扩展。从流量看，涉足行业不断增多。

(2) 我国企业海外投资的方式

自20世纪80年代以来，邓宁把决定跨国公司海外投资的因素归结为三种优势：一是所有权优势；二是内部化优势；三是区位优势。邓宁的理论说明跨国公司只有同时具备这三种优势时才能选择海外直接投资，否则企业会选择其他跨国经营方式，如出口贸易、合约型无形资产转让等。邓宁强调新建投资方式，跨国公司在进行海外投资前已经具备某种垄断优势，进而通过建造新工厂使其垄断优势内部化，而不是通过收购和兼并来整合并购企业双方的资源以提升原有优势和创造新的优势，以达到增强竞争力的目的。目前，我国企业进行海外投资也是基于上述优势之一，投资方式归结起来主要有四种类型：

① 绿地投资型。即新建投资，这是海外投资早期的最直接的形式，包括新业务实体的创立，增添新的生产能力、分销渠道等。我国企业利用垄断优势投入资金在海外设立独资或合资子公司，重点在家电、电子、轻纺领域。

② 跨国并购型。这是近十年来发达国家的跨国公司常用的投资方式，也是推动海外投资增长的主要动力源，而我国起步较晚。其投资目标是为了获得资源，扩大市场，降低成本，追求技术。

③ 研究开发型。我国企业通过与跨国公司在技术方面的联合，达到优势组合和跨国发展的目的。典型的事例是深圳华为公司，华为的海外研究开发机构遍及全球，在美国硅谷设立了研究所，同摩托罗拉等公司成立了联合实验室。

④ 战略联盟型。战略联盟是两个或两个以上经营实体之间为达到某种战略目的而在资源、能力和核心竞争力方面建立一种合作关系。具体指通过国内外两个企业在研究开发、生产、营销、采购等各个领域或某一领域的合作，使国内外两个企业达到优势互补。

（3）我国企业进行海外投资特征

① 投资规模小。我国企业进行海外投资缺乏长期战略性，仅把东道国视为其生产基地过国内市场的延伸，加之企业资金和实力有限，结果导致投资规模偏小，投资项目技术含量低。

② 投资主体由单一趋势向多元化。经过 20 多年发展，我国企业海外投资主体有两方面变化，即从单一的国有企业向多种所有制经济主体转变；从以外贸企业为主向以生产型企业为主转变。形成四大投资主体：国企仍然是海外投资经营的先锋和主力；大型生产性企业集团和新兴高科技公司；大型金融保险公司；民营企业成为“走出去的后起之秀”。

③ 行业选择面拓宽。过去我国海外企业经营以贸易型和资源主导型为主，占我国对外投资总额的 60% 以上，生产型境外企业、高科技型境外企业仅占对外投资总额的 30% 多。目前我国企业海外投资已扩展到农业及农产品开发、旅游、交通运输、对外承包劳务、研究开发等领域。

④ 投资方式以新建企业为主。由于我国中、小企业资金较短缺，对兼并、收购方式不熟悉，缺乏处理国际并购的经验和人才，因此，进行海外投资的中、小企业大多采用传统的新建独资或合资的方式，而对兼并、收购方式运用较少，只有少数大型企业尝试。

浙江财经大学2021年434国际商务专业基础试题

一、简答题(每题15分，共90分)

1. 简述战略性贸易理论与国家产业竞争优势理论的主要观点。

2. 简述企业进入国际市场的先动优势与后动优势。

3. 在公司社会责任研究领域里，首要利益相关者群体和次要利益相关者群体分别指的是什么？请举例。

4. 邓宁的OLI理论一直被用于解释跨国公司为什么要通过对外直接投资而成为跨国企业，对于新兴的跨国公司而言，这一理论是否同样适用？我们可以用什么样的理论框架来分析新兴跨国公司的对外投资行为？

5. 简述三种主要的外汇交易。

6. 简述制度的关键作用。

二、材料分析题(每题30分，共60分)

1. 材料一：

印度企业在非洲找到新机遇应对国内日益加剧的竞争和官僚主义带来的障碍，越来越多的印度公司开始走出国门，去非洲寻求发展。根据彭博的数据，从2005年起，它们已经在非洲大陆投资了至少160亿美元。2010年6月，印度最大的移动运营商巴蒂电信为收购科威特Zain公司的非洲事业部花费了90亿美元；2008年，印度Videocon Industries公司则花费3.3亿美元收购了位于莫桑比克的两个煤矿；印度的国有化肥制造商以7.21亿美元收购了塞内加尔一家闲置的磷生产公司。

除了这些大型的交易，印度公司还有为数众多的小型并购和投资。“与印度相比，非洲的估值很吸引人，”伦敦致同会计师事务所的南亚小组领导人Anuj Chande说道，“我们预期，未来将有很多中等规模的涉及不同产业的并购交易。”印度人把非洲视作一个可以让他们复制国内的低成本、高效率商业模式的地方。与印度一样，非洲也有着数以百万计的未被满足的消费者，希望消费符合他们需求的商品。到2020年，其指出有望翻番，达到1.8万亿。麦肯锡公司预测，非洲的需求增长将相当于整个巴西市场，这是非常有吸引力的。

印度公司还把非洲视为一个很好的对冲地，以应对国内可能面临的经济增速放缓。

“如果明天印度经济呈U形曲线，你至少拥有其他还在增长的市场。”印度第二大轮胎生产商阿波罗轮胎的董事总经理Neeraj Kanwar如是说。他的公司在2006年以6200万美元收购了南非的邓禄普轮胎。这样一来，阿波罗在非洲大陆上就有了两个制造厂，并在32个国家拥有商标权。阿波罗2015年的销量扩大了3倍，其中60%的利润来自国外。

总部位于班加罗尔的Karuturi Global公司是世界最大的玫瑰花提供商，其在印度无法得到足够的土地以便与来自欧洲、非洲的对手竞争。很多次，由于货运航班延误，鲜花只能在停机坪上枯萎，其中甚至包括一次情人节的大型运输。所以，2004年，Karuturi就在埃塞俄比亚购买了一小块地皮。此后，公司的销售额增长了11倍，于2010年3月31日达到1.13亿美元。Karuturi现在在埃塞俄比亚租赁了1200平方英里的土地，每年销售超过5亿美元的玫瑰花。“非洲为我们提供了在印度永远不可能达到的规模。”

请根据上述材料回答以下问题：

(1) 跨国企业进入新市场可以选择哪些主要的方式？(2 分)在案例中，印度企业普遍选择的是哪一种方式，其理由是什么？(8 分)

(2) 企业对外直接投资的动机有几类？(4 分)案例中的印度企业对非洲投资的动机是什么，它们更关注东道国的哪些因素？请结合案例作出分析。(6 分)

(3) 为什么印度企业普遍会考虑去非洲发展，跨国企业在区位选择过程中考虑的主要因素有哪些？(10 分)

2. 材料二：关于贸易顺差与贸易逆差的争论：

2006 年，美国的贸易逆差创纪录地达到 7600 亿美元，2011 年为 5600 亿美元，2018 年为 6210 亿美元。那么，贸易逆差值得担忧吗？

自由贸易者认为这不是什么大不了的事。他们建议美国和其贸易伙伴基于各自的比较优势进行更深入的劳动分工，从而实现互惠。美国前财政部长保罗·奥尼尔甚至放话说贸易逆差已经是“一个过时的理论概念”了。2008 年诺贝尔经济学奖获得者保罗．克鲁格曼认为：“国际贸易无关竞争，而是相互受益的交易，进口才是贸易的目的，而不是出口。也就是说，一个国家从贸易中所得到的收益是它进口所需物品的能力。出口本身并不是目的；出口需求是一个国家必须承受的负担，因为它的进口供应商强烈地要求回报。”

批评家们对此持有强烈的异议。他们认为国际贸易与竞争有关，市场、工作岗位和收入的竞争。2009 年，总统奥巴马宣布要让美国出口在接下来的五年内翻一番。波音的 CEO 吉姆·麦克纳尼也强调了出口的重要性，并说“每当一架波音 777 在中国降落时，它带去的是大约 11000 家大中小型供应商所提供的 400 万个零部件。”美国总统特朗普上任以来也一直鼓励制造业回归美国。

对此争论，请谈谈你的看法。(30 分)

浙江财经大学 2021 年 434 国际商务专业基础试题解析

一、简答题(每题 15 分，共 90 分)

1. (1) 战略性贸易政策，是指在“不完全竞争”市场中，政府积极运用补贴或出口鼓励等措施对那些被认为存在着规模经济、外部经济或大量“租”(某种要素所得到的高于该要素用于其他用途所获得的收益)的产业予以扶持，扩大本国厂商在国际市场上所占的市场份额，把超额利润从外国厂商转移给本国厂商，以增加本国经济福利和加强在有外国竞争对手的国际市场上的战略地位。

战略性贸易政策的理论由两种理论构成：利润转移理论和外部经济理论。利润转移理论认为，政府干预性的政策可以将利润从他国转移到本国来。外部经济理论认为，政府应该对那些能够产生巨大外部规模经济的产业进行扶植与保护。企业具有外部性，而这个外部性不能被企业所享有，故单凭企业自己并不能使社会福利最大化，因此需要政府来辅助。

(2) 国家竞争优势理论既是基于国家的理论，也是基于公司的理论。国家竞争优势理论试图解释如何才能造就并保持可持续的相对优势。它认为，一国兴衰的根本在于能否在国际竞争中赢得优势，而取得国家竞争优势的关键在于国家是否有合适的创新机制和充分的创新能力。最终以特定产业作为载体而表现出来，一国在某个行业取得成功的关键取决于一系列相互关联和相互作用的因素的共同影响。国家竞争优势取决于四个基本因素：生产要素，需求因素，相关和支撑产业因素，企业组织、战略和竞争状态因素，以及两个辅助因素：机遇和政府。波特认为这六个因素共同构成一个动态的、激励创新的竞争环境，这形成一个类似钻石分子结构的菱形结构。由于钻石结构是一个互相增强的系统，许多因素的相互作用产生互相加强的利益，从而构成一国国际竞争力的来源。

(3) 在有关政府作用的定位上，战略性贸易政策理论和国家竞争优势理论虽然有一些相似点，但是总的来说存在较大的差异。相比较而言，战略性贸易政策理论更强调政府的作用，认为政府在一国竞争力的创造和培养上处于主导地位；而国家竞争优势理论更强调企业和市场的作用，认为政府的作用只是辅助性的。

2. (1) 企业进入国际市场的先动优势主要有：

① 进入壁垒与先动者优势。先动者一旦进入市场，便可以通过产品差异化、绝对成本、经济规模建立进入壁垒，建立一个强大的品牌形象阻止竞争对手和赢得需求的能力。

② 抢先与先动者优势。抢先可以使企业获得空间定位、技术和资源方面的优势。

(a) 空间定位抢先。先动者在空间竞争中可以占领更佳的位置并获得更高的利润，先动者通过产品性能设计即产品定位满足差异化的消费者偏好。

(b) 研发与技术抢先。一般来讲，创新的收益使先动者总是力图首先完成创新。为了保持垄断定位，先动者即使暂时不采用创新技术，也要抢先完成创新获得专利技术所有权，当潜在的进入者真正实施进入时采用新技术。

(c) 资源抢先。先动者能够在某些资源新的利用价值被普及之前抢先获得资源，而先动者最直接获得的资源就是领导时间，时间赋予先动者获得竞争优势更多的机会。

③ 消费者认知和偏好与先动者优势。先动者可以通过将消费者偏好引导转移向自己的产品定位，影响消费者对产品的权重，以及在消费者心中建立新产品的标准和产品信誉来成功塑造消费者偏好。

④ 消费者转换成本与先动者优势。由于在对某产品的使用过程中，消费者掌握了产品特性并积累了使用经验和技巧，形成固定的习惯，因此放弃使用该产品是有成本的。

(2) 企业进入国际市场的后动优势主要存在于三个方面：

① 后动者的"免费搭乘"效应。后动者可能会在产品和工艺研究、开发、顾客教育、员工培训、政府审批、基础投资等很多方面比先动者节省大量的投资，并从中获益。

② 先动者锁定了错误的技术和营销战略。由于市场初期，技术和顾客需求的不确定性和"非连续性"，往往会导致先动者的错误决策，而后动者可以从先动者的错误中吸取这些教训，不再犯先动者曾犯过的错误。

③ 在位者惯性。由于沉没成本的存在，组织僵化，先动者不愿意引进新产品或改进产品，不愿改革。而后动者作为一个追赶者，时刻都想抓住机遇从而取代先动者的地位，因而对企业的组织结构、技术、产品等都进行大量的革新，从而在与先动者的竞争中占据优势。

3. 企业利益相关者可以分为：首要的利益相关者和次要的利益相关者。

(1) 首要的利益相关者也就是能够影响企业为社会提供产品和服务能力的相关群体，包括投资者(股东)、债权人、员工、供应商、经销商和顾客等，他们与企业的关系如图1所示。首要利益相关者与企业不但在经济上有相互依赖关系，他们还对企业的发展影响力最大，同时首要利益相关者也直接在企业运行过程中承担了更多风险。所以企业满足这些利益相关者群体的利益需求便成了首要选择。

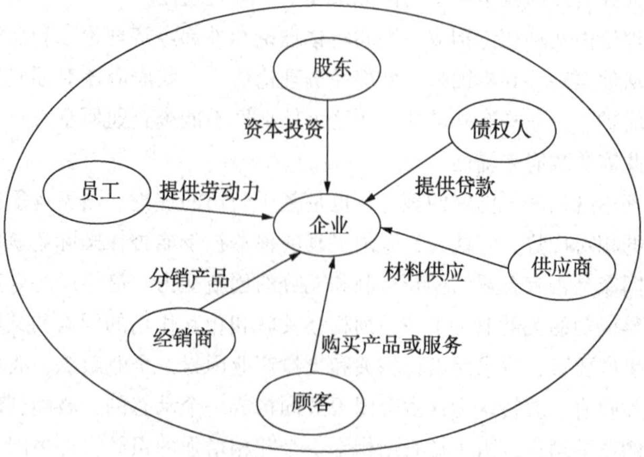

图1　企业与首要利益相关者的关系

（2）企业的次要利益相关者即社会中与企业基本行为和重要决定有直接或间接影响的个人和组织群体，包括社会公众、各级政府、社会团体组织（政府的和非政府的）、媒体、所在社区和其他群体等，他们与企业的关系如图2所示。次要利益相关者群体虽然在经济上与企业没有直接的依赖关系，也不承担企业运行风险，但在企业的发展过程中，企业也要受到他们的影响，比如企业的声誉和社会地位等方面，如企业不充分考虑和正确处理他们的利益需求，次要利益相关者的影响也会成为企业发展过程中的压力因素。

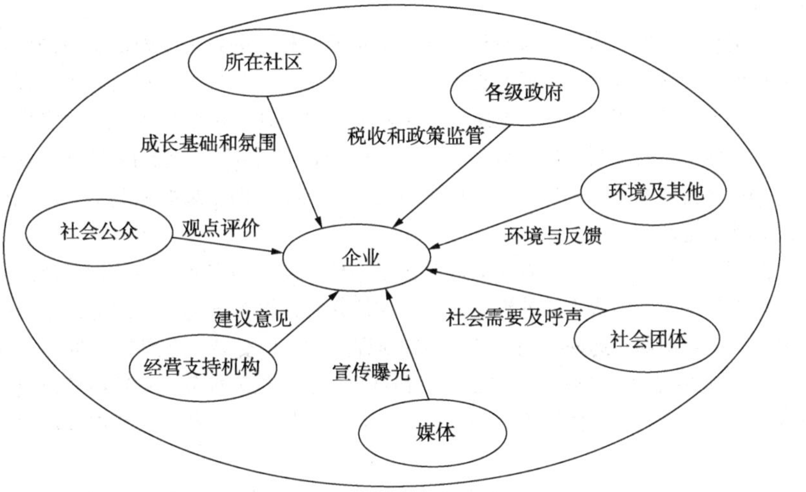

图2 企业与次要利益相关者的关系

4.（1）邓宁的OLI理论抽象出三个最基本的决定跨国公司行为和外国直接投资的因素是：所有权优势、区位优势和市场内部化优势。即一国企业是否应从事国际生产和对外直接投资，应当全面研究和评价它是否具备企业优势、内部优势和区位优势。邓宁认为，上述三个因素各有各的重要性，又相互结合，形成企业对外经营的整体优势。所有权优势是基础，是企业对外直接投资的必要条件；内部化优势是实现这两种优势的载体，所有权优势越大，实现内部化的可能性也就越大；区位优势是实现上述两个优势的充分条件。企业在拥有所有权和内部优势的基础上，可以根据区位优势决定选择参加国际经济活动的方式。总之，任何一类优势都不能单独用来解释国际生产和对外直接投资的倾向，只有同时具备这三类优势时才可以进行对外直接投资。

OIL理论并未做到真正意义上的折中主义，它在所选取的三个决定变量中仍有所侧重，主要偏重于内部化优势的核心作用，这使得该理论更适宜于解释大规模跨国企业的国际直接投资，而不适宜于解释新兴国家中小投资厂商的投资行为，因而该理论不能成为一般理论。

（2）我们可以用以下理论框架来分析新兴跨国公司的对外投资行为：

① 威尔斯的小规模技术理论：该理论认为发展中国家跨国公司的竞争优势来自低生产成本，这种低生产成本与其母国的市场特征相关。发展中国家跨国公司的竞争优势主要表现在：拥有为小市场需要服务的小规模生产技术；就地取材和同种族的优势（服务于国外同一种族团体）；接近市场优势和低价产品营销战略。

② 拉奥的技术地方化理论：该理论强调企业技术引进的再生过程，即欠发达国家的对外国技术的改进、消化和吸收不是一种被动的模仿和复制，而是对技术的消化、引进和创新。正是这种创新活动给企业带来新的竞争优势。虽然拉奥的技术地方化理论对企业技术创新活动的描述是粗线条的，但它把发展中国家跨国公司研究的注意力引向微观层次，以证明落后国家企业以比较优势参与国际生产和经营活动的可能性。

③ 投资发展周期理论：是折中理论的动态发展，其中心命题是发展中国家对外直接投资倾向，取决于经济发展阶段以及该国所拥有的所有权优势、内部化优势和区域优势。并将一国吸引外资和对外投资能力与经济发展水平结合起来，认为一国的国际投资地位与人均国内生产总值成正比关系。

5. 外汇交易主要包含即期外汇交易、远期外汇交易和掉期外汇交易三种。

(1) 即期外汇交易也称现汇交易，指的是外汇市场上买卖双方成交后，在当天或第二个营业日办理交割的外汇交易形式。即期外汇交易是国际外汇市场上最普遍的一种交易形式，其基本功能是完成货币的调换。其作用是：满足临时性的付款需要，实现货币购买力国际转移；通过即期外汇交易调整多种外汇的头寸比例，保持外汇头寸平衡，以避免经济波动的风险；利用即期外汇交易与远期交易的配合，进行外汇投机，谋取投机利润。

(2) 远期外汇交易，是外汇市场上进行远期外汇买卖的一种交易行为，即期交易的对称。远期外汇交易是外汇市场上重要的交易形式之一。通常也是由经营即期外汇交易的外汇银行与外汇经纪人来经营，远期交易一般是买卖双方先订立买卖合同，规定外汇买卖的数量、期限和汇率等，到约定日期才按合约规定的汇率进行交割。远期交易的交割期限一般为 1 个月、3 个月、6 个月，个别可到 1 年。这种交易的目的在于避免或尽量减少汇率变动可能带来的损失。投机商也经常利用远期交易牟取利益。因此许多国家对远期交易有一定的限制性措施。

(3) 掉期外汇交易，是指外汇交易者在买进或卖出一种期限、一定数额的某种货币的同时，卖出或买进另一种期限、相同数额的同种货币的外汇交易。其功能是可以调整起息日、防范汇率风险。掉期交易根据交割日不同可分三类：即期对远期掉期交易、即期对即期的掉期交易、远期对远期的掉期交易。

6. 制度是一系列被制定出来的规则、守法程序和行为的道德伦理规范，它旨在约束追求主体福利或效用最大化利益的个人行为。制度还体现为某种结构性的安排，如组织。制度的关键作用主要体现在以下几个方面：

① 指导性和约束性。制度对相关人员做些什么工作、如何开展工作都有一定的提示和指导，同时也明确相关人员不得做些什么，以及违背了会受到什么样的惩罚。因此，制度有指导性和约束性的特点。

② 鞭策性和激励性。制度有时就张贴或悬挂在工作现场，随时鞭策和激励着人员遵守纪律、努力学习、勤奋工作。

③ 规范性和程序性。制度对实现工作程序的规范化，岗位责任的法规化，管理方法的科学化，起着重大作用。制度的制定必须以有关政策、法律、法令为依据。制度本身要有程序性，为人们的工作和活动提供可供遵循的依据。

二、材料分析题(每题 30 分，共 60 分)

1. 材料一：

(1) 跨国企业通常运用六种不同的模式进入海外市场：出口、交钥匙工程、技术授权、特许经营、与东道国企业成立合资企业以及在东道国成立全资子公司。

印度企业普遍选择的是并购。理由如下：①便于迅速营运。通过收购或并购现有的企业，可以快速建立起自己在外国目标市场的运营设施。印度企业之所以实施并购，是因为它们知道这是在非洲市场建立大规模设施的最快途径。②企业实施并购可以在竞争对手之前抢占先机，在快速全球化市场先发制人。③并购比新建企业风险要小。当企业实施并购时，它买下的是一种能生产出收入和利润流的资产。当企业在国外市场实施并购，不仅获得一系列有形资产，如工厂、物流系统、顾客服务系统等，而且也获得了有价值的无形资产，包括全球品牌和管理人员对那个国家商务环境的了解。这些知识可以降低由于不了解该国的文化而导致错误的风险。同时非洲市场可以对冲印度市场的经济风险。

(2) 邓宁把对外直接投资动因归结为四种：

① 资源寻求型动机，即企业为寻求稳定的资源供应和利用廉价资源进行的对外直接投资。

② 市场寻求型动机，可进一步划分为防御型市场寻求动机和进攻型市场寻求动机。防御型市场寻求动机是指企业为了保持已经建立的海外市场地位，通常是跟随已有的海外客户，在客户所在地投资以规避贸易壁垒，或者贴近客户并为其提供更好的产品和服务；进攻型市场寻求型动机是指企业在海外与当地企业拥有平等的市场地位，为当地客户提供产品和服务，在这种情况下，企业可以获得运输成本及市场信息获取方面的优势，并加强对自主品牌和其他无形资产的控制。

③ 效率寻求型动机，即企业为降低成本和提高生产率而进行的对外直接投资。

④ 战略资产寻求型动机，即企业为获取和利用国外先进生产技术、生产工艺和先进的管理经验等进行的对外直接投资。

印度企业对非洲投资的动机主要在于：

① 想要获得高额利润，体现在对非洲具有吸引力的估值上，以及印度多家企业对外投资并购，抢占市场先机。

② 想要获取生产资源，体现在玫瑰花案例中印度由于缺少土地导致的竞争力不强，因此需要更多的土地等资源，除了稳定的自然资源，还有人力资源，利用非洲市场廉价的劳动力。

③ 想要开拓新市场，体现在案例中提到非洲有数以百万计的潜在消费者，这里面可以获得巨大的利润并进一步扩大市场，此外印度可以通过在当地投资建厂，带动出口，继续控制已取得的市场份额。

④ 分散风险，体现在案例中将非洲作为另一个对冲风险的市场，企业主要采用多样化投资来分散或减少风险。

(3) 跨国企业在区位选择过程中考虑的因素主要包括以下几种：

① 市场因素。即市场的规模、市场增长潜力、市场格局是否有利于本公司的发展以及市场内顾客的类型是否是本公司的目标顾客群体。跨国公司国际直接投资需要通过进入国外新市场增加现有的市场份额，从而提高或保持竞争优势。因此，东道国的市场规模对对外直接投资的区位决策具有重要影响。

② 东道国的资源禀赋。决定对外直接投资区位选择的一个重要的东道国因素是自然资源的可获得性。一般而言，自然资源丰裕且廉价的地区，往往为吸引投资提供重要的可能性。

③ 创造性资产。随着全球经济竞争的加剧，跨国公司日益注重其核心竞争力的培养、维持和动态发展，因此，作为竞争优势的最重要的工具之一，技术和持续创新的能力已经成为跨国公司想要在东道国获取的关键性的创造性资产。

④ 东道国的宏观经济政策。宏观经济政策主要是货币和财政政策，包括那些影响税收和汇率的政策。

⑤ 集聚经济因素。所谓聚集经济，是指一种空间上的外部规模经济。跨国公司的区位决策必须考量备选东道区位各种因素，即区位定位必须使其能够发挥其内部技术经济规模效益，这就要以周围众多的与之相联系的企业的存在为前提条件，这些企业为其提供各种要素投入、公共设施、交通运输、产业服务等。

⑥ 东道国政府对外直接投资的政策。一般而言，东道国政府对外直接投资政策的核心政策由以下三方面组成：即约束外国投资者进入和经营的规则和法规、给予外国投资者的待遇标准，以及它们在其中运作的市场的功能。

⑦ 与跨国企业产业选择相结合。因为不同产业的投资有不同的要求，因此，应根据这些需要在不同的区域进行投资。

⑧ 国际协定的影响。在各国努力吸引对外直接投资和影响对外直接投资质量的过程中，它们日益签订旨在解决广泛争议的国际协定。备选东道区位是否加入或签订这些协定，可能成为跨国公司对外直接投资区位决策程序中的考量之一。

印度普遍会去非洲发展也是考虑到上述因素，非洲潜在市场很大，有许多有待满足的消费者，可以形成规模经济，且劳动力较为廉价，投入成本较低；非洲是一个可以让他们复制国内的低成本、高效率商业模式的地方；非洲也需要大量资金进入来获取进一步的发展。

2. 材料二：

(1) 在一个国家的对外贸易中，出口总额大于进口总额，称为贸易顺差；而进口总额大于出口总额，称为贸易逆差。贸易顺差不见得是好事，贸易逆差不见得是坏事。特别是对美国而言，贸易逆差绝对不是坏事。事实上，贸易逆差体现了世界其他国家对美国的信心，或者至少体现了对美国资产求偿权的信心。

① 美元的国际货币地位形成了一种自然垄断。这种地位使美国的银行及非银行金融机构能够规避大量的货币风险，并使得政府在采取货币政策时可以不考虑汇率的因素，将焦点集中在国内经济目标上。同时，美元还是世界上大多数国家的外汇储备，如果逆差的持续扩大导致美元大幅贬值，其他国家也会动用手上的外汇储备来干预美元的下跌，以维持本国商品在国际市场上的竞争力。

② 美国不仅具有强势美元优势，也具有资本市场优势，所以它可以从“外围国”吸收短期资本，同时输

出长期资本(对外直接投资)。第一，美国固定收入投资的风险比新兴市场经济体小。第二，股票收益比其他发达国家更高也更可靠。第三，美国资本、债券市场比其他国家更具流动性、更透明，并对投资者权利提供更大的保护。

（2）贸易保护政策不是解决贸易逆差的有效途径，美国只有正确认识逆差产生的根本原因，才能对症下药。造成美国贸易逆差的根本原因还在于其自身。

① 美元的“特里芬难题”是导致美国贸易逆差的内在原因。如果美国不放弃美元国际货币功能，仅仅依靠削减从其他国家的进口规模和本国的再工业化战略，美国贸易平衡问题仍然难以从根本上得到化解。

② 美国的贸易赤字与其自身“制造业空心化”密切相关。目前造成中国对美国商品贸易巨大顺差的根源之一在于：中国还处于工业化时期，而美国已经进入后工业化时期。美国经济逐渐向金融和服务业为主转型，制造业岗位不断向海外转移，而美国本土只保留研发与设计等价值链上游产业。

③ 美国贸易逆差是国民低储蓄文化、高消费习惯长期累积的必然结果。美国的消费意愿始终大于储蓄意愿，在世界范围内的贸易赤字已成为常态；而中国的储蓄率常年处于高水平，进一步拉大了两国贸易差额。

④ 全球价值链和产业链的垂直分工和横向转移加大了中国对美国贸易顺差。美国对华逆差实质上反映的是对出口产品整个价值链和产业链相关的所有国家和地区的逆差。

⑤ 现行国际贸易统计制度和中美两国在统计方式上的差异在一定程度上夸大了中国对美贸易顺差。

⑥ 美国对中国实行高新技术产品出口限制也扩大了美国对华贸易逆差。这是长期存在的问题，由全球价值链上两国的分工格局决定，只要分工格局不变，则贸易不平衡的局面不会改变，无法通过单纯的贸易政策调整消除。

浙江工商大学2021年434国际商务专业基础试题

一、名词解释(每题5分，共60分)

1. 产业间贸易
2. 幼稚产业保护论
3. 进口配额
4. 里昂惕夫悖论
5. 贸易条件恶化
6. 一价定律
7. 钉住汇率制
8. 欧洲货币市场
9. 柔性制造技术
10. 国际税收抵免
11. M型组织结构
12. 渗透定价策略

二、问答题(每题15分，共90分)

1. 请分析欧洲经济一体化进程和英国脱欧给其带来的影响。
2. 请用国家竞争优势理论分析我国的芯片产业发展态势。
3. 请分析跨国战略联盟的形式和特点。
4. 试述外汇风险的主要类型和规避方法。
5. 试用国际生产折中理论分析我国企业对外投资的优势。
6. 试述全球市场细分的主要依据和目标市场选择策略。

浙江工商大学2021年434国际商务专业基础试题解析

一、名词解释(每题5分，共60分)

1. 产业间贸易是指在国际贸易活动中，各国在不同产业之间进行的贸易。产业之间发生的贸易活动，主要基于不同国家各自具有的比较优势。如果甲国的资本相对充裕，乙国的劳动力相对充裕，那么甲国将集中生产资本密集型的产品，乙国将集中生产劳动密集型的产品，然后把这两种不同产业的产品进行交换，通过国际贸易互通有无，增进两国福利。

2. 幼稚产业保护论是一种对某些产业采取过渡性的保护、扶植措施的理论，是国际贸易中贸易保护主义的基本理论。其基本内容是：某个国家的一个新兴产业，当其还处于最适度规模的初创时期时，可能经不起外国的竞争。如果通过对该产业采取适当的保护政策，提高其竞争能力，将来可以具有比较优势，能够出口并对国民经济发展作出贡献的，就应当采取过渡性的保护、扶植政策。幼稚产业保护论主要运用关税保护之类的手段来实现。

3. 进口配额是指一国政府为保护本国工业，规定在一定时期内对某种商品的进口数量，或对进口金额加以限制。进口配额按分配方法可分为两种：一是全球配额。它规定该国对某种商品在一定时间内的进口数量或金额，它适用于来自任何一国的商品进口。主管机关按本国进口商的申请次序批给一定的允许进口的数量或金额，直至发放完规定的全部限额为止。二是国别配额。它是进口国对来自不同国家的进口商品，规定不同的进口限额。

4. 里昂惕夫之谜是指美国经济学家瓦西里·里昂惕夫针对要素禀赋论而提出的一项反论。根据传统的要素禀赋理论，战后美国出口的应是资本密集型产品，进口劳动密集型产品；但美国经济学家华西里·列昂惕夫采用投入产出法对战后美国对外贸易发展状况进行分析后，却发现，美国进口的是资本密集型产品，出口的是劳动密集型产品。这与赫-俄模型刚好相反。关于对里昂惕夫之谜的解释，实际上是从不同侧面对要素禀赋理论假定前提的修正，并为以后一系列国际贸易新理论的产生奠定了基础。

5. 贸易条件，即出口价格与进口价格之间的比率，就是说一个单位的出口商品可以换回多少进口商品。它是用出口价格指数与进口价格指数来计算的。如果进口商品价格指数提高快于出口商品，甚至出口商品价格指数不变或下降，则贸易条件指数较基期低，意味着一国要出口更多商品才能换回与原来相同的进口商品，显然这对该国是不利的，即贸易条件恶化。

6. 一价定律是关于在自由贸易条件下国际商品价格定价规律的一种理论。该理论认为，在自由贸易条件下，贸易者的套利行为会使得同一种可贸易商品无论在什么地方出售，扣除运输费用外，其价格都是相同的。所谓可贸易商品是指套利活动能使其地区间的价格差异保持在较小范围内的商品。根据此定律，由于各国所采用的货币单位不同，同一可贸易商品以不同货币表示的价格经过均衡汇率的折算，在数值上相等。

7. 钉住汇率制指一国使本币同某外国货币或一篮子货币保持固定比价的汇率制度。在钉住汇率制中，一国货币与其他某一种或某一篮子货币之间保持比较稳定的比价，即钉住所选择的货币。本国货币随所选货币的波动而波动，但相互之间的比价相对固定或只在小范围内浮动，一般幅度不超过1%。被钉住的一般是主要工业国家的货币或IMF的特别提款权。

8. 欧洲货币市场是非居民间以银行为中介在某种货币发行国国境之外从事该种货币借贷的市场。其特点是：经营自由，资金规模庞大，资金周转极快，调度灵便，有独特的利率体系，其经营以银行间交易为主。欧洲货币市场使得国际金融市场的联系更加密切，促进了一些国家的经济发展，加速了国际贸易的发展，帮助一些国家解决了国际收支逆差问题。但是，欧洲货币市场也给世界经济带来了不可低估的不稳定性，经营欧洲货币业务的银行风险增大，影响各国金融政策的实施，加剧外汇证券市场的动荡，加剧国家的通货膨胀。

9. 柔性制造技术也称柔性集成制造技术，是现代先进制造技术的统称。柔性制造技术集自动化技术、信息技术和制作加工技术于一体，把以往工厂企业中相互孤立的工程设计、制造、经营管理等过程，在计算机及其软件和数据库的支持下，构成一个覆盖整个企业的有机系统

10. 国际税收抵免是指本国的企业、公民或居民，在外国缴纳了所得税回到本国缴纳所得税时，将在外国缴纳的所得税款加以扣除。它是现代税收制度中避免国家间双重征税的一种主要方式。采用税收抵免方式的国家是以纳税人的居住地而不是以收入来源地为依据行使税收管辖权的，所以这些国家的所得税法都规定，对本国居民来自国内外的全部收入所得进行征税。但同时又规定，对来自国外的收入所得，如果在收入来源国已缴纳所得税款的，允许在支付给本国政府的应纳所得额中加以抵免。

11. M型组织结构，亦称事业部制。这种结构的基本特征是，战略决策和经营决策分离。根据业务按产品、服务、客户、地区等设立半自主性的经营事业部，公司的战略决策和经营决策由不同的部门和人员负责，使高层领导从繁重的日常经营业务中解脱出来，集中精力致力于企业的长期经营决策，并监督、协调各事业部的活动和评价各部门的绩效。

12. 渗透定价策略是指企业把新产品投入市场时价格定得相对较低，以吸引大量顾客及迅速打开市场，短期内获得比较高的市场占有率，同时通过接近成本的定价，吓退其他打算进入该领域的竞争者的一种定价策略。采用渗透定价策略前提有：第一，市场需求对价格极其敏感，低价会刺激市场需求的快速增长；第二，企业的生产成本和经营费用会随着生产经营经验的增加而降低；第三，低价不会引起实际和潜在的竞争。

二、问答题(每题15分，共90分)

1.(1)欧洲经济一体化进程如下：

① 1951年4月，法国、联邦德国、意大利、荷兰、比利时和卢森堡6国在法国首都巴黎签署关于建立欧洲煤钢共同体条约，1952年7月25日，欧洲煤钢共同体正式成立。

② 1957年3月，法国、联邦德国、意大利、荷兰、比利时和卢森堡6国在意大利首都罗马签署旨在建立欧洲经济共同体和欧洲原子能共同体的条约。1958年1月1日，欧洲经济共同体和欧洲原子能共同体正式组建。

③ 1965年4月，法国、联邦德国、意大利、荷兰、比利时和卢森堡6国在比利时首都布鲁塞尔又签署《布鲁塞尔条约》，决定将欧洲煤钢共同体、欧洲经济共同体和欧洲原子能共同体合并，统称“欧洲共同

体”。1967 年 7 月 1 日，《布鲁塞尔条约》生效，欧共体正式诞生。

④ 1991 年 12 月，欧洲共同体马斯特里赫特首脑会议通过《欧洲联盟条约》，通称《马斯特里赫特条约》（简称《马约》）。1993 年 11 月 1 日，《马约》正式生效，欧盟正式诞生。

⑤ 1999 年 1 月 1 日欧元诞生。2002 年 1 月 1 日，欧元开始正式流通，欧洲中央银行发行统一货币的纸币和硬币。

（2）英国于 1973 年加入欧洲经济一体化，2016 年 6 月全民公投宣布脱离欧盟。英国脱欧对欧洲经济一体化进程产生了深远的影响：

① 欧洲一体化遭遇严重挫折。英国脱欧使欧盟失去了一个重要伙伴，欧洲一体化“三驾马车”解体，这对依然困于低潮甚至停滞状态的欧洲一体化合作无疑是雪上加霜。它极大地打击了成员国深化一体化的士气和凝聚力，动摇了后入盟国家和弱势边缘国家的信心，也挫伤了候选国加入欧盟的期盼和积极性。

② 英国脱欧可能会延缓欧盟经济一体化的进程。英国脱欧可能延缓欧盟自由贸易和单一市场的推进，给英国和欧洲的劳动力市场管理、对外贸易、金融监管和国际资本流动机制带来更多不确定性。

③ 加剧欧盟内部的力量失衡。英国脱欧也可能导致欧盟内部力量的失衡，英国脱欧将使得欧盟减少 1/6 的 GDP，在世界经济格局中地位下降，而长期所形成的内部力量平衡格局也将被打破。因为欧盟失去英国这个重要的平衡砝码，缺少英国制约的德法主导力量得到进一步加强。

2.（1）波特的钻石模型认为，国家是企业或者产业参与国际竞争的基础，企业或产业的国际竞争优势是国家竞争优势的体现，或者说，国家竞争优势最终以特定产业作为载体而表现出来。国家竞争优势取决于四个基本因素：生产要素，需求因素，相关和支撑产业因素，企业组织、战略和竞争状态因素，以及两个辅助因素：机遇和政府。波特认为这六个因素共同构成一个动态的、激励创新的竞争环境，这形成一个类似钻石分子结构的菱形结构。由于钻石结构是一个互相增强的系统，许多因素的相互作用产生互相加强的利益，从而构成一国国际竞争力的来源。

① 生产要素。生产要素是企业生存和发展的基本要素。波特将生产要素划分为初级生产要素和高级生产要素，初级生产要素是指天然资源、气候、地理位置、非技术工人、资金等，高级生产要素则是指现代通信、信息、交通等基础设施，受过高等教育的人力、研究机构等。波特认为，初级生产要素重要性越来越低，因为对它的需求在减少，而跨国公司可以通过全球的市场网络来获得。高级生产要素对获得竞争优势具有不容置疑的重要性。

② 需求条件。国内需求对竞争优势的形成主要体现在以下三个方面：

第一，需求特征。若本国消费者老练、挑剔、需求层次高，则有助于相关产业改进产品质量、性能、服务，以取得国际竞争优势。

第二，需求规模与需求拉动方式。一个市场若需求相对较大，使得企业足以发挥规模经济，则有利于该国建立该产业的国际竞争优势。

第三，本国消费者需求具有超前性，那么为其服务的厂商就会相应地走在世界其他厂商的前面。

③ 相关和支持产业。一个国家要想获得持久的竞争优势，就必须在国内获得有竞争力的供应商和相关产业的支持。相关和支持性产业往往会为企业带来新的资源、技术与竞争方法，从而促进企业的创新升级。各支持性相关产业之间密切合作，会形成一国的竞争优势。

④ 企业战略、组织和竞争状态。各个国家由于环境不同，需要采用的管理体系也就不同，适合一国环境的管理方式能够提高该国的国家竞争优势。国际竞争说到底是人才的竞争和对稀缺人才的占有量，企业组织形式是企业战略实施的载体和竞争能力集成的具体方式。激烈的国内竞争是创造和保持竞争优势的最有力的刺激因素，其将迫使国内企业更新产品、提高生产效率，以取得持久、独特的优势地位，从而有利于该国国际竞争优势地位的确立。

⑤ 机遇。机遇包括重大新发明、技术革新、投入成本的剧变、外汇汇率的突然变化、突发的世界性或地区性需求、战争等。机遇或偶然会造成非连续性，使竞争地位发生变化，使以前的竞争优势失效，为能够适应新形势的国家中的企业获得竞争优势提供了机会。

⑥ 政府。政府对国家竞争优势的作用主要在于对四种主要因素的引导和促进，从而对国家的竞争优势

产生影响。政府可以通过补贴、对市场加以干预、制定教育方针等影响要素条件；通过确定地方产品标准、制定规则等影响需求条件；政府也能以各种方式决定相关产业和影响产业的环境，并影响企业的竞争战略、组织和竞争状况等。

（2）我们运用国家竞争优势理论分析我国的芯片产业发展态势。当前我国的劳动力成本仍相对较低；从需求条件来看，我国的消费市场空间体量较大。而从产业生态群来看，已经有长三角、环渤海、珠三角三大集成电路产业聚集区域。从公司战略来看，芯片产业也是政策高度重视与支持的产业。因此，一方面未来国内厂商首先可以通过海外收购提高核心技术；另一方面则可以依靠国内天时地利的条件对内加速整合，扩大产业链地位。在当前物联网技术不断落地，可穿戴设备、VR头盔/眼镜、无人机等智能硬件芯片的应用不断扩大的市场条件下，国内的芯片产业有着巨大的发展潜力。

3. 我们可以将国际战略联盟的定义概括如下：两个以上的企业为了实现优势互补、提高竞争力及扩大国际市场的共同目标而制定的双边或多边的长期或短期的合作协议。

（1）跨国公司战略联盟主要有三种形式：

① 股权式联盟。该联盟是由各成员作为股东共同创立的，其拥有独立的资产、人事和管理权限。股权式联盟中一般不包括各成员的核心业务，具体又可分为对等占有型战略联盟和相互持股型战略联盟。对等占有型战略联盟，是指合资生产和经营的项目分属联盟成员的局部功能，双方母公司各拥有50%的股权，以保持相对独立性。相互持股型战略联盟中，联盟成员为巩固良好的合作关系，长期相互持有对方少量的股份。与合资、合作或兼并不同的是，相互持股型战略联盟不涉及设备和人员等要素的合并。

② 契约式联盟。该联盟主要以联合研究开发与市场销售合作为主，是一种协议型联盟方式。它的特征是，联合是自发的、非强制的，联合各方仍保持着本公司经营管理的独立性和自主经营权，彼此依靠相互间达成的协议联结成松散性的整体。最常见的形式包括技术性协议、研究开发合作协议、生产营销协议、产业协调协议。

③ 资源补缺型联盟。即以上游活动与对方的下游活动结成的战略联盟。这种战略联盟有两种形态：一是拥有独特技术的跨国公司，为了接近海外市场或利用对方的销售网络而结成的联盟；另一种情形是厂家与用户的联合型战略联盟，即厂家之间把生产与消费、供给与需求直接联系起来。

（2）跨国战略联盟的特点如下：

① 跨国性。跨国战略联盟的跨国特征体现在两个方面：第一，构成跨国战略联盟的企业来自不同国家；第二，跨国战略联盟的活动是企业间资源的跨国整合。这是跨国战略联盟与国内战略联盟不同的根本标志。

② 战略性。跨国战略联盟的战略性体现在两个方面：第一，企业间合作的长期性。跨国战略联盟关注战略层面与企业整体发展的战略关系，合作期一般很长，从3—5年到数十年不等。第二，跨国战略联盟的结果对公司未来发展有长期影响。

③ 独立性。构成跨国战略联盟的企业是相互独立的。他们是独立的法律实体，有自己的事业，自己的产品，自己的市场和自己的利益。他们总是有独立地进行业务运营、独立地实施决策权，而不受联盟伙伴的决策权影响。

④ 平等性。由于跨国战略联盟伙伴彼此独立，他们在合作中的关系也应该是平等的。跨国战略联盟伙伴关系既不是组织内部的行政隶属关系，也不是组织与组织之间的市场交易关系，而是合作伙伴之间的平等互利关系。

⑤ 复杂性。跨国战略联盟的复杂性主要体现在两个方面：一是战略联盟组织形式的多样性；另一个是跨国战略联盟伙伴之间的差异。

4.（1）外汇风险又称汇率风险，是指一定时期的国际经济交易当中，以外币计价的资产（或债权）与负债（或债务），由于汇率的波动而引起其价值涨跌的可能性。从国际商务企业的角度来看，外汇风险分为：交易风险、折算风险和经济风险。

① 交易风险也称交易结算风险，是指运用外币进行计价收付的交易中，经济主体因外汇汇率变动而蒙受损失的可能性。它是一种流量风险。

② 折算风险又称会计风险，是指经济主体对资产负债表进行会计处理的过程中，因汇率变动而引起海外资产和负债价值的变化而产生的风险。它是一种存量风险。

③ 经济风险又称经营风险，是指意料之外的汇率波动引起公司或企业未来一定期间的收益或现金流量变化的一种潜在风险。经济风险可包括真实资产风险、金融资产风险和营业收入风险三方面，其大小主要取决于汇率变动对生产成本、销售价格以及产销数量的影响程度。

（2）企业规避外汇风险的方法如下：

① 选择适当的合同货币。在对外贸易、借贷等经济交易之中，货币作为计价货币的选择直接关系到交易主体是否承担汇率风险。为了规避汇率风险，企业应努力使用本国货币作为合同货币，在生产和资本出口之中使用硬通货，在进口和资本进口之中使用软通货。同时在合同之中增加套期保值条款和其他措施。

② 通过金融市场进行保值操作。主要方法包括汇交易、期货交易、期汇交易、期权交易、借款与投资、利率、货币互换和外币票据贴现等。

③ 对于经济实体在资产负债表会计处理过程中产生的转换风险，通常通过保持资产负债表的价值来解决。该方法要求资产负债表上以各种功能货币表示的被保险资产的金额等于被保险负债的金额，因此折算风险头寸为零。只有这样，汇率的变化才不会带来折算损失。

④ 经营多元化。即将其销售、生产场所和原材料来源分散到国际范围内。通过国际经营的多元化，当汇率发生变化时，管理部门可以通过比较不同地区的生产、销售和成本变化，趋利避害，增加汇率变动有利分支的产量，减少汇率变动不利分支的产量。

⑤ 财务多元化。即在多个金融市场之中寻找多种货币资金的来源和目的地，实现融资和投资的多元化。这样，当一些外币贬值，一些外币升值时，公司可以抵消大部分外汇风险，从而达到风险防范的目的。

5. 邓宁的国际生产折中理论认为，企业从事国际直接投资由该企业本身所拥有的所有权优势、内部化优势和区位优势三大基本因素共同决定。企业若仅拥有所有权优势，则选择技术授权；企业若具有区位优势和内部化优势，则选择出口；企业若同时具备三种优势，才会选择国际直接投资。

我们下面用国际生产折中理论分析我国企业对外投资的优势。

（1）所有权优势

中国企业经过几十年的发展，规模、技术、产品已日益成熟，已具有了一定的比较竞争优势，相对于发展中国家而言，我国跨国公司的所有权优势、内部化优势显现出来。虽然我们的总体实力比不上发达国家，但在某些高新科技领域中国企业也具有领先水平。

① 相对于发展中国家而言，中国在生产技术、经营管理、人员素质等方面具有明显的竞争优势。迄今为止，我国已建立了较为完整的工业体系，工业制成品在我国出口中占据绝对主导地位。虽然我国的工业制造业发展水平同发达国家相比尚有较大差距，但同一些发展中国家相比，我国在纺织、食品、冶炼、化工、医药、电子等产业上形成了一定的比较优势。此外，我国还拥有大量成熟的适用技术，如家用电器、电子、轻型交通设备制造技术、小规模生产技术以及劳动密集型的生产技术已趋于标准化，并且与其他发展中国家的技术梯度较小，易于它们接受。

② 相对于发达国家而言，我国长期形成的某些传统技术、民间工艺等产业是人无我有的产业，在发达国家市场上拥有所有权优势，如中药、园林、烹调等；大量已趋成熟和稳定的中间技术和加工制造业，如机电、轻纺、食品加工等；某些已赶上和超过世界先进水平的高精尖领域，如计算机硬件、生物工程、光纤、航天等都可以在中国转移优势中大显身手，有很大发展前途。

（2）内在化优势

产品、商标、销量、价格的差别会引起产品市场的不完全性，专利、技术、融资的差别会引起生产要素市场的不完全性，内外部规模经济和市场交易方式的差别会引起市场交易的不完全性。中国母公司把产品、价格等向子公司转让，或者在母公司所属子公司之间转让，这种内部转让既可避免国际市场企业间交易带来的缺陷，保证中国公司获得最大利益，又保护了跨国企业的财产权和无形资产。中国当前跨国企业大多数是国有企业，可以利用转移价格，作为在国际市场上竞争的战略手段。

(3) 区位优势

按照国际生产折中理论分析，企业具备了上述两种优势后，要将这些优势与东道国的要素资源结合起来，保证投资企业获利。区位优势包括直接区位优势和间接区位优势两种，前者是指东道国的某些有利因素形成的优势。如东道国的某种资源禀赋优越等。间接区位优势是指因东道国的某些不利因素形成的区位优势。如因东道国的贸易壁垒而给投资所带来的间接优势。随着我国对外贸易的迅速发展，贸易摩擦频繁发生，贸易障碍不断。更令人关注的是发展中国家也开始为中国商品设置重重障碍。在这样的条件下，中国企业走出去就可获得区位优势的间接优势。当前，东亚国家的投资环境进一步优化，国内经济发展很快。加之中国正加盟东盟自由区，在投资贸易方面可以利用达成的框架协议加以协调，能有效保证中国企业到东亚投资的健康发展。从东盟成员国政府的态度来看，他们普遍欢迎中国企业对东盟各国进行投资，符合东道国的意愿。由此可见，我国企业境外投资的主要区位应该选择在东亚国家，它符合当前我国的实际情况。

6. (1) 国际市场细分是市场细分概念在国际营销中的运用，指企业按照一定标准，把整个国际市场细分为若干个需要不同的产品和营销组合的子市场，其中任何一个子市场中的消费者都具有相同或相似的需求特征，企业这种划分市场的过程即为市场细分，而企业可以在这些子市场中选择一个或多个作为其国际目标市场。细分消费者市场的变量主要有四类，即地理变量、人口变量，心理变量、行为变量。以这些变量为依据来细分市场就产生出地理细分、人口细分、心理细分和行为细分四种市场细分的基本形式。

① 按地理变量细分市场按照消费者所处的地理位置、自然环境来细分市场，比如，根据国家、地区、城市规模、气候、人口密度、地形地貌等方面的差异将整体市场分为不同的小市场。

② 按人口变量细分市场按人口统计变量，如年龄、性别、家庭规模、家庭生命周期、收入、职业、教育程度、宗教、种族、国籍等为基础细分市场。消费者需求，偏好与人口统计变量有着很密切的关系。

③ 按心理变量细分市场根据购买者所处的社会阶层、生活方式，个性特点等心理因素细分市场就叫心理细分。

④ 按消费者行为细分市场主要是按照消费者行为方式的差异来细分市场，考虑的因素包括消费者对产品的了解程度、态度、使用频率以及反应等。

(2) 目标市场选择策略如下：

① 无差异性目标市场策略。该策略是把整个市场作为一个大目标开展营销，它们强调消费者的共同需要，忽视其差异性。采用这一策略的企业，一般都实力强大进行大规模生产，且有广泛而可靠的分销渠道，以及统一的广告宣传方式和内容。

② 差异性目标市场策略。该策略通常是把整体市场划分为若干细分市场作为其目标市场。针对不同目标市场的特点，分别制定出不同的营销计划，按计划生产目标市场所需要的商品，满足不同消费者的需要。

③ 集中性目标市场策略。该策略是选择一个或几个细分化的专门市场作为营销目标，集中企业的优势力量，对某细分市场采取攻势营销战略，以取得市场上的优势地位。

中国海洋大学2021年434国际商务专业基础试题

一、名词解释(每题3分，共27分)

1. 李嘉图模型
2. 特定要素模型
3. 幼稚工业论
4. 配额租金
5. 出口补贴
6. 美联储
7. 升水和贴水
8. 加密货币
9. 最惠国待遇

二、简答题(每题7分，共56分)

1. 简述国际收支经常账户的主要内容。
2. 如何解释J曲线效应?
3. 简述影响一国汇率制度选择的因素。
4. 什么是牙买加协议?
5. 简述跨国公司组织的外部选择机制。
6. 全球生产的模式选择有哪些?
7. 全球化下，现行国际货币体系的主要缺陷有哪些?
8. 简述跨国公司全球知识管理战略的特点。

三、计算题(第1—2题每题2分，第3—5题每题3分，第6题4分，共17分)

本国对小麦的需求曲线为 $D=100-20P$，供给曲线为 $S=20+20P$；外国的需求曲线为 $D^*=80-20P^*$，供给曲线为 $S^*=40+20P^*$：

1. 推导并绘制出本国的进口需求曲线。在没有贸易时，小麦的价格是多少?

2. 推导并绘制出外国的出口供给曲线，同时计算没有贸易时外国的小麦价格。

3. 现在允许本国和外国进行贸易，且运输成本为零。试述并绘出自由贸易时的均衡点，与之对应的世界价格是多少？贸易量又是多大?

4. 假设本国对进口小麦征收0.5的从量税，确定并给出关税对以下几项的影响：

①各国的小麦价格；②各国对小麦的需求量与供给量；③贸易总量。

5. 确定关税对以下各社会集团的福利影响：

①与进口商品竞争的国内生产者；②本国消费者；③本国政府。

6. 画图说明并计算贸易条件改善所得、效率损失和关税对社会福利的总影响。

四、论述题(第1—2题每题10分，第3—4题每题15分，共50分)

1. 试析新冠肺炎疫情对中国进出口贸易的主要影响。

2. 2020年11月区域全面经济伙伴关系协定(RCEP)正式签署，世界上最大的自贸区正式启航。试介绍区域经济一体化的形式及其对中国经济发展的利弊分析。

3. 新冠疫情防控常态化下，试从国家层面和企业层面，陈述应持怎样的相关定位来扩大利用外资。

4. 2020年8月14日，中国商务部印发了《全面深化服务贸易创新发展试点总体方案》，在“全面深化服务贸易创新发展试点任务、具体举措及责任分工”部分提出：在京津冀、长三角、粤港澳大湾区及中西部具备条件的试点地区开展数字人民币试点。人民银行制定政策保障措施：先由深圳、成都，苏州、雄安新区等地及未来冬奥场景相关部门协助推进，后续视情况扩大到其他地区。这无疑标志着我国真正意义上“数字人民币”正式登上了舞台。试回答：数字化人民币有何特点？中国推出数字化人民币有何意义？

中国海洋大学 2021 年 434 国际商务专业基础试题解析

一、名词解释(每题 3 分，共 27 分)

1. 李嘉图模型由英国古典政治经济学家大卫·李嘉图提出，是以各国之间劳动生产率的不同来解释国际贸易现象的贸易理论模型。它的核心含义是：劳动生产率的差异在国际贸易中占据重要地位，贸易模式取决于比较优势而非绝对优势。

2. 特定要素模型，假定在短期内，适用于生产一种产品的要素无法转换为适用于生产另一产品的要素。该模型认为贸易不能使要素价格均等化，因为模型中有两种产品和三种要素，因此即使两国都生产两种产品，均等化的产品价格也未必意味着要素收益的均等化。

3. 幼稚产业保护论，主张对本国具有潜在比较优势和发展前途的幼稚产业实行保护，以逐步扶植其国际竞争能力的理论。

4. 配额租金，是指在采用进口配额以限制产品进口的情况下，配额许可证的拥有者因能够在国内以高价销售该产品而获得的超额利润。

5. 出口补贴，是指一国政府为了鼓励出口，在出口商品时给予本国出口厂商以现金津贴或财政上的优惠，从而降低出口商品的价格，提高出口商品的国际竞争能力。

6. 美联储的全名是美国联邦储备系统，是美国的中央银行体系。美国联邦储备系统由联邦储备委员会和 12 家地区性的联邦储备银行组成，具有行使制定货币政策和对美国金融机构进行监管等职责。

7. 升贴水，是指在确定远期汇率时，通过对汇率走势的分析确定其上升还是下跌。如果远期汇率比即期汇率贵则为升水，反之，则为贴水。

【科兴提示】升水和贴水都是针对基准货币，直接标价法下，外币是基准货币，升水就是指外币升值。间接标价法下，本币是基准货币，升水就是本币升值。

8. 加密货币是一种使用密码学原理来确保交易安全及控制交易单位创造的交易媒介。加密货币是虚拟货币的一种，它不依靠法定货币机构发行，也不受中央银行管控。

9. 最惠国待遇，指的是缔约国双方在通商、航海、关税、公民法律地位等方面相互给予的不低于现时或将来给予任何第三国的优惠、特权或豁免待遇。

二、简答题(每题 7 分，共 56 分)

1. 经常账户是国际收支平衡表中最基本和最重要的往来项目，它反映一国在一定时期内真实资源(包括产品和资本品)的转移。经常账户细分为以下三个子项目：

(1) 货物和服务：包括货物和服务两部分。

货物，又称有形贸易收支，指商品货物的进出口。服务，又称无形贸易收支，包括运输、旅游以及在国际贸易中越来越重要的其他项目(如通信、金融、计算机服务等)。

(2) 初次收入：指由于提供劳务、金融资产和出租自然资源而获得的回报，包括雇员报酬、投资收益和其他初次收入三部分。雇员报酬，指根据企业与雇员的雇佣关系，因雇员在生产过程中的劳务投入而获得的酬金回报。投资收益，指因金融资产投资而获得的利润、股息(红利)、再投资收益和利息，但金融资产投资的资本利得或损失不是投资收益，而是金融账户统计范畴。其他初次收入，指将自然资源让渡给另一主体使用而获得的租金收入，以及跨境产品和生产的征税和补贴。

(3) 二次收入：指居民与非居民之间的经常转移，包括现金和实物。民间方面，经常转移包括侨民汇款，养老金，宗教团体、教育机构、财团法人捐赠钱款物资，各种资金及奖学金等；在政府方面，包括对外经济和军事援助，战争赔款，没收走私商品，政府间的赠予、捐款及税款等。

2. (1) J曲线效应主要描述的是货币贬值的时滞效应。本币贬值也不会立即改善国际收支，反而可能导致其恶化，往往要经过几个月之后这种状况才开始好转。这就是贬值的时滞反映其路径曲线的最初部分类似英文字母J，后来学者就将这一现象称为J曲线效应。

(2) 本币贬值对贸易收支之所以存在J曲线效应是因为贬值对国际收支状况的影响存在时滞。西方经济学家认为，本币贬值对贸易收支状况产生影响的时间可划分为三个阶段：货币合同阶段、传导阶段、数量调整阶段。在货币合同阶段，进出口商品的价格和数量不会因贬值而发生改变，以外币表示的贸易差额就取决于进出口合同所使用的计价货币。如果进口合同以外币计值，出口合同以本币计值，那么本币贬值会恶化贸易收支。在传导阶段，由于种种原因，进出口商品的价格开始发生变化，但数量仍没有大的变化，国际收支状况继续恶化。在数量的调整阶段，价格和数量同时变化，且数量变化远大于价格变化，国际收支状况开始改善，最终形成顺差。因此，J曲线效应产生原因在于在短期内进出口需求弹性 $\eta_x+\eta_m<1$，本币贬值恶化贸易收支，而在中长期，$\eta_x+\eta_m>1$，本币贬值能使一国国际收支状况得到改善。

3. 影响一国汇率制度选择的因素有：

(1) 本国经济的结构性特征。如果一国是小国，那么它就较适宜采用固定性较高的汇率制度，因为这种国家一般与少数几个大国的贸易依存度较高，汇率的浮动会给它的国际贸易带来不便；同时，小国经济内部价格调整的成本较低。相反，如果一国是大国，则一般以实行浮动性较强的汇率制度为宜，因为大国的对外贸易多元化，很难选择一种基准货币实施固定汇率；同时，大国经济内部调整的成本较高，并倾向于追求独立的经济政策。

(2) 特定的政策目的。这方面最突出的例子之一就是固定汇率有利于控制国内的通货膨胀。在政府面临着高通胀问题时，如果采用浮动汇率制往往会产生恶性循环。例如，本国高通胀使本国货币不断贬值，本国货币贬值通过成本机制、收入工资机制等因素反过来进一步加剧了本国的通货膨胀。而在固定汇率制下，政府政策的可信性增强，在此基础上的宏观政策调整比较容易收到效果。又如，一国为防止从外国输入通货膨胀而往往选择浮动汇率政策，因为浮动汇率制下一国的货币政策自主权较强，从而赋予了一国抵御通货膨胀于国门之外、同时选择适合本国的通胀率的权利。可见，政策意图在汇率制度选择上也发挥着重要的作用。再例如，出口导向型与进口替代型国家对汇率制度的选择也是不一样的。

(3) 地区性经济合作情况。一国与其他国家的经济合作情况也对汇率制度的选择有着重要影响。例如，当两国存在非常密切的贸易往来时，两国间货币保持固定汇率比较有利于相互间经济关系的发展，尤其是在区域内的各个国家，其经济往来的特点往往对它们的汇率制度选择有着非常重要的影响。

(4) 国际国内经济条件的制约。一国在选择汇率制度时还必须考虑国际条件的制约。例如，在国际资金流动数量非常庞大的背景下，对于一国内部金融市场与外界联系非常紧密的国家来说，如果本国对汇率市场干预的实力因各种条件限制而不是非常强的话，那么采用固定性较强的汇率制度的难度无疑是相当大的。

4. (1) 牙买加协议的主要内容包括以下几个方面：

① 承认浮动汇率制度的合法化。《牙买加协定》国际货币基金组织同意固定汇率和浮动汇率的暂时并存，但成员国必须接受基金组织的监督，以防止出现各国货币竞相贬值的现象。

② 宣布黄金非货币化。《牙买加协定》宣布黄金与货币彻底脱钩，不再作为各国货币的定值标准，废除黄金官价，允许可以按市价在市场上买卖黄金。取消会员国之间、会员国与基金组织之间以黄金清偿债权债务的义务，降低黄金的货币作用；逐步处理基金组织持有的黄金。

③ 增加会员国的基金份额。《牙买加协定》增加各会员国应缴纳的基金份额，由原来的292亿特别提款权增加到390亿特别提款权，增加会员国从世界银行融资的能力。

④ 突出特别提款权的作用。特别提款权取代黄金成为主要储备资产且扩大其适用范围，可使用特别提款权进行借贷以及偿还基金组织的债务。

⑤ 扩大对发展中国家的资金融通。国际货币基金组织用出售黄金所得收益建立信托基金，以优惠条件向最贫穷的发展中国家提供贷款；将基金组织的贷款额度从各会员国份额的100%提高到145%，并提高基金组织“出口波动补偿贷款”在份额中的比重，由占会员国份额的50%增加到75%。

（2）但是牙买加体系下，主要工业国家全都采用浮动汇率制，汇率波动频繁而剧烈。多元国际货币缺乏统一的稳定的货币标准，这本身便是一种不稳定的因素，同时国际收支调节机制仍不健全。所以当今世界各国也都在致力于改革国际货币体系，主张建立新的国际货币体系。

5. IR框架将外部环境作为跨国公司演进的一种选择机制。IR框架能够反映行业情况，因此可以表明一家企业应当追求什么样的战略。根据全球整合压力和当地响应压力之间的强度差异，可供选择的战略有：国际战略、全球标准化战略、本土化战略、跨国战略。

① 国际战略。采取国际战略的企业往往面临着较低的全球整合压力和较低的当地响应压力，它们先为国内市场生产产品，再根据其他地区情况稍作改变，将产品销往世界各地。这些企业往往提供满足普遍需求的产品，却没有强大的竞争者，因此没有较大的降低成本压力。

② 全球标准化战略。采取全球标准化战略的企业强调通过规模经济、学习效应以及区位经济实现成本的降低，以提高赢利能力和赢利的增长。其实质是全球范围的低成本战略。这种战略适合全球整合压力很大，而当地响应压力不大的企业。

③ 本土化战略。本土化战略强调的是通过改变企业的产品或服务来增加利润，所以企业在不同国家的市场上提供与消费者品位和偏好相适应的产品。当各国市场的消费者偏好差异很大，而降低成本压力不大时，企业可以考虑采取这种战略。

④ 跨国战略。企业采取跨国战略是试图取得低成本优势、产品差异化优势和转移核心能力。通过区位经济、规模经济和学习效应获得低成本；通过为不同市场提供差异化产品来应对当地差异；在公司的全球营运网络中，通过子公司之间创新流动来实现核心能力的转移。

6. 根据价值链各环节之间的关系，特别是主导企业与供应商之间的关系，全球化生产可以分成四种基本方式，即加工外包、原始设备制造、原始设计制造和原始品牌制造。

（1）加工外包，即加工制造企业利用采购者提供的原材料从事加工生产，在我国被称作来料加工。加工外包又分为两种形式：第一种是原料和成品不计价，加工制造企业收取约定的加工费；另一种是原料和成品分别计价，加工制造企业通过对开信用证或付款交单的方式收取费用。加工外包是全球化生产比较原始的方式。

（2）原始设备制造简称代工生产（OEM），指加工制造企业按照采购者提供的设计方案生产并以采购者的品牌销售产品。OEM可以分为两种类型：一种是购买者驱动型，即指由零售商和品牌企业来组织，零售商和品牌企业居于主导地位。另一种是生产者驱动型，主要体现在机械设备、汽车、电子产品这些高技术产业。因为其设计、开发较为复杂、技术水平较为特殊，生产企业、品牌企业和供应商在技术上和管理上的关系较为密切，所以他们由生产者来决定。

（3）原始设计制造简称设计外包（ODM），指的是委托企业（品牌企业）提出产品的大致要求后，受委托企业通过后期的研究开发，并最终生产出成品，该受委托企业被称作原始设计制造商。OEM和ODM两者的相同点在于，它们都是贴牌生产，即加工制造出来的产品贴的是委托企业的品牌，不同点在于，原始设备制造商完全只是按单生产，而原始设计制造商则加入了自己的设计开发。

（4）原始品牌制造，指加工制造企业在具备生产能力之后，生产自有品牌的产品，该企业被称为原始品牌制造商。目前，不少原始品牌制造商同时也从事OEM业务。

7. 现行国际货币体系的最大优点就是它具有较强的适应性，但这种适应性从另一个角度看也是目前货币制度的一个最大缺陷，即不稳定性。具体而言，全球化下现有的国际货币体系的缺陷主要体现为：

（1）多元化储备体系的不稳定性。在多元化储备体系下，各储备货币发行国，尤其是美国仍然享受着向其他国家征收“铸币税”的特权，并且国际清偿力的增长仍不能完全符合世界经济均衡增长的形势，它不仅丧失了金本位条件下的自发调节机制，而且也没有形成国际货币基金组织对国际清偿力增长的全面控制，因此容易引发或加剧世界性通货膨胀。另外，多元化储备体系缺乏稳定的货币标准，只要对其中某一种货币的信心稍有动摇，其持有者便欲抛出该货币，兑换成别的国际储备货币，国际储备货币间的投机不可避免，这种投机会加剧外汇市场的动荡。

（2）汇率的不稳定。实际情况表明，浮动汇率不仅在短期内经常波动，而且长期看也是大起大落，增加了汇率风险，对国际贸易和国际资本流动都会产生消极影响，尤其对发展中国家更是产生不利影响。

(3) 国内经济仍受外部冲击。各主要国家仍然对市场汇率进行干预，即所谓的“肮脏浮动”。这种干预并不能完全隔绝外部经济的冲击，国内经济仍受外部冲击。

(4) 国际收支失衡严重，国际收支调节机制仍不健全。各种调节机制都有局限性，IMF 的援助和监督能力有限。国际收支失衡的局面日趋严重，一些赤字国长期赤字，盈余国长期盈余的局势没有改变，而且数字还越来越大，世界经济增长仍远离协调和均衡的增长路径。

8. 跨国公司全球知识管理战略的特点：

(1) 将知识管理提升到战略的高度。跨国公司把知识管理作为公司战略的一部分，通过设立知识总监职位，将知识管理纳入到组织整体的综合性战略计划之中，以制度化方式推行知识管理战略计划。

(2) 实行以客户为重点的知识战略。跨国公司在起始阶段就注重对客户端的知识管理，通过获取、开发和转移客户的内在需求、偏好和业务情况等方面的知识，提高企业的竞争能力。

(3) 力图使知识的转移达到最优化。跨国公司通过建立知识库，储存和整合获取的相关知识，并使员工容易从中获取。在跨国公司生产的产品和服务中，融入知识，以求缩短生产周期，降低成本。跨国公司一般依靠团队精神、客户关系和网络设施等达到知识的有效转移，并且还采取多种鼓励手段促进知识转移活动。

(4) 形成企业员工知识共享的文化。企业使每个员工认识到知识对他们工作的重要价值，使员工建立起对识别、保持和扩展自身知识、知识创新和知识共享的责任感。一些跨国公司把员工之间的知识共享与个人业绩评估体系结合起来。

(5) 强调从知识创新开始变革。企业的技术创新和知识创新是企业竞争优势的现实基础。不同的企业都有其不同的进入知识管理的初始领域，结合自己的经营管理状况开始变革是企业的最佳选择。

三、计算题(第 1—2 题每题 2 分，第 3—5 题每题 3 分，第 6 题 4 分，共 17 分)

1. 没有贸易时，国内小麦价格：$D=S$，即 $100-20P=20+20P$，计算可得 $P=2$。

2. 没有贸易时，国外小麦价格：$D^*=S^*$，即 $80-20P^*=40+20P^*$，计算可得 $P^*=1$。

3. 自由贸易时，本国与外国进行贸易且运输成本为零时，本国进口需求曲线和外国出口供给曲线相等。本国过剩需求：$Q=D-S=80-40P$，外国过剩供给：$Q=D^*-S^*=-40+40P$，则 $80-40P=-40+40P$，计算可得 $P=1.5$，$Q=20$。

4. ① 新 M_D 曲线为 $80-40(P+t)$，其中 t 为从量税率，$t=0.5$，外国出口供给曲线不变，则新的供求关系为：$80-40(P+0.5)=-40+40P$，因此世界价格 $P=1.25$ 美元，国内市场价格 $=1.75$ 美元。

② 国内总需求为 $D=100-20P=100-20\times1.75=65$。

无征税时的国内总需求为 $D=100-20P=100-20\times1.5=70$，下降了 5。

国内总供给为 $S=20+20P=20+20\times1.75=55$。

征税后，国外总需求为 $D^*=80-20P=80-20\times1.25=55$。

无征税时的国外总需求为 $D^*=80-20\times1.5=50$，总需求上升了 5。

国外总供给为：$40+20P=40+20\times1.25=65$。

③ 贸易总量为：$M_D=80-40P=80-40\times1.75=10$。

5. 如图 1 所示：

图 1 中梯形 a 的面积为：$(50+55)\times(1.75-1.5)/2=13.125$。

三角形 b 的面积为：$(55-50)\times(1.75-1.5)/2=0.625$。

长方形 c 和 e 的面积为：$(65-55)\times(1.75-1.5)=2.5$。

三角形 d 的面积为：$(70-65)\times(1.75-1.5)/2=0.625$。

则消费者剩余损失：$(a+b+c+d)=16.875$。

生产者剩余增加：$a=13.125$。

政府收益增加：$c+e=5$。

6. 如图 1 所示，效率损失：$b+d=1.25<$贸易条件改善所得 $e=2.50$。

社会总福利的变化为 $a-(a+b+c+d)+c+e=e-(b+d)=2.5-0.625-0.625=1.25$。

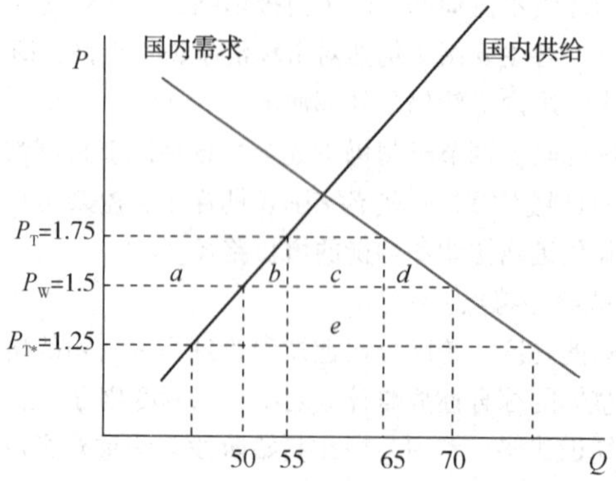

图 1

四、论述题(第1—2题每题10分，第3—4题每题15分，共50分)

1. 新冠肺炎疫情对中国进出口贸易的主要影响表现为：

(1) 短期阶段对我国外贸企业产生的负面冲击

疫情暴发以来对我国外贸企业产生的影响已经相当清晰，涉及订单、用工、原材料、物流等上下游各生产环节。总体来说，可以从供给端和需求端两个方面分析，疫情无论是供给端还是需求端均对我国对外贸易企业的生存空间产生挤压。

从供给端来看，一方面，国内疫情防控措施严格，企业复工复产手续烦琐，封城、交通阻断，使得运输渠道不畅，原材料和零部件无法到位，制造企业开工困难，人员跨地区流动停滞，导致部分地区劳动密集型出口企业出现用工荒；另一方面，随着疫情不断在全球蔓延，绝大多数国家采取了企业停工停产的措施，我国中间品和零部件进口供应链断裂，出口加工企业恢复正常生产困难重重。

从需求端来看，第一，疫情加剧了全球经济的低迷，国外市场需求持续萎缩，外贸订单被迫延期履约或取消，导致出口企业的存量订单缩水；第二，随着WHO将这次疫情列入国际突发公共卫生事件，我国主要贸易伙伴如美国、欧洲、日本等国家和地区，先后进入“抗疫”紧急状态，出台了各种限制入境的措施，导致经贸合作人员跨国往来停滞，各类展会、洽谈会推迟或取消，出口企业获取新订单的渠道受阻；第三，全球各地采取“封城、封航、封国”、增强通关检验检疫等防疫措施，使得出口企业物流堵塞，仓储成本高企，交货周期拉长，企业账期增加，造成外贸企业运营困难。

(2) 中长期对全球价值链产生的负面影响

改革开放尤其是加入WTO以来，中国以劳动力和自然资源的禀赋优势顺利加入全球一体化进程中，及时地嵌入了全球价值链，成为全球供应链网络的重要节点，从而实现了长达20年的对外贸易爆炸式增长，享受了巨大的全球化红利。

然而，在当今世界经济增长疲弱的背景下，贸易保护主义抬头，逆经济全球化思潮不断涌现。疫情的暴发更是成为部分国家实施贸易保护的借口和武器，在一定程度上加剧了封闭取向、种族歧视、民粹主义和民族主义的兴起，可能将从根本上动摇经济全球化的政治基础，导致全球贸易摩擦加剧和全球价值链的断裂。再者，疫情之下，我国面临中间产品海外供给链断裂的情况。而在“后疫情”阶段，跨国公司价值链重构过程中，可能不再作为理性经济人只考虑资源配置的效率，可能更加看重价值链的稳定性、安全性和韧性，从而将产业链重新布局在国内或地理位置较近的经济区域内。鉴于大型跨国企业主要集中在欧美发达国家，上述趋势一旦产生，我们将面临全球价值链去中国化的风险，中国可能被全球产业链边缘化。

2. (1) 区域经济一体化的形式有：

① 优惠贸易安排，指在成员国之间，通过协议或其他形式对全部货物或部分货物规定特别的关税优惠或非关税优惠。这是经济一体化的最松散和较低级的一种形式。

② 自由贸易区，是指由签订有自由贸易协定的两个或两个以上的国家或地区组成的贸易区域。自由贸易区内逐渐减免甚至取消关税与进口数量限制，同时，保留成员国各自的原有独立的对区外国家的关税结

构和其他贸易保护措施。

③ 关税同盟，是指两个或两个以上的国家通过签订条约或协定取消区域内关税或其他进口限制，并对非同盟国家实行统一的关税税率而缔结的同盟。

④ 共同市场，是指共同市场成员国间除完全废除关税与数量限制，建立非成员国的共同关税外，成员国间的生产要素也实现自由移动。

⑤ 经济同盟，是指不但成员国之间废除贸易壁垒，统一对外贸易政策，允许生产要素的自由流动，而且在协调的基础上，各成员国采取统一的经济政策。

⑥ 完全经济一体化，指各成员国之间在经济贸易和财政金融等政策方面完全协调一致，实行统一的政策，是最高层次的经济一体化。

（2）RCEP 属区域经济一体化中的自由贸易区，RCEP 的签署与生效，对我国的好处有：

① 有利于中国工业品出口及对外贸易。RCEP 有助于看到中国同本地区其他国家的经贸和投资往来，为中国出口和投资打开更大的空间。

② 降低关税，对整个区域内的国家将互利共赢。RCEP 签署后，如果九成以上的产品逐渐实现零关税，那么会极大促进包括中国在内的十几个成员的经济活力。

③ RCEP 有利于中国进一步扩大进口。RCEP 将进一步扩大中国对 RCEP 伙伴国的进口，提高消费者的福利。

④ RCEP 将进一步便利中国企业对外投资。中国得以将本国具有突出竞争力的制造业产能转移到区域内其他国家，将国内有限的生产资源集中在附加值更高、技术含量更高的产业上，促进国内产业的转型升级。

⑤ RCEP 有利于人民币国际化的深化。目前，东盟已成为人民币国际化的最主要渠道。人民币在东盟各国越来越受欢迎，渗透率不断提高。随着 RCEP 的不断深化，会有更多的东盟国家和地区选择以人民币进行计价交易，人民币作为投资和储备货币的功能也会日益凸显。

（3）当然，RCEP 也给中国带来各种挑战。

① 企业对外直接投资的扩大，将对国内的相关政策和服务体制带来新的要求。

② 进口扩大将改变中国多年贸易顺差国的角色，有可能扩大我国与其他国家的贸易逆差。

③ 人民币国际化的深化，对于国内金融市场稳定也会带来新的问题。

3.（1）随着新冠肺炎疫情暴发，世界经济发展速度减缓，出现了需求萎缩、企业利润大幅减少、消费行业效益急剧下滑等现象，全球经济面临巨大的下行压力。我国新冠肺炎疫情在全国人民几个月的殊死努力下，已得到有效控制，复工复产正在有条不紊地推进中。然而，国外疫情仍不容乐观，很多国家和地区的经济生活仍未开始恢复。近年来随着全球经济一体化的快速发展外资企业在我国经济发展中起着越来越重要的作用，我国企业对外依存度正在逐年提升，因此此次疫情必将会给对我国“稳存量、促增量”的外资引进工作带来巨大的挑战。

（2）国家层面的定位

疫情发生以来，从中央到地方政府都积极行动起来快速出台稳外资政策措施细化外资企业服务，尽最大可能减少外资企业的负面影响稳定利用外资规模。

① 加大财税金融等各类政策支持力度。方政府积极响应出台各类支持政策包括帮助或协助外资企业采购复工复产所需的防疫物资；协调提供餐饮服务；帮助企业员工返岗；协助解决企业用工难题；保障生产物资运输；减免企业相关税费，在一定期限内减免企业物业租金、减免港口堆场费、减免税收。

② 进一步巩固外资综合优势并培育外资竞争新优势。为了防止存量制造业外资向外转移，以及吸引更多高质量的技术先进型跨国公司到华投资，我国需要进一步巩固现有外资综合优势并积极培育外资新优势，以增强跨国公司在华产业黏性。

③ 全面促进国家级经开区创新发展。进一步凸显国家级经开区外向型经济发展功能将其外向型经济作为考核地方政府的重要指标；允许综合排名靠前的国家级经开区率先复制推广自贸试验区各项制度创新改革措施；进一步促进国家级经开区加强国际合作，鼓励建设国家级高水平的国际合作产业园等。

④ 面向高质量利用外资面临的痛点和堵点，有针对性地完善我国营商环境，提高监管环境透明度以及公平性、享受内资企业平等待遇、技术转让、知识产权、合法权益保护等问题，一直是外商投资对我国投资环境的迫切诉求，也是未来我国吸引和利用高质量外资的主要障碍。

（3）企业层面的定位

① 从生产的角度来看，外贸企业要尽量备足今后一段时间生产所需的上游半成品或原材料，谨防疫情全球暴发，造成供应链的中断。外贸企业必须实时关注上游供应链国家的疫情进展情况。当前疫情下的全球产业链已经绷得很紧，而很多与中国产业链密切相关的国家现在还没有采取类似中国的遏制举措。

② 从需求的角度来看，外贸企业要重点做好主要出口国需求下降带来的产成品出口减少以及库存增加的风险准备。此时外贸企业可适当转向国内市场。由于中国疫情控制较好，企业生产和居民需求恢复较快，内需大幅度上升，外贸企业将部分外需产品转向国内市场，以内需对冲外需的下降，尽量降低外需大幅度下降给企业带来的冲击。

③ 从管理的角度来看，外贸企业应加强内部风险控制，优化制度体系，强化客户资源的整合与管理，提升组织能力，做好与国外相关利益者及产业生态的沟通、理解和协商。对于大中型企业来说，都有数量众多、分布广泛的供应商和合作伙伴，存在较为复杂的供应链管理问题。要加强和供应链上下游合作伙伴的沟通，协调生产，避免因信息不畅、交通阻断、人员不足、原材料中断等原因造成的供应链中断。

④ 从产业链的角度来看，外贸企业应尽量加强全球生产及供应链的多国布局，对冲高度专业化分工带来的单一国家供应链的生产风险。举个例子，富士康在国内的生产由于疫情受到较大的影响，但由于印度的工厂满负荷的生产，对苹果产品的供应并没有受到太大的影响。

4. 数字人民币，是由中国人民银行发行的数字形式的法定货币，由指定运营机构参与运营并向公众兑换，以广义账户体系为基础，支持银行账户松耦合功能，与纸钞硬币等价，具有价值特征和法偿性，支持可控匿名。

（1）数字人民币的特点：

① 数字人民币是央行发行的法定货币。数字人民币是法定货币，具备货币的价值尺度、交易媒介、价值贮藏等基本功能，是央行对公众的负债，以国家信用为支撑，具有法偿性，与实物人民币一样是法定货币。这也是数字人民币同其他数字货币的本质区别，数字人民币有国家信用作支撑。

② 数字人民币采取中心化管理、双层运营。数字人民币发行权属于国家，人民银行在数字人民币运营体系中处于中心地位，负责向作为指定运营机构的商业银行发行数字人民币并进行全生命周期管理，指定运营机构及相关商业机构负责向社会公众提供数字人民币兑换和流通服务。人民银行作为第一层，在数字人民币运营体系中处于中心地位，负责数字人民币额度管理、发行和注销、跨机构互联互通和钱包生态管理，对数字人民币兑换流通服务进行监督管理。商业银行成为指定运营机构，作为第二层，根据客户信息识别强度为用户开立不同类别的数字人民币钱包，牵头提供数字人民币兑换和流通服务。

③ 数字人民币主要定位于现金类支付凭证（M_0）。公众对现金的依赖度仍然很高，现金管理成本较高，需要数字化改造。数字人民币主要定位于现金类支付凭证，从 M_0的收费体系来看，数字人民币将不计付利息，央行不向发行层收取兑换流通服务费用，商业银行也不向个人客户收取数字人民币的兑出、兑回服务费。

④ 数字人民币是一种零售型央行数字货币，主要用于满足国内零售支付需求。数字人民币是一种面向社会公众发行的零售型央行数字货币，其推出将立足国内支付系统的现代化，充分满足公众日常支付需要数字人民币是一种面向社会公众发行的零售型央行数字货币，其推出将立足国内支付系统的现代化，充分满足公众日常支付需要。

（2）中国推出数字人民币的意义：

① 是丰富央行向社会公众提供的现金形态，满足公众对数字形态现金的需求，助力普惠金融。随着数字技术及电子支付发展，现金在零售支付领域使用日益减少，但央行作为公共部门有义务维持公众直接获取法定货币的渠道，并通过现金的数字化来保障数字经济条件下记账单位的统一性。数字人民币体系将进一步降低公众获得金融服务的门槛，保持对广泛群体和各种场景的法定货币供应。

② 是支持零售支付领域的公平、效率和安全。数字人民币将为公众提供一种新的通用支付方式，可提高支付工具多样性，有助于提升支付体系效率与安全。中国一直支持各种支付方式协调发展，数字人民币与一般电子支付工具处于不同维度，既有互补也有差异。数字人民币基于 M_0定位，主要用于零售支付，以提升金融普惠水平为宗旨，借鉴电子支付技术和经验并对其形成有益补充。

③ 是积极响应国际社会倡议，探索改善跨境支付。社会各界对数字人民币在实现跨境使用、促进人民币国际化等方面较为关注。跨境支付涉及货币主权、外汇管理政策、汇兑制度安排和监管合规要求等众多复杂问题，也是国际社会共同致力推动解决的难题。货币国际化是一个自然的市场选择过程，国际货币地位根本上由经济基本面以及货币金融市场的深度、效率、开放性等因素决定。数字人民币具备跨境使用的技术条件，但当前主要用于满足国内零售支付需要。

④ 法定数字货币的研发和应用，有利于高效地满足公众在数字经济条件下对法定货币的需求，提高零售支付的便捷性、安全性和防伪水平，助推中国数字经济加快发展。

湖南大学2022年434国际商务专业基础试题

一、名称解释(每题4分，共20分)

1. 价格歧视
2. 国民待遇原则
3. 外汇折算风险
4. 特别提款权
5. 商务伦理

二、单项选择题(每题2分，共20分)

1. 假设有两个国家A、B，已知A国生产1单位的X和Y产品分别耗费3个和5个单位的劳动，要使A国具有X产品的比较优势，B国具有Y产品的比较优势，那么B国生产1单位的X和Y商品分别耗费的劳动为(　　)单位。

A. 1，6　　B. 2，4　　C. 3，4　　D. 4，7

2. 下列哪种情况更容易导致产业内贸易的产生？(　　)

A. 固定成本的行业　　B. 国家之间的要素禀赋差异性

C. 无差异性的同质产品　　D. 国家之间的要素禀赋相似性

3. 对外开放后，一国的专业化生产点位于(　　)。

A. 该国的国内市场价格线和生产可能性曲线的切点上

B. 该国的国内市场价格线和社会无差异曲线的切点上

C. 国际市场价格线和生产可能性曲线的切点上

D. 国际市场价格线和社会无差异曲线的切点上

4. 甲、乙两国原来对钨矿砂分别征收10%和6%的进口税，现两国相互间商品进口予以免税，但对第三国进口的钨矿砂统一征收8%的关税，这种一体化组织形式是(　　)。

A. 自由贸易区　　B. 关税同盟　　C. 经济联盟　　D. 优惠贸易安排

5. 在国际收支失衡的政策调节手段中，(　　)是各国经济机构和经济学家不主张经常采用的。

A. 财政政策　　B. 货币政策　　C. 汇率政策　　D. 直接管制政策

6. 一般而言，相对通货膨胀率持续较高的国家，其货币在外汇市场上将会趋于(　　)

A. 升值　　B. 贬值　　C. 不升不降　　D. 升降无常

7. 国际储备结构管理的首要原则是(　　)。

A. 流动性　　B. 盈利性　　C. 可得性　　D. 安全性

8. 在全球供应商中，某供应商的产品已经建立了质量和技术标准，对于企业具有较大的增值作用，但竞争力却较弱，该供应商应划归为以下哪一类？(　　)

A. 战略合作伙伴供应商　　B. 重要供应商

C. 专业型供应商　　D. 一般供应商

9. 当进口最终产品的名义关税税率高于所用的进口原材料的名义关税税率时，有效关税保护率(　　)

A. 大于最终产品的名义关税税率　　B. 等于最终产品的名义关税税率

C. 小于最终产品的名义关税税率　　D. 小于零

10. 有些跨国公司进行跨国直接投资的主要目的是获取国外的先进技术、新工艺、新产品，这种直接投资导向是(　　)。

A. 市场导向型　　B. 低成本导向型

C. 优惠政策导向型　　D. 先进技术导向型

三、判断题(每题1分，共10分)

1. 与小国相反，大国征收进口关税一定增加社会净福利。

2. 只有当一个国家的劳动生产率高于贸易伙伴时，该国才能从贸易中获益。

3. 进口关税、进口配额、出口补贴都对生产者有利。

4. 与低工资标准国家进行贸易会损害高收入国家的利益。

5. 战略性贸易政策理论主要是在完全竞争和规模经济条件下，来扶植本国战略性产业成长。

6. 是否进行无抛补套利，主要分析两国利率差异率和预期汇率变动率。

7. 改变存款准备金率，相应地会改变商业银行等金融机构的贷款规模，进而影响到国际收支。

8. 一个国家的对外经济开放程度越高，对国际储备的需求越大。

9. 多式联运适用于水路、公路、铁路和航空等运输方式，由于在国际贸易中85%左右的货物是通过海运来完成的，所以该种运输方式在国际多式联运中占主导地位。

10. 外国公司属于外国法人，但其在中国境内设立的分支机构具有中国法人资格。

四、简答题(每题8分，共40分)

1. 假设世界有两个国家：A国和B国，封闭情形下每个国家都使用劳动和资本两种要素生产两种产品 P_1 和 P_2。开放贸易时，A国将进口 P_2 产品，假设 P_2 是一种资本密集型产品，根据H-O模型，A国是资本丰裕型国家还是劳动丰裕型国家？简要说明理由。

2. 对贸易进行限制时，采用配额和关税政策效果有何不同？

3. 一国应如何选择合理的汇率制度？

4. 简述协同式供应链库存管理的体系结构。

5. 国际商事纠纷有哪几种解决方式，你最赞成哪种方式并给出理由。

五、计算题(每题10分，共20分)

1. 如果A国一个工人能够生产4单位棉布或2单位电视机，而B国一个工人能够生产5单位棉布或3单位电视机，假设A国和B国均有60个人。

(1) 画出两国的生产可能性边界。

(2) 计算两个国家生产棉布的机会成本各是多少？

(3) 两国分别具有生产哪种产品的比较优势？

2. 英国某公司从美国进口一批货物，合同约定3个月后交货付款。为防止汇率变动造成损失，该公司购入3个月的远期美元已备到期支付。已知伦敦外汇市场即期汇率为GBP/USD=1.5744，伦敦市场英镑利率为6%，纽约市场美元利率为4%，问：

(1) 3个月美元远期汇率是升水还是贴水，为什么？升贴水值是多少？实际远期汇率是多少？

(2) 英国公司因进口用汇(美元)的汇率变动是受益还是受损？升贴水年率是多少？

六、论述题(每题20分，共40分)

1. 阅读以下3份资料：

(1) 2020年5月，中共中央政治局常务委员会召开会议，习近平总书记提出要推动形成以国内大循环为主体、国内国际双循环相互促进的新发展格局。2021 年 3 月正式发布的《十四个五年规划和 2035 年远景目标纲要》进一步提出"加快构建以国内大循环为主体、国内国际双环相互促进的新发展格局"。

(2) 截至目前，我国已经达成了 19 个自由贸易协定，与 26 个国家和地区签署了这些协定。特别是 2020 年 11 月 15 日，历时八年谈判，中国等 15 个缔约方正式签署《区域全面经济伙伴关系协定》(RCEP)，将于 2022 年 1 月 1 日在 10 个国家开始生效。

(3) 2020 年 9 月 21 日，国务院印发《北京、湖南、安徽自由贸易试验区总体方案及浙江自由贸易试验区扩展区域方案》，至此，中国已经设立 21 个自由贸易试验区。

请回答以下问题：

(1) 阐述自由贸易协定的内涵，进一步分析 19 个自由贸易协定，特别是 RCEP 生效对加快中国形成新发展格局的作用。

(2) 阐述自由贸易试验区的内涵，进一步分析 21 个自由贸易试验区在加快中国形成新发展格局中的作用。

2. IMP 在 10 月公布的全球国际储备数据显示，2021 年第一季度美元在各国外汇储备中的份额占比下降至 25 年来最低至 59.4%，2000 年时该比例还高达 73%。新冠疫情暴发以来，美国为刺激经济发展在国际货币领域美联储实行"无限量宽松"，影响了各国持有美元的信心，出现了"去美元化"的趋势。

请结合这一资料：

(1) 分析当前国际货币体系的内容和运行特征。

(2) 谈谈你对国际货币体系改革的看法。

湖南大学 2022 年 434 国际商务专业基础试题解析

一、名称解释(每题 4 分，共 20 分)

1. 价格歧视，指企业对同一商品向不同消费者收取不同价格的策略，需满足市场分割、需求弹性差异等条件。分为三级：一级针对每个消费者定价(如拍卖)，二级按购买量差异定价(如批发折扣)，三级按群体特征定价(如学生票)。航空公司动态票价是典型案例，通过舱位等级和购票时间实现价格歧视，以最大化利润。

2. 国民待遇原则，是 WTO 核心原则之一，要求成员方对进口产品、服务和投资给予与本国同类对象同等的法律待遇，不得实施歧视性措施。其适用范围涵盖关税、国内税、法律法规、销售渠道、知识产权保护等领域，旨在消除贸易壁垒，确保外国企业与本土企业在同等条件下公平竞争，是全球贸易自由化的重要基石。

3. 外汇折算风险是跨国公司将海外子公司财务报表按记账本位币折算时，因汇率波动导致资产、负债项目账面价值变动的风险。产生于会计合并环节，不直接影响现金流，但可能扭曲财务比率(如资产负债率)，误导投资者决策或触发融资协议中的财务指标条款，是国际企业财务管理的核心风险之一。

4. 特别提款权(SDR)是国际货币基金组织(IMF)创设的补充储备资产，由美元、欧元、人民币、日元和英镑组成的一篮子货币定值。作为成员国官方储备资产和记账单位，可用于国际收支调节和偿还 IMF 债务，不直接用于国际贸易，但增强了全球储备体系的多元化和稳定性，是国际货币体系的重要补充。

5. 商务伦理，指导企业经营活动的道德准则，涉及利益相关者权益、社会责任、公平竞争等。核心议题包括反腐败(如反海外腐败法合规)、劳工权益(禁止童工和歧视)、环境责任(碳中和承诺)、数据隐私保护等。例如，耐克因东南亚工厂劳工问题陷入伦理危机后，建立全球供应链社会责任审计体系，成为行业标杆。

二、单项选择题(每题 2 分，共 20 分)

1. C。根据比较优势理论，A 国生产 X 和 Y 的劳动投入分别为 3 个和 5 个单位(机会成本 X/Y=3/5)。要使 A 国在 X 上有比较优势，B 国需满足生产 X 的机会成本高于 A 国(即 B 国 X/Y>3/5)。选项中只有 C 项(3，4)符合。

2. D。产业内贸易主要发生在要素禀赋相似的国家，基于产品差异化和规模经济；要素禀赋差异大的国家更倾向于产业间贸易。

3. C。对外开放后，一国根据国际市场价格信号决定专业化生产，生产点位于国际市场价格线与生产可能性曲线的切点，此时资源配置符合比较优势。

4. B。关税同盟的核心特征是成员国间取消关税，对非成员国实行统一关税。题目中“相互免税+第三国统一征税”符合关税同盟定义，区别于自由贸易区。

5. D。直接管制政策(如外汇管制、进口配额)会扭曲市场机制，导致效率损失，经济学家通常主张采用财政、货币等市场化调节手段。

6. B。根据购买力平价理论，高通胀率国家货币购买力下降，国际市场上需求减少，货币趋于贬值。

7. D。国际储备管理首要原则是安全性(避免资产损失)，其次是流动性(随时可用)和盈利性(保值增值)。

8. B。该供应商产品具有高质量技术标准和高增值性，但竞争力较弱，属于重要供应商。战略合作伙伴需具备强竞争力，专业型供应商侧重特定领域专长。

9. A。有效关税保护率公式为：(最终产品关税-原材料关税×原材料占比)/(1-原材料占比)。当最终产品关税高于原材料关税时，有效保护率大于名义关税。

10. D。以获取先进技术、新工艺为目的的直接投资属于先进技术导向型，区别于市场导向(扩大市场)、成本导向(降低成本)等类型。

三、判断题(每题 1 分，共 10 分)

1. 错误。大国征收关税的净福利效应取决于贸易条件改善的收益与生产消费扭曲损失的对比，可能为正也可能为负，并非“一定”增加福利。当贸易条件收益小于效率损失时，净福利会减少。

2. 错误。根据比较优势理论，即使一个国家所有产品的劳动生产率都低于贸易伙伴(绝对劣势)，只要存在相对效率差异(比较优势)，仍能通过专业化分工和贸易获益。

3. 正确。

4. 错误。贸易基于比较优势实现互利共赢。高收入国家可专注高附加值产业，低工资国家从事劳动密集型生产，长期促进资源优化配置和技术进步，对双方经济均有积极意义。

5. 错误。战略性贸易政策理论的适用条件是不完全竞争和规模经济，通过政府干预(如补贴、关税)帮助本国企业在寡头垄断市场获得竞争优势，而非完全竞争市场。

6. 正确。

7. 正确。

8. 正确。

9. 正确。

10. 错误。外国公司在中国境内设立的分支机构不具有中国法人资格，其民事责任由外国公司承担。分支机构需以外国公司名义从事经营活动，并接受中国法律管辖。

四、简答题(每题 8 分，共 40 分)

1. A 国为劳动丰裕型国家。根据 H-O 模型，一国应出口密集使用其丰裕要素的产品，进口密集使用其稀缺要素的产品。题目中 A 国进口资本密集型产品 P_2，表明资本是 A 国的稀缺要素，劳动则为丰裕要素。例如：若 A 国劳动要素相对充裕，其生产劳动密集型产品的成本较低，因此倾向于出口劳动密集型产品(如纺织品)，进口资本密集型产品(如机械设备)。这一逻辑符合 H-O 模型的核心结论——要素禀赋差异决定贸易模式。

2. 配额与关税在政策效果上存在三方面关键差异：

（1）性质与管控方式：关税是对进口商品征收的税收（价格控制），通过提高进口成本限制贸易；配额直接规定进口商品数量上限（数量控制），限制更严格。

（2）政府收入与利益分配：关税为进口国政府带来财政收入；配额下，若配额由出口国掌握（如自愿出口限制），稀缺配额租金可能被外国厂商获取。

（3）市场效率与灵活性：关税透明度高，调整相对灵活；配额易引发寻租行为（如企业贿赂获取配额），且取消配额可能导致贸易激增，破坏市场稳定。

3. 一国汇率制度选择需权衡以下因素：

（1）经济规模与开放度：小国、开放度高的经济体（如新加坡）适合固定汇率以稳定贸易；大国（如美国）更适合浮动汇率保持货币政策独立性。

（2）通胀与外部冲击：通胀率高于贸易伙伴时，浮动汇率可通过贬值调节国际收支；易受大宗商品价格冲击的国家（如石油出口国）适合固定汇率以稳定预期。

（3）资本流动与外汇储备：资本自由流动时，固定汇率难以维持（如亚洲金融危机中泰国放弃钉住汇率）；外汇储备充足的国家（如中国）更能支撑固定汇率制度。

（4）政策目标：优先控制通胀选固定汇率，优先增长选浮动汇率，符合“不可能三角”理论（汇率稳定、资本自由流动、货币政策独立三者不可兼得）。

4. CPFR 体系结构分为四层，核心是跨企业信息共享与协同决策：

（1）战略层：确立合作框架，包括目标设定、利益分配机制及风险共担协议。

（2）战术层：联合需求预测与计划，通过共享 POS 数据、促销计划生成协同预测，减少“牛鞭效应”。

（3）运作层：库存补货与订单执行，基于协同计划自动生成补货订单，实现 JIT 配送。

（4）技术层：信息共享平台，采用 XML/EDI 标准实现数据实时交互，通过区块链技术确保数据不可篡改。

5. 国际商事纠纷主要解决方式及推荐：

（1）协商与调解：灵活高效但无强制执行力，适用于小额争议或维护长期合作（如供应商与采购商的合同纠纷）。

（2）诉讼：程序严格、公开性强，但面临管辖权冲突（如中美法院对同一案件的不同判决），且判决跨国执行困难。

（3）仲裁：最推荐方式，理由如下：

① 中立性：可选择国际知名仲裁机构（如 ICC、SIAC）及专业仲裁员；

② 保密性：避免商业信息泄露；

③ 执行力：170 多个国家加入《纽约公约》，仲裁裁决可跨境执行；

④ 灵活性：程序可定制（如加速仲裁适用于紧急案件）。

五、计算题（每题 10 分，共 20 分）

1.（1）A 国生产可能性边界：

全部工人生产棉布：60 工人×4 单位/工人＝240 单位棉布

全部工人生产电视机：60 工人×2 单位/工人＝120 单位电视机

PPF 形状：直线连接（240，0）和（0，120）两点，斜率为－0.5（每放弃 1 单位棉布可生产 0.5 单位电视机）。

B 国的生产可能性边界：

全部工人生产棉布：60 工人×5 单位/工人＝300 单位棉布

全部工人生产电视机：60 工人×3 单位/工人＝180 单位电视机

PPF 形状：直线连接（300，0）和（0，180）两点，斜率为－0.6（每放弃 1 单位棉布可生产 0.6 单位电视机）。

（2）A 国生产 1 单位棉布的机会成本（放弃的电视机数量）＝2/4＝0.5 单位电视机。

B 国生产 1 单位棉布的机会成本 = 3/5 = 0.6 单位电视机。

(3) A 国棉布机会成本(0.5 电视)低于 B 国(0.6 电视)。可见，A 国在棉布上具有比较优势。B 国电视机机会成本(1/0.6≈1.67 棉布)高于 A 国(1/0.5 = 2 棉布)，可见，B 国在电视机上具有比较优势。

2. (1) 根据利率平价理论，利率高的货币远期贬值，利率低的货币远期升值。3 个月美元远期汇率是升水，因为英镑利率(6%)高于美元利率(4%)。远期汇率为：

$$f = 1.5744 \times \frac{1+0.25\times 4\%}{1+0.25\times 6\%} = 1.5666$$

3 个月的美元升水率为：

$$\rho = \frac{1/1.5666 - 1/1.5744}{1/1.5744} = \frac{1.5744-1.5666}{1.5744} = 0.495\%$$

(2) 英国公司因美元升水，若未对冲将需支付更多英镑购买美元，因此汇率变动本身导致受损；但公司通过远期合约锁定汇率，实际规避了损失。美元的年升水率为 0.495%×4 = 2%。

六、论述题(每题 20 分，共 40 分)

1. (1) 内涵。自由贸易协定是两个或多个国家/地区通过协商达成的贸易安排，旨在通过降低关税、消除非关税壁垒、促进投资自由化等方式，实现区域内商品、服务和生产要素的自由流动。

作用。19 个自由贸易协定特别是 RCEP 生效，有助于强化中国与缔约方的经济联系，通过区域贸易规则整合，降低跨境交易成本，促进产业链供应链的稳定与协同。这一过程既为国内大循环提供更广阔的国际市场空间，也通过进口优质资源和技术推动国内产业升级，实现国内国际双循环的相互促进。同时，区域贸易协定有助于中国在全球经济格局中构建更加紧密的合作网络，增强外部循环的韧性，为国内经济结构优化提供外部支撑。

(2) 内涵。自由贸易试验区是在国内特定区域设立的开放试验平台，通过制度创新探索投资管理、贸易便利化、金融开放等领域的改革举措，对接国际高标准经贸规则，形成可复制推广的经验。

作用。21 个自由贸易试验区通过差异化探索，推动国内制度型开放，降低市场准入门槛，优化营商环境，促进要素市场化配置。这有助于打破区域行政壁垒，促进国内统一大市场的形成，夯实国内大循环的基础。同时，自贸试验区作为对外开放的窗口，率先对接国际规则，吸引全球高端要素集聚，推动产业升级和创新发展，实现国内循环与国际循环的有机衔接，为新发展格局提供制度创新和实践探索支撑。

2. (1) 当前国际货币体系以主权信用货币为基础，核心内容包括储备货币结构、汇率制度安排、国际收支调节机制及全球流动性管理框架。储备货币呈现“一主多元”格局，主导货币凭借历史惯性和网络效应维持核心地位，其他货币通过区域合作或经济实力提升逐步扩大影响力。汇率制度表现为浮动与固定并存的混合体系，多数经济体实行有管理的浮动汇率，通过外汇干预和政策协调维持汇率稳定。国际收支调节依赖市场机制与政策工具组合，但缺乏对称性约束，顺差国与逆差国调节责任失衡。

运行特征体现为三重矛盾：一是储备货币发行国的国内货币政策目标与全球流动性需求之间的冲突，导致周期性波动外溢；二是汇率灵活性与政策自主性的权衡，新兴经济体面临“三元悖论”困境；三是全球金融治理体系与经济格局变化的脱节，新兴市场话语权与经济权重不匹配。体系稳定性依赖主导货币国家的政策纪律，但其货币政策的内向性加剧了全球金融周期的同步震荡，暴露制度性缺陷。

(2) 国际货币体系改革需构建“多元、包容、规则导向”的新框架。短期应强化全球金融安全网，完善危机预警与救援机制，提升国际金融机构的资源动员能力和决策效率。中期推动储备货币多元化，培育非主权信用货币，发展区域货币合作机制，降低单一货币依赖风险。长期建立基于规则的汇率协调机制，通过多边协议约束竞争性贬值，构建资本流动管理的全球标准，平衡金融开放与稳定目标。

改革的关键在于重塑利益协调机制：一是重构国际金融机构治理结构，增加新兴经济体代表性；二是建立储备货币发行国的政策协调平台，强化货币政策的跨境溢出效应评估；三是推动数字货币等金融基础设施创新，探索超主权货币的技术可行性。需认识到改革的渐进性，通过区域一体化试点(如货币互换网络)积累经验，逐步实现从“以国家货币为基础”向“以规则为基础”的体系转型，最终构建更具韧性和公平性的全球货币秩序。

南京大学 2022 年 434 国际商务专业基础试题

一、名词解释(每题 5 分，共 30 分)

1. 外汇掉期交易
2. 克鲁格曼三难选择
3. 国际货币基金组织的储备头寸
4. 要素密集度
5. 普遍优惠制
6. 世界相对需求曲线

二、简答题(每题 12 分，共 72 分)

1. 简述国际收支的货币调节机制。
2. 简述两个国际金融创新的理论。
3. 简述 IS、LM 曲线的含义，并解释曲线斜率为何向上向下倾斜。
4. 简述哈罗德关于经济增长对国际贸易影响的三个命题。
5. 以大国为例，画图分析出口补贴对出口国的经济效应。
6. 国际贸易理论中，产业间贸易、产业内贸易与产品内贸易是三种主要贸易形态。请简述三者的含义，并从以下三个维度比较三者的差异：(1)贸易基础；(2)贸易模式特征；(3)贸易规模影响因素。

三、论述题(每题 24 分，共 48 分)

1. 在开放经济条件下，利率作为宏观经济调控的重要工具，其变动会通过多种路径影响汇率水平。请结合利率平价理论及现实经济因素，论述利率变动对汇率可能产生的双向影响，并阐释不同影响路径的深层原因。

2. 区域全面经济伙伴关系协定(RCEP)是当前区域经济一体化的重要制度安排。请结合国际经济合作理论，阐释 RCEP 的核心内涵与主要特征，分析其对我国开放型经济发展的深层影响，并论述该协定对世界贸易体系演进与全球经济治理格局的作用。

南京大学 2022 年 434 国际商务专业基础试题解析

一、名词解释(每题 5 分，共 30 分)

1. 外汇掉期交易，指交易者同时进行两笔金额相同、方向相反、交割期限不同的外汇交易，即在即期买入一种货币的同时，远期卖出等额同种货币。目的是锁定汇率风险或调整资金期限结构，常见于短期资金融通与外汇套期保值。

2. 克鲁格曼三难选择，也称“不可能三角”，指开放经济条件下，货币政策独立性、固定汇率制度和资本自由流动三者不可同时实现，最多只能满足其中两项。政策制定者需在三者间权衡，如选择固定汇率和资本自由流动，则需放弃货币政策自主性。

3. 国际货币基金组织的储备头寸，指成员国在 IMF 的普通提款权，包括认缴份额中的可自由兑换货币部分及 IMF 向成员国的贷款额度。作为国际储备资产，用于平衡国际收支失衡，体现成员国在 IMF 的融资能力与国际清偿力。

4. 要素密集度，是衡量产品生产中生产要素投入比例的相对概念，指单位产品生产中某种要素的投入量与其他要素的比值。用于国际贸易理论中划分产品类型，如劳动密集型、资本密集型或技术密集型产品。

5. 普遍优惠制，是发达国家对发展中国家出口的制成品和半制成品给予的非互惠、非歧视关税优惠制度。旨在促进发展中国家工业化与出口增长，体现南北经济合作中的倾斜性安排。

6. 世界相对需求曲线，表示全球市场对两种产品的相对需求量与相对价格之间的关系。在国际贸易模型中，该曲线向右下方倾斜，反映价格与需求量的反向变动关系，与相对供给曲线共同决定均衡贸易条件。

二、简答题(每题 12 分，共 72 分)

1. (1)核心理论基础。该机制认为，国际收支本质是货币现象，失衡源于国内货币供给与需求的不匹配。当货币供给大于需求时，超额货币通过进口支出流向国外，导致国际收支逆差；当货币供给小于需求时，超额需求通过出口收入弥补，形成顺差。

(2) 自动调节过程

① 固定汇率制下：逆差时，央行抛售外汇储备弥补收支缺口，导致基础货币收缩，货币供给减少，直至货币供需平衡，逆差消除；顺差则相反，储备增加扩大货币供给，最终恢复均衡。

② 浮动汇率制下：逆差引发本币贬值，刺激出口、抑制进口，直至收支平衡；顺差则本币升值，自动调节过程通过汇率波动实现，无须储备干预。

(3) 政策含义。强调通过货币政策控制货币供应量，而非依赖贸易管制或汇率干预。逆差时紧缩货币供给，顺差时扩张货币供给，使货币市场与国际收支同时均衡。该机制忽略了短期价格黏性与结构性因素，但为长期收支调节提供了货币层面的分析框架。

2. (1)约束诱导型金融创新理论(西尔伯，1983)

该理论产生于20世纪70年代金融自由化浪潮中，核心是金融机构为缓解外部约束对利润的挤压而进行的适应性创新。外部约束包括三方面：一是监管政策(如利率上限、业务范围限制)；二是市场竞争(如同业价格战、跨境资本流动冲击)；三是技术瓶颈(如交易效率低下、信息不对称)。当这些约束使传统业务盈利空间收窄时，机构通过工具创新(如浮动利率债券、货币市场共同基金)或流程优化(如电子化交易系统)降低运营成本，恢复均衡利润水平。其本质是“压力–响应”机制，创新是金融机构在既定制度框架内的被动调整，目标是实现“成本最小化”与“风险分散化”。

(2) 规避型金融创新理论(凯恩，1977)

该理论将金融创新视为机构与监管者的动态博弈过程。凯恩认为，政府管制本质上是对金融机构盈利机会的限制，机构通过“创新—规避—再创新”的循环突破约束，典型路径包括：设计表外业务规避资本充足率要求、开发离岸金融产品规避国内利率管制、运用衍生品工具转移监管资本。当创新使旧管制失效时，监管者会出台新规则，推动新一轮创新。这种“管制–创新”互动构成金融制度演进的核心动力，体现创新的“主动突破”属性。

(3) 理论比较与现实意义

二者均关注外部环境对创新的驱动，但前者侧重“适应约束”，后者侧重“突破管制”；前者理论基础是组织行为学，后者则是制度经济学视角下的动态均衡分析。您的总结准确把握了这一核心差异。

3. (1)IS 曲线

① 含义：IS 曲线描述产品市场均衡(投资=储蓄)时，利率与国民收入之间的反向关系。

② IS 曲线斜率向下倾斜的原因：利率下降降低企业融资成本，刺激投资需求，通过投资乘数效应推动国民收入增加；反之，利率上升抑制投资，导致收入减少。因此，产品市场均衡时，利率与收入呈负相关，曲线向右下方倾斜。

(2) LM 曲线

① 含义：LM 曲线描述货币市场均衡(货币需求=货币供给)时，利率与国民收入之间的正向关系。

② LM 曲线斜率向上倾斜的原因：收入增加提升交易性货币需求，在货币供给固定时，需通过提高利率减少投机性货币需求，以维持货币市场均衡；反之，收入减少降低货币需求，利率下降。因此，货币市场均衡时，利率与收入呈正相关，曲线向右上方倾斜。

4. 哈罗德关于经济增长对国际贸易影响的三个命题如下：

(1) 命题一：增长速度与贸易余额的关系。若一国经济增长率高于世界平均水平，且边际进口倾向为正，进口需求将随收入增长而扩张。若出口增速未能同步提升，进口增速超过出口，导致贸易逆差。其核心逻辑是：增长通过收入效应刺激进口，但出口取决于国外需求，二者增速差异引发贸易收支失衡。

（2）命题二：增长类型与贸易结构的关系。若增长由资本积累驱动，资本品进口占比上升，可能形成进口依赖；若由技术进步推动，出口领域劳动生产率提升将扩大制成品出口，优化贸易结构。即增长的要素来源决定贸易品的要素密集度变化。

（3）命题三：增长源泉与贸易条件的关系。若增长源于出口领域生产率提高（如技术创新），单位出口品换汇能力增强，贸易条件改善；若源于要素投入增加（如人口增长），出口供给过度可能压低价格，导致贸易条件恶化。

三个命题揭示：增长对贸易的影响取决于速度、类型与源泉，需通过需求管理与结构升级实现均衡。

5. 出口补贴的直接经济效应主要包括贸易条件效应和出口扩大效应，其福利效应表现为社会福利净损失。下面我们具体分析大国模型。

（1）贸易条件效应

出口补贴导致出口商品国际市场价格下降（$P_W \to P'_W$），恶化贸易条件。大国实施补贴时，国际市场供给增加，价格下跌；国内生产者因补贴获得超额利润，但消费者剩余减少。

（2）出口扩大效应

国内价格升至P_S，供给量Q_1从增至Q_2，需求量Q_1从降至Q_3，出口量扩大为Q_2-Q_3。补贴降低出口商品价格，刺激出口量增加。生产者剩余因国内价格上涨和出口量扩大而增加，但政府需承担高额补贴成本。

（3）福利效应

消费者剩余：损失区域a（P_S、P_W、Q_3、Q_1围成矩形）。

生产者剩余：增加区域$a+b+c$（P_S、P_W、Q_3、Q_2围成梯形）。

政府补贴成本：$(P_S-P'_W)\times(Q_2-Q_3)=$区域$b+c+d+e$。

净福利损失：区域$b+d+e$（消费扭曲+生产扭曲+贸易条件损失）。

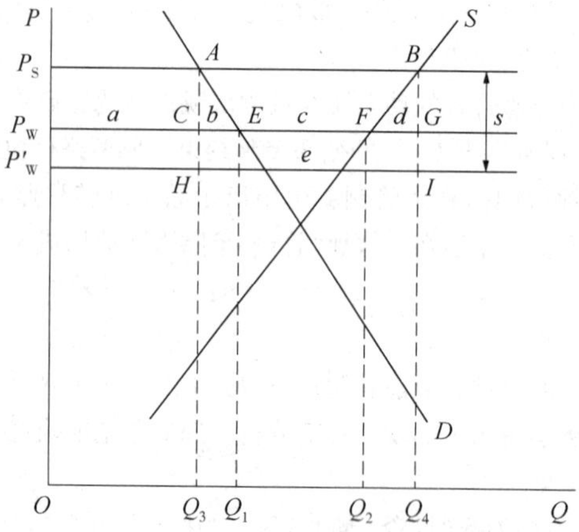

6.（1）三者核心含义：

① 产业间贸易：不同产业间的商品交换，体现传统分工模式。

② 产业内贸易：同一产业内差异化产品的双向流动，如同类汽车、机械的互贸。

③ 产品内贸易：同一产品生产环节的跨境拆分，呈现全球价值链分工特征。

（2）贸易基础差异。产业间贸易基于比较优势与要素禀赋理论，劳动力丰裕国出口劳动密集型产品，资本丰裕国出口资本密集型产品。产业内贸易源于规模经济与产品差异化，企业通过扩大生产降低成本，满足消费者对质量、品牌的多样化需求。产品内贸易则依赖生产技术可分性与要素跨国流动，企业根据各国要素成本差异拆分生产环节。

（3）贸易模式特征。产业间贸易表现为单向流动，具有明确产业分工边界。产业内贸易呈现双向重叠性，同一产业内既有出口也有进口，贸易差额较小。产品内贸易呈现垂直链条特征，不同国家专注于生产过程的特定环节，通过中间品贸易实现价值增值。

(4) 贸易规模影响因素。产业间贸易规模受要素差异与贸易壁垒制约，关税上升会显著减小交易规模。产业内贸易依赖市场规模与需求多样性，统一大市场有利于贸易繁荣。产品内贸易对技术进步、运输成本敏感，技术革新与成本下降推动跨境分工规模扩大。

三、论述题(每题 24 分，共 48 分)

1. (1)利率平价理论框架下的影响路径

利率平价理论揭示了利率与汇率的基础联动关系，分为套补利率平价(CIP)和非套补利率平价(UIP)：

CIP 视角：高利率国货币远期贴水，套利资本流入使即期汇率升值；

UIP 视角：利率差等于汇率预期变动率，高利率吸引投机资本，推升即期汇率。

(2) 利率上升对汇率的正向影响及原因

① 短期资本流入效应。当一国利率高于外国，逐利资本通过外汇市场买入本币以获取高收益，直接推升本币需求。深层原因是利率差驱动的跨市场套利行为，短期资本流动对利差敏感度远高于长期投资。

② 货币政策信号效应。央行加息通常释放抑制通胀、稳定经济的信号，增强市场对本币的信心，可能逆转汇率贬值预期。其本质是利率政策对经济基本面预期的引导作用。

(3) 利率上升对汇率的负向影响及原因

① 经济增长抑制效应。高利率提高企业融资成本，抑制投资与消费，导致产出下降和进口需求萎缩。若经济增速显著放缓，长期可能削弱出口竞争力，引发汇率贬值。核心逻辑是利率对实体经济的滞后性损害。

② 债务风险传导效应。政府与私人部门债务负担加重，若偿债能力恶化，可能触发资本外逃。这体现了利率政策的风险定价反噬机制。

(4) 现实经济因素的调节作用

① 通胀差异：若加息伴随高通胀，实际利率可能为负，汇率升值效应被抵消。

② 资本管制：资本账户管制会削弱利率平价传导，降低外部利率政策的溢出效应。

③ 央行干预：央行通过外汇市场操作，可能直接抑制汇率过度波动。

2. (1)核心内涵与主要特征

RCEP 以区域经济一体化为目标，通过统一规则、削减壁垒构建包容性经贸合作框架。其核心内涵是整合区域内碎片化自贸安排，形成统一市场准入标准与经贸规则体系。主要特征体现为三方面：一是区域包容性，涵盖不同发展阶段经济体，采用渐进式开放承诺；二是规则现代化，纳入知识产权、电子商务、竞争政策等议题，对接国际高标准经贸规则；三是利益平衡机制，通过原产地累积规则、服务贸易负面清单等制度设计，兼顾各方利益诉求。

(2) 对我国开放型经济发展的深层影响

① 贸易投资提质升级：区域内关税减免与非关税壁垒削减，降低贸易成本，促进贸易投资双向流动，推动产业链供应链区域化布局。投资规则统一化有助于提升引资质量，引导外资投向重点产业。

② 制度型开放突破：RCEP 规则倒逼国内改革，如知识产权保护强化、跨境数据流动规范等，推动从商品要素流动型开放向规则、规制、管理、标准等制度型开放转型。

③ 区域协同效应释放：与周边国家产业互补性合作深化，促进"双循环"相互促进——国内大市场为区域提供需求支撑，区域产业链整合增强国内产业竞争力。

(3) 对世界贸易体系与全球经济治理的作用

① 重塑区域贸易格局：作为重要区域贸易安排，RCEP 提升区域经济一体化水平，形成以发展中经济体为主体的贸易集团，平衡全球贸易权力结构。

② 推动多边贸易体系改革：通过区域规则创新，为多边贸易体制改革提供实践经验，缓解多边谈判僵局。

③ 优化全球经济治理：协定倡导的包容性发展理念与灵活务实的规则设计，为不同发展水平国家参与区域合作提供范本，增强全球经济治理的公平性与有效性。

上海财经大学 2022 年 434 国际商务专业基础试题

一、名词解释(每题 6 分，共 24 分)

1. 贸易创造
2. 名义汇率与实际汇率
3. 技术资本化
4. 三级价格歧视

二、简答题(每题 10 分，共 40 分)

1. 什么是对外直接投资？中国企业走出去对我国有什么影响？
2. 中国在过去实行固定汇率政策，以及现在实行浮动汇率政策的原因分别是什么？
3. 简述直播营销的优势。
4. 简述产业结构政策，产业结构政策包括哪些方面？

三、论述题(5 题，共 86 分)

1. 次贷危机后全球经济进入深度调整期，出现中美贸易摩擦等逆全球化事件。

(1) 运用斯托尔珀–萨缪尔森理论分析贸易对一国收入分配的影响机制；经济全球化对发达经济体和发展中经济体的影响差异。(12 分)

(2) 当前面对逆全球化趋势，中国应该采取哪些应对措施。(10 分)

2. 回答以下关于国际金融市场的问题。

(1) 国际金融市场有哪三种类型？(8 分)

(2) 国际金融市场一体化的风险和收益分别是什么？(8 分)

(3) 简述人民币国际化和中国开放金融市场的关系。(8 分)

3. (20 分)论述和分析差异化战略在哪些情况下实施，存在的风险是什么？

4. (20 分)你怎么看待经济服务化的现象，你认为制造和服务的关系是怎样的？

上海财经大学 2022 年 434 国际商务专业基础试题解析

一、名词解释(每题 6 分，共 24 分)

1. 贸易创造是关税同盟建立后，成员国之间以新创造的来自同盟内伙伴国的进口，替代原先的国内生产的状况。其效果是由于内部关税取消，不再为生产效率低、成本高的国内生产提供保护，以来自伙伴国的低价进口取代高价的国内生产，使消费者提高了福利。

2. 名义汇率就是现实中两国货币兑换的比率。实际汇率是将名义汇率用价格水平调整后得到的汇率，反映了两国商品的兑换比率，实际汇率可以表示商品的国际竞争力，实际汇率越高，则产品竞争力越强。在直接标价法下，实际汇率=名义汇率×(外国的物价水平/本国的物价水平)。

3. 技术资本化，指通过市场机制使技术创新成果转化为资本，进而实现技术创新成果市场化的过程。一般可分为两个阶段，一是技术的商品化阶段，也称为初级阶段；二是技术的资本化阶段，即高级阶段。技术资本化是现代企业不断创新发展的战略选择，也是传统产业发展的希望和出路所在。

4. 三级价格歧视指垄断者对同一商品在不同的市场上收取不同的价格，或者对不同的人收取不同的价格，但使得每一市场上出售产品的边际收益相等。实行三级价格歧视需要具备两个重要的条件。第一个条件是存在着可以分割的市场。若市场不可分割，市场上的套利行为将使得价格歧视消失。第二个条件是被分割的各个市场上需求价格弹性不同。如果被分割的各个市场需求价格弹性相同，最佳策略是对同一产品收取相同的价格。

二、简答题（每题 10 分，共 40 分）

1. 对外直接投资是一国投资者为取得国外企业经营管理上的有效控制权而输出资本、设备、技术和管理技能等无形资产的经济行为。跨国公司对外投资有跨国并购和新建投资两种形式。

我国企业走出去的影响有：

（1）积极影响

① 通过在工业发达、技术先进的国家和地区收购企业或购买股份，直接经营或参与经营管理，可以吸收其中的先进技术，学习有效的管理经验和方法，这有助于提高国家的整体技术水平，提高企业经营的效率。

② 中国一些传统加工产业的国际市场已面临饱和，亚洲金融危机使中国的出口增长速度大幅度下降。企业进行对外投资，不仅可以避开一些国家对中国产品所设置的关税和非关税壁垒，带动国内原材料、辅助材料、半成品以及成套设备的出口，而且可以为国内企业提供准确的国际市场行情，减少出口中的盲目性。

③ 通过投资于国外资源性行业，能合理有效地利用国外的自然资源，弥补国内资源的短缺，促进国内经济发展。

（2）负面影响

① 对外直接投资导致资本外流，使我国国际收支的资本项目受到影响。如果对外直接投资旨在寻找市场，则经常项目也会受到损害。

② 当企业进行离岸生产，对外直接投资成为国内生产的替代品时，短期内会产生就业转移，减少我国的就业岗位。

2.（1）从 1994 年起我国开始实行“以市场为基础、单一的、有管理的浮动汇率制度”。在这一汇率制度的实施过程中汇率受市场影响波动较大，为了维持人民币汇率的稳定，中国人民银行加强了对外汇市场的干预。我国的汇率制度实际上变成了盯住美元的固定汇率制度。盯住美元的固定汇率制度，为我国的国际贸易和投资提供了较为稳定的环境，降低了汇率的风险，便于进出口成本核算，以及国际投资项目的利润评估，从而有利于对外贸易发展。

（2）盯住美元的固定汇率制度，在促进我国外贸行业发展的同时，也使人民币升值压力变得越来越大，不利于经济的进一步发展。于是 2005 年 7 月 21 日中国人民银行宣布我国实行“以市场供求为基础、参考一篮子货币进行调节、有管理的浮动汇率制度”，并且这种汇率制度一直沿用到今天。实行浮动汇率制度有一些现实原因：

① 国际收支失衡问题严重。固定汇率制度不能完全反映外汇市场，政府主导市场汇率的形成，中国的汇率市场跟市场真正的需求供给不对称。政府的介入使人民币存在一定程度上的低估，使经常项目顺差以及资本金融项目顺差迅速扩大。不断扩大的“双顺差”，加剧了我国与其他国家的贸易摩擦，不利于我国经济的长远发展。

② 货币政策独立性受到挑战。受我国国际收支连年顺差的影响，我国外汇储备在近几年增长极其迅速。外汇储备的高速增长造成了我国货币投放的过快增加，出现了通货膨胀的压力。为了抑制国内信贷投放过猛、部分行业和地区盲目投资和重复建设严重的现象，中国人民银行不得不采取在公开市场上对冲外汇占款的做法，对冲比率不断提高，以至出现“无券可用”的情况，只能通过不断滚动增发央行票据来回笼资金，使得我国货币政策的独立性和有效性受到很大的挑战。

③ 国际热钱大量涌入。固定汇率制度在促进我国出口和吸引外资发展的同时，也给国际热钱入侵留下了可乘之机。大量热钱的涌入，在很大程度上危害了我国金融体系的稳定，降低了货币政策的有效性，加大了我国的金融风险，不利于宏观经济的稳定发展。因此，为了进一步加强我国经济金融稳定性，需要对固定汇率制度进行改革。

3. 直播营销就是基于网络直播的优点发展起来的一种新型的网络营销模式，它有如下优点：

（1）不受地域限制，受众面更广。由于互联网的特点，使地球变成一个村，人们无论身在何方，只要进入直播频道就能了解到商家的产品和服务。

(2) 产品直观，交互性强。在做网络直播的过程中，商家能跟观众产生即时互动关系，能直接解决观众对产品的疑虑，使商家能在直播现场达成即时成交的目的。

(3) 成本更低，操作简单。只要手上有一台能录像的智能手机，就算在一个普通的厂房都能做直播营销，省去了大量的场地费和邀请媒体的费用，只要做好前期的推广就能把活动搞好。

(4) 效益更好，延续时间更长。网络直播在完成之后，商家还可以通过把视频上传到各大视频网站，让没有即时观看直播的观众了解到产品。商家还可以有针对性地对视频进行剪辑，再分段上传，让观众更方便去了解产品的特点及优惠活动。

(5) 明星效应，让产品销量起飞。在做直播营销的过程中，如果能有明星进行产品的直接体验，由于明星往往都拥有自己的粉丝，在明星体验的过程中，粉丝的跟风心理油然而生，从而达到产品大卖的目的。

4. 产业结构政策是产业政策的重要组成部分，指一国政府依据本国在一定时期内产业结构的现状，遵循产业结构演进的一般规律，规划产业结构逐渐演进的目标，并分阶段地确定重点发展的战略产业，实现资源的重点配置，引导国家经济向新的广度和深度发展的政策。

产业结构政策按照政策目标和措施的不同，可以划分为多种不同的类型，主要有：

(1) 主导产业选择政策。主导产业选择政策是指政府为了引导、促进主导产业的合理发展，从整个经济发展的目标出发，运用经济政策、经济法规、经济杠杆以及必要的行政手段、法律手段来影响主导产业发展的所有政策的总和。

(2) 战略产业扶植政策。战略产业，或称先导产业，是指能够在未来成为主导产业或支柱产业的新兴产业。战略产业的成长必须具有战略意义，即受国家政策保护和扶持的某些产业必须具有能够成为未来经济发展中主导产业和支柱产业的可能性。

(3) 衰退产业撤让政策。衰退产业是指在产业结构中陷入停滞甚至萎缩的产业，其主要特征是产品的需求量和销售量大幅度减少，生产能力严重过剩，技术进步缓慢、创新乏力，从业人员流失和失业现象严重，在国民经济中的地位下降。

(4) 幼小产业保护政策。主张积极扶持目前暂时处于幼小地位，但需求增长快、生产率上升潜力大的产业。

(5) 产业的可持续发展政策。人类社会经济发展的历史表明，产业结构在一个长时期内，既有其相对稳定的一面，也有不断变化的一面，产业结构事实上是处于一种不同程度的不断变动之中。

三、论述题(5 题，共 86 分)

1. (1) ① 斯托尔珀-萨缪尔森理论认为，国际贸易会使一国出口商品相对价格上升，进口商品相对价格下降。当一种商品的相对价格上升时，相应地会出现该商品中密集使用的生产要素报酬的提高；当一种商品的相对价格下降时，相应地会出现该商品中密集使用的生产要素报酬的下降。所以，自由贸易的结果是：在出口产品生产中密集使用的生产要素(本国丰裕生产要素)的报酬提高；在进口产品生产中密集使用的生产要素(本国稀缺生产要素)的报酬降低。

② 这一结论表明，国际贸易虽然能提高整个国家的福利水平，但是并不对每一个人有利，一部分人在收入增加的同时，另一部分人的收入却减少了。国际贸易会对一国要素收入分配格局产生实质性的影响。这也恰恰是为什么有人反对自由贸易的原因。在发达国家，劳动是稀缺要素，资本是丰裕要素。自由贸易使得劳动的价格(工人工资)下降；资本的价格下降，所以发达国家劳动者反对自由贸易。同理，在发展中国家，劳动是丰裕要素，资本是稀缺要素，自由贸易使得劳动的价格上升，资本的价格降低，因此，发展中国家的劳动者欢迎自由贸易。

(2) 近年来，不少国家掀起逆全球化的思潮。我国应采取以下应对措施：

① 积极构建对外开放新体制，共建“一带一路”和“亚太自贸区”经济发展新引擎。“一带一路”就是中国应对“逆全球化”而开出的一剂良方。“一带一路”以政策沟通、设施联通、贸易畅通、货币流通、民心相通为主要内容，为中国和各国充分利用各国的市场提供了有利平台，这无疑为经济全球化发展增添了新的动力，是应对“逆全球化”浪潮的得力之举。“亚太自贸区”是中国应对“逆全球化”的又一剂良方。亚太地区作为全球最具有活力的地区，无疑应该联合起来作为拯救全球经济低迷的“旗手”。亚太经济的崛起对于

世界经济的重新振作至关重要。所以，面对“逆全球化”带来的国际贸易的颓势，“亚太自贸区”的建立是恰逢其时的。

② 善于利用“逆全球化”的时机，扩大自己的国际话语权，推动构建更加公平、合理的新型全球化。“逆全球化”的出现，说明以前的全球经济体系已经不再适应当今世界的发展形势。所以，这正是构建新的、更加公正合理的国际体系的好时机。中国作为最大的发展中国家和全球第二大经济体完全有能力为全球治理贡献中国智慧、提供中国方案。近年来，中国在参与全球治理的进程中做出了越来越大的贡献，并且通过“一带一路”“亚太自贸区”等一系列新举措，带动了沿线发展中国家以及一些新兴经济体共同发展，为中国赢得了“民心”。通过这一系列的举措，中国在国际舞台上“负责任的大国形象”日益得到认可，中国在国际体系中的话语权不断扩大。中国可以借此时机凝聚共识，号召、团结这些国家共同努力推动构建更加公平合理的新型全球化，实现全球的“共赢”。

③ 加强与其他国家领导人的对话，凝聚“全球化”共识和“人类命运共同体”意识。中国作为最大的发展中国家和世界第二大经济体，国际地位不断上升，参与全球事务的能力与水平也不断提升。面对现今出现的“反全球化”逆流，中国领导人应有大国担当，积极号召各国共同支持、维护全球化，顺应历史的潮流。

2.(1) 常见的国际金融市场划分：

① 按性质不同，分为传统国际金融市场和离岸金融市场。传统国际金融市场：从事市场所在国货币的国际信贷和国际债券业务，交易主要发生在市场所在国的居民与非居民之间，并受市场所在国政府的金融法律法规管辖。离岸金融市场：其交易涉及所有可自由兑换的货币，大部分交易是在市场所在国的非居民之间进行的，业务活动也不受任何国家金融体系规章制度的管辖。

② 按资金融通期限的长短，分为国际货币市场和国际资本市场。国际货币市场：指资金借贷期在1年以内(含1年)的交易市场，或称短期资金市场。国际资本市场：指资金借贷期在1年以上的中长期信贷或证券发行，或称长期资金市场。

③ 按经营业务的种类，划分为资金市场、外汇市场、证券市场和黄金市场。其中资金市场即狭义的国际金融市场，外汇市场是从事外汇买卖的市场，证券市场是进行直接融资的市场，黄金市场是从事黄金实物及黄金衍生品交易的场所。

(2) 国际金融市场一体化是一把双刃剑，获得收益的同时还伴随着风险。

① 金融市场一体化的风险：

首先，资本自由流动导致国内金融资产价格过度波动，降低金融市场稳定性。

其次，各国金融市场之间的传染效应使国际金融体系的系统性风险上升。

最后，金融监管体系失效的风险提高。

② 金融市场一体化收益：

首先，促进金融市场成长，推动金融发展更低的资本成本和更高的收益率，更好地获得范围经济和规模经济效应，以增加金融市场流动性和市场厚度。大规模的国际资金的运用、调拨，合理高效地进行配置调节，生产和资本国际化。

其次，促进本国经济和区域经济增长实现资源配置优化和投资组合多元化，为本国提供更多外国资本有利于金融市场成长和金融发展，从而间接地有利于经济增长。

(3) 金融市场开放和人民币国际化是相互推动的关系。

① 金融市场开放是人民币国际化的必要条件。一国货币的国际化程度与本国金融市场发展和开放水平息息相关，发达和开放的金融市场有助于满足境外市场主体对本币资产交易流动性的需求以及对本币资产价格产生合理预期。从全球范围看，在英镑、美元等货币的国际化历程中，其本国金融市场的发展与开放，对货币职能的升级，发挥了积极的推动作用。

② 人民币国际化加速金融市场开放。我国金融业正走在加速开放的进程中，其中，人民币国际化发挥着十分重要的作用。正是人民币国际化的不断推进，促进了中国整个金融业的进一步对外开放。

3.(1) 差异化战略是指企业针对大规模市场，通过提供与竞争者存在差异的产品或服务来获取竞争优势的战略。这种差异性可以来自设计、品牌形象、技术、性能、营销渠道或客户服务等各个方面。成功的差异化战略能够吸引对品牌忠诚度高且对价格不敏感的顾客，从而获得超过行业平均水平的收益。与成本领先战略主要用于提高市场份额不同，差异化战略有可能获得比成本领先战略更高的利润率。

（2）差异化战略主要适用于以下一些情况：①产品能够充分地实现差异化，且为顾客所认可；②顾客的需求是多样化的；③企业所在产业技术变革较快，创新成为竞争的焦点。

（3）实施差异化战略应具备的资源和技能包括：①强大的研发能力；②较强的产品设计能力；③富有创造性；④很强的市场营销能力；⑤企业在质量和技术领先方面享有盛誉；⑥能够获得销售商的有力支持。

（4）采取差异化战略的风险主要包括：①竞争者可能模仿，使得差异消失；②产品或服务差异对消费者来说失去了重要意义；③与竞争对手的成本差距过大；④采用差异化集中战略者能够在细分市场实现更大的差异化。

4.（1）经济服务化是工业化高度发展阶段以后产业结构的一种转变过程，表现为产业结构中服务业的比重超过工业，成为经济活动的中心。一般认为，经济服务化趋势表现为以下三方面的特征：

① 产业结构服务化。表现为服务产业的大规模发展导致三次产业结构的转变，服务产业在经济体系中的地位不断上升并成为产业结构的主体。

② 生产型产业的服务化。表现为工业等生产型产业（非服务性产业）内部服务性活动的发展与重要性增加，从而改变了这些产业的单纯生产特点，形成生产—服务型体系，反映了服务活动在经济领域的广泛渗透。

③ 服务型经济的形成。经济服务化发展的结果，是形成以服务活动为主导经济活动类型的服务型经济。服务活动在服务型经济中更具有主导性和广泛的经济社会功能，服务业已经成为经济增长的引擎，成为推动传统产业的新发展并引致产业体系的整体升级的重要动力。

（2）制造和服务的关系

自20世纪中期以来，世界经济结构发生了深刻的变革，自工业革命以来长期占据主导地位的制造业在西方国家国民经济中的比例日渐减少，作用日渐削弱，而各类新兴、门类繁多的服务业蓬勃发展，全球经济正在进入服务经济时代。

① 制造业首先是服务业发展的前提和基础，服务业则是制造业的补充。许多服务业的发展必须依靠制造业的发展，因为制造业是服务业产出的重要需求行业，没有制造业，社会就几乎没有对这些服务的需求。

② 服务业尤其是生产者服务业是制造业劳动生产率得以提高的条件，没有发达的生产者服务业，就不可能形成具有较强竞争力的制造产业。服务业的扩张有助于引起进一步的专业化分工，提高劳动生产率；有助于降低投入到制造业的中间服务的成本，有效提高产品的竞争力。

③ 服务业和制造业是相互作用、相互依赖、共同发展的互补性关系。随着经济规模特别是制造业产业的扩大，对服务业的需求，如贸易、宾馆、金融、交通、社会服务以及教育、医疗服务等，会迅速增加，同时也提高了制造业产业的生产率；反之，服务业的增长依靠制造业中间投入的增加。随着经济发展程度的提高，服务业与制造业之间彼此依赖的程度加深。

④ 随着信息通信技术的发展和广泛应用，传统意义上的服务业与制造业之间的边界越来越模糊，两者出现了融合趋势。

上海外国语大学2022年434国际商务专业基础试题

一、名词解释(每题5分，共30分)

1. 优惠关税
2. 出口管制
3. 跨国化指数
4. 数字贸易
5. 全球价值链
6. 国家经济安全

二、问答题(每题16分，共80分)

1. 国际避税港的基本类型有哪些？具体有何差异？

2. 影响企业跨国经营与管理的因素有哪些？影响方式和结果有何异同？

3. 有哪些因素影响国际物流供应链的稳定畅通？您认为企业应采取什么措施全力保障物流畅通？

4. 为了吸引外国投资流入国内，发展中国家和部分发达国家一般采取什么样的优惠措施？这些措施有何异同？

5. 全方位经营的主要类型有哪些？新冠疫情暴发后一些企业向发展战略转移，您认为企业为什么会采取这样的战略转移？

三、综合应用分析(每题20分，共40分)

1. 请分别论述人工智能、大数据、区块链等新技术的发展对国际贸易的影响。

2. 请分别论述自加入WTO 20年来，中国是最大的受益方之一，同时也是最大的贡献方。

上海外国语大学2022年434国际商务专业基础试题解析

一、名词解释(每题5分，共30分)

1. 优惠关税是相对于普通税率而言的，指对来自特定受惠国的进口货物征收的低于普通税率的优惠关税。优惠关税又可分为特定优惠关税、普遍优惠关税、最惠国待遇三种。使用优惠关税的目的是增进与受惠国之间的友好贸易往来。

2. 出口管制是指一国或者多个国家为达到特定的政治、军事和经济目的，利用行政和法律的强制手段，以限制和禁止一些物质、技术出口流向和规模的行为。出口管制的主要对象是军用物资和技术及其他战略性敏感物资。

3. 跨国化指数(TNI)，是指一家公司在海外的经营活动占其全部业务活动的国际化程度，即衡量企业跨国程度的指标。其计算公式为：

$$TNI=\frac{\frac{\text{国外资产}}{\text{总资产}}+\frac{\text{国外销售额}}{\text{总销售额}}+\frac{\text{国外雇员数}}{\text{总雇员数}}}{3}\times 100\%$$

4. 数字贸易是指信息通信技术发挥重要作用的贸易形式，既包括传统货物和服务贸易的数字化，也包括数字商品及服务的贸易，以及数据信息资产本身的流动交换。数字贸易与传统贸易形式的区别仅在于将数字化手段运用在商品和服务的跨境交付过程中，而无关乎商品和服务本身的性质或形态。

5. 全球价值链是指为实现商品或服务价值而连接生产、销售、回收处理等过程的全球性跨企业网络组织，涉及从原料采购和运输，半成品和成品的生产和分销，直至最终消费和回收处理的整个过程。包括所有参与者和生产销售等活动的组织及其价值、利润分配，当前散布于全球的处于价值链上的企业进行着从设计、产品开发、生产制造、营销、交货、消费、售后服务、最后循环利用等各种增值活动。

6. 国家经济安全是指一国维护经济主权、保障经济体系稳定运行、抵御内外风险冲击的能力。核心包括产业安全(关键领域自主可控)、金融稳定(防范系统性风险)、资源保障(能源、粮食等供给安全)、市场自主(免受外部操控)等维度。其根本目标是确保经济持续发展，在全球化背景下实现经济独立与韧性，避免因外部制裁、市场波动或资源断供导致经济崩溃。

二、问答题(每题 16 分，共 80 分)

1. 国际避税港是指对跨国纳税人提供低税、免税或给予大量税收优惠的国家和地区。某些国家和地区建立避税港，旨在吸引外资，引进先进技术，扩大就业和发展经济。国际避税港类型的选择取决于该国或该地区的政治、经济、社会、资源、地理位置等因素。通常分为三种类型：

(1) 无税避税港。不征个人所得税、公司所得税、资本利得税和财产税，如百慕大群岛、巴哈马、瓦努阿图、开曼群岛等。

(2) 低税避税港。以低于一般国际水平的税率征收个人所得税、公司所得税、资本利得税财产税等税种，如列支敦士登、英属维尔京群岛、荷属安的列斯群岛、香港、澳门等。

(3) 特惠避税港。在国内税法的基础上采取特别的税收优惠措施，如爱尔兰的香农、菲律宾的巴丹、新加坡的裕廊等地区。

跨国纳税人是否去避税港或进哪一类的避税港，在客观条件相同的情况下，往往取决于“避税管道”是否把税收减少到最低点。跨国纳税人常用的“避税管道”主要有：持股公司、受控保险公司、银行金融、转让定价、许可证贸易等。随着避税港的兴起，各国对此评价不一。发展中国家为了带动经济发展，积极鼓励其发展。一些发达国家为防止税款流失，多采取防范措施。

2. 影响企业跨国经营与管理的因素有三个层次：国家层次、行业层次、公司层次。

(1) 国家层次因素主要考虑东道国经济环境、政治因素、市场环境、文化距离等。

① 东道国经济环境。经济环境，是指东道国的经济发展水平、市场的完善程度、基础设施状况和经济体制等。经济发展水平的高低会引起的市场结构和投资需求的不同，导致各国对外资利用规模和结构的差异，这影响到跨国投资企业进入该国的市场战略与产品政策。完善和开放的市场意味着跨国公司面临着较好的投资环境，企业通常会倾向于选择高控制型进入模式。良好的基础设施建设有利于跨国公司进入该国市场进行直接投资。

② 东道国政治因素。政治因素是指在国际投资中，由于东道国政府在政权、政策法律等政治环境方面的变化给国际投资活动造成影响的可能性。政治因素可以分为国家主权、征用或国有化、战争和政策四类。东道国的土地、税收、市场、产业规划等方面具体政策的变化将影响投资者的决策。东道国市场的开放程度以及在投资区域和行业等方面实行的限制或鼓励政策也会影响投资者的收益。东道国政府在国际贸易方面制定的一些限制性进口政策将限制出口进入模式。

③ 东道国市场环境。一般而言，规模比较大的目标市场适宜于企业直接投资；若目标国投资竞争太激烈，企业也可采用合同进入方式或跨国战略联盟；而对于市场潜力低，但具有高不确定性需求的市场来说，企业通常会选择合同进入等低资源承诺型进入模式。

④ 文化距离。文化距离是指东道国与企业所在国在语言、传统习惯、价值观、做事方式和市场体系等方面的差异。文化差异程度会影响跨国企业进入模式选择的倾向性。文化距离的存在增加了企业在管理、组织成本及附加成本，市场进入存在着高度不确定性，因此文化距离越大，企业越倾向于采取高控制进入模式。

(2) 行业层次因素主要考虑在目标国跨国企业所在行业产业增长率或市场潜力、产业组织特征(包括产业的市场集中度和规模经济)、资产专用性等。

① 产业增长率。一般来说，产业增长率高表明该产业的市场规模或增长潜力大，更可能以高控制模式进入。

② 产业组织特征。研究产业组织特征与进入模式关联性的重点是东道国产业的市场集中度和规模经济程度。一般认为：市场集中度越高，跨国公司越倾向于选择低控制模式；市场集中度越高，高控制模式越有效，反之亦反。规模经济的产业一般存在进入壁垒，相对于新建企业，规模经济的产业更可能偏好收购

或合资的模式以最小化风险。

③ 资产专用性。资产专用性是指支持交易的资产的可转移性或支持交易的专用性投资的程度。根据传统的交易成本理论，资产专用性较高时，跨国公司偏好于采取独资这样的高控制模式。拥有专用性资产的公司具备投资外国市场的优势并试图建立外国子公司。

（3）公司层次因素主要考虑公司规模、公司经验（分为国际经验、东道国经验和进入模式经验）、公司技术知识和资本密集度等。

① 公司规模。跨国公司公司规模影响国际市场进入模式的选择。小规模企业在国际化战略中往往采取合资和联盟以减少风险；大规模企业具有更多资源优势，因而偏好于独资模式。

② 公司经验。具有一定国际经营经验、实力较强的企业往往以取得海外投资的高控制权以及投资的高收益为进入模式，以此来发挥母公司的资金与技术优势。

③ 公司技术知识。从出口进入、合同式进入到投资进入模式，公司对技术知识的控制程度是依次增强的。相对出口进入模式而言，合同式和投资式模式对技术实力和资本要求较高；在知识产权比较突出的直接投资中，采用独资的形式更易于加强母公司对自身知识产权的控制，避免先进的生产技术或管理技术的泄漏。

④ 资本密集度。资本密集度反映了跨国公司海外市场进入的有形资本投入的大小。合资方提供的资金可以减少企业跨国经营的资本投入；投资式进入往往需要投入较多的资本，增加了投资的商业和政治风险。因此，出于风险规避的考虑，对于大的投资项目，外国投资者将倾向以小所有权比例模式进入。

3.（1）国际供应链的特征和特性，已经能够在一定程度上揭示其运转的难度大、范围广、距离长、技术水平高，而这些都带来了巨大的潜在风险，也是关系国际供应链能否成功运作的关键。影响国际物流供应链的稳定畅通的因素有：

① 政治和法律因素：国际供应链的运作遍及世界，必然要涉及不同的政策和法律制度，因此在不同的国家和地区开展供应链业务活动时，必须了解和利用当地的政策法规，按照它们来制定相应的经营战略和策略，应对和处理在业务中遇到的问题和可能发生的纠纷。

② 经济因素：这些因素包括金融环境（货币、汇率、利率波动、当地的通货膨胀率或通货紧缩率、股市波动等）、地区性贸易协议、税收、进出口配额和劳动力的成本费用等。同样，不同的贸易保护措施会对全球性的供应链产生影响。

③ 文化因素：文化因素当中的信仰、价值观、习俗、语言等方面的差异，对于企业的海外业务、整体目标与整个供应链业务都有着较大的影响。这些影响主要体现在企业之间的商业交流、交易的协商、合同的签订等各方面。这些文化差异的存在，会使一方认为是非常合理的行为，却可能会使另一方产生误会。

④ 人力资源因素：许多企业在进入海外市场时，常常采取低成本策略去选择劳动力的成本费用低的国家和地区。在一些不发达国家，尽管可以发现一些具有适当技术水平的工作人员，但很难找到受过专业技术培训的专业人员和熟悉现代管理技术的管理人员，因而开展全球化的供应链业务较为困难，需要投入大量的培训成本。

⑤ 基础设施因素：一个国家的基础设施是运作和管理全球化供应链的基础。它们的好坏都会促进或制约供应链的运行。

⑥ 信息资源因素：信息资源对供应链，特别是国际化供应链的管理和运作都有极为重要的影响，是成功运作国际化供应链的可靠保证。

⑦ 供应商合作因素：单一的供应渠道可能会带来供应链中断的风险并因此造成严重的损失。另外，与跨国供应商的合作可能会带来知识产权风险、信用风险、信息整合风险和物流运作风险。

⑧ 不确定性因素：这种不确定性因素包括节点企业的不确定性；节点企业内部的不确定性；市场需求的不确定性；外界环境的不确定性。

（2）对于企业来说，国际物流合理化的措施有：

① 合理选择和布局国内、国外物流网点，扩大国际贸易的范围、规模，以达到费用省、服务好、信誉高、效益好、创汇好的物流总体目标。

② 采用先进的运输方式、运输工具和运输设施，加速进口货物的流转。

③ 缩短进出口商品在途积压，它包括进货在途(如进货、到货的待验和待进等)、销售在途(如销售待转、进出口口岸待运)、结算在途(如托收承付中的拖延等)，以便节约时间，加速商品资金的周转。

④ 改进运输路线，减少相向、迂回运输。

⑤ 改进包装，增加技术装载量，多装载货物，减少损耗。

⑥ 改进港口装卸作业，有条件要扩展港口设施，合理利用泊位与船舶的停靠时间，尽力减少港口杂费，吸引更多的买卖双方入港。

⑦ 改进海运配载，避免空仓或船货不相适应的状况。

⑧ 国内物流运输段，在出口时，有条件尽量做到就地就近收购、就地加工、就地包装、就地检验、直接出口，即称“四就一直”的物流策略，等等。

4.(1) 为了吸引外资投资，发展中国家常采取的优惠措施：

① 税收优惠，包括降低税率、减小税基、加速折旧、投资税收抵免、退税和免税等措施。

② 减负面清单，将在农业、采矿业、制造业、服务业领域推出更加开放的措施，允许更多领域实行外资独资经营。

③ 通过提供公有土地等租赁费用减免优惠、劳工训练计划赞助经费、发展工业区设施、成立投资促进机构等多项方案，全方位争夺 FDI。

(2) 为了吸引外资投资，发达中国家常采取优惠措施：

① 更新投资和公司法，允许外国投资者进入股票市场，并向外国投资者开放关键行业。

② 允许外国投资者 100%持股，启用了新的“绿卡”居住计划，为外国投资者和技术人员大开绿灯。

③ 建立投资促进机构，并对其进行改革以提高效率，为本国和外国投资者提供服务。这些机构中的大多数都成立了一站式服务，方便投资者办理手续。

(3) 发展中国家和发达国家采取的吸引外资的措施有所不同，但目的是一致的，吸收外资，促进本国经济发展。二者的不同点在于，发展中国家常利用资金支持等投资鼓励措施吸引外资，只注重引资量，忽略了引资质和产业结构的调整，容易导致引进外资技术含量低；发达国家常利用技术、服务优势作为筹码吸引外资。

5.(1) 在大中型企业里，特别是多种经营的企业里，总体战略是企业最高层次的战略。总体战略分为：稳定战略、发展战略和紧缩战略。

① 稳定战略。这种战略强调的是投入少量或中等程度的资源，保持现有的产销规模和市场占有率，稳定和巩固现有的竞争地位。这种战略适用于效益已相当不错、而暂时又没有进一步发展的机会、其他企业进入屏障又较大的企业。

② 发展战略。这种战略适用于企业有发展和壮大自己的机会，其特点是：投入大量资源，扩大产销规模，提高竞争地位，提高现有产品的市场占有率或用新产品开辟新市场，这是一种进攻型的态势。发展战略具体包括：垂直一体化战略、水平一体化战略和多元化战略。

③ 紧缩战略。这种战略适用于外部环境与内部条件都十分不利，企业只有采取撤退措施才能避免更大的损失的情况。

(2) 企业战略转移是指企业基于长远发展的需要，对企业的经营重心进行重大调整。从理论上来说，企业战略转移是外部环境和内部条件相互作用的结果。新冠肺炎疫情暴发后一些企业向发展战略转移，主要原因如下：

① 从外部环境来看，我国发展仍处于并将长期处于重要战略机遇期，虽然经济发展面临各种压力，但我国经济韧性强、经济发展健康稳定的基本面没有改变，支撑高质量发展的生产要素条件没有改变，长期稳中向好的总体势头没有改变。

② 从内部条件来看，疫情催生企业数字化转型、数字化创新的机遇。疫情期间全民居家的生活状态改变了人们的消费方式和工作方式，催生企业向数字化转型。企业通过发展战略转移抓住机遇，创新疫情下国际贸易发展的新模式，增添贸易发展新动能，实现贸易高质量发展。

三、综合应用分析（每题 20 分，共 40 分）

1.（1）人工智能的发展对国际贸易的影响

① 对国际贸易规模的影响。首先，提高企业生产率将扩大国际贸易规模。一方面，人工智能等技术进步能够通过提高企业生产率促进企业的进出口，促使更多的企业参与和竞争全球价值链，推动国际贸易发展；另一方面，自由贸易使资源由低生产率企业、低收益产品向高生产率企业、高收益产品重新配置，进出口产品种类的增多将提高市场竞争程度，在企业的“干中学”效应下，国际贸易可能反向推动人工智能技术创新，进一步提高企业生产率，形成良性循环。其次，降低企业出口固定成本将扩大国际贸易规模。人工智能将从多个方面大幅度降低企业的出口固定成本，促进更多的企业选择出口，从而扩大国际贸易规模。

② 对国际生产分工格局的影响。第一，促使制造业重心转移至东南亚地区。机器没有闲暇和收入需求，其单位生产成本普遍比人类劳动力低，因而人工智能技术变革将减弱发展中国家的劳动力成本优势。从短期看，这将使得东南亚国家获得相对以往更大的劳动力成本优势，促使全球制造业的重心向东南亚地区转移。第二，推动发达国家制造业回流。从长期来看，随着人工智能技术的广泛应用，发达国家将愈加充分发挥其在先进制造业中的人才、技术和资本优势，实施“再工业化”战略，以高效的智能化生产缓解劳动力短缺、人力成本高的劣势，停止向发展中国家大规模转移劳动密集型行业的贸易和投资活动，实现制造业与价值链回流，强化发达国家在国际分工中的主导地位。第三，促进服务贸易比重提升。发达国家在迈入后工业化时期后，产业结构重心通常会转向服务业，而人工智能技术会加速这一产业转型过程。

③ 对国际贸易交易模式的影响。随着新一代信息技术的推广应用，国际贸易交易模式将由传统线下贸易模式向线上平台贸易模式转变，使国际贸易过程更为便捷，降低国际贸易交易成本和进入门槛，为中小企业创造更多的参与国际贸易的机会。国际贸易交易模式也将由传统大宗贸易模式向小宗化、分散化贸易模式转变，同样有助于中小企业甚至个人走出本土市场，向全世界销售产品或服务，为国际贸易带来新的发展方式。

（2）大数据的发展对国际贸易的影响

① 对贸易动因的影响。大数据为贸易动因提供了新的来源。目前已存在的理论均是从技术、要素禀赋等角度阐述贸易主体的优势来源。然而，数据作为极为重要的信息载体，是企业创造利润和价值的主要源泉。上升到国家层面，巨大的数据资源是每个国家的战略新高度，它构建了国家的综合竞争力。从各行各业来说，大数据为企业带来了新的发展机遇和商机，同时提升了企业的核心竞争力。这些都将成为国际经济贸易的新动力，从而推动世界贸易的进程。

② 对贸易方式的影响。在大数据时代到来后，就彻底突破了以往传统的交易对时间、空间的限制，无论是商品参数的可传递性还是交易货币的电子化程度都发生了巨大变化，这促使国际贸易更加快捷方便，同时也是对实体贸易的补充与优化。

③ 对世界贸易格局的影响。国际贸易利益格局已呈现出南北分化的趋势。但是大数据可以帮助发展中国家利用数据信息在国际市场上对供需进行合理的定位和估计，降低供需不均衡，减少成本，实现资源配置的优化，从而提高发展中国家的国际竞争力，进而改变世界经济贸易格局，促进世界经济的多元化发展。

（3）区块链的发展对国际贸易的影响

① 区块链技术对跨境结算的影响。在跨境结算方面，区块链技术大大提高了支付效率，缩减了各方的对账和信息核查流程，各节点的共同参与直接保证了信息一致。区块链也减少了交易成本，使得国际贸易交易方共同构建了相互信任的网络，只有交易双方共同参与才能够完成支付流程，而不必依赖中心机构银行。

② 区块链技术对无纸化贸易的影响。区块链为贸易参加方提供了便利可靠的核查依据，有力地推动了无纸化贸易和贸易便利化，减少了中间环节和壁垒，节省了国际贸易的时间和成本，物流、信息流、资金流得到了统一，且贸易的安全性也得到了保证，有利于整个供应链的协同。

③ 区块链技术对贸易融资的影响。区块链技术应用于贸易融资能够增强制造业和服务业协同发展，一方面，融资的文件能够得到及时的审批，提高了融资效率，降低了融资成本，减轻了以往的复杂流程对货物销售的不利影响；另一方面，国际贸易中的单据流、信息流、资金流实现了有效整合，金融机构能准确

把握货物实时的位置，有利于推动基于应收、应付账款或库存的融资产品。

2.(1) 加入世贸，不仅让中国企业有机会参与国际贸易，融入全球产业分工格局，也让参与其中的跨国企业在见证营商环境不断优化的同时也受益于中国的发展机遇。加入 WTO 使得中国得以充分利用互惠原则和非歧视性原则等世贸规则发挥国内市场优势，创新技术引进方式，当年提出关键技术装备采取了引进、消化、吸收、再创新的策略，综合施策加速推动我国关键领域重大技术装备国产化进程。构建与 WTO 规则接轨的经贸规则，建立起符合 WTO 原则和市场经济总体要求的统一、公正、透明的经济法律体系，为中国特色社会主义市场经济体制不断完善和可持续发展提供了坚实的法律基础。通过入世后的开放加大和跨越式发展，国民对我国政治、经济体制、文化自信增强；尽力捍卫多边贸易体制，成为 WTO 中核心成员；在国际事务中，我国从仰视到平视，成为有作为的大国，赢得国际组织、联合国成员的赞誉。20 年来，中国勇敢接受经济全球化的洗礼，化挑战为机遇，不仅自身取得了超预期的经济发展成就，也成为世界经济增长的重要引擎。中国经济总量从世界第六位上升到第二位，货物贸易从世界第六位上升到第一位，服务贸易从世界第十一位上升到第二位，对外直接投资从世界第二十六位上升到第一位。

(2) 与此同时，自加入 WTO 以来，中国全面履行承诺，实现互利共赢，在对外开放中展现了大国担当。加入世界贸易组织后，中国不断完善社会主义市场经济体制，全面履行入世承诺，对接世界贸易组织规则，持续开放市场，激发市场和社会活力，积极推进贸易投资自由化便利化。中国在国际组织和多边平台中不断学习规则、熟悉规则、运作规则，已经从国际经贸规则制定的旁观者、跟随者转变成为参与者、引领者。中国作为一个新兴的经贸大国正在展现大国责任，带头做多边经贸规则的遵守者、维护者和建设者，积极参与到国际经济治理体系的改革之中，在改革完善国际经贸规则中贡献中国方案。全力支持发展中国家融入多边贸易体制，帮助发展中成员从全球价值链中获利的能力。在 WTO 内，我国旗帜鲜明地反对单边主义和保护主义，支持 WTO 的开放、透明、包容、非歧视等基本原则。我国倡导自由贸易，强调通过加强合作、平等对话和协商谈判来解决国际贸易中的问题。对世界贡献增多，入世后我国改革开放和经济发展进入加速期，取得了跨越式发展。在互利共赢基础上，我国积极促进世界经贸发展，增加全球民众福祉，成为世界经济的主要稳定器和动力源。

综上所述，自加入 WTO 20 年来，中国是最大的受益方之一，同时也是最大的贡献方。

西南财经大学2022年434国际商务专业基础试题

一、简答题(每题10分，共20分)

1. 简述制度理论中“同构机制”的分类。

2. 简述国际债券市场的含义及主要特点。

二、简述题(每题15分，共105分)

1. 简述内部规模经济和外部规模经济分别是如何产生国际贸易的。

2. 简述当代国际服务贸易迅速发展的原因。

3. 简述影响国际直接投资方式选择的主要因素。

4. 简述国际战略的主要内容、优缺点及其适用情形。

5. 简述货币自由兑换的利弊。

6. 简述新产品研发失败率高的主要原因及应对策略。

7. 简述文化差异给国际企业内部管理带来冲突的主要表现。

三、论述题(25分)

《2021世界投资报告》指出，2020年全球对外直接投资额下降35%，而中国以1490亿美元的外国直接投资额实现了6%的逆势增长。同时中国也是2020年全球第一大外国直接投资流出国，投资总额达13亿美元。2021年10月，商务部发布《“十四五”利用外资发展规划》为“十四五”期间利用外资工作提供指引。

请结合国际投资相关理论分别解释为何中国能够在疫情中实现对外投资和利用外资的逆势增长，中国更高水平利用外资将对内外资企业分别带来哪些机遇和挑战?

西南财经大学2022年434国际商务专业基础试题解析

一、简答题(每题10分，共20分)

1. 同构性是指在制度约束或指导作用下，企业在组织结构以及行为方式上趋同或相似的过程。根据动因不同，同构机制包含以下三类：

(1) 强制性同构：组织外部具有权威或者强制力的重要机构会强迫组织采用某种结构或行为模式，如果组织不遵从这种制度安排则会遭受一定损失。

(2) 模仿过程：为了降低风险或提高生存率，组织会分析并模仿其他成功组织的行为。

(3) 规范性压力：社会规范会产生共享观念或思维方式，组织在专业知识的形成及推广中逐渐接受这些社会规范或思维方式并趋于相同。

2. 国际债券是一国政府、金融机构、工商企业或国际组织为筹措和融通资金，在国外金融市场上发行的，以外国货币为面值的债券。国际债券的重要特征，是发行者和投资者属于不同的国家、筹集的资金来源于国外金融市场。所谓国际债券包括三类：外国债券、欧洲债券和全球债券。

(1) 外国债券是指非居民发行的用发行地所在国货币计价的债券，如扬基债券、武士债券、猛犬债券和熊猫债券等。

(2) 欧洲债券是指居民或非居民发行的用发行地所在国之外国家货币计价的债券，如在伦敦发行的日元债券、美元债券。

(3) 全球债券是指融资者同时在不同国家(包括本国)发行，且可用包括本国货币在内的任何国家货币

计价的债券。与欧洲债券不同，全球债券可以用发行地所在国货币计价

二、简述题(每题 15 分，共 105 分)

1. (1) 规模经济，指在一定的产量范围内，随着产量的增加，平均成本不断降低的事实。规模经济又细分为内部规模经济和外部规模经济。

① 内部规模经济，指由于企业自身规模的扩大(即产量的增加)而导致的企业长期平均成本下降的现象，这是通常意义上的规模经济。

② 外部规模经济，指由于行业内企业数量的增加，行业规模的扩大，所导致的企业长期平均成本下降的现象。在外部规模经济存在的情况下，企业的生产过程仍然是规模收益不变的，规模收益递增只发生在产业层次上，即整个产业产出增加比例大于整个产业要素投入增加的比例。

(2) 规模经济与国际贸易

① 内部规模经济条件下，企业有不断扩大规模的内在动力，因为单纯的规模扩大即可带来平均成本的下降。各国的厂商集中力量于少数产品并保持较大的生产规模，各国通过商品交换来满足各自的需求，这种模式远比各国自给自足地供应本国市场更具效率，它使每个国家的生产厂商都可以获得规模经济利益。

② 外部规模经济条件下，由于厂商的集中与交流而产生的规模效益，企业的生产成本随其所属行业生产规模的扩大而下降，原因主要有专业化供应商的集聚，地理上的聚集导致劳动力市场共享，加剧了知识外溢。随着产业规模的扩大，外部规模经济会带来该产业成本的降低，使该国成为商品出口国，从而产生国际贸易。

2. 当代国际服务贸易发展的原因有：

(1) 服务贸易发展是服务业发展的结果。二战后，在新科技革命的推动下，各国普遍在产业结构调整中加快服务业的发展，使服务业在国民经济中的份额和就业人员的比重大幅提高。在国民经济日益向服务化方向发展的趋势下，国家间的服务贸易也随之增加。

(2) 新科技革命是推动国际服务贸易迅速发展的基本动因。首先，高新技术使许多原先“不可贸易”转化为“可贸易”服务；其次，科学技术革命加快了劳动力和科技人员的国际流动；再次，发达国家把劳动密集型产业转移到新兴工业化国家和部分发展中国家，形成大规模的境内服务输出。

(3) 产业结构的调整是促进国际服务贸易迅速发展的主要原因。随着科技发展，生产力水平提高，各国产业结构调整持续进行，产业结构升级的必然结果是服务业比重不断上升，对国际服务贸易的发展发挥着重要作用。

(4) 国际货物贸易量的增加是国际服务贸易迅速发展的基础。在货物贸易高速增长的带动下，同货物进出口直接关联的传统服务贸易项目，如国际运输服务、国际货物保险、国际结算服务等，都相应地在规模上、数量上成倍增长。

(5) 各国在服务业上的比较优势差异是服务贸易发展的前提。由于服务行业是多种多样的，它的技术含量的差异很大，这就使发展程度不同的国家都可能在某些服务的生产上拥有比较优势。各国输出具有比较优势的服务，进口本国处于劣势的服务，形成了巨大的服务需求与供给，加速了服务贸易市场体系的发育。

3. 影响国际直接投资方式选择的因素可以从宏观、中观、微观三个层面进行分析。

(1) 宏观因素。在宏观层面上，东道国的制度环境、市场环境、经济环境以及两国间的文化距离都会影响跨国企业的进入模式选择。

随着东道国对外来企业控股权限制的由紧到松，跨国企业会由合作合资等低控制水平的进入模式逐步转向设立独资企业以及兼并收购的方式进入。东道国的管制制度相较本国越宽松，跨国企业往往越倾向于在当地实施高控制度的投资。此外，基于交易成本理论，认为东道国较大的市场规模会提高在该国投资获利的机会，企业应采用更加积极、高控制度的进入模式以获取更好的投资收益。企业在东道国经济高速增长时进入，能获得丰厚的超额利润，企业往往倾向于独资等高控制模式以防止利益均分。东道国的经济规模影响该国的市场规模，从而影响跨国企业对该国市场的投入，而东道国的国内生产总值、投入资本的比率、就业状况等经济动态和国际收支、汇率等外部经济情况也会影响跨国企业的进入方式。东道国经济稳

定性对跨国企业投资进入模式的选择具有一定的影响。文化距离越大，意味着市场进入面临的不确定性越高，为减少这种风险，跨国企业往往通过与东道国企业合作或合资的形式进入东道国市场。

（2）中观层面。在中观层面上，进入模式的影响因素主要有市场集中度和市场增长率两方面。市场集中度较高的情况下，独资的高控制模式创造的额外生产力会反过来压低价格从而导致价格战，因此与当地企业进行合资是更有利的。但根据产业组织理论得出，高市场集中度意味着存在寡头垄断行为，市场进入存在障碍，因此，外来企业可能会内部化市场来应对市场的不完全性。关于市场增长率，部分学者通过对比高增长产业中收购、合资和新建三种投资模式发现，新建的投资形式可以使企业吸收额外生产能力，市场增长率越高，市场增长潜力也越大，跨国企业更倾向于高控制模式进入东道国。另外，产业资源的可转移性也会对进入模式的选择产生影响。产业的某些技术资源可以在本国生产，也很容易应用于全球范围，具有可转移性，而下游资源如营销网络、品牌、声誉等一般只能在当地生产并适用于当地，可转移性较弱。因此，资源的可转移性与否对企业能力的提升以及资源的获取具有举足轻重的作用。

（3）微观层面。基于发达国家的数据，发现如果企业异质性来源于可转移优势，则生产率高的企业采用跨国并购，居中的企业采用绿地投资，而生产率低的企业选择出口。如果企业异质性来源于不可转移优势，当企业面临绿地投资、出口和跨国并购三种策略时，生产率高的企业采用绿地投资，居中的企业采用出口，生产率低的企业是跨国并购。除了生产率这个因素外，企业的其他异质性特征，如企业规模、财务状况、资本密集度、企业所有权性质等微观因素也会影响对外直接投资模式的选择。

4. 国际化经营战略包括国际战略、多国本土化战略、全球化战略和跨国战略。

（1）国际战略指企业将其具有价值的产品与技能转移到国外的市场，以创造价值的举措。如果企业的核心竞争力使企业在国外市场上拥有竞争优势，而且在该市场上降低成本的压力较小，企业采取国际化战略是非常有利的。但是，如果当地市场要求能够根据当地的情况提供产品与服务，企业采取这种战略就不太合适。

优点：能充分发挥母公司的中心调整功能，更优化地使用资源。

缺点：①由于企业在国外各个生产基地都有厂房设备，形成重复建设，加大了经营成本，这对企业也是不利的。②不利于发挥国际事业部的自主性与积极性，全球化协作程度和对东道国本土市场的适应能力均低。

（2）多国本土化战略将一个企业的大部分活动，如战略和业务决策权分配到所在国外的战略业务单位进行，由这些单元向本地市场提供本土化的产品，从而把自己有价值的技能和产品推向外国市场而获得收益。在当地市场强烈要求根据当地需求提供产品和服务并降低成本时，企业应采取多国本土化战略。但是，由于这种战略生产设施重复建设并且成本比较高，在成本压力大的行业中不太适用。

优点：①强调的是管理的灵活性与适应性，有利于充分发挥各子公司的积极性和责任感。②能使企业面对各个市场的异质需求时的反应最优化。

缺点：母公司难以统一调配资源，而且各子公司除了自谋发展外，完全失去了利用公司内部网络发展的机会，无法获得经验曲线效益和区位效益。

（3）全球化战略向全世界的市场推销标准化的产品和服务，并在较有利的国家集中地进行生产经营活动，由此形成经验曲线和规模经济效益，以获得高额利润。在成本压力大而当地特殊要求较少的情况下，企业采用全球化战略是有利的。但是，在要求提供当地特色的产品的市场上，这种战略是不合适的。

优点：根据最大限度地获取低成本竞争优势的目标来规划其全部的经营活动，它们将研究与开发、生产、营销等活动按照成本最低原则分散在少数几个最有利的地点来完成，但产品和其他功能则标准化和统一化以节约成本，能形成经验曲线和规模经济效益。

缺点：全球化战略强调集权，由母国总部控制，于是对东道国本土市场的反应相对迟钝。并且由于企业需要跨越国界的协调战略和业务决策，所以难以管理。

（4）跨国战略既寻求多国本土化战略所具有的当地优势，又注重全球化战略带来的效率。跨国战略是目前公认为是跨国公司的最佳战略选择。跨国公司试图兼顾全球效率、国别反应和世界性学习效果这三种战略需要。

优点：可实现区位经济，可实现曲线经验经济，可把核心竞争力转移到国外，可获得全球学习的好处。

缺点：由于有效执行的困难，跨国战略往往被看成是一种理想化而非现实的形式。

5. 货币自由兑换指在外汇市场上，能自由地用本国货币兑换成某种外国货币，或用某种外国货币兑换成本国货币。

（1）货币自由兑换的益处

① 有利于提高货币的国际地位。可自由兑换的货币在国际货币体系中地位较高，作用也较大，它在一国的国际收支、外汇储备、市场干预及其他国际事务等方面，发挥着更大或关键的作用。

② 有利于形成多边国际结算，促进国际贸易的发展。一国货币能否自由兑换，尽管不是利用外资的先决条件，但却是一个长期性的影响因素，特别是外国投资者的利息、利润能否汇出，是外国投资者必然要考虑的重要因素。

③ 有利于利用国际资本发展经济。一国货币能否自由兑换，尽管不是利用外资的先决条件，但却是一个长期性的影响因素，特别是外国投资者的利息、利润能否汇出，是外国投资者必然要考虑的重要因素。

④ 有利于获取比较优势，减少储备风险与成本。如果一国货币是可自由兑换货币，该国在国际收支逆差时，就可以用本币支付，由此减少了动用外汇储备来平衡的压力；同时，也可以不需储备太多的外汇而造成投资机会与投资收益的损失，即减少储备风险和成本。

（2）货币自由兑换的弊端

① 汇率浮动。资本账户开放后，外国资本要自由进出，政府在利率政策与汇率政策方面的自由度一定会受到影响。

② 开放资本账户后的风险。国内资本可以自由流出，外国资本也可自由流入，由此将带来许多金融风险。国内很多的人民币资产将会转移投资国外的一些高收益项目。外资的大量进入也会造成某些领域的泡沫。

③ 债务风险。在目前发达国家利率都非常低的情况下，一些外资会借机大量借债，到中国市场投资，这实际上是把短期债务转换成了长期债务。

④ 挤兑风险。现在，世界各国货币基本上是政府的信用行为，如果不出现很高的通货膨胀，没有人会将银行的储蓄取出来使用。但是当资本自由流动时，挤兑情况就有可能出现。

6. 新产品开发是指从研究选择适应市场需要的产品开始到产品设计、工艺制造设计，直到投入正常生产的一系列决策过程。

（1）新产品研发失败率高的原因

① 公司未能正确评估新产品的潜在市场，在对市场调查不够、了解不彻底的情况下，贸然投放新产品开发而导致失败的企业有很多。

② 新产品本身有缺陷，如由于技术上或设计上的错误，造成产品品质低劣、功能不全，以及颜色、味道、外观、规格、包装容量不适当。产品本身过分复杂，或者同市场现有产品相比没有突出优点，显不出竞争优势，都会种下败因。

③ 定价是决定新产品成败的关键因素之一。价格定得过高或过低，都不合适。当新产品的成本高于预计成本时，所定的价格必缺乏竞争力、难于在市场立足。

④ 延误新产品上市时机，错失良机，或者匆忙抢先上市，未能奠定竞争的优势地位。快半拍或慢半拍，都会使新产品开发有失败的可能。

⑤ 当一种新产品出现在市场时，必然会遇到竞争对手的有力反击。低估竞争对手的反应，因而导致新产品开发失败。

⑥ 推销人员在推出新产品时缺乏明确的策略，没能赢得高层管理者的支持，或者推销、广告等配合不当，都会给新产品以致命伤。因推销计划欠周而造成新产品失败，推出新产品是扩大市场占有率的有效策略之一，然而，由于新产品缺乏市场基础，推销不畅，稍有不慎，就会掉进失败的深渊。分析、研究、弄清新产品开发失败的原因，作为前车之鉴，势将有助于新产品的成功。

（2）新产品开发失败的对策

① 重视和改善新产品开发的规划，市场和技术的双向适应性选择最能正确描述新产品开发的演变过

程。消费者的需求创造产品技术开发的机会，产品技术的发展也将创造消费者的需求，在开发前期对市场进行多番调研，生产出满足消费者偏好的产品。

② 产品的生产要使创新和仿制相结合。就市场策略而言，仿制产品的最大好处是至少可以部分地避免产品开发先期投入所需的巨大的宣传、促销费用，以及在市场营销方面的错误。

③ 完善新产品开发的组织结构。有效的组织结构形式包括产品经理制、新产品经理制、新产品委员会、新产品部、新产品开拓组等，企业可根据自身企业资源和开发目标确定。无论如何，良好的组织形式被证明是提高工作绩效的基础之一。

7. 跨国公司由于各个分公司所在的地域、民族、企业规模等方面存在差异，或者公司内部管理者的文化背景不同，都会给国际企业内部管理带来冲突，表现为：

（1）价值观差异。企业在跨国经营时所面对的可能是与其母国文化根本不同的文化以及由这种文化决定的价值观念、行为态度，文化的不同直接影响管理的实践。一个在特定文化环境中行之有效的管理模式和管理方法在另一种文化环境下的应用，也许会产生截然不同的结果。由于人们价值观的不同，导致不同文化背景的人采取不同的行为方式，从而导致文化冲突；并且这种冲突对跨国经营的影响是全方位、全系统和全过程的，如果解决不好将导致跨国经营的失败。

（2）沟通障碍。在跨国经营企业中，交换信息、交流思想、决策、谈判、激励和领导等活动是以不同文化背景的管理人员和职员之间进行有效沟通为基础的。实际上，复杂的多元文化使得有效的双向式沟通即使借助翻译也难以进行，尤其是低情景语言与高情景语言背景的人们之间的沟通对跨国经营者来说更是个挑战。这是因为低情景语言如英语、德语等是直接明确地陈述事物，明确地给出语言的含义，不要求听者了解当时语言的背景，而高情景语言如亚洲语言和阿拉伯语言等是间接、隐含地陈述事物，具有多重含义，只有了解当时的说话情景才能理解其含义，甚至一些信息的交流不必通过语言。

（3）制度文化冲突。主要体现在：

① 管理基础。西方企业一般是在法律环境比较严格和完善的条件下开展经营与管理，自然会用法律条文作为自己行为举止的依据，而发展中国家企业往往以经常变动的条文、指令、文件作为企业成员的办事章程和决策依据。由于双方行为的标准和依据不同，冲突在所难免。

② 管理方式。企业跨国经营管理是一种跨文化管理，在一国被证明是最好的管理方式在另一不同文化背景的国家则不一定也是最好的。一般来说，美国等西方国家的企业在管理中重视人机系统，见物不见人，分工过于专业化，注重规章制度，偏重于物质刺激，实行职能工资或能力工资，偏重于重物轻人和偏重理性的管理；在领导方式上采用权威领导方式，实行单向沟通，注重组织结构和组织制度，整个组织层次分明，职责明确各司其职，强调理性主义和个人主义。而我国的企业则在管理中重视人际、部门、企业之间的良好关系，强调和谐、尊重和关心，实行富有人情味的管理，物质奖励与精神鼓励有机结合，实行岗位技能工资，注重德能勤绩，偏重于精神手段和感性的管理；组织内部的责任和权利划分不明确，强调相互协调和集体主义。

③ 组织协调。跨国经营企业在内部管理上不同文化的管理人员之间和员工之间不能建立起协调的关系，影响组织的稳定性，引起组织决策制定和执行的风险。首先，在经营管理上，由于不同文化背景的管理人员的不协调和不合作，使得组织管理程序混乱，信息不通，各职能部门职责不分，甚至会出现海外子公司的离心力加大，母公司对子公司失控的局面。其次，由于缺乏共同的价值观，跨国经营企业很难协调职员的行动，职员对企业的目标和管理者的决策也表现出不理解和不认同。

三、论述题(25 分)

（1）中国能够在疫情中实现对外投资和利用外资的逆势增长的原因有：

① 中国宏观经济具有广阔的发展前景和韧性。尽管 2019 年我国经济面临较大的下行压力，但总体稳健。2019 年中国 GDP 规模超 14 万亿美元，稳居全球第二，实际增速在全球主要经济体中亦保持较高水平，同时人均 GDP 突破 1 万美元大关。2021 年的经济增速高达 8.2%，经济基本面依然强劲。

② 不断改善的营商环境和扩大的对外开放将加大对外资的吸引。近年来我国不断改善的营商环境也将提升对外资的吸引力。从政府治理方面来看，在对抗自然灾害和瘟疫时，中国强大的资源调动能力、各级

政府高度的执行力，以及社会各界的信任和配合，能够较快、有效地控制灾难的蔓延。为复工复产、逐渐恢复经济正常运行打下了基础。新冠肺炎疫情在我国得到有效控制后，政府高度重视稳外资、稳外贸，提出了多项政策优先支持外资外贸企业复工复产。此次全球新冠肺炎疫情中，我国疫情防控取得的成就世界有目共睹，也将增强我国对外资的吸引力。

③ 完整的上下游产业链和优质的要素资源也是外商投资的重要考量。面对疫情的冲击，一些国家政府提出鼓励将制造业回流，甚至考虑对企业的搬家费用进行补贴和支持，以避免过度依赖海外。但是我们认为，重塑高度分工的全球产业链对于企业而言无疑是一个需要大量资金和时间的复杂过程，不会因为一些政府的“搬家补贴”而改变企业的长期战略决策。靠近产品市场、降低生产成本、完善上下游产业链才是企业投资决定的根本考虑因素。

（2）中国更高水平利用外资将对内外资企业带来的机遇：

① 有利于贸易结构优化和贸易逆差收窄。在其他国家对疫情防控设备产品采取出口限制的情况下，中国成为全球抗疫物资重要的出口国。与此同时，居家办公也带来国际市场对小家电等生活消费品需求的增加，我国家电企业对美欧出口订单激增。

② 有利于提升我国贸易数字化水平与新业态发展。疫情的影响，倒逼政府与企业加快数字化转型，创新疫情下国际贸易发展的新模式，增添贸易发展新动能，实现贸易高质量发展。

③ 有利于提振国际市场对华投资信心。中国政府以人民至上的理念成功应对疫情，有序复工复产复市，提振了国际市场对华投资信心。

④ 疫情催生企业数字化转型、数字化创新的机遇。疫情期间全民居家的生活状态改变了人们的消费方式和工作方式，催生企业向数字化转型，比如线上看房；加快企业数字化创新，比如阿里巴巴提供的在线医疗服务。

⑤ 疫情带来信息服务、远程医疗、远程教育等需求扩大的机遇。把握全球贸易结构服务化与服务贸易结构高端化的大势，加快推出服务贸易负面清单，扩大服务业开放，促进生产要素向高端服务集聚，大幅提高服务贸易在我国贸易中的占比，实现中国贸易高质量发展。

（3）中国更高水平利用外资将对内外资企业带来的挑战：

① 全球供应链因疫情影响运行受阻，导致运费大幅上涨。在疫情严重情况下，有关国家采取封关、封境、封城措施，造成物流体系存在不畅，大量跨境运输停滞，零售终端停摆，欧美多地港口关闭、航线停飞，空运缩减一半、运费大幅上涨，大量货物无法运输，只能积压在仓库，还要额外支付更多的仓库保管费。

② 订单业务量骤减使诸多企业面临资金链断裂。从配件用的物料、材料到设计，再到成品，到品牌运营，再到订单服务，产业链很长，资金链是随着产业链高效运转而不断流动的。但采购商以不可抗力为由取消订单，货物滞留，仓库管理费还须照常支付，加上工资、租金等其他成本，实体经济压力越来越大。

浙江大学2022年434国际商务专业基础试题

一、名词解释(每题5分，共20分)

1. 许可贸易
2. 竞争优势
3. 非关税壁垒
4. 国际市场细分

二、简答题(每题6分，共30分)

1. 外商独资企业与外商合资经营企业有什么区别？
2. 企业在从事国际贸易和国际投资活动时，如何应对东道国政府的干预？
3. 简述企业进入国外市场方式选择时应该考虑的因素。
4. 如何克服跨文化经营风险？
5. 国际经营有哪几种组织结构？

三、讨论题(每题10分，共60分)

1. 简述外包和采购的区别。
2. 简述数字贸易平台的优势和劣势。
3. 中国企业海外并购困难的原因有哪些？
4. 简述美国封禁国际版抖音(TikTok)的原因。
5. “一带一路”倡议如何弥补数字鸿沟？
6. 全球速卖通上有一些从一开始就向全球销售商品的中小企业，它们属于天生国际企业吗？为什么？

四、论述题(每题20分，共40分)

1. 在数字经济时代，国际贸易理论受到哪些挑战和威胁？
2. 在对接国际高水平自由贸易协定中，如何打造数字贸易示范区？

浙江大学2022年434国际商务专业基础试题解析

一、名词解释(每题5分，共20分)

1. 许可贸易是指技术许可方通过签订协议，将专利、商标或专有技术的使用权转让给接受方，并收取使用费的一种贸易方式。其核心是技术使用权的有偿转让，不涉及技术所有权的转移。其核心优势在于：低风险扩张、资源互补、灵活条款。

2. 竞争优势指企业或个人在市场中超越对手的核心能力，可通过成本优势、差异化、技术壁垒或品牌价值实现。例如，苹果凭借创新设计和高溢价能力占据高端市场，而沃尔玛则以规模化供应链压低成本。持久的竞争优势需结合战略定位与资源整合，确保在动态市场中维持领先地位。

3. 非关税壁垒，指除关税外，一国通过法律、行政或技术手段限制进口的所有措施。其核心特点包括隐蔽性、灵活性和歧视性，能更精准地保护本国产业。非关税壁垒，短期内可以保护本国产业，但长期可能引发贸易摩擦或倒逼出口国技术升级。

4. 国际市场细分是指将整个国际市场根据消费者的需求、偏好、行为等因素进行划分，从而得到不同细分市场的过程。这样的划分可以帮助企业更好地了解不同市场的特点和需求，有针对性地制定营销策略，提高市场竞争力。

二、简答题（每题 6 分，共 30 分）

1. 外商独资企业与中外合资经营企业主要区别如下：

（1）投资主体

① 外商独资企业：全部资本由外国投资者（个人/企业）持有，无中方参与。

② 合资企业：中外投资者共同出资，外方持股通常≥25%。

（2）管理方式

① 独资企业：外方完全自主决策，直接采用母公司管理体系。

② 合资企业：设立董事会，中外方共同管理（如技术由外方主导，市场由中方负责）。

（3）法律依据

① 独资企业适用《外资企业法》，设立程序较简单。

② 合资企业须按《中外合资经营企业法》经商务部审批。

（4）风险与利润

① 独资企业：外方独享利润并承担全部风险。

② 合资企业：按出资比例分配利润和风险。

2. 企业在国际贸易和投资中应对东道国政府干预可采取以下系统性策略：

（1）战略选择与合规布局

① 进入战略差异化：根据东道国监管特点选择绿地投资、合资或并购等模式，在敏感行业优先采用技术合作等低风险方式。

② 海关分类优化：通过预归类申请、原产地规则适用等方式争取更低关税税率，结合海南自贸港等特殊监管区域政策降低贸易成本。

（2）政策工具运用

① 自贸区红利：利用海南自贸港“零关税”“一带一路”协议政策及加工增值免关税规则，优化供应链布局。

② 税收激励：申请境外投资者利润再投资税收抵免（10%或协定优惠税率），叠加递延纳税政策降低资本成本。

（3）政企协同治理

① 行业游说：联合同业企业通过国际贸易单一窗口等渠道，推动监管标准互认和贸易便利化。

② 数据共享：参与东道国海关智慧监管平台建设，实现通关数据透明化，以降低行政干预风险。

3. 企业在选择国外市场进入方式时，需综合评估以下核心因素：

（1）企业自身条件

① 资源能力：技术储备、资金规模决定选择直接出口（低风险）或独资经营（高控制）。

② 经验积累：缺乏国际经验的企业宜从间接出口或合资模式起步。

（2）目标市场特征

① 政策环境：严格外资管制的市场需采用技术授权等轻资产模式。

② 竞争格局：高集中度市场更适合并购快速获取渠道资源。

（3）风险收益平衡

① 新兴市场（如东南亚）适合先易后难的渐进式进入。

② 通过海外投资保险对冲政治风险，利用自贸协定降低关税成本。

4. 克服跨文化经营风险的策略：

（1）文化适应策略

① 本土化策略：通过人员本地化、语言本地化实现“思维全球化，行动当地化”。

② 文化规避策略：在宗教等敏感领域主动规避冲突，如尊重伊斯兰员工斋月习俗。

（2）文化整合策略

① 文化相容策略：采用平行相容或隐去主体文化的和平相容方式。

② 文化创新策略：融合母公司与东道国文化构建新型企业文化。

（3）文化引导策略

① 文化渗透策略：通过渐进式培训使员工内化母国文化。

② 第三方文化策略：借助中性第三方文化进行过渡管理。

（4）基础保障措施

① 建立共同价值观与经营观。

② 实施跨文化培训，包括语言学习与文化敏感性训练。

③ 构建有效沟通机制，解决高/低语境文化差异。

5. 国际企业经营常见的组织结构主要包括以下五种类型，每种结构适应不同的国际化发展阶段和战略需求：

（1）国际事业部结构：由母公司设立独立国际部门统管海外业务，适合初涉国际市场的企业。该结构能集中资源但协调能力有限，易产生部门冲突。

（2）全球职能型结构：按研发、生产、营销等职能划分全球业务，标准化程度高但灵活性不足，适合技术稳定的标准化产品企业。

（3）全球区域型结构：以地理区域为单位设立分支机构，如亚太区、欧洲区等，能快速响应本地需求但可能重复配置资源。

（4）全球产品型结构：按产品线划分全球业务单元，利于专业化发展，但可能忽视区域差异，常见于多元化集团。

（5）全球矩阵型结构：结合产品、区域、职能三维度的网络化架构。该结构灵活性高但管理复杂度大，需配套文化融合机制。

三、讨论题(每题10分，共60分)

1. 外包和采购的区别主要体现在以下方面：

（1）核心区别

① 采购：企业通过合同购买产品或服务，关注结果符合性，通常不涉及过程控制。

② 外包：企业将非核心业务委托外部专业机构完成，不仅关注结果，还要求对过程进行监督，确保符合组织要求。

（2）权责划分

① 采购中，企业自行承担筛选、面试、决策等环节，供应商仅提供产品或服务。

② 外包中，外部方负责具体执行(如生产、培训等)，企业需监督过程并参与验收。

（3）风险控制

① 采购风险主要集中在供应商资质、数据安全等方面。

② 外包需防范候选人匹配度、服务过程合规性等问题，如猎头佣金争议。

（4）适用场景

① 采购适用于标准化产品或服务。

② 外包适用于技术性强、资源不足的领域。

2.（1）数字贸易平台的优势

① 市场拓展高效：打破地理限制，实现全球交易，尤其助力中小企业低成本进入国际市场。

② 交易流程简化：在线展示、支付及物流集成，显著提升效率，减少传统贸易的烦琐环节。

③ 数据驱动决策：通过大数据分析优化供应链和营销策略，提升精准度和用户体验。

④ 成本优势：降低实体店面、仓储等固定投入，新兴平台还提供按需付费模式。

（2）数字贸易平台的劣势

① 技术依赖风险：平台稳定性、网络安全问题可能中断交易，核心技术自主可控性不足时易受制于人。

② 竞争激烈：低门槛导致同质化严重，流量获取成本高，新兴市场订单零散且利润空间有限。

③ 合规挑战：需适应多国数据隐私、税收等法规，国际规则不统一增加运营复杂度。

④ 学习成本高：部分平台操作复杂，商家需投入时间适应规则和工具。

3. 中国企业海外并购面临多重挑战，主要可归结为三大维度障碍：

（1）外部环境壁垒

① 政治审查收紧：美欧等发达国家以国家安全为由加强审查，中国企业海外并购通过率显著低于全球平均水平。半导体、AI等领域交易受限尤为严重。

② 文化整合困境：管理理念差异导致并购后员工流失率远超国际同业水平。典型案例显示文化冲突可能导致团队解体。

（2）企业能力短板

① 战略定位偏差：过度追求规模扩张而非技术协同，部分企业因战略失焦最终抛售资产。

② 尽职调查专业度不足：对隐性债务、专利有效性等风险评估缺失，存在未发现专利即将到期的案例。

（3）资本运作风险

① 估值泡沫化：中企并购平均溢价率明显高于国际均值，商誉减值风险积聚。

② 融资成本高企：境外融资成本较国内显著提升，叠加汇率波动进一步侵蚀利润。

4. 从国际商务角度看，美国封禁 TikTok 的原因有：

（1）数据主权与合规冲突

TikTok 作为中国企业控股的全球化平台，其数据跨境流动机制与美国《云法案》存在根本性冲突。虽然字节跳动在新加坡设立数据中心，但核心算法仍由中国团队掌控，这种架构难以满足美国对数据本地化的监管要求。

（2）算法控制权争议

美国认为 TikTok 的推荐算法存在“价值观植入”风险，可能通过人工干预影响用户获取信息的内容倾向。在国际商务领域，这种核心技术控制权的不透明性被视为重大商业风险，特别是在舆论导向敏感的社交媒体行业。

（3）本土企业保护

TikTok 在美国拥有超 1.7 亿用户，其快速增长直接威胁 Facebook 等本土企业的市场地位。封禁措施实质上构成对本国企业的非关税保护，这是国际商务中常见的市场防御策略。

5. 数字鸿沟，即不同群体在接入、使用数字技术及获取相关价值时存在的系统性障碍。

“一带一路”倡议通过多维度协同机制有效弥合全球数字鸿沟。

（1）物理连接强化。跨境通信骨干网覆盖多个共建区域，显著提升偏远地区信息获取效率，比如在非洲实施的卫星电视项目使农村家庭首次获得稳定信息服务。

（2）能力建设赋能。区域性技术培训中心累计培养大量本土专业人才；多语言服务平台使中小企业跨境协作效率显著提升。

（3）治理协同创新。推动制定国际合作倡议，协助建立数据安全法律框架；创建跨境数据分类监管机制，平衡信息流动与主权安全需求。

（4）包容性发展。针对特殊群体设计无障碍服务界面，促进社会公平接入，医疗教育等民生领域优先数字化，实现全国覆盖。

6.（1）“天生全球企业”，指从成立初期即通过多国资源配置和市场拓展获取竞争优势的企业类型。这类企业打破了传统渐进式国际化模式，其核心特征包括：成立三年内即开展国际业务、国际销售收入占比显著、同步利用多国资金、供应链和市场资源。

（2）全球速卖通企业的典型特征：

① 平台赋能：依托跨境电商基础设施降低国际贸易门槛。

② 市场选择：直接定位全球利基市场避开本土竞争。

③ 数字原生：深度依赖互联网技术实现跨境协作。

(3) 全球速卖通上从创立即开展跨国经营的中小企业符合天生全球企业的定义，因为：

① 快速国际化：通过平台实现“零时差”全球销售。

② 收入结构：多数企业海外收入占比远超25%阈值。

③ 资源网络：整合中国供应链与全球物流体系。

四、论述题(每题20分，共40分)

1. 在数字经济时代，传统国际贸易理论面临以下结构性挑战与转型压力：

(1) 理论框架的适应性危机

① 颠覆比较优势理论前提。传统理论强调要素禀赋差异，而数字贸易通过平台赋能，使中小企业凭借数据洞察力，即可获得全球竞争优势，弱化了自然资源禀赋的决定性作用。

② 重构规模经济理论。传统贸易依赖大规模生产降低成本，数字贸易则通过长尾效应和分布式制造实现小批量多品种盈利，改写规模经济边界。

③ 突破交易成本理论框架。科斯理论中的信息搜寻、缔约成本被数字化极大降低。比如，阿里巴巴国际站使跨境匹配效率提升80%，区块链智能合约减少30%纠纷处理成本。

(2) 规则体系的分裂威胁

① 数据主权与流动矛盾。全球存在76种数字贸易专项法案，数据本地化要求导致30%数字产品遭遇市场准入障碍。RCEP与CPTPP等协定在数字身份认定、跨境传输规则上存在根本性分歧。

② 价值链控制权争夺。数字平台垄断跨境贸易渠道，使传统贸易商丧失定价权。中国跨境电商平台已控制全球35%的B2C数字贸易流量，引发欧美反垄断调查。

(3) 发展鸿沟的加剧

① 数字殖民主义隐忧。发展中国家数字服务贸易占比不足全球15%，算法技术依赖导致价值捕获能力持续弱化。

② 统计体系失灵。现行贸易统计无法量化数据要素价值，数字服务贸易62.8%的数字化率与传统计量方式产生严重偏差。

(4) 治理范式转型需求

① 多边机制失效。WTO框架难以协调区块链、元宇宙等新型贸易场景的规则制定，导致区域协定碎片化发展。

② 安全与发展平衡。数据跨境流动的“三元悖论”(主权、安全、发展不可兼得)迫使各国在数字贸易开放度上采取差异化策略。

2. 在对接国际高水平自由贸易协定过程中，打造数字贸易示范区需构建“规则对接-要素流动-产业升级”三位一体的发展框架，具体实施路径如下：

(1) 对接国际规则，构建制度创新高地

① 数据跨境流动便利化。建立数据分类分级管理制度，试点“负面清单+白名单”模式，对符合安全标准的数字服务企业免除数据本地化要求，探索与协定成员国的数据互认机制，降低跨境数据流动合规成本。

② 数字服务开放与公平竞争。取消数字服务领域的市场准入限制，保障国内外企业非歧视性待遇；禁止强制技术转让，完善数字知识产权保护规则，吸引跨国数字企业区域总部入驻。

③ 新型数字贸易规则试点。探索数字税协调、电子认证互认、跨境电子合同法律效力等前沿领域，参与制定数字贸易国际标准，为全球数字治理提供“示范区方案”。

(2) 夯实数字基础设施，提升技术支撑能力

① 建设国际级数字枢纽。布局高速光纤网络、云计算中心和边缘计算节点，打造低时延、高可靠的数字传输通道；推动5G、物联网、区块链等技术在跨境贸易中的应用，实现供应链全流程数字化追溯。

② 搭建一体化服务平台。构建集通关、支付、结算、融资于一体的数字贸易综合服务平台，整合税务、外汇、物流等政务服务，实现“一网通办”，提升跨境交易效率。

(3) 培育数字产业生态，推动业态创新

① 壮大数字服务产业集群。聚焦云计算、人工智能、数字内容等高端领域，培育一批具有国际竞争力

的数字服务企业，推动软件外包、远程医疗、在线教育等服务贸易出口。

② 推动传统产业数字化转型。支持制造业企业通过工业互联网平台实现跨境协同设计、智能制造，发展"数字+实体"融合的新型贸易业态，提升产业链全球控制力。

（4）深化国际合作，构建开放协同网络

① 对接国际数字市场。与自贸协定成员国共建数字贸易试点园区，举办数字贸易博览会、创新大赛等活动，促进技术交流与项目对接。

② 参与全球数字治理。依托示范区实践案例，参与 WTO、DEPA 等多边框架下的数字贸易规则谈判，推动形成互利共赢的全球数字贸易秩序。

（5）健全风险防控体系，保障安全发展

① 数据安全与个人信息保护。建立数据安全审查机制，对敏感数据跨境流动实施动态监控；完善个人信息保护法规，与国际隐私保护标准接轨，平衡开放与安全。

② 网络安全与应急响应。构建跨境网络安全威胁监测预警系统，制定数字贸易中断应急预案，提升应对网络攻击、数据泄露等风险的能力。

中山大学 2022 年 434 国际商务专业基础试题

一、名词解释(每题 6 分，共 30 分)

1. 垂直型跨国投资
2. 国际市场倾销
3. 竞争导向定价法
4. 经济一体化的层次
5. 企业价值链

二、简答题(每题 16 分，共 80 分)

1. 为什么有些国家劳动生产率处于绝对劣势，仍能够从贸易中获益?
2. 简述四种不同的国际化战略及其优缺点。
3. 简述新贸易保护主义的表现。
4. 简述企业进行倾销的目的和后果。
5. 简述国际分销渠道管理的具体内容。

三、分析题(每题 20 分，共 40 分)

1. 农业出口补贴有什么影响?为什么农产品难以自由贸易?
2. 瑞幸咖啡财务作假的影响有哪些?对经营者有什么启发?

中山大学 2022 年 434 国际商务专业基础试题解析

一、名词解释(每题 6 分，共 30 分)

1. 垂直型直接投资，是指一国企业或跨国公司到国外建立子公司或附属机构的国际直接投资活动。这些国外建立子公司或附属机构，与母公司之间实行纵向专业化分工协作。垂直型直接投资可分为两种：一种是一国投资者为了在生产过程的不同阶段实行专业化，而将生产资本直接输出到另一国进行设厂或建立企业的投资活动，与出口则主要体现为互补关系。另一种是把劳动密集型产品的某些生产阶段采用投资的方式，转移到劳动力成本较低的国家或地区进行。这种投资方式，在发达国家或一部分新兴工业化国家与地区进行产业结构调整时常常采用。

2. 国际市场倾销，是国际贸易的参与者为争夺国际市场而采取的一种手段。商品倾销的一般做法是：在一定时期内以低于国内外市场价格，甚至低于成本的价格，在所要争夺的国际市场上大量抛售某种商品，一旦竞争对手被击败、被挤出市场，倾销者获得了对市场的垄断后，就改低价为垄断高价，从而获取高额利润。通过倾销，可以击败竞争对手，使自己的产品在国际市场上取得垄断地位，由此而获得的高额利润，不但可弥补低价倾销阶段的损失，而且能保证今后较长一段时期内能稳获高额利润。对垄断资本来说，倾销能缓和国内生产过剩的矛盾，并能更多更长久地占领国际市场，特别是发展中国家的市场。

3. 竞争导向定价法是指企业对竞争对手的价格保持密切关注，以对手的价格作为自己产品定价的主要依据。当然，这并不意味着保持一致，而是指企业可以根据对手的价格制定出高于、低于或相同的价格。其优点在于：考虑到产品价格在市场上的竞争力。缺点在于：过分关注价格上的竞争，容易忽略其他营销组合可能造成产品差异化的竞争优势；容易引起竞争者报复，导致恶性的降价竞争，使公司毫无利润可言；竞争者价格变化难以被精确估算。

4. 经济一体化层次由低到高排列依次为：

① 优惠贸易安排，指在成员国之间，通过协议或其他形式对全部货物或部分货物规定特别的关税优惠或非关税优惠。这是经济一体化的最松散和较低级的一种形式。

② 自由贸易区，是指由签订有自由贸易协定的两个或两个以上的国家或地区组成的贸易区域。自由贸

易区内逐渐减免甚至取消关税与进口数量限制，同时，保留成员国各自的原有独立的对区外国家的关税结构和其他贸易保护措施。

③ 关税同盟，是指两个或两个以上的国家通过签订条约或协定取消区域内关税或其他进口限制，并对非同盟国家实行统一的关税率而缔结的同盟。

④ 共同市场，是指共同市场成员国间除完全废除关税与数量限制，建立非成员国的共同关税外，成员国间的生产要素也实现自由移动。

⑤ 经济同盟，是指不但成员国之间废除贸易壁垒，统一对外贸易政策，允许生产要素的自由流动，而且在协调的基础上，各成员国采取统一的经济政策。

⑥ 完全经济一体化，指各成员国之间在经济贸易和财政金融等政策方面完全协调一致，实行统一的政策，是最高层次的经济一体化。

5. 企业价值链是指企业为了满足长期的市场目标以及整个链条的共同利益而进行的战略协作。企业价值链将企业的生产经营活动分为基本活动和辅助活动两大类。基本活动，是指生产经营的实质性活动，一般可以分为内部后勤、生产经营、外部后勤、市场销售和服务五种活动。这些活动与商品实体的加工流转直接有关，是企业基本增值活动。辅助活动，是指用以支持基本活动而且内部之间又相互支持的活动，包括采购、技术开发、人力资源管理和企业基础设施。

二、简答题(每题 16 分，共 80 分)

(1) 劳动生产率绝对劣势国家仍能从贸易中获益，核心逻辑在于比较优势理论：即使一国在所有产品生产上效率均低于他国，只要存在相对生产率差异(即机会成本不同)，就能通过专业化分工和贸易提升福利。贸易获益的来源主要有：

① 资源优化配置：专业化分工使各国集中生产效率相对较高的产品，提升全球总产出。

② 规模经济效应：专注生产单一产品可降低单位成本，尤其适用于中小国家。

③ 消费可能性边界扩展：进口本国生产效率低的产品，使消费者获得更多样化、更低成本的商品。

(2) 理论延伸与现实意义：

李嘉图的比较优势理论突破了绝对优势的局限，揭示了贸易的普遍价值。现实中，发展中国家通过出口劳动密集型产品(如纺织、农产品)参与全球分工，即使在技术和资本密集型产品上处于绝对劣势，仍能通过比较优势实现经济增长，这也为“南北贸易”提供了理论解释。

2. 国际化经营战略包括国际战略、多国本土化战略、全球化战略和跨国战略。

(1) 国际战略指企业将其具有价值的产品与技能转移到国外的市场，以创造价值的举措。如果企业的核心竞争力使企业在国外市场上拥有竞争优势，而且在该市场上降低成本的压力较小，企业采取国际化战略是非常有利的。但是，如果当地市场要求能够根据当地的情况提供产品与服务，企业采取这种战略就不太合适。

优点：能充分发挥母公司的中心调整功能，更优化地使用资源。

缺点：①由于企业在国外各个生产基地都有厂房设备，形成重复建设，加大了经营成本，这对企业也是不利的。②不利于发挥国际事业部的自主性与积极性，全球化协作程度和对东道国本土市场的适应能力均低。

(2) 多国本土化战略将一个企业的大部分活动，如战略和业务决策权分配到所在国外的战略业务单位进行，由这些单元向本地市场提供本土化的产品，从而把自己有价值的技能和产品推向外国市场而获得收益。在当地市场强烈要求根据当地需求提供产品和服务并降低成本时，企业应采取多国本土化战略。但是，由于这种战略生产设施重复建设并且成本比较高，在成本压力大的行业中不太适用。

优点：①强调的是管理的灵活性与适应性，有利于充分发挥各子公司的积极性和责任感。②能使企业面对各个市场的异质需求时的反应最优化。

缺点：母公司难以统一调配资源，而且各子公司除了自谋发展外，完全失去了利用公司内部网络发展的机会，无法获得经验曲线效益和区位效益。

(3) 全球化战略向全世界的市场推销标准化的产品和服务，并在较有利的国家集中地进行生产经营活动，由此形成经验曲线和规模经济效益，以获得高额利润。在成本压力大而当地特殊要求较少的情况下，企业采用全球化战略是有利的。但是，在要求提供当地特色的产品的市场上，这种战略是不合适的。

优点：根据最大限度地获取低成本竞争优势的目标来规划其全部的经营活动，它们将研究与开发、生产、营销等活动按照成本最低原则分散在少数几个最有利的地点来完成，但产品和其他功能则标准化和统一化以节约成本，能形成经验曲线和规模经济效益。

缺点：全球化战略强调集权，由母国总部控制，于是对东道国本土市场的反应相对迟钝。并且由于企业需要跨越国界的协调战略和业务决策，所以难以管理。

(4) 跨国战略既寻求多国本土化战略所具有的当地优势，又注重全球化战略带来的效率。跨国战略目前被公认为是跨国公司的最佳战略选择。跨国公司试图兼顾全球效率、国别反应和世界性学习效果这三种战略需要。

优点：可实现区位经济，可实现曲线经验经济，可把核心竞争力转移到国外，可获得全球学习的好处。

缺点：由于有效执行的困难，跨国战略往往被看成是一种理想化而非现实的形式。

3. 新贸易保护主义主要表现形式有：

(1) 以环境保护为名筑起“绿色壁垒”

关贸总协定作为世贸组织的主要协定在第20条中规定，为保护人类、动植物的生命及健康，为保存有限的天然资源，允许对贸易进行限制。在其后的世界贸易组织的规则中亦允许各成员建立自己的卫生、安全、环境等方面的标准，限制不符合该国标准的产品进口。一些发达国家和新兴工业化国家以此为借口，凭借其经济和技术上的优势制定了一系列苛求的环保措施和高于发展中国家技术水平的环境质量标准，作为市场准入条件，对本国的市场甚至某些夕阳工业加以保护，构筑起所谓“绿色壁垒”，其主要形式有：绿色标志制度、绿色包装、环境成本。

(2) 凭借技术优势构建技术壁垒

随着科学技术与管理水平的发展，各国对产品的生产标准的技术法规及生产产品的管理体系认证的标准、评审程序和认证制度等名目繁多，复杂多变，且常常带有强烈的主观性和不透明性，对其他国家的产品和服务设置重重障碍。技术壁垒的常常表现为：

① 严格的产品准入条件。主要集中在对产品制订严格的甚至是苛刻的标准、法规作为市场准入条件。广泛涉及产品适用度、安全、卫生等方面。

② 技术认证。CE认证、美国的UL安全认证等都是影响广泛的认证制度。随着著名的ISO 9000质量管理认证体系在全球的推广和普及，国际标准化组织又不失时机地推出了ISO 14000环境管理国际标准体系。该体系的推出一方面有利于加强企业和社会团体的环境意识，规范其环境行为，另一方面，由于实行过于严格的认证标准和要求，在发展中国家全面推广尚有一定难度，这就自然而然地给发展中国家的出口贸易造成障碍，将发展中国家的产品和服务排斥在发达国家市场之外。

(3) 对外贸易管理和反倾销

新贸易保护主义通过干预本国对外贸易，来加强对外贸易的管理。最著名的是1988年美国国会修订并通过的《综合贸易及竞争办法法规》，从法律上标志着新贸易保护主义的形成。该法案授权政府对贸易对手不合理或不公正的贸易可采取必要的行动，以减少国内产业的压力，从而加强了美国政府对外贸易调控的合法性。新贸易保护主义另一表现形式是把“反倾销”作为控制进口的有效而便利的手段，恣意滥用，为所欲为。新贸易保护主义运用反倾销战略，不显山不露水地将受指控方原本符合公平竞争原则的比较利益优势消除殆尽，彻底违背了世贸组织关于反倾销协议所规定的准则。

除此之外，劳工标准、区域性协议、关税升级保护和“灰色区域”措施等也是新贸易保护主义所采取的手段。

4. 倾销是指出口商在控制国内市场的条件下，以低于国内市场价格甚至低于成本的价格向国外市场抛售商品，以打击竞争者，占领或巩固国外市场的行为。

(1) 倾销的目的有：

① 为打击或摧毁竞争对手，扩大或垄断某种产品的销路。

② 为了在国外建立新的销售市场。

③ 为了阻碍出口国同种产品或类似产品的发展，以维持垄断地位。

④ 为了推销“过剩”产品，转嫁经济危机。

⑤ 对发达国家来说，商品倾销是为了打击发展中国家的民族经济，以达到经济上、政治上控制发展中国家的目的。

（2）倾销对出口国的影响为：

① 挤占出口国其他企业的海外市场份额。无论从事倾销的生产厂商出于何种目的对外低价倾销，客观上都可以在短期内扩大其在海外市场的份额。这样，倾销厂商就可能抢夺原本属于未进行倾销的本国企业的海外市场份额。进口国厂商也可以通过对倾销产品进行简单加工后低价出口到第三国，使在第三国市场上进行正当竞争的出口国的有关生产厂商受到打击，缩小或失去市场。所以，倾销相对于出口国的其他非倾销企业而言，也是一种不公平竞争的行为。

② 损害出口国消费者的利益。倾销厂商可以利用倾销手段，处理其库存或剩余产品，从而维持其在国内市场上的垄断价格，以弥补其在海外市场的损失。在此情况下，出口国的消费者被迫支付比正常价格还要高的费用，而使之用于享受其他消费品的购买力受到不同程度的丧失。实际上，倾销企业在海外市场的扩张是以侵害出口国消费者的利益为代价的。

③ 扰乱出口国市场秩序。由于倾销往往并不是出口产品的生产厂商劳动生产效率高的反映，因而其低价销售行为会创造一种虚假的竞争优势，引发国内其他生产厂商的过度竞争。这种过度竞争的后果，会使生产厂商过分关注产品价格而忽略非价格因素对质量与销售的影响，造成出口国生产物资与人力资源的浪费，降低资源按照比较优势进行配置时的使用效率。倾销所引起的低价竞争与价格大战，更助长假冒伪劣产品的泛滥，阻碍生产企业的进步，从而扰乱出口国国内市场的价格形成机制和公平竞争秩序。

（3）倾销对进口国的影响为：

① 阻碍进口国相应产业的发展。出口国倾销企业对海外市场的扩张是通过挤占进口国相同产品生产商的市场份额来实现的。进口国相应产业由于面临着来自外国产品的低价倾销，而被迫与其进行价格竞争，其结果是导致进口国生产商利润下降以至于经营亏损。

② 扭曲进口国市场秩序。对进口国消费倾销产品的产业来说，由于其以倾销的进口产品作为原材料或零部件生产另一制成品，因接受错误的低价信号而扩大生产。一旦出口国停止了倾销，该进口国产业将无法保持扩大了的生产规模，从而造成在资源配置与使用上的浪费。

5. 国际分销渠道管理，从广义上讲包括制定渠道目标和选择渠道策略，选择、激励、评价、控制渠道成员，以及渠道改进等。

（1）分销渠道创建的途径包括购买分销渠道、向分销渠道提供资金或相关优惠条件、新建分销渠道和首创性分销渠道。

（2）中间商的管理包含以下方式：

① 向中间商提供优质畅销的产品。

② 给予中间商适当的利润分成。

③ 共同进行人员培训。

④ 给中间商独家经营权或有价值的特许经营权。

⑤ 共同开展传播活动。

⑥ 给成绩突出的中间商一定的物质奖励。

⑦ 给予一定资金支持。

（3）分销渠道控制。在国际营销中，分销渠道控制主要是指对整个渠道和各个层次中间商的控制。

（4）分销渠道评估。评估分销渠道应遵循以下四个标准：

① 经济性标准。经济性标准是国际企业评估分销渠道的首要标准。

② 可控性标准。可控性标准反映了国际企业对渠道的控制能力。

③ 应变性标准。在评估分销渠道时，国际企业要考虑分销渠道适应时间和环境变化的能力如何。

④ 销售定额标准。销售定额是一项重要的评估指标，国际企业可以将中间商的销售业绩定期进行排序。

（5）分销渠道调整。分销渠道必须随着国际市场环境、分销渠道和企业内部条件的变化进行适当的调整。

三、分析题(每题 20 分，共 40 分)

1.（1）农业出口补贴的影响分为小国模型和大国模型：

① 小国模型下的出口补贴效应：

如图 1 所示，S 为国内供给曲线，D 为国内需求曲线，P_w 是在开放市场并实行自由贸易的情况下的国际市场价格，同时也是出口国的国内市场价格。在此价格水平下，出口国的国内需求量为 OQ_1，出口量为 Q_1Q_2。出口国政府为扩大出口，对出口企业每出口一单位商品提供相当于 s 的出口补贴。这样，出口企业的出口收入便增加至 $P_s(P_w+s)$。由于出口收入增加，出口商不再愿意以 P_w 的价格在国内市场上销售商品，直至国内市场价格上升到与其出口收入相一致的 P_s。因此，政府提供出口补贴的最终结果，必然迫使出口国的国内市场价格也上升到 P_s。这样，由于国内市场价格上升，国内需求由原来的 OQ_1 下降到补贴以后的 OQ_3，国内供给则由补贴前的 OQ_2 增加到 OQ_4。其中 OQ_3 用于满足国内需求，Q_3Q_4 用于出口。从而使国内的生产、消费和政府收支出现变化：生产者收入增加，表现为生产者剩余增加了 $(a+b+c)$；消费者收益减少，表现为消费者剩余比补贴前减少了 $(a+b)$；政府用于支付出口补贴的支出增加了 $(b+c+d)$。因政府提供补贴而导致出口国社会福利水平的变化为：$(a+b+c)-(a+b)-(b+c+d)=-(b+d)$。其中，$b$ 是消费扭曲，即由原来国内消费者的消费转移到国外消费者的消费的部分；d 为生产者剩余，即由效率低的出口国的生产代替了效率高的国外产品生产而造成的效率的损失。由此可见，小国模型下，出口补贴的实施会导致出口国整体社会福利水平下降。

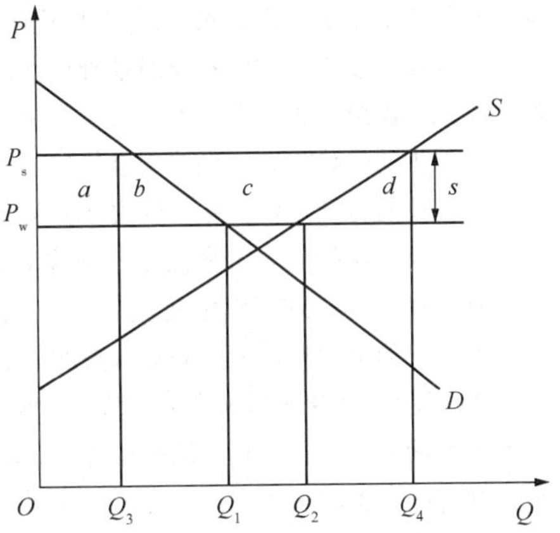

图 1　小国模型下出口补贴的经济效应

② 大国模型下的出口补贴效应：

大国实行出口补贴会导致出口供给增加，国际市场价格下降，因此会减少出口商的收益，弱化政府出口补贴的作用。在大国模型下，出口补贴对出口国带来的经济效应影响见图 2。由于出口国是贸易大国，随着该国在国际市场上供给的不断增加，引起国际市场的供过于求从而导致价格由 P_w 下降至 P'_w。因此在国际市场价格下降以后，出口企业的实际总收益只有 P'_w+s，所以，实行出口补贴后出口国的市场价格最终会上升至 $P_s(P'_w+s)$。这一价格上升的幅度低于小国模型时出口国国内价格的上升幅度，原因是政府补贴导致出口供给增加，世界市场价格下降。因此出口国政府所提供的补贴，有一部分成为进口国消费者的福利。在大国模型下，出口补贴对出口国的生产、消费及政府支出的影响如下：生产者收入增加，表现为生产者剩余增加了 $(a+b+c)$；消费者收益减少，表现为消费者剩余比补贴前减少了 $(a+b)$；政府支出增加，表现为政府必须向出口企业提供 ($b+c+d$+阴影部分) 的出口补贴。因此，政府补贴导致出口国社会福利水平的变化为：$(a+b+c)-(a+b)-(b+c+d+$阴影部分$)=-(b+d+$阴影部分$)$。由此可见，在大国模型下，出口国政府向出口企业提供出口补贴所造成的损失大于小国模型下的损失。

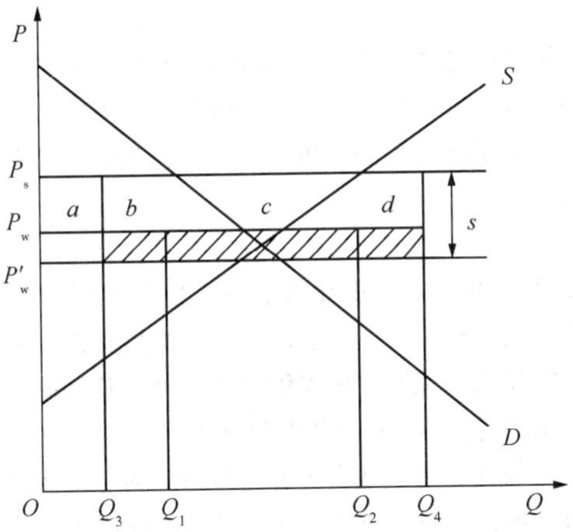

图 2　大国模型下出口补贴的经济效应

（2）近现代自由贸易理论研究表明，贸易保护会扭曲市场，导致资源配置失效，进而导致国民净福利的损失，损人又损己；而自由贸易则可通过资源在世界范围内的重新配置提高资源使用效率，促进国民净福利和世界净福利增加。但是，农产品贸易与工业品贸易不同，它不仅涉及一个国家的经济利益，更为重要的还涉及粮食安全、农民生计、农村发展、社会稳定以及经济结构的平衡等一系列重大而敏感的问题。特别是粮食安全问题，虽然农产品自由贸易对于粮食安全具有积极影响，但也有消极作用，没有一个国家愿意把自己人民生死攸关的吃饭问题交给自己难以控制的世界市场。另外，随着工业化的进步，由于农业生产和消费都缺乏弹性，农产品对于工业品的相对贸易条件不断恶化，农民收入下降，势必影响粮食生产，扩大城乡差距，动摇农业的基础性地位，进而导致严重的社会问题。只有对农业提供支持，才能提高农民收入，保障粮食安全，缩小城乡差距，稳固农业的基础性地位，维护国家的长治久安。因此，各国明知农业保护的代价很高，也要不惜代价予以维持。不论是发达国家还是发展中国家，考虑到农业在一国的政治经济中的特殊地位，除少数农产品竞争力很强的国家，农产品贸易支持与保护将成为常态。所以，农产品贸易自由化的阻力向来大于工业品贸易自由化的阻力，在农产品贸易中允许大量国内支持措施的存在，甚至在“绿箱措施”中也允许具有贸易扭曲作用的国内支持措施的存在。

2.（1）瑞幸咖啡财务作假对自身的影响如下：

① 对瑞幸自身的影响股价下跌，面临诉讼风险。瑞幸在财务造假事件被揭露后，股价暴跌超 80%，一度触发熔断；之后多次收到纳斯达克的退市通知，直至 2020 年 6 月 29 日正式停牌；同时，瑞幸咖啡还要承担在美投资者的集体诉讼，为了解决诉讼风波，瑞幸咖啡要支付高昂的法务费用，这加剧瑞幸咖啡的破产风险。

② 门店大量关闭，员工面临失业。瑞幸咖啡为了抢占市场，所选择的商业模式是烧钱扩张。通过高额补贴的形式实现初期快速扩张。受到财务造假事件的恶劣影响，瑞幸咖啡的财务危机让瑞幸咖啡的大量门店面临关店风险，员工失业率急速上升。

③ 企业信誉降低，融资困难。财务造假被揭露之后，瑞幸咖啡面对着高额的亏损，急需不断地融资来维持经营。而此时瑞幸咖啡的优良形象已经荡然无存，企业商誉不断减值，企业的融资也变得异常困难。

（2）瑞幸咖啡财务作假对中概股的影响如下：

① 产生信任危机，降低中概股信誉。瑞幸咖啡的财务造假使得中概股的信任危机再一次地濒临爆发，受瑞幸咖啡事件的影响，外国投资者对中国企业的不信任加深，其他中概股的跌幅明显，中概股平均股价异常波动。

② 上市难度增加，企业压力增加。面对大环境下对于中概股的不看好，对于中概股的投资也会变得格外犹豫和谨慎，因此企业难以得到资金支持，融资能力越来越差。除此之外，相关会计师事务所等中介机构也会加大上市成本，来缓解自己面对高风险上市的负担。在少进多出的资金双重压力之下，企业想要作为中概股上市的难度不断增加，压力也日趋加大。

（3）对经营者的启发：

① 遏制贪婪因素。公司在上市前应对当地的市场环境和法律法规进行全面深入了解，尊重经济市场、遵循市场规则、遵守法律规范，及时履行信息披露义务，合理合法进行经济业务活动；优良的企业文化和企业家精神对内有效引导员工、对外提高企业信誉，亦有利于克服道德风险、增强管理者自律、遏制贪婪因素；科学的激励机制设计能够使管理者控制权和剩余索取权相匹配，避免形成了贪婪诱因。

② 减少机会因素。监事会、独立董事应积极参与公司决策、治理，有效地发挥公司内部控制与监督作用，维护公司整体利益；要建立财务数据核实制度和独立的审计部门和审计渠道，并加强对违规行为的内部查处和追责力度。

③ 公司应该制定合理的经营模式和发展战略。尽管在美国上市对公司盈利要求相对较低，但中概股公司也应对自身产品市场竞争力和资金状况进行分析，避免快速占据市场、融资扩张等过于激进的运营模式所带来现金流风险和长期亏损状态。

④ 加强监督和管理。严肃监管和制度环境、提高资本市场惩戒力度和强化发现机制。除了政府监管，还可发挥其他市场主体、媒体的监督作用。

中央财经大学 2022 年 434 国际商务专业基础试题

一、名词解释(每题 4 分，共 40 分)

1. 普遍优惠制
2. 国民待遇
3. 超保护贸易政策
4. 调拨价格
5. 许可贸易
6. 保税区
7. 外贸依存度
8. 荷兰病
9. 离岸金融市场
10. J 曲线效应

二、单项选择题(每题 1 分，共 12 分)

1. 2021 年是中国加入世界贸易组织 20 周年，中国正式成为 WTO 第 143 个成员的时间是(　　)。

A. 2001 年 11 月 10 日　　B. 2001 年 11 月 11 日

C. 2001 年 12 月 10 日　　D. 2001 年 12 月 11 日

2. WTO 规定，在某些特殊情况下成员国可以对 WTO 基本原则进行例外处理，下列不属于 WTO 例外情形的是(　　)。

A. 关税同盟和自由贸易区　　B. 保护幼稚产业

C. 维护国家安全　　D. 实施关税保护

3. 下列哪种知识产权的保护期一般不受限制？(　　)

A. 版权　　B. 地理标识　　C. 工业设计　　D. 商标

4. 下列规定中，属于国际服务贸易壁垒中产品移动壁垒的是(　　)。

A. 当地成分要求　B. 数量限制　　C. 外汇管制　　D. 政府采购

5. 绝对配额与关税配额的区别主要体现在(　　)。

A. 对进口商品价格的控制上　　B. 对关税的征收上

C. 对附加税和罚款的处理上　　D. 对进口数量的控制上

6. 与跨国并购相比，下列描述中不属于绿地投资特点的是(　　)。

A. 建设周期较长　　B. 投资风险较低

C. 投资成功率低　　D. 适合对发展中国家投资

7. 投资外国股票的股息和红利收入应当记入国际收支平衡表的(　　)。

A. 转移项目　　B. 资本项目　　C. 金融项目　　D. 经常项目

8. 关于实际汇率与购买力平价的关系，以下论述错误的是(　　)。

A. 相对购买力平价理论认为，一国价格水平上升，该国实际汇率会出现贬值

B. 相对购买力平价成立，实际汇率保持不变

C. 实际汇率反映了一国商品的相对竞争力

D. 绝对购买力平价成立，实际汇率等于 1

9. 下列各个指标中，与一国资本市场的开放程度相关性最弱的是(　　)。

A. 一国储蓄和投资的关联程度

B. 一国持有的外汇储备的多少

C. 一国货币在岸和离岸的存款利差

D. 国际收支平衡表中资本和金融项目的交易额

10. 关于第一代货币危机模型，下列说法正确的是(　　)。

A. 发达国家的宏观政策是导致新兴经济体货币危机频繁爆发的主要原因

B. 对资本账户进行管制是避免危机爆发的重要手段

C. 坚持固定汇率制可以避免货币危机的爆发

D. 新兴经济体长期过度的信贷扩张是导致危机的重要原因

11. 蒙代尔-弗莱明模型中，固定汇率下，财政扩张会如何影响一国产出和经常账户余额？(　　)

A. 产出上升、经常账户余额下降　　B. 产出上升、经常账户余额上升

C. 产出下降、经常账户余额上升　　D. 产出下降、经常账户余额下降

12. 最早的国际货币体系是国际金本位，以下说法正确的是(　　)。

A. 在国际金本位制下，一国黄金越多该国越可能出现贸易逆差

B. 美国在国际金本位制中一直占据核心地位

C. 国际金本位制下各国货币有天然的通货膨胀现象

D. 公信力和国际合作是国际金本位制得以维持的基础

三、简答题(每小题 7 分，共 56 分)

1. 简述国际贸易相较于国内贸易的风险。
2. 简述各国常用的出口促进措施。
3. 简述租赁贸易的含义和特点。
4. 简述海关任意估价管理的含义和常用的估价方法。
5. 简述垄断优势理论的主要内容及启示。
6. 简述拥有技术核心竞争力的企业与拥有管理核心竞争力的企业的国际化扩张模式的差别。
7. 简述导致美国 20 世纪 90 年代以来经常项目长期逆差的原因。
8. 简述汇率制度选择的“三元悖论”对中国汇率制度改革的指导意义。

四、计算题(10 分)

与美国贸易量最多的国家是加拿大、墨西哥、中国和日本(按贸易额计算)。为了简化分析，假设美国只与这四个国家进行贸易，这四个国家占美国的贸易份额以及与美元汇率如下表所示：

国家(货币)	贸易份额	2009 年(美元/外币)	2010 年(美元/外币)
加拿大(美元)	36%	0.9225	0.9643
墨西哥(比索)	28%	0.0756	0.0788
中国(人民币)	20%	0.1464	0.1473
日本(日元)	16%	0.0105	0.0112

1. 分别计算 2009 年至 2010 年间四个国家与美国之间双边汇率的百分比变化，并判断美元相较于其他国家货币是升值还是贬值。

2. 以贸易份额为权重，请计算美国 2009 年至 2010 年间美国名义有效汇率的百分比变化。

3. 基于第 2 个问题的计算结果，请问 2009 年至 2010 年间美元相对于一篮子货币的价值

是升值还是贬值了？

五、论述题(每小题 16 分，共 32 分)

1. 构建以国内大循环为主体、国内国际双循环相互促进的新发展格局对中国外贸的平稳发展意义重大。请分析“双循环”发展格局对我国未来对外贸易发展的影响，并提出中国外贸发展的路径优化策略。

2. 近年来，中国跨境电子商务高速发展，现已成为对外贸易和传统产业升级的重要途径。请分析新技术的应用对跨境电商的影响，以及我国培育跨境电商新优势的对策。

中央财经大学 2022 年 434 国际商务专业基础试题解析

一、名词解释(每题 4 分，共 40 分)

1. 普遍优惠制，是发达国家对发展中国家出口的制成品和半制成品给予的非互惠关税优惠。起源于 1968 年联合国贸发会议，旨在促进发展中国家工业化。其核心特点包括普遍、非歧视、非互惠三大原则，附加“毕业条款”(当受惠国产业具备竞争力时取消优惠)。

2. 国民待遇，是 WTO 核心原则之一，要求成员方给予进口产品/服务不低于国内同类产品的待遇，涵盖税收、销售、运输等环节。适用于货物贸易、服务贸易和知识产权领域。例外情形包括政府采购和对国内生产者的补贴。该原则确保外国商品在进入后与本地产品公平竞争。

3. 超保护贸易政策，是垄断资本主义时期的进攻性贸易保护措施，与传统保护主义不同：保护对象扩展到衰退的垄断工业，目的是巩固国内外市场垄断，采用关税、非关税壁垒及出口补贴等综合手段。凯恩斯主义为其提供理论基础，通过贸易顺差扩大有效需求。1929 年大危机后盛行，当前表现为技术壁垒、反倾销等新形式。

4. 调拨价格，是跨国公司内部交易的非市场定价，通过高价进口/低价出口转移利润，实现避税、调节子公司盈利或规避外汇管制。分为转移高价和转移低价两种策略，常见于关联企业间原材料采购、成品销售环节。其核心目的是最大化集团整体利益，可能造成东道国税收流失，是国际税务监管的重点对象。

5. 许可贸易是技术转让的主要形式，许可方授予被许可方专利、商标、专有技术等无形资产的使用权，收取许可费。按权限分为独占许可、排他许可和普通许可。优势是低成本进入海外市场，降低政治风险；劣势是控制力弱，可能培养竞争对手。

6. 保税区是经国务院批准设立的海关特殊监管区域，实行“境内关外”管理模式，境外货物入区可享受保税或免税政策，区内企业间交易免征增值税和消费税。核心功能包括保税仓储、加工制造、国际贸易、商品展示等，具备“免证、免税、保税”特点。其税收政策为：进口货物暂缓征税，制成品出口免征关税，区内加工货物内销时按实际报验状态征税。

7. 外贸依存度是衡量一国经济对国际贸易依赖程度的指标，计算公式为进出口总额与国内生产总值的比值，通常以百分比表示。其数值受经济规模、产业结构、汇率波动和贸易政策影响，数值越高表明经济对外部市场依赖越强，易受国际经济波动冲击；数值过低则可能意味着经济内向型特征显著。

8. 荷兰病是指一国因某种自然资源出口激增导致经济结构失衡的现象。其核心机制为：资源出口增加推高汇率，削弱制造业等可贸易行业竞争力；同时资源行业吸引大量资本与劳动力，挤压其他产业发展空间，导致产业结构单一化。该术语源于 20 世纪 60 年代荷兰天然气开发后，制造业衰落的经济现象。

9. 离岸金融市场是指主要为非居民提供境外货币融资、投资、结算等金融服务的市场。其核心特征是交易货币为市场所在国以外的货币，且不受所在国金融法规严格管制，通常实行低税率或免税政策。离岸金融市场通过规避监管、降低交易成本促进国际资本流动，优化全球资源配置，但也可能成为资本外逃、洗钱和金融不稳定的潜在风险点。

10. J 曲线效应是指一国货币贬值后，贸易收支先短期恶化再长期改善的动态变化现象。其核心机制为：贬值初期，进出口合同已确定，价格弹性较低，出口收入下降、进口成本上升导致贸易逆差扩大；随着时间推移，出口价格优势显现，进口替代效应增强，进出口量调整使贸易收支逐渐改善，整体呈现J形曲线轨迹。

二、单项选择题(每题1分，共12分)

1. D。中国于2001年12月11日正式成为WTO第143个成员。11月10日为多哈会议通过中国入世决议的日期，并非正式加入时间。

2. D。WTO允许的例外情形包括关税同盟、保护幼稚产业、维护国家安全等。关税保护本身违反WTO非歧视原则和关税减让义务，不属于例外。

3. B。地理标识的保护期一般不受限制，旨在永久保护特定地区的产品声誉；版权、工业设计和商标均有法定保护期限。

4. B。产品移动壁垒直接限制服务产品的跨境流动，数量限制属于此类；当地成分要求为生产壁垒，外汇管制为资本移动壁垒，政府采购为政府补贴类壁垒。

5. D。绝对配额直接限制进口数量，超配额禁止进口；关税配额对配额内进口免税/低税，超配额仍可进口但需征收高关税，核心区别在数量控制方式。

6. B。绿地投资需新建企业，建设周期长、不确定性高、成功率较低；跨国并购可快速进入市场，投资风险相对较低。

7. D。股息和红利属于“经常项目”中的“收益”子项，反映要素跨国流动的收入。

8. A。相对购买力平价认为，实际汇率长期保持不变；一国价格水平上升会导致名义汇率贬值，但实际汇率不受影响，A选项错误。

9. B。外汇储备规模主要反映国际收支调节能力，与资本市场开放程度无直接关联；其他选项均为衡量开放度的核心指标。

10. D。第一代货币危机模型认为，固定汇率制下过度信贷扩张导致外汇储备耗尽，引发危机；新兴经济体的财政赤字货币化是主要诱因。

11. A。固定汇率下财政扩张→利率上升→资本流入→央行干预购汇→货币供应量增加→产出上升；进口增加→经常账户余额下降。

12. D。国际金本位制依赖各国遵守“游戏规则”和黄金自由流动，公信力与国际合作是维持基础；A、B、C选项均与金本位制事实不符。

三、简答题(每小题7分，共56分)

1. 国际贸易风险源于跨国家/地区的制度、经济、文化差异，主要包括四类：

(1) 政治风险：政策变动(如关税壁垒、配额限制)、地缘冲突(如中美贸易战)、法律差异(如合同纠纷适用法不同)。

(2) 经济风险：汇率波动(如人民币升值削弱出口竞争力)、支付风险(如信用证欺诈)、通胀差异(影响定价策略)。发展中国家外汇管制可能导致货款无法汇回。

(3) 文化风险：语言障碍(如合同条款歧义)、习俗差异(如颜色禁忌影响产品包装)、宗教信仰(如清真认证要求)。

(4) 物流风险：长途运输延误(如苏伊士运河堵塞)、仓储损耗、保险覆盖不全(如战争险未投保)。

2. 出口促进措施是政府或机构为扩大出口采取的政策工具，主要分为四类：

(1) 财政措施：

① 出口补贴：直接现金补贴或间接补贴(如低息贷款)。

② 出口退税：退还出口商品已缴增值税、消费税。

(2) 金融措施：

① 出口信贷：分为买方信贷(向进口商提供)和卖方信贷(向出口商提供)。

② 出口信用保险：承保政治风险(如战争)和商业风险(如买方违约)。

(3) 行政措施：简化出口许可证审批、设立贸易促进机构(如美国商务部国际贸易管理局)、组织贸易展会。

（4）国际合作：签订自由贸易协定、建立经济特区、参与区域经济一体化。

3.（1）租赁贸易是指一方（出租人）将设备、交通工具等资产使用权转让给另一方（承租人），后者支付租金并在租期结束后归还或购买的贸易方式。核心是所有权与使用权分离。

（2）租赁贸易的特点：

① 融资与融物结合：承租人无须全额购买即可获得资产，缓解资金压力。

② 租期灵活：融资租赁租期较长（3-10年），适合大型设备；经营租赁租期较短（1-3年），适合季节性需求。

③ 维修责任明确：融资租赁中承租人负责维修，经营租赁由出租人承担。

④ 税务优势：租金可计入成本抵税，优于贷款购买的折旧抵扣。

⑤ 资产更新便利：租期结束可选择续租、退租或留购，适应技术迭代（如IT设备租赁）。

4.（1）含义：海关任意估价管理是指海关为防止进口商低报成交价格以逃税，依据法定规则估定完税价格的制度。核心是确保"正常成交价格"，而非实际申报价格。

（2）常用方法（按WTO《海关估价协定》优先级排序）：

① 成交价格法：以实际成交价格为基础，加上运费、保险费等。

② 相同货物成交价格法：参考同时期进口的相同货物价格（如同一品牌型号的手机）。

③ 类似货物成交价格法：参考功能、材质相似的货物价格（如不同品牌的笔记本电脑）。

④ 倒扣价格法：以进口货物国内售价为基础，扣除利润、关税、运费（适用于无法获取进口价格时）。

⑤ 计算价格法：按生产成本+利润+运费计算（适用于关联交易）。

⑥ 合理方法：在上述方法均不适用时，采用市场公允价格（需说明理由）。

5.（1）垄断优势理论由美国学者海默于1960年提出，核心观点是：

① 企业垄断优势：跨国公司拥有技术、专利、管理技能、规模经济等优势，可克服海外经营的额外成本（如信息不对称、文化差异）。

② 市场不完全性：在不完全竞争市场中，企业可凭借垄断优势排斥竞争对手，进行对外直接投资（FDI），而非出口或技术授权。

③ 优势来源：技术优势（如制药企业专利）、管理优势（如麦当劳标准化流程）、资金优势（如跨国银行低成本融资）、品牌优势（如可口可乐商誉）。

（2）垄断优势理论的启示：

① 对企业：发展中国家企业需培育核心竞争力，而非依赖低成本劳动力。

② 对政府：通过研发补贴、知识产权保护、产业政策支持企业获取垄断优势。

③ 局限性：无法解释中小企业对外投资，需结合内部化理论、区位优势理论综合分析。

6. 技术核心竞争力企业与管理核心竞争力企业的国际化扩张模式存在显著差异：

（1）技术型企业多采用绿地投资或技术授权，以严格控制核心技术。这类企业倾向高风险高回报策略，通过新建研发中心或生产基地维持技术独占性，扩张周期较长（3—5年），前期投入高，注重内部研发团队稳定性，避免技术外流。

（2）管理型企业则偏好跨国并购或战略联盟，通过收购本土企业快速获取渠道资源，或组建合资公司输出管理模式。这类企业风险偏好较低，强调标准化流程复制以实现规模扩张，扩张周期较短（1—2年），需承担并购后的文化整合成本。通常向海外分支机构派遣核心管理团队，同时保留本土员工以适应本地市场。

（3）两类模式的根本差异源于优势属性：技术优势具有独占性，需通过纵向一体化控制价值链；管理优势具有可复制性，可通过横向合作快速扩张，分别对应"技术驱动型"和"效率驱动型"国际化战略。

7. 美国经常项目逆差自20世纪90年代持续至今，核心原因包括：

（1）储蓄-投资失衡：居民储蓄率长期低于投资率，需通过外资流入弥补缺口。

（2）美元储备货币地位：全球对美元需求使美国可低成本借贷，维持高消费，形成"特里芬难题"。

（3）产业结构空心化：制造业外流导致出口竞争力下降，服务业顺差无法抵消商品逆差。

(4) 贸易伙伴顺差：中国、日本等东亚国家通过出口导向战略积累顺差，形成“美元-东亚商品”循环。

(5) 财政赤字扩张：减税和军费开支推高进口需求，加剧逆差。

8. (1)三元悖论核心理论

该理论指出，一国货币政策独立性、固定汇率、资本自由流动三大目标不可兼得，需放弃其一。中国改革始终以货币政策独立性为首要目标，通过动态调整汇率制度与资本管制实现平衡。

(2) 中国汇改实践阶段

① 固定汇率与资本管制阶段(1994—2005 年)：盯住美元以促进出口，严格限制资本流动，外汇储备快速增长，但丧失汇率调节功能。

② 有管理浮动阶段(2005—2015 年)：参考一篮子货币调节汇率，扩大波动区间，逐步开放经常项目可兑换，资本账户部分开放。

③ 当前动态平衡阶段(2015 年至今)：“811 汇改”后增强汇率弹性，通过逆周期因子、外汇风险准备金等工具稳定汇率；资本账户有序开放，同时强化短期资本流动管理。

(3) 指导意义

① 渐进式改革路径：避免激进开放导致的金融动荡，如 2015 年汇改后逐步完善宏观审慎框架。

② 政策组合优化：以“货币政策独立+有管理浮动汇率+部分资本管制”为当前最优解，兼顾内外均衡。

③ 风险防控优先：资本账户开放节奏与监管能力匹配，如对跨境资本流动实行“宏观审慎+微观监管”双支柱管理。

四、计算题(10 分)

1. 双边汇率百分比变化

加拿大(加元)：2009—2010 年汇率从 0.9225 升至 0.9643，变化率为[(0.9643-0.9225)/0.9225]×100%≈4.53%，美元贬值。

墨西哥(比索)：汇率从 0.0756 升至 0.0788，变化率为[(0.0788-0.0756)/0.0756]×100%≈4.23%，美元贬值。

中国(人民币)：汇率从 0.1464 升至 0.1473，变化率为[(0.1473-0.1464)/0.1464]×100%≈0.62%，美元贬值。

日本(日元)：汇率从 0.0105 升至 0.0112，变化率为[(0.0112-0.0105)/0.0105]×100%≈6.67%，美元贬值。

2. 由于汇率标价为“美元/外币”，外币升值对应美元贬值，故名义有效汇率变化率需取负值。以贸易份额为权重(加拿大 36%、墨西哥 28%、中国 20%、日本 16%)计算：

$$NEER=0.36\times4.53\%+0.28\times4.23\%+0.20\times0.62\%+0.16\times6.67\%=4.00\%$$

因此，美元名义有效汇率百分比变化为-4.00%(负号表示美元贬值)。

3. 根据名义有效汇率变化率-4.00%，2009—2010 年间美元相对于一篮子货币贬值。

五、论述题(每小题 16 分，共 32 分)

1. (1)双循环格局对中国外贸的影响

① 积极效应：

首先，内需驱动外贸结构升级。国内大循环主导下，消费升级推动进口向高品质、高技术商品延伸，同时产业转型促使出口从劳动密集型向技术密集型产品转变，形成“进口-创新-出口”的良性循环，增强外贸内生动力。

其次，制度型开放深化。依托国内统一大市场建设，外贸领域加速对接国际高标准规则，在知识产权保护、竞争政策等方面实现制度创新，降低内外循环衔接成本，为外贸发展提供制度保障。

② 挑战：

首先，全球供应链重构压力加大。单边主义与保护主义加剧产业链区域化趋势，外贸需应对技术封锁、市场准入限制等风险，平衡“自主可控”与“开放合作”的关系。

其次，内外规则衔接难度大。国内市场规则与国际通行标准存在差异，数据跨境流动、绿色贸易等领域的制度壁垒可能增加贸易成本，需通过改革破解对接难题。

（2）中国外贸发展的路径优化策略

① 以供给侧结构性改革提升竞争力。聚焦战略性新兴产业和传统产业升级，强化关键核心技术攻关，推动产品、技术、标准、品牌“走出去”，构建以技术密集型产品为主导的出口结构，提升全球价值链参与位势。

② 深化开放合作与市场多元化。加快对接 CPTPP、DEPA 等国际经贸规则，在重点区域开展制度创新压力测试。深耕亚太市场，拓展新兴市场，通过自贸协定深化区域合作，降低对单一市场的依赖。

③ 培育贸易新动能与韧性。推动跨境电商、数字贸易等新业态发展，利用数字技术赋能贸易全链条。将绿色低碳理念融入外贸流程，开发绿色产品与技术贸易。建立产业链风险预警机制，保障关键资源供应，增强供应链韧性。

（3）双循环格局下，中国外贸需以国内大循环为“稳定器”，国际循环为“增长极”，通过结构优化、制度创新、动能转换实现高质量发展，推动从贸易大国向贸易强国迈进。

2.（1）新技术对跨境电商的积极影响

① 供应链效率提升。大数据与人工智能技术优化需求预测与库存管理，实现生产、仓储、物流环节的动态协同，降低库存积压与断供风险，提升供应链响应速度。

② 消费体验重构。虚拟现实、增强现实技术突破时空限制，提供沉浸式商品展示；算法推荐实现个性化营销，提升用户黏性与转化率，推动跨境消费从“功能满足”向“体验驱动”转变。

③ 交易成本降低。区块链技术简化跨境支付流程，减少中间环节与结算时间；智能报关系统实现“秒级通关”，降低制度性交易成本，提升贸易便利化水平。

④ 市场边界拓展。跨境直播、社交电商等新业态借助移动互联网技术渗透新兴市场，打破传统地理限制，推动跨境电商从“流量竞争”向“生态构建”升级。

（2）新技术对跨境电商的挑战

① 技术鸿沟加剧竞争失衡。大型平台凭借技术优势形成垄断，中小企业因研发能力不足难以适应技术迭代，导致市场集中度上升，创新活力受限。

② 数据安全与合规风险。跨境数据流动涉及多国隐私保护法规，技术应用可能引发数据主权争议，增加企业合规成本与运营风险。

③ 国际标准不统一。各国在电子认证、数字税、绿色物流等领域的技术标准存在差异，制约技术赋能的规模化效应，增加跨境运营复杂性。

（3）培育跨境电商新优势的对策

① 夯实技术基础设施与生态。推动 5G、物联网、工业互联网在跨境电商领域的融合应用，建设公共技术服务平台，为中小企业提供低成本技术解决方案，弥合技术鸿沟。

② 强化数字技能与创新能力。实施跨境电商人才培育计划，重点培养数据分析、人工智能应用等数字技能；支持企业与高校、科研机构共建实验室，推动关键技术突破与成果转化。

③ 构建数据安全与规则体系。建立跨境数据分类分级管理制度，参与国际数据治理规则制定，推动与主要贸易伙伴的数据互认机制，降低合规风险。

④ 深化国际技术合作与标准对接。依托“数字丝绸之路”建设，与沿线国家共建跨境电商技术标准体系，在电子支付、智能物流等领域推广中国技术方案，提升国际话语权。

对外经济贸易大学2023年434国际商务专业基础试题

一、单项选择题(每题2分，共40分)

1. 以下属于国际商务主要研究内容的是(　　)。
   A. 跨国企业同其所在的国际或外国环境的互动关系
   B. 致力于经济发展、发展规划、对外贸易和国际货币体系的研究
   C. 有关外国法律、政治、经济和社会环境的研究
   D. 对某特定国家的商业活动的研究
2. 狭义外汇的基本条件不包括(　　)。
   A. 国际性　　B. 可交易性　　C. 可兑换性　　D. 可偿付性
3. 相比于集中生产，分散生产的特征包括(　　)。
   A. 最小效率规模较小　　B. 区位优势较明显
   C. 可采用柔性生产技术　　D. 跨文化风险较低
4. 以下哪种战略不属于业务层战略？(　　)
   A. 多元化战略　　B. 聚焦战略　　C. 成本领先战略　　D. 差异化战略
5. 关于重商主义的理解，以下说法错误的是(　　)。
   A. 重商主义出现于16世纪，是最早有关国际贸易的思想之一
   B. 重商主义认为出口是有益的，进口是有害的
   C. 重商主义将贸易看成零和博弈，这是其重要的缺陷之一
   D. 重商主义反对政府干预，鼓励通过自由贸易实现贸易顺差
6. 以下不属于大陆法系分布范围的国家是(　　)。
   A. 德国　　B. 南非　　C. 卢森堡　　D. 印度尼西亚
7. 完税后交货的贸易术语是(　　)。
   A. DAP　　B. DDP　　C. FOB　　D. FAS
8. 以下关于反倾销与反补贴的理解，正确的是(　　)。
   A. 反倾销税和反补贴税都不属于关税
   B. 若进口国的反倾销税或反补贴税仅仅形成既定程序，但没有实际征收，则不会对进口产生抑制作用
   C. 反倾销与反补贴属于贸易救济的主要措施
   D. 倾销、补贴是进口国政府干预贸易的非合理理由
9. 通过政府出资或授权发挥作用的政策工具，通常不包括(　　)。
   A. 外汇管制　　B. 生产补贴　　C. 国营贸易　　D. 出口信贷
10. 以下不属于国际企业专门融资方式的是(　　)。
    A. 国际贸易融资　　B. 国际债务融资
    C. 国际融资租赁　　D. 国际项目融资
11. 按照区域一体化程度从低到高的层次进行排序，以下正确的是(　　)。
    A. 共同市场、关税同盟、政治联盟
    B. 自由贸易区、关税同盟、共同市场

C. 经济联盟、政治联盟、共同市场

D. 关税同盟、自由贸易区、经济联盟

12. 有关国际工程承包中的保证，通常不包括(　　)。

A. 投标保证　　B. 履约保证和完工保证

C. 人员保证和质量保证　　D. 付款保证

13. 关于柔性生产，以下说法错误的是(　　)。

A. 兼顾标准化与多样化　　B. 需要生产技术的支持

C. 使区位优势更为凸显　　D. 需要多条流水生产线

14. 联合国人文发展指数(HDI)是对于货币数字指标的有效补充，以下不属于 HDI 衡量内容的是(　　)。

A. 人口寿命　　B. 就业情况　　C. 教育程度　　D. 生活标准

15. 市场营销中的产品组合要素不包括(　　)。

A. 长度　　B. 匹配度　　C. 深度　　D. 关联度

16. 关于 M 型组织结构的说法，错误的是(　　)。

A. M 型结构也称为事业部制结构

B. M 型结构的优点在于避免了管理失控和信息不准确传递的问题

C. M 型结构存在各子单位重复投资和难以协调的问题

D. M 型结构的弊端在于不适应企业多元化的动态发展

17. 关于法人居民的判断标准，不包括(　　)。

A. 选举权控制标准　　B. 管理机构所在地标准

C. 破产权控制标准　　D. 注册地标准

18. 以下有关混合经济制度的说法，错误的是(　　)。

A. 混合经济介于纯粹的市场经济和计划经济之间

B. 一部分实行自由市场机制，但国有企业和政府计划也占据相当比重

C. 混合经济制度经常以经济转型的形式呈现

D. 混合经济制度下政府拥有的资源通常比市场经济制度下少

19. 常见的涉外税收负担原则不包括(　　)。

A. 公平原则　　B. 优惠原则　　C. 平等原则　　D. 最大负担原则

20. 关于可保风险，以下说法错误的是(　　)。

A. 可保风险所造成的损失必须是意外的

B. 可保风险所造成的损失不能是极大的或灾难性的

C. 可保风险所造成的损失必须是确定的、可以计算的

D. 可保风险可以转变为不可保风险，但不可保风险不能转化为可保风险

二、判断题(每题 1 分，共 20 分，正确的打√，错误的打×)

1. 网络结构的基本单位是组织中的个人，而非特定的职位和任务。

2. 国别环境中的不确定性是客观存在的、不可控的，其所产生的不利结果是可管理的。

3. 社会保障是无偿给社会上无收入的贫困人群的福利，是社会救济的一种。

4. 汇率的间接标价法是以一定单位的外币为计算标准，折合成一定数量的本币来表示其汇率。

5. TISA 采取混合列表，在市场准入部分采取否定式列表，在国民待遇上采用肯定式列表。

6. 国民待遇是指外国人同本国人享有同等权利但不承担同等义务。

7. 根据离岸业务是否在市场所在地进行可将离岸金融中心分为功能型和簿记型。

8. 民主和集体主义往往如影随形，而极权通常与个人主义相连。

9. “边学边干”的企业利用规模经济积累产量增加过程中的经验，从而降低生产成本。

10. “国际”商务之所以区别于“国内”商务而存在，是由于制度与文化的国别差异。

11. 采用国际战略的企业面临较大全球整合压力，但当地响应压力相对较小。

12. 平衡表法的基本目标是使外派人员的薪酬与其在母国的同事保持差异性。

13. 环境责任保险一般只承保外泄污染物在承保处所外造成他人的损害赔偿请求。

14. 单一窗口制度使进出口商可以方便地在一个计算机系统中一次能够提交所有的贸易数据。

15. 母女结构是指在海外设立自主权较低、与国内母公司之间保持紧密联系的子公司的组织结构。

16. 因果性调研的目标是收集信息以确定问题并提出假设。

17. 当外部交易成本过高使合同不能解决的问题变得突出时，纵向一体化成为一个可供替代的选择。

18. 当两个或两个以上征税主体对不同纳税人的同一课税对象同时行使征税权时，即发生法律性重复征税。

19. 相比于进口，企业出口往往更注重市场驱动因素的作用。

20. 国际上的资金调拨处理主要由 SWIFT 系统完成。

三、简答题(每题 6 分，共 30 分)

1. 简述国际商务法律环境中英美法系的主要内容。

2. 简述国际企业跨国转移资金的主要方法。

3. 什么是外汇管制？根据管制对象可分为哪些类型？

4. 什么是出口信贷？提供出口信贷的目的是什么？

5. 简述企业矩阵组织结构的优点和缺点。

四、论述题(共 60 分)

1. 营造一流营商环境(20 分)

2013 年至今，我国营商环境全球排名从第 96 位跃升至最新的第 31 位，尤其是一些开放新高地，营商环境的改善更为显著。可以说，营商环境的改善，是过去 10 年来我国发展取得重大成果的重要原因之一。2021 年，我国吸收外资快速增长。全年实际使用外资首次突破万亿，达到 1.1 万亿元，比 2020 年增长 14.9%，新设外资企业 4.8 万家，增长 23.5%，实现引资规模和质量“双提升”。党的二十大报告提出，要推进高水平对外开放，合理缩减外资准入负面清单，依法保护外商投资权益，营造一流营商环境。

(1) 东道国的税收制度是影响外商投资的重要因素之一。什么是涉外税收负担原则？(2 分)实践中，涉外税收负担原则有哪些具体体现？(6 分)

(2) 外国投资获准进入东道国后，从事的各项投资活动要接受东道国的管理。对外国投资企业的专门管理内容包括哪些方面？(6 分)

(3) 在我国当前发展阶段，“营造一流营商环境”的内涵和重要意义体现在哪些方面？(6 分)

2. 人才国际流动(20分)

教育、科技、人才是全面建设社会主义现代化国家的基础性、战略性支撑。随着国际形势的变化和国家科教兴国、人才强国、创新驱动发展战略深入实施，人才体制机制深化改革及国际人才创新创业环境更加开放平等，我国对国际人才的吸引力持续增强。同时，伴随着中国企业“走出去”的步伐持续深入，每年有大量具备国际化素养的人才“出海”就职于海外跨国公司或海外组织。中国正在从货物流动大国向资本流动大国和人才流动大国迈进。

(1) 经济全球化背景下的企业人力资源管理面临哪些新挑战？(6分)

(2) 国际企业在运营中往往面临着更为复杂的人员配置问题，需要结合企业战略制定全球人力资源配置政策。全球人力资源配置政策包括哪些类型？(4分)

(3) 跨国公司的海外子公司在选聘人员时，人员来源渠道主要有哪些？(4分)请分别举例说明各渠道人员的优点和缺点。(6分)

3. 国际工程承包(20分)

国际工程承包是对外经济合作的重要组成部分，为中国和东道国创造了重要的经济价值和社会效应，也为中国参与经济全球化提供了重要支持。根据商务部公布的数据，2020年，我国对外承包工程企业共在全球184个国家和地区新签合同额2555.4亿美元，完成营业额1559.4亿美元。数据显示，这一年中国企业在“一带一路”沿线61个国家对外承包工程新签合同额1414.6亿美元，完成营业额911.2亿美元，分别占同期总额的55.4%和58.4%。

(1) 一项国际工程项目的实施通常包括哪些参与主体？(4分)这些主体间的关系分为哪些类型？(2分)

(2) 常见的招标方式有哪些？(2分)从公开性、竞争性、规范性的角度，说明各类招标方式有何不同？(6分)

(3)“一带一路”倡议为我国对外工程承包的发展提供了哪些新契机？(6分)

对外经济贸易大学2023年434国际商务专业基础试题解析

一、单项选择题(每题2分，共40分)

1. A。国际商务的核心是研究跨国企业与国际环境的互动关系(如政治、经济、文化等)。B属于发展经济学，C、D范围过窄。

2. B。狭义外汇的基本条件包括：国际性(可在国际流通)、可兑换性(自由兑换为其他货币)、可偿付性(作为支付手段)。可交易性不是核心条件。

3. A。分散生产适用于最小效率规模较小的情况(无须大规模集中生产)；B、C、D是集中生产的特征。

4. A。业务层战略包括成本领先、差异化、聚焦战略；多元化战略属于公司层战略。

5. D。重商主义主张政府干预(如关税保护)以实现贸易顺差，认为贸易是零和博弈。

6. B。南非法律体系以普通法为基础，同时融合大陆法元素，属于混合法系，不属于纯大陆法系。

7. B。DDP(Delivered Duty Paid)：卖方承担全部费用和关税，直至目的地交货。

8. C。反倾销与反补贴是WTO框架下的主要贸易救济措施；A错误(二者属于附加关税)；B错误(程序本身可能抑制进口)；D错误(倾销和补贴是不公平贸易行为)。

9. A。外汇管制是直接限制措施，不属于“政府出资或授权”的政策工具(如生产补贴、国营贸易、出口信贷均为政府间接支持)。

10. B。国际债务融资是通用融资方式，而非国际企业“专门”融资(其他选项均为国际商务特有的融资方式)。

11. B。区域一体化程度排序：自由贸易区(取消内部关税)→关税同盟(统一对外关税)→共同市场(要素自由流动)→经济联盟→政治联盟。

12. C。国际工程承包中的保证包括：投标保证、履约保证、完工保证、付款保证；人员和质量保证不属于常规保证类型。

13. D。柔性生产通过灵活技术实现标准化与多样化结合，无须多条流水线(依赖模块化生产)。

14. B。HDI 衡量指标：预期寿命、教育程度(平均受教育年限)、生活标准(人均 GDP)，不包括就业情况。

15. B。产品组合要素：长度(产品项目总数)、深度(产品线内产品数量)、宽度(产品线数量)、关联度(产品线间相关性)；无“匹配度”这一说法。

16. D。M 型结构(事业部制)适应多元化发展，通过分权管理提高效率；D 选项描述错误。

17. C。法人居民判断标准：注册地、管理机构所在地、选举权控制；无“破产权控制”标准。

18. D。混合经济中政府拥有部分关键产业(如能源、交通)，资源通常多于纯粹市场经济。

19. A。涉外税收负担原则：优惠原则(低税率)、平等原则(国民待遇)、最大负担原则(高税率)；公平原则是税收普遍原则，非涉外特有。

20. D。可保风险与不可保风险可相互转化(如通过再保险将巨灾风险转化为可保风险)。

二、判断题(每题 1 分，共 20 分，正确的打√，错误的打×)

1. √

2. √

3. ×。社会保障包括社会保险(需缴费)和社会救济(无偿)，题干混淆了二者概念。

4. ×。间接标价法以本币为单位折合外币，题干描述的是直接标价法。

5. √

6. ×。国民待遇要求外国人与本国人权利和义务同等。

7. √

8. ×。民主常与个人主义关联，极权通常与集体主义相连，题干逻辑倒置。

9. ×。“边学边干”是经验曲线效应(积累经验降成本)，规模经济是产量增加降成本，二者不同。

10. √

11. ×。国际战略(如出口)全球整合压力小，全球标准化战略才面临高整合压力。

12. ×。平衡表法目标是使外派人员薪酬与母国同事保持公平(无差异)。

13. √

14. √

15. √

16. ×。探索性调研确定问题并提出假设，因果性调研验证因果关系。

17. √

18. ×。不同纳税人的重复征税属于经济性重复征税，法律性重复征税针对同一纳税人。

19. ×。出口更注重成本驱动(如比较优势)，进口更受市场需求驱动。

20. √

三、简答题(每题 6 分，共 30 分)

1. 英美法系(普通法系)以判例法为核心，法律渊源包括判例先例和成文法，法官具有司法解释权。特点：

(1) 程序优先于实体，采用对抗制诉讼；

(2) 陪审团参与事实认定；

(3) 法律体系灵活，判例可随社会发展调整。

代表国家包括英、美、澳、加等。其核心原则是“遵循先例”，即下级法院受上级法院判例约束。

2. 国际企业跨国转移资金的主要方法

(1) 股利汇付：子公司向母公司分配利润；

(2) 转移定价：通过关联交易调整价格转移资金；

(3) 贷款与利息：母公司向子公司提供贷款并收取利息；

(4) 特许权使用费：子公司支付专利、商标等使用权费用；

(5) 平行贷款：两家跨国企业互贷对方货币规避外汇管制；

(6) 现金池管理：集中管理全球子公司资金，优化流动性。

3. 外汇管制是政府通过法规限制外汇买卖、兑换及跨境流动的措施。目的是稳定汇率、平衡国际收支、保护本国经济。按管制对象分为：

(1) 对人管制(居民/非居民)；

(2) 对物管制(外汇现钞、有价证券等)；

(3) 对地区管制(经常项目/资本项目)；

(4) 对行业管制(重点产业优先获得外汇)。

4. 出口信贷是政府支持的中长期优惠贷款，由出口国银行向进口商或出口商提供，用于购买本国大型设备或技术。分为买方信贷(贷给进口商)和卖方信贷(贷给出口商)。出口信贷的目的：

(1) 增强本国产品国际竞争力；

(2) 推动资本密集型产业出口；

(3) 降低进口商融资成本，扩大海外市场；

(4) 配合国家产业政策，促进就业和经济增长。

5. (1)矩阵组织结构的优点：

① 资源共享，避免重复配置；

② 跨部门协作增强创新能力；

③ 灵活响应市场变化。

(2) 矩阵组织结构的缺点：

① 双重领导导致权责不清；

② 协调成本高，决策效率低；

③ 员工需平衡职能与项目目标，压力较大。

四、论述题(共 60 分)

1. (1)涉外税收负担原则是一国政府确定外国纳税人(自然人和法人)税收负担水平的基本准则，核心是调节外资流入与本国财政利益的关系。

实践中，涉外税收负担具体体现：

① 优惠原则：给予外国纳税人低于本国纳税人的税负，如减免所得税、关税(如我国早期“两免三减半”政策)，吸引外资流入。

② 平等原则(国民待遇)：外国与本国纳税人税负一致，体现税收中性(如我国《外商投资法》规定的“非歧视原则”)。

③ 最大负担原则：对外国纳税人征收更高税负，用于限制外资或保护本国产业(仅少数国家在特定领域采用，如资源开采业)。

(2) 对外国投资企业的专门管理内容：

① 投资领域管理：通过负面清单限制外资进入敏感行业(如国防、传媒)，明确禁止或需审批领域。

② 股权比例管理：规定外资在合资企业中的最高持股比例(如部分行业要求中方控股)。

③ 经营活动监管：包括外汇管制(利润汇出审批)、本地雇佣比例、生产经营计划备案等。

④ 财务与税务管理：要求外资企业遵守东道国会计准则，接受税务稽查，防范转移定价避税。

⑤ 环境保护与安全：强制符合环保标准，履行安全生产义务(如排污许可、安全认证)。

⑥ 争端解决机制：明确投资纠纷通过国际仲裁(如ICSID)或国内法院解决的途径。

(3)“营造一流营商环境”的内涵：

① 市场化：减少政府干预，优化“放管服”改革，降低制度性交易成本(如“一网通办”简化审批)。

② 法治化：完善外商投资法律体系(如《外商投资法》)，保护知识产权和投资权益。

③ 国际化：对接国际高标准规则(如CPTPP、DEPA)，提升贸易便利化(如单一窗口、通关一体化)。

“营造一流营商环境”的意义：

① 吸引高质量外资：优化引资结构，推动高新技术产业发展，助力产业升级。

② 激发市场活力：促进内外资企业公平竞争，提升资源配置效率。

③ 服务双循环战略：以开放促改革，增强产业链供应链韧性，联通国内国际市场。

2.(1)经济全球化背景下企业人力资源管理的新挑战：

① 跨文化管理复杂性：多元文化团队面临价值观冲突(如集体主义与个人主义差异)、沟通风格差异(如高语境vs低语境文化)。

② 全球人才竞争加剧：高端技术与管理人才稀缺，跨国招聘成本高，新兴市场本土化人才储备不足。

③ 合规风险与法律差异：不同国家劳动法规(如解雇保护、加班补偿)、数据隐私法(如GDPR)增加跨境用工合规难度。

④ 全球化薪酬体系设计：需平衡内部公平性(如母国与东道国员工薪酬差距)与外部竞争力(如新兴市场薪酬通胀压力)。

⑤ 外派人员管理难题：文化适应失败率高(如海外任职提前终止)、家庭安置成本高、回国再融入困难。

⑥ 虚拟团队协作效率：跨国远程团队受时区差异、沟通工具限制、信任建立难等问题影响协作效果。

(2) 全球人力资源配置政策的类型：

① 民族中心主义(母国中心)：关键岗位由母国人员担任(如日本企业外派总部高管管理海外子公司)。

② 多中心主义(东道国中心)：海外子公司主要雇佣本地员工，总部仅保留战略管控(如快消品公司在新兴市场的本地化配置)。

③ 全球中心主义：全球范围内选拔最优人才，国籍无优先(如谷歌、华为的全球化人才布局)。

④ 地区中心主义：按区域整合资源，如亚太区总部统一管理区域内子公司人员配置。

(3) 人员来源主要渠道：母国派遣人员(PCNs)、东道国本地人员(HCNs)、第三国人员(TCNs)。各渠道优缺点：

① PCNs(母国派遣)：

优点：确保母公司战略落地、核心技术保密、文化价值观传递。

缺点：成本高(外派津贴占薪酬2—3倍)、文化适应风险、可能引发“母公司集权”抵触。

举例：中国车企海外建厂初期派遣工程师团队转移生产技术。

② HCNs(东道国本地)：

优点：熟悉本地市场与法规、成本低、稳定性高；

缺点：与母公司战略协同弱、缺乏全球视野、晋升天花板明显。

举例：跨国零售企业雇佣本地员工负责门店运营与供应链管理。

③ TCNs(第三国招聘)：

优点：跨文化管理经验丰富、规避双边关系敏感问题(如政治风险高的国家)。

缺点：薪酬要求高、双重文化适应压力、税务与社保合规复杂。

举例：欧美企业在中东子公司雇佣印度籍经理(英语流利且熟悉亚洲文化)。

3.(1)参与主体：

① 业主：项目发起方(如东道国政府、企业)，负责提出需求并支付费用。

② 承包商：承担工程实施的企业(含总包商、分包商)。

③ 咨询机构：提供设计、监理或项目管理服务(如设计院、工程监理公司)。

④ 金融机构：提供融资支持(如亚投行、出口信贷机构)。

⑤ 供应商：提供设备、材料(如建材、工程机械供应商)。

主体间关系类型：

① 合同关系：通过法律协议明确权利义务(如承包合同、分包合同)。

② 委托代理关系：业主委托咨询机构或监理单位进行项目管理。

(2) 常见的招标方式包括公开招标、邀请招标和议标(谈判招标)三种类型，其差异主要体现在公开性、竞争性和规范性三个维度。

① 公开招标的公开性最高，通过全球公开渠道发布招标信息，不限定投标人范围；竞争性最强，通常吸引大量潜在投标人；规范性最严格，需遵循标准流程，包括资格预审、公开评标等环节，确保程序透明。

② 邀请招标的公开性中等，仅向3-10家合格企业定向发出邀请；竞争性适中，投标人数量有限但具备专业资质；规范性较严格，流程较公开招标简化，但仍需遵循基本评标标准。

③ 议标的公开性最低，采用一对一谈判方式确定合同条款；竞争性最弱，无公开竞争环节；规范性最低，流程灵活，主要依赖双方协商，适用于紧急项目或专有技术场景。三种方式中，公开招标最能保障公平性，议标则侧重效率与灵活性。

(3)“一带一路”为对外工程承包提供的新契机：

① 项目需求扩容：沿线国家基础设施缺口大，能源、交通等领域项目机会激增(如中老铁路、雅万高铁)。

② 融资支持强化：亚投行、丝路基金等提供专项融资，出口信贷降低企业资金压力。

③ 政策壁垒减少：双边合作协议简化市场准入，推动中国工程标准国际化(如东盟国家采用中国铁路标准)。

④ 产业链协同输出：带动“工程+设备+技术+运营”一体化模式，提升项目附加值(如PPP/BOT模式)。

⑤ 风险防控体系完善：多边合作机制降低政治风险，出口信用保险覆盖海外项目风险。

⑥ 品牌影响力提升：参与标志性项目(如比雷埃夫斯港)增强中国企业国际竞争力。

南京大学2023年434国际商务专业基础试题

一、名词解释(每题5分，共30分)

1. 经常账户项目
2. 巴拉萨-萨缪尔森定理
3. 贸易创造
4. 牙买加体系
5. 有效关税保护率
6. 战略性贸易政策

二、简答题(每题12分，共72分)

1. 为什么说购买力平价短期不成立?
2. 简述布雷顿森林体系的主要特点，并试分析其崩溃的原因。
3. 简述全球价值链快速发展的原因和分工基础。
4. 什么是联系汇率制度?简述其优缺点。
5. 罗布津斯基定理是什么?并画图证明。
6. 自由贸易理论论述了国际贸易政策带来的利益，但仍然有人反对自由贸易，为什么?

三、论述题(每题24分，共48分)

1. 用弹性价格货币分析法分析美国近年来紧缩政策对美元利率和美元/日元汇率的影响。

2. 什么是高水平对外开放?如何以高水平对外开放推进开放型经济高质量发展?

南京大学2023年434国际商务专业基础试题解析

一、名词解释(每题5分，共30分)

1. 经常账户项目，是国际收支平衡表的核心组成部分，反映一国与外国之间实际资源的转移，包括四个子项目：货物贸易(商品进出口)、服务贸易(运输、旅游、金融等)、收入(职工报酬、投资收益)和经常转移(无偿援助、侨汇)。它是判断国际收支健康度的关键指标，若持续逆差可能削弱外汇储备，顺差则体现出口竞争力。

2. 巴拉萨-萨缪尔森定理，1964年由巴拉萨和萨缪尔森提出，核心机制为两行业生产率差异：发达国家贸易品行业生产率增速高于发展中国家，推动该行业工资上升，进而带动非贸易品行业工资和价格上涨，导致整体物价水平较高，实际汇率升值。前提假设包括贸易品一价定律成立，解释了经济增长与实际汇率变动的正向关系。

3. 贸易创造，是关税同盟理论中的积极效应，指同盟成立后成员国间取消关税壁垒，成员国从原本高成本国内生产转向低成本成员国进口，或从高成本成员国转向低成本成员国进口，新增贸易流量并优化资源配置。结果是消费者获得更低价格，生产者提高效率，整体福利提升，与贸易转移形成对比。

4. 牙买加体系，是1976年生效的国际货币制度，其核心特征包括：浮动汇率合法化，成员国可自主选择汇率制度；黄金非货币化，取消黄金官价；储备货币多元化，美元、欧元、日元等并存；国际收支调节机制多样化，依赖汇率变动、国际融资和国内政策调整。该体系增强了各国货币政策自主性，但也加剧了汇率波动和国际金融不稳定，是当前国际货币秩序的基础框架。

5. 有效关税保护率，是衡量关税对国内产业增加值实际保护程度的指标，区别于名义关税(仅针对最终产品税率)。其计算公式为：(国内加工增值-国外加工增值)/国外加工增值×100%。若中间产品进口关税高于最终产品，可能出现负保护；反之则强化保护。有效关税保护率更真实反映关税政策对产业链的影响，是制定产业保护政策的重要依据。

6. 战略性贸易政策，是20世纪80年代基于不完全竞争和规模经济的贸易理论，主张政府通过出口补贴、进口关税、研发资助等工具，扶持具有技术外溢或寡头垄断特征的战略性产业，帮助国内企业抢占国际市场份额并获取超额利润，提升国家整体福利。战略性贸易政策通过政府干预扶持关键产业，提升竞争力，但可能加剧贸易保护主义。

二、简答题(每题12分，共72分)

1. 购买力平价在短期内不成立，主要因为商品市场和资产市场的调整速度存在差异：

(1) 商品市场价格黏性。商品市场价格调整速度较慢，通常需要较长时间才能完成调整，这种价格黏性导致短期内汇率无法完全反映两国物价水平差异。

(2) 资产市场快速反应。金融市场(如利率)对外部冲击反应灵敏，利息率会迅速调整以恢复货币市场均衡，而商品市场价格调整滞后，形成“汇率超调”现象。

(3) 实际经济扰动影响。当实际经济发生扰动(如技术变革、需求转换等)，商品市场价格调整会滞后于汇率变动，导致购买力平价失效。

(4) 政策干预因素。政府可能通过货币政策干预经济，短期内货币扩张或紧缩会直接影响汇率波动，而物价调整存在时滞，加剧了购买力平价的不稳定性。

2. (1)布雷顿森林体系的主要特点

① 货币本位制度。实行“美元-黄金本位制”，美元与黄金以35美元/盎司固定挂钩，各国货币通过含金量确定与美元的固定比价。国际储备资产包括黄金、特别提款权及以美元为主的可兑换外汇，同时废除经常项目外汇管制，但黄金国际流动仍受限制。

② 国际金融治理机制。建立国际货币基金组织作为核心监督机构，通过制定《国际货币基金协定》规范成员国汇率调整、国际收支调节及储备资产管理，促进多边货币合作与汇率稳定。

③ 规则化运行框架。以国际协定为约束，明确货币比价确定方法、汇率波动界限及黄金兑换规则，形成“双挂钩+固定汇率+多边协调”的制度化体系。

(2) 布雷顿森林体系崩溃是制度设计缺陷(单一储备货币依赖)、经济基本面失衡(美国相对衰落)与政策协调失效共同作用的结果。

① 特里芬难题的内在冲突：美元作为核心储备货币，需通过美国持续贸易逆差输出流动性，但长期逆差导致美元信用削弱，形成“信心与清偿力”的致命悖论。

② 国际收支失衡加剧：20世纪60年代，美国因越南战争和“伟大社会”计划持续逆差，黄金储备流失至无法维持兑换承诺；联邦德国、日本等顺差国积累大量美元，加剧美元贬值压力。

③ 通胀差异与政策冲突：20世纪六七十年代美国通胀率远高于联邦德国和日本，固定汇率下顺差国被迫输入通胀，最终放弃汇率钉住制度。

3. (1)全球价值链快速发展的原因：

① 全球化与自由化推进。经济全球化与贸易自由化降低了跨国协作的壁垒，促进了不同国家在生产环节上的互补性合作。

② 信息技术发展。互联网和通信技术降低了跨国协作成本，使不同地区的生产环节能够高效协同。

③ 跨国公司主导。跨国公司通过全球资源整合，将生产环节分包给具有专业优势的企业，形成垂直分工体系。

④ 区域经济合作深化。区域经济组织(如欧盟、东盟)通过政策协调，推动区域内价值链整合，形成短链化、扁平化的分工格局。

(2) 比较优势是分工的核心基础。各国基于资源禀赋、技术水平和市场条件形成成本差异，例如劳动密集型环节向发展中国家转移，技术密集型环节由发达国家主导。这种差异推动了价值链各环节的跨国配置。

4. (1)联系汇率制度是将本币与特定外币按固定汇率挂钩的货币制度，要求货币发行以100%外汇储备为支撑，通过自动调节机制维持汇率稳定。其核心特征包括固定汇率挂钩、外汇储备全额支撑及市场汇率调节机制。

（2）联系汇率制度的主要优势

① 汇率稳定性。固定汇率降低国际贸易与投资的汇率风险，为跨境经济活动提供可预测的货币环境，同时有助于抑制通货膨胀。

② 政策公信力。透明的运行机制增强市场信心，通过明确的兑换承诺减少投机空间，维持货币制度的长期可信度。

③ 制度简洁性。货币政策操作简化，无须频繁调整利率，降低决策成本，适合小型开放经济体的治理需求。

（3）联系汇率制度的关键缺陷

① 货币政策自主性丧失。无法独立调节利率应对本地经济周期，需被动跟随挂钩货币发行国的政策，可能导致内外经济目标冲突。

② 外汇储备依赖。维持制度需持有巨额外汇储备，机会成本高昂，且面临储备资产贬值风险。

③ 经济调整刚性。无法通过汇率浮动实现国际收支自动平衡，经济失衡时需依赖财政政策或外部援助，调整过程可能加剧经济波动。

5.(1)罗布津斯基定理指出：在商品相对价格保持不变的前提下，某一生产要素(如资本或劳动)的供给增加，会导致密集使用该要素的产品产量显著增加，而密集使用其他要素的产品产量则会绝对减少。

（2）假设某一生产要素总量增加，比如说资本供给增加了 ΔK。为了使新增加的资本(K)能全部被利用，以保证充分就业，则需资本密集型行业(X)来吸收新增的资本，但要保证 X 行业将新增的资本全部吸收，还需要一定的劳动量来与其搭配，所以 Y 行业不得不缩小生产规模，以便释放出一定的劳动量(ΔL_y)。Y 部门在释放出劳动量的同时，还会释放出一定的资本(ΔK_y)，这部分资本也需 X 行业来吸收，最后达到如下状态：

$$k_x=\frac{K_x}{L_x}=\frac{K_x+\Delta K+\Delta K_y}{L_x+\Delta L_y}$$

$$k_y=\frac{K_y}{L_y}=\frac{K_y-\Delta K_y}{L_y-\Delta L_y}$$

当上述两式都满足时，所有的要素都得到了充分利用，并且两个行业的要素密集度保持不变，结果 X 行业的生产扩大，而 Y 行业的生产则下降。如果是劳动总量增加，资本总量不变，则同样的道理，Y 行业的生产将扩大，X 行业的生产将下降。

图示证明：

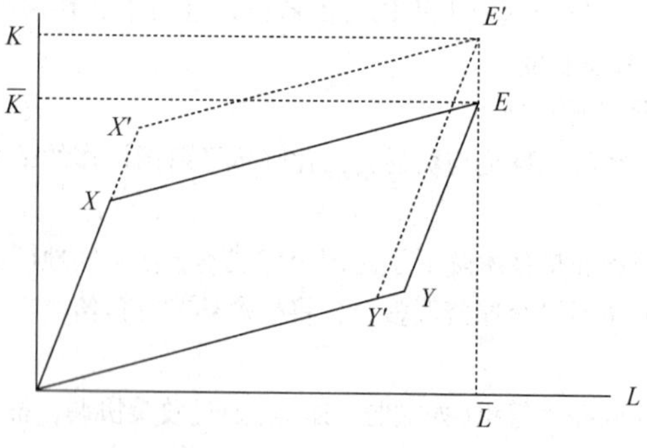

图中资本增加后要素禀赋点由 E 变为 E'，在商品相对价格不变的条件下，X、Y 两个行业的要素使用比例仍保持原来水平不变。由图可知，X 行业产出增加了，而 Y 行业的产出则减少了。

6. 尽管自由贸易理论强调通过国际分工提升全球效率，但现实中反对声音从未停歇，核心原因在于理论假设与复杂现实的脱节。

(1) 短期利益受损与分配失衡

自由贸易可能导致部分产业因国际竞争而萎缩，引发结构性失业。例如，发达国家制造业岗位向低成本地区转移，导致蓝领工人收入下降；发展中国家农业因进口低价农产品冲击，小农经济面临崩溃风险。这种利益再分配往往加剧国内贫富差距，成为民粹主义崛起的土壤。

(2) 产业安全与发展权争议

后发国家认为，完全开放市场会扼杀本土幼稚产业，丧失产业升级机会。历史上，美、德等国在工业化初期均通过高关税保护本土产业，而如今却要求发展中国家开放市场，这种双重标准引发强烈反弹。

(3) 非经济因素的制约

① 环境与劳工标准：部分国家以“低环保成本、低劳工福利”获得比较优势，被批评为“生态倾销”和“社会倾销”，引发道德争议。

② 国家主权让渡：区域贸易协定中的投资争端解决机制被质疑赋予跨国企业过度权力，侵蚀国家监管主权。

③ 文化认同危机：本土文化产品在全球化冲击下边缘化，引发文化保护主义思潮。

(4) 现实中的不公平竞争

发达国家通过农业补贴、技术壁垒、知识产权垄断等非关税手段维持优势，使“自由贸易”沦为形式公平下的实质不公。例如，欧盟对农产品的巨额补贴使其出口价格远低于成本，挤压发展中国家生存空间。

三、论述题(每题24分，共48分)

1. (1)理论框架与核心逻辑

弹性价格货币分析法假设购买力平价即时成立、商品价格完全弹性，认为汇率由两国货币市场供求决定：货币供给增加、利率上升或收入下降会导致本币贬值，反之则升值。其核心机制是通过货币供求失衡影响物价水平，进而通过购买力平价传导至汇率。

(2) 美国紧缩政策对美元利率的传导

① 利率中枢上移。为抑制高通胀，美联储启动紧缩周期，通过连续加息将政策利率从接近零水平推升至多年高位。尽管后期因经济韧性减弱启动降息，但利率仍维持在中性偏紧区间，显著高于疫情前水平。

② 货币供给收缩。美联储同步缩减资产负债表规模，通过被动赎回债券回收市场流动性，货币供给总量从峰值逐步回落。这种长期收缩趋势提升了美元货币价值，强化利率上升对汇率的支撑作用。

(3) 美日政策分化与美元/日元汇率驱动

① 利差扩大主导升值。在美国，紧缩政策推高美元资产收益率，长期国债收益率显著上升。在日本，长期维持超宽松政策，政策利率长期处于负区间，后期虽退出负利率但加息幅度有限，导致美日利差从低位显著扩大。根据模型，货币供给收缩的升值效应超过利率上升的贬值压力，叠加日本持续宽松，共同推动美元对日元汇率大幅升值。

② 政策转向与汇率回调。随着美联储启动降息、日本央行渐进加息及政府外汇干预，美日利差逐步收窄，美元对日元汇率出现阶段性回落，但中枢水平仍高于紧缩周期启动前。

(4) 模型局限性与现实扰动

① 价格黏性与超调：短期价格黏性使汇率偏离长期均衡，出现超调现象。

② 政策干预：日本政府通过卖出美元、买入日元的外汇干预，短期缓解日元贬值压力。

③ 避险情绪：地缘冲突引发的避险需求增强日元吸引力，部分抵消利差扩大的影响。

2. (1)高水平对外开放的核心内涵

高水平对外开放是相对于传统“商品要素流动型开放”的升级形态，其核心在于从“规模扩张”转向“制度型开放”，特征体现为三方面：

① 规则对接：主动对接国际高标准经贸规则，推动国内制度与全球治理体系兼容。

② 质量效益：从“引进来”为主转向“双向均衡”，注重引进高端要素和培育本土企业全球竞争力。

③ 安全可控：在扩大开放中维护产业链供应链韧性，构建“自主可控、安全高效”的开放体系，平衡发展与安全。

(2) 以高水平对外开放推动高质量发展的关键路径

① 制度型开放突破体制机制障碍。通过自贸试验区、海南自贸港等试点，探索“负面清单+事中事后监

管”新型管理模式，在金融、科技、医疗等领域扩大准入。

② 贸易创新发展培育新动能。推动货物贸易向“优进优出”转型，发展跨境电商、市场采购贸易等新业态，提升自主品牌出口占比。同时，扩大数字贸易、绿色贸易等新兴领域，依托 RCEP 等区域协定深化产业链协同。

③ 双向投资促进产业链升级。一方面，精准引进外资投向高端制造、现代服务和绿色低碳产业，鼓励外资企业设立研发中心；另一方面，支持本土企业“走出去”参与全球价值链分工，通过海外并购获取核心技术，构建自主可控的全球产业链。

④ 区域协调开放形成新格局。以“一带一路”倡议为重点，深化与“一带一路”共建国家基础设施互联互通；依托京津冀、长三角等区域开放优势，打造对外开放新高地；通过中西部开放型经济试验区建设，形成陆海内外联动、东西双向互济的开放格局。

⑤ 风险防控筑牢安全屏障。建立健全外商投资安全审查、反垄断审查等机制，防范外资垄断和数据安全风险；加强粮食、能源资源进口多元化，提升关键产品自主保障能力，在开放中维护国家经济安全。

(3) 本质要求与目标

高水平对外开放的本质是通过制度创新释放开放红利，以开放促改革、促发展、促创新。其最终目标是形成“内外循环相互促进”的新发展格局，在全球价值链中占据中高端位置，实现开放型经济的质量变革、效率变革和动力变革。

上海外国语大学 2023 年 434 国际商务专业基础试题

一、名词解释(每题 5 分，共 30 分)

1. 外资准入的负面清单管理
2. 牙买加体系
3. 离岸人民币市场
4. 外汇掉期交易
5. S–S 定理
6. 平行贷款

二、简答题(每题 16 分，共 80 分)

1. 跨国公司技术转让的方式有哪些？哪些理论可以解释跨国公司技术转让的行为？
2. 如何解释发展中国家和中小型企业的跨国投资行为。
3. 跨国公司的融资方式和渠道有哪些？哪些因素影响着融资方式和渠道的选择？
4. 简述汇率决定的利率平价理论和资产组合理论，对比两者的异同。
5. 简述幼稚产业理论的基本内容以及幼稚产业的评判标准。

三、论述题(每题 20 分，共 40 分)

1. 阐述新冠疫情下跨国经营环境的变化，给出应对环境变化的举措。
2. 谈谈中国企业国际化经营的必要性，在国际化经营中可实施的是哪些战略？

上海外国语大学 2023 年 434 国际商务专业基础试题解析

一、名词解释(每题 5 分，共 30 分)

1. 外资准入的负面清单管理，指一国政府通过清单明确列出禁止或限制外资进入的行业、领域和业务，清单之外的领域则对外资全面开放。其核心是“非禁即入”，旨在降低市场准入门槛、提高投资透明度。中国自 2013 年在上海自贸区试点以来，已逐步缩减负面清单，2021 年版全国外资准入负面清单进一步取消或放宽金融、汽车等领域限制，成为扩大高水平对外开放、优化营商环境的重要制度创新。

2. 牙买加体系，是 1976 年《牙买加协定》确立的国际货币制度，取代布雷顿森林体系。其主要特征包括：浮动汇率合法化、黄金非货币化、储备货币多元化、国际收支调节机制多样化。该体系适应了全球经济多元化发展，但也存在汇率波动剧烈、国际收支失衡调节机制失灵等问题。

3. 离岸人民币市场指在中国境外经营人民币存贷款、结算、债券、衍生品等业务的金融市场，是人民币国际化的核心载体。香港作为最大离岸中心，拥有人民币清算系统、债券市场(点心债)和外汇交易平台；伦敦、新加坡等为补充中心。其主要功能包括：为境外主体提供人民币融资和投资渠道，促进人民币跨境循环；通过市场供求形成人民币离岸汇率(CNH)，与在岸汇率(CNY)相互影响。

4. 外汇掉期交易是指交易双方约定在交易日(T+0)以约定汇率交换两种货币，并在未来某一日期(T+N)以另一约定汇率反向交换相同货币的交易。由即期交易和远期交易组合而成，主要用于对冲汇率风险或调整资金期限结构。其特点是不改变外汇持有额，仅调整期限，是银行间外汇市场最活跃的衍生工具之一，日均交易量占全球外汇衍生品的 40%以上。

5. S–S 定理核心结论是：国际贸易会提高出口行业密集使用的生产要素(丰裕要素)的报酬，降低进口替代行业密集使用的生产要素(稀缺要素)的报酬。例如，资本丰裕国家出口资本密集型产品后，资本报酬(利率)上升，劳动报酬(工资)下降。该定理揭示了贸易政策对国内收入分配的影响，为保护主义政策提供了理论依据，但需满足完全竞争、要素流动等严格假设条件。

6. 平行贷款，指两国企业通过各自银行中介，相互向对方国家的关联企业提供等额贷款，以规避外汇管制和降低融资成本。例如，美国公司向英国子公司贷款英镑，同时英国公司向美国子公司贷款美元，两笔贷款金额相等、期限相同，到期后各自偿还。其本质是无外汇交割的对等信贷，可绕开资本项目管制，但存在信用风险和交易成本较高的缺陷，20 世纪 90 年代后逐渐被货币互换取代。

二、简答题(每题 16 分，共 80 分)

1.(1)技术转让主要方式

① 许可协议：专利、商标、技术秘密的使用权转让，如药企授权生产仿制药。

② 特许经营：转让全套经营模式，如麦当劳向海外加盟商输出技术与管理。

③ 合资企业：通过股权合作共享技术，如特斯拉与上海临港集团合资建厂。

④ 战略联盟：非股权合作，如微软与诺基亚联合开发移动技术。

⑤ 并购：收购技术持有方，如谷歌收购摩托罗拉移动获取专利。

⑥ 技术服务与咨询：短期技术支持，如工程公司为海外项目提供技术指导。

(2) 理论解释

① 内部化理论：技术市场不完全时，企业通过内部转让降低交易成本，避免技术外溢。

② 产品生命周期理论：技术从创新国向模仿国转移，如半导体技术从美国→日本→韩国的梯度转移。

③ 国际生产折中理论：企业结合所有权优势(技术)、区位优势(东道国资源)、内部化优势选择转让方式。

④ 技术差距理论：技术领先国通过转让扩大市场，滞后国通过引进缩小差距。

2.(1)发展中国家跨国投资理论

① 小规模技术理论：发展中国家企业凭借劳动密集型技术、低成本优势进入其他发展中国家市场，如中国家电企业在东南亚设厂，利用当地廉价劳动力和相似需求偏好。

② 技术地方化理论：对引进技术进行本土化改良，形成适应性优势。例如印度软件企业通过低成本定制服务，将通用软件改造为符合本土语言和法规的版本。

③ 政策驱动因素：政府通过融资支持、双边投资协定推动企业“走出去”，如中国“一带一路”倡议下，高铁企业获得政策性银行贷款开展海外项目。

(2) 中小企业跨国投资理论

① 渐进式国际化理论：从出口到海外设点逐步升级：先通过电商平台间接出口，积累经验后在海外建立仓储中心，最终设立子公司。

② 网络嵌入理论：通过商会、供应链网络获取海外信息，降低进入壁垒。例如温州鞋企依托海外华人商业网络，快速了解当地市场规则和渠道资源。

③ 利基市场聚焦策略：专注细分领域技术优势，成为“隐形冠军”。如德国中小型机械企业专注于特定工业设备，凭借技术垄断全球市场。

3.(1)跨国公司主要融资方式与渠道

① 内部融资：

母公司注资：通过股东贷款、股权增资等方式从母公司获取资金。

留存收益再投资：将海外子公司利润直接用于再投资。

内部资金池：通过跨国公司内部银行调剂子公司间资金余缺，降低整体融资成本。

② 外部融资：

股权融资：海外上市、跨境股权发行、引入国际战略投资者。

债权融资：国际债券、银团贷款、贸易融资。

新型融资：绿色债券(特斯拉发行碳中和债券)、供应链金融(亚马逊为供应商提供融资)、项目融资(BOT 模式)。

(2) 融资方式选择的核心影响因素

① 公司特征：

规模与信用评级：大型跨国公司凭借高信用评级易获得低息债券融资；中小企业更依赖银行贷款。

风险水平：高风险行业倾向股权融资以分散风险，传统制造业偏好债权融资。

② 融资成本：

利率与汇率：在低息货币区发行债券，通过外汇掉期对冲汇率风险。

税收政策：利用利息支出税前抵扣优势选择债权融资，或通过离岸中心降低资本利得税。

③ 东道国环境：

金融市场成熟度：欧美市场工具多样，可发行可转债；新兴市场依赖跨境银行贷款。

法规限制：外汇管制严格地区（如阿根廷）倾向内部融资，避免资本流动风险。

④ 公司战略：

全球化布局：需多币种融资匹配海外业务，如雀巢发行多币种债券。

风险偏好：保守型战略依赖内部融资，扩张型战略倾向外部股权融资。

4.（1）理论核心内容

① 利率平价理论。该理论基于跨境资本套利机制，核心观点是汇率由两国利率差决定。分为抛补利率平价（CIP）和非抛补利率平价（UIP）：前者通过远期外汇合约锁定汇率风险；后者依赖投资者对未来汇率的预期，认为预期汇率变动率等于利差。该理论假设资本完全流动、资产完全替代，适用于解释短期汇率波动，如银行间市场的高频交易套利行为。

② 资产组合理论。从投资者资产配置视角出发，认为汇率由国内外资产的供需均衡决定。投资者根据财富总量、资产收益率（利率、股价）、风险偏好（如政治风险溢价）等因素调整本外币资产持有比例。例如，当本国利率上升时，外资流入推高本币需求，导致汇率升值。该理论突破了利率平价的单一利率变量限制，考虑资产不完全替代和风险溢价，更适用于中长期汇率趋势分析，如央行外汇储备结构调整对汇率的影响。

（2）二者的异同点

两者均以资本自由流动为前提，认为市场均衡是汇率决定的核心机制，且均考虑了利率对汇率的影响。但也存在如下不同点：

① 理论基础：利率平价基于无套利均衡，资产组合理论基于资产供需均衡；

② 变量范围：前者仅关注利率与汇率的关系，后者纳入财富、风险、通胀等多维度变量；

③ 假设条件：前者假设资产完全替代且无风险溢价，后者承认资产不完全替代并考虑风险因素；

④ 应用场景：前者适用于短期汇率波动（如套利交易），后者适用于中长期趋势（如主权基金资产配置）。

5.（1）幼稚产业理论的基本内容

幼稚产业理论由德国经济学家李斯特在19世纪提出，核心观点是：后发国家的新兴产业在初创期缺乏国际竞争力，需通过关税、配额等暂时性保护措施培育，待其成熟后取消保护，以实现长期动态比较优势。幼稚产业理论为后发国家工业化提供了理论依据，但其成功依赖严格的评判标准和退出机制。过度保护可能导致效率低下，需结合动态比较优势和市场竞争机制灵活应用。

（2）评判标准

① 穆勒标准（潜在竞争力标准）：产业经过保护后能独立参与国际竞争，且未来收益足以弥补保护期损失。例如19世纪美国纺织业通过高关税保护，最终形成出口竞争力。

② 巴斯塔布尔标准（成本-收益标准）：保护成本<产业成熟后的预期收益现值。需进行量化分析，如日本20世纪60年代对汽车产业的保护，通过政府补贴和市场准入限制，实现成本回收与技术突破。

③ 坎普标准（外部经济标准）：产业具有显著外部经济效应，如技术外溢、就业带动。例如韩国半导体产业保护不仅培育了三星等企业，还带动了材料、设备等关联产业升级。

④ 小岛清标准（产业关联标准）：保护对象应符合要素禀赋升级方向，且能产生产业关联效应。如中国光伏产业通过政策支持，带动了上下游产业链协同发展。

三、论述题(每题 20 分，共 40 分)

1.(1)跨国经营环境的核心变化：

① 全球供应链脆弱性凸显。疫情导致物流中断、原材料短缺和生产停滞，暴露了全球供应链过度依赖单一区域的风险。企业面临库存管理困难、交付周期延长等问题，供应链的弹性和冗余能力成为生存关键。

② 市场需求与消费模式重构。线下消费场景受限推动线上服务需求激增，必需品与非必需品需求分化，企业需快速调整产品结构以适应消费习惯的长期转变。同时，地缘政治紧张加剧贸易保护主义，市场准入壁垒上升，跨境扩张难度加大。

③ 政策环境不确定性增强。各国加强对跨境投资、数据流动和关键产业的监管审查，政策波动频率增高。部分国家推动"产业回流"和"自主可控"，国际贸易规则碎片化趋势明显，企业合规成本显著上升。

④ 数字化转型加速与技术依赖加深。远程办公、在线协作和数字营销成为标配，企业数字化能力直接影响运营效率。同时，数据安全和网络风险成为新的挑战，技术基础设施的稳定性和安全性要求提升。

⑤ ESG 与可持续发展压力增大。疫情后，利益相关方对企业社会责任的关注度上升，环境可持续性、员工健康安全和供应链伦理成为评价企业价值的重要维度，ESG 表现与品牌声誉、融资成本直接挂钩。

(2) 企业应对环境变化的关键举措：

① 供应链韧性重构。推动供应链本地化、区域化布局，减少对单一市场的依赖；通过多元化供应商、建立安全库存和数字化供应链管理系统，提升应对突发中断的能力。

② 数字化转型与业务模式创新。加速线上渠道建设，发展电商、远程服务等新业态；利用大数据和人工智能优化需求预测与库存管理，推动生产端智能化改造，提升运营效率。

③ 市场多元化与风险分散。开拓新兴市场以降低对传统市场的依赖，针对不同区域需求定制产品与服务；加强本地化运营，深度融入当地产业链和社区，增强市场抗风险能力。

④ 政策合规与政府关系管理。建立动态政策监测机制，及时响应各国监管变化；加强与当地政府、行业协会的沟通协作，参与政策制定过程，降低合规风险和贸易壁垒影响。

⑤ ESG 战略与可持续发展整合。将环境、社会和治理目标纳入企业长期战略，完善供应链 ESG 评估体系；加强员工健康保护、碳中和路径规划和社区公益投入，提升品牌美誉度和长期竞争力。

2.(1)国际化经营的核心必要性：

① 拓展市场空间。国内市场竞争饱和与产能过剩促使企业寻求海外增量市场，通过国际化布局突破地域限制，平衡不同区域的需求波动，实现规模经济。

② 获取战略资源。国际化经营有助于获取海外优质资源，包括技术、人才、品牌和自然资源，弥补国内要素短板，提升产业链控制力和创新能力。

③ 提升全球竞争力。参与国际市场竞争倒逼企业优化管理体系、技术水平和产品标准，通过对标国际领先企业实现"以竞争促升级"，增强全球价值链地位。

④ 分散经营风险。单一市场受政策、经济周期影响较大，国际化可通过业务区域多元化降低风险敞口，增强企业抗波动能力。

⑤ 响应国家战略协同。契合"一带一路"倡议和双循环发展格局，通过国际化经营推动国内技术、标准和服务输出，实现企业发展与国家战略的协同。

(2) 国际化经营的核心战略：

① 市场进入战略。根据目标市场特征选择出口贸易、技术许可、合资经营或直接投资等模式，平衡风险与收益。新兴市场可侧重渐进式渗透，成熟市场可通过并购快速获取渠道和品牌资源。

② 本土化战略。针对不同区域的文化偏好、消费习惯和政策要求，调整产品设计、营销方式和运营体系，实现"全球标准+本地适配"，增强市场融入度。

③ 战略联盟与合作。与海外企业、研究机构或政府建立合作关系，共享资源、技术和渠道，降低进入壁垒，形成优势互补的竞合格局。

④ 技术创新驱动战略。通过海外研发中心、技术并购或产学研合作，吸收国际先进技术，推动核心技术自主化，构建差异化竞争优势。

⑤ 品牌国际化战略。从“产品出口”向“品牌输出”转型，通过文化融合、社会责任和高端市场突破，塑造具有全球影响力的品牌形象，摆脱低成本竞争路径依赖。

（3）国际化经营是中国企业突破发展瓶颈、提升全球竞争力的必然选择，需结合自身资源禀赋和目标市场特征，灵活运用多元化战略组合，在风险控制与价值创造中实现可持续发展。

天津财经大学 2023 年 434 国际商务专业基础试题

一、简答题(每题 15 分，共 75 分)

1. 文化差异对于从事国际商务的管理者有什么启示？
2. 简述控制系统的类型有哪些，是如何发挥作用的？
3. 简述以全球为中心的国际人才配备有哪些优缺点，适用情形是什么样的？
4. 简述市场细分的定义及其作用。
5. 简述规模经济是如何促进国际贸易发生的，以及有什么影响。

二、论述题(每题 20 分，共 40 分)

1. 论述国际直接投资中，东道国和母国采取贸易手段的工具有哪些？是如何作用的？
2. 论述外汇风险类型，以及应对外汇风险的方法有哪些？

三、案例分析题(35 分)

假设你在一家设计和生产个人电脑的公司工作，公司研发中心在北科州，在中国贴牌生产。营销战略下放到三个区域集团：北美集团(位于芝加哥)、欧洲集团(位于巴黎)、亚洲集团(位于新加坡)。各个区域集团自行决定各个区域的营销手段。根据市场的重要排序，公司市场分依次为北美、德国、英国、中国和澳大利亚。公司在遭遇产品研发和商业化过程的问题：产品上市慢，成本高于预算，新产品的市场认可度比预期差。

这些问题产生的根源是什么？你将如何解决？

天津财经大学 2023 年 434 国际商务专业基础试题解析

一、简答题(每题 15 分，共 75 分)

1. 文化差异要求管理者建立“文化适配性战略思维”，核心启示包括：

① 沟通模式调整：高语境文化(如中国、日本)依赖非语言信号和关系信任，需注重面对面沟通；低语境文化(如美国、德国)依赖明确书面协议，需直接表达意图。例如，与沙特阿拉伯合作伙伴谈判时，前期建立个人关系比直接切入业务更重要。

② 管理风格弹性：在高权力距离文化(如印度、墨西哥)需保持层级权威，在低权力距离文化(如瑞典、荷兰)需采用参与式决策。宜家在泰国调整管理架构，保留更多中层管理者以适应当地文化对权威的重视。

③ 本地化运营深化：产品设计需规避文化禁忌(如东南亚市场避免使用绿色包装，因与宗教葬礼相关)；营销内容需适配价值观(如在集体主义文化中强调“家庭共享”而非个人成就)。

④ 跨文化团队建设：通过文化敏感性培训减少刻板印象，建立“文化翻译者”角色(如跨国项目中配备双语文化协调员)，缓解因时间观念差异(如拉丁美洲的“弹性时间”vs 德国的“精准守时”)引发的冲突。

2. 企业控制系统主要通过“目标设定-行为规范-结果评估”闭环发挥作用，类型包括：

(1) 产出控制：设定量化绩效指标(如市场份额、成本降低率)，通过财务报表、销售数据等评估结果。适用于标准化业务(如快餐连锁的门店营收考核)，优点是聚焦结果、激励明确，但可能导致短期行为(如牺牲质量追求销量)。

(2) 行为控制：规范流程与操作标准(如 ISO 9000 质量管理体系、财务审批权限)，通过审计和监督确保合规。适用于高风险领域(如银行业的反洗钱流程)，可降低操作风险，但可能抑制创新。

(3) 文化控制：通过共享价值观和组织文化引导行为，依赖员工认同而非强制。适用于知识密集型企业(如科技公司)，可增强凝聚力，但见效慢、难以量化。

(4) 结果控制与过程控制结合：如研发项目既考核专利数量(结果)，也监控研发周期(过程)，平衡灵活性与可控性。

3. 全球中心型人才配备是指“打破国籍壁垒，按能力选拔全球最优人才”，特征如下：

(1) 优点：

① 促进知识全球化流动(如将新兴市场成功经验复制到发达国家)。

② 培养具有全球视野的高管梯队(如联合利华“全球领导力计划”)。

③ 提升组织多样性，增强创新能力(如跨国团队解决复杂问题)。

(2) 缺点：

① 成本高昂(外派人员薪酬通常为本土员工的2—3倍)。

② 文化适应风险(如外派经理家庭难以融入东道国)。

③ 东道国政策限制(如巴西要求董事会多数成员为本地公民)。

(3) 适用情形：

① 全球化战略明确的跨国企业(如宝洁、IBM)。

② 知识密集型行业(如制药、半导体研发)。

③ 高端人才稀缺领域(如人工智能、量子计算)。

4. (1)市场细分是指企业根据消费者需求、特征或行为差异，将整体市场划分为具有相似需求的消费者群体的过程。其核心是通过细分标准(如地理、人口、心理、行为等维度)识别目标市场，为精准营销提供基础。

(2) 市场细分核心作用包括：

① 精准定位：通过地理、人口、心理、行为变量锁定目标客户。

② 资源优化配置：集中资源服务高价值客户，避免“撒网式”营销浪费。

③ 差异化竞争：在细分市场形成独特优势，降低价格战风险。

④ 需求挖掘：发现未被满足的细分需求，创造新增长点。

⑤ 风险分散：进入多个细分市场，降低单一市场波动影响。

5. (1)规模经济通过“降低单位成本-强化比较优势-扩大贸易规模”链条推动国际贸易：

① 内部规模经济：企业扩大生产使固定成本分摊，形成低成本优势，推动出口。例如，韩国三星通过半导体规模化生产，占据全球存储芯片70%市场份额。

② 外部规模经济：产业集群降低上下游协作成本(如东莞电子产业集群，零部件供应商集中降低物流成本)，吸引全球订单。

(2) 影响：

① 贸易模式变革：从产业间贸易(如发展中国家出口农产品)转向产业内贸易(如德国汽车与日本汽车的差异化竞争)。

② 市场集中度提升：头部企业通过规模优势形成垄断(如波音、空客垄断全球大型客机市场)。

③ 发展中国家机遇：通过“雁阵模式”承接劳动密集型产业(如越南纺织业依靠规模化代工融入全球供应链)。

二、论述题(每题20分，共40分)

1. (1)东道国的贸易政策工具及作用

① 进口关税与非关税壁垒。对进口商品征收关税或设置配额、许可证等非关税壁垒，提高外国产品成本，倒逼外资企业在本地设厂以规避壁垒，促进“市场寻求型”直接投资，同时保护国内幼稚产业。

② 外汇管制与资本流动管理。通过限制外汇兑换或资本汇出，控制外资企业利润汇回和短期资本流动，防止汇率波动和国际收支失衡，保障外资在本地的长期投资与再投资。

③ 国产化要求与技术转移条款。强制外资企业采购本地原材料、零部件或转让核心技术，推动产业关

联和技术溢出，提升国内产业链配套能力，实现“产业升级型”投资目标。

④ 税收优惠与出口加工区。对符合条件的外资企业减免所得税、增值税，或在出口加工区提供免税、保税政策，降低投资成本，吸引“出口导向型”外资，扩大就业和外汇收入。

（2）母国的贸易政策工具及作用

① 出口信贷与投资保险。提供低息出口信贷或政策性保险，覆盖海外投资的政治风险（如国有化、战争）和商业风险，降低企业对外投资的融资成本和不确定性，鼓励“资源寻求型”“战略资产寻求型”投资。

② 税收抵免与饶让。对企业海外投资所得实行税收抵免，避免双重征税；通过税收饶让承认东道国的税收优惠，保障企业实际收益，增强对外投资的财务可行性。

③ 技术与出口管制。限制涉及国家安全的核心技术、高端设备出口，防止技术外流和竞争对手崛起；同时对战略性产业（如能源、高科技）的对外投资提供出口许可便利，支持企业全球布局。

④ 资本管制与海外投资审查。对大规模对外投资实施备案或审批，防止资本过度外流引发国内金融风险；通过审查机制引导投资方向，确保对外投资符合国家战略（如产业链安全、能源保障）。

（3）工具作用的共性与差异

两类国家的工具均通过影响“成本-收益”机制调节投资行为：东道国侧重“准入管理”与“利益分配”，母国侧重“风险缓释”与“战略引导”。工具的有效性取决于政策协调性、国际规则兼容性及投资环境稳定性，过度干预可能引发投资壁垒和贸易摩擦。

2.（1）外汇风险的主要类型

① 交易风险：指汇率波动对跨国经济交易的现金流产生的影响。当企业持有以外币计价的应收款、应付款或债务时，汇率变动会导致实际结算金额变化，可能产生汇兑损益。

② 折算风险：又称会计风险，指企业在合并财务报表时，将海外子公司的外币资产、负债折算为本币时因汇率变动产生的账面价值波动，影响财务报表的稳定性。

③ 经济风险：指长期汇率波动对企业未来现金流和竞争力的潜在影响。汇率持续变动可能改变企业的国际市场份额、生产成本（如进口原材料价格）和盈利能力，属于战略性风险。

（2）外汇风险的应对方法

① 内部管理措施：

自然对冲：通过匹配外币资产与负债、收入与支出的币种结构，抵消汇率波动的影响。例如，以外币负债支撑外币资产，或用外币收入偿还外币债务。

净额结算：对企业内部不同部门或子公司的同币种收支进行集中轧差，仅结算净额，减少实际外汇交易规模，降低风险敞口。

定价策略调整：根据汇率变动灵活调整产品定价。在本币升值时提高外币标价，或在本币贬值时通过成本控制维持价格竞争力，转嫁部分汇率风险。

多元化经营：分散市场布局和融资渠道，涉及多种货币和区域，降低单一货币或市场的汇率依赖，通过业务结构优化对冲系统性风险。

② 外部金融工具：

远期合约与期货：与金融机构签订远期合约，锁定未来外汇交易的汇率；或通过外汇期货市场进行标准化合约交易，提前固定兑换价格，消除交易风险。

期权与互换：购买外汇期权获得在未来按约定汇率交易的权利（非义务），保留汇率有利变动时的收益；通过货币互换将一种币种的债务或资产转换为另一种币种，匹配长期现金流需求。

外汇掉期：同时进行即期和远期外汇交易，暂时转换币种以满足短期资金需求，到期换回原币种，规避短期汇率波动风险。

（3）总结

外汇风险管理需结合内部结构优化与外部工具应用：交易风险和折算风险可通过金融工具直接对冲，经济风险则依赖长期战略调整（如多元化、成本控制）。企业需根据风险类型、业务规模和市场环境选择组合策略，平衡风险与收益。

三、案例分析题(35分)

(1) 问题根源

① 跨地域协作效率低下

研发与生产脱节：研发中心(北科州)与生产基地(中国)地理分离，导致设计方案沟通延迟、样品迭代周期长，直接拖慢上市节奏；文化差异和时区障碍进一步加剧协作成本。

研发与营销割裂：区域营销集团(北美、欧洲、亚洲)自行决定策略，但未深度参与研发环节，导致产品设计与区域市场需求(如欧洲环保标准、亚洲性价比偏好)脱节，市场认可度不足。

② 供应链与成本管控失控

贴牌生产的隐性成本：依赖单一地区贴牌生产，可能因原材料采购、物流运输或代工溢价导致成本超支；缺乏多区域生产布局，难以灵活应对局部成本波动。

研发设计变更频繁：由于前期市场需求调研不足，研发过程中频繁调整设计方案，导致生产排期延误、模具复用率低，进一步推高成本。

③ 市场需求洞察滞后

标准化产品与本地化需求矛盾：研发中心采用“一刀切”的产品策略，未能针对核心市场开发差异化特性，导致产品竞争力不足。

区域营销反馈传导缓慢：区域集团掌握市场动态但缺乏研发话语权，研发中心难以快速响应终端用户反馈，新产品上市后市场适配性差。

(2) 系统性解决方案

① 构建“研发-生产-营销”协同机制

跨区域联合团队：成立由研发、生产、区域营销代表组成的产品委员会，采用敏捷开发模式，确保设计方案同步满足生产可行性和市场需求。

数字化协作平台：部署 PLM 系统，实时共享设计图纸、生产进度和市场反馈数据，减少跨地域信息差。

② 优化供应链与成本结构

生产基地多元化：在欧洲、亚洲增设区域性组装中心，缩短物流半径；核心零部件采用模块化设计，降低模具和库存成本。

成本全流程管控：研发阶段引入“目标成本法”，联合生产基地和供应商进行早期成本评估，锁定关键物料价格，严格控制设计变更频次。

③ 深化市场需求驱动的产品策略

分层产品矩阵：针对核心市场开发高端定制款，针对新兴市场推出标准化基础款，平衡研发投入与市场覆盖。

区域需求前置输入：要求区域营销集团在产品定义阶段提交《市场需求白皮书》，明确本地用户痛点、合规要求和竞品分析，研发中心据此分配资源优先级。

④ 强化上市与反馈闭环

阶梯式上市节奏：在核心市场优先试点上市，快速收集用户反馈并迭代优化，再推广至其他区域，降低全域失败风险。

动态绩效评估：建立“上市周期-成本控制-市场份额”联动考核机制，将区域营销集团的需求准确率、研发中心的方案落地纳入绩效考核，倒逼跨部门协同。

西南财经大学 2023 年 434 国际商务专业基础试题

一、简答题(每题 10 分，共 20 分)

1. 国际货币市场的含义和组成部分是什么?

2. 我国参加区域经济一体化的原因有哪些?

二、简述题(每题 15 分，共 105 分)

1. 简述国际收支不平衡的原因。

2. 简述霍夫斯泰德的文化维度分析。

3. 简述国际企业的战略选择和演化模式。

4. 简述外派人员失败的原因和后果。

5. 简述跨国企业供应链总成本含义与各环节生产成本的关系。

6. 简述构建双循环新发展格局的主要原因。

7. 简述吸收能力理论及其组成部分。

三、论述题(25 分)

试述数字贸易对传统贸易理论的挑战。结合我国数字贸易的优势，谈谈数字贸易对我国企业国际化经营的影响。

西南财经大学 2023 年 434 国际商务专业基础试题解析

一、简答题(每题 10 分，共 20 分)

1.(1)国际货币市场是指期限在一年以内的短期资金融通市场，具有高流动性和低风险特征。该市场通过各类短期金融工具实现全球范围内的资金调剂，是国际金融体系的重要组成部分。

(2) 主要组成部分：

① 同业拆借市场：金融机构之间进行短期资金借贷，以隔夜或 7 天期交易为主，利率由市场供需决定。

② 短期债券市场：交易一年内到期的国债、央行票据等工具，为政府和企业提供短期融资渠道。

③ 回购协议市场：通过质押债券获取短期资金，兼具担保和融资功能，是央行公开市场操作的主要工具。

④ 票据贴现市场：商业票据、银行承兑汇票等贴现交易，满足企业流动资金需求。

2. 我国参与区域经济一体化的原因可从经济、政治和战略三个维度分析：

(1) 经济动因

① 应对全球化竞争：通过区域合作规避贸易歧视性待遇，以集体力量抗衡其他经济集团。RCEP 等协定使我国出口产品在区域内关税减免幅度达 90%以上。

② 优化资源配置：与东盟、中亚国家形成产业链互补，2023 年中国-东盟中间品贸易占比达 65%，有效发挥制造业比较优势。

③ 对冲单边主义风险：在美国贸易保护主义抬头背景下，2023 年我国对 RCEP 成员国出口占比提升至 30%，降低对单一市场依赖。

(2) 政治考量

① 提升国际话语权：通过主导 RCEP 等机制参与国际规则制定，增强亚太经济治理影响力。

② 服务周边外交：以经济融合促进与东盟等邻国关系，2025 年亚洲 GDP 占比达 49%的背景下，区域合作成为战略支点。

(3) 战略需求

① 保障发展安全：构建区域产业链备份体系，应对“断链”风险。如中国–东盟贸易额三年增长13%，形成稳定供应链网络。

② 推动结构升级：通过技术标准对接倒逼产业转型，华为等企业依托区域市场实现5G技术输出。

二、简述题(每题15分，共105分)

1. 国际收支失衡的主要原因分析如下：

(1) 经济周期波动：各国经济周期不同步，繁荣期进口需求增加，衰退期出口能力下降，导致差额变化。

(2) 经济结构问题：一国产业结构与全球需求不匹配，例如过度依赖资源出口，产品竞争力不足，长期贸易逆差。

(3) 货币价值变动：本币升值使出口价格上升、进口便宜，可能导致逆差；贬值则相反，但可能存在“J曲线效应”。

(4) 国民收入变化：国民收入增长刺激进口消费，若出口未同步增长，进口>出口导致失衡。

(5) 国际资本流动：短期投机资本快速进出，或长期投资骤减，影响金融账户平衡，如债务危机。

(6) 政府政策：贸易保护政策(关税壁垒)限制进口，汇率干预扭曲价格，扩张性财政政策增加进口需求。

(7) 突发事件：如疫情中断供应链，战争影响资源出口，自然灾害减少生产能力，均会短期内剧烈扰动国际收支。

2. 霍夫斯泰德的文化维度包含：

(1) 权力距离：衡量社会对权力不平等分配的接受程度。中国等亚洲国家普遍呈现高权力距离特征，强调层级权威；欧美国家则倾向低权力距离，更注重个体平等。

(2) 个人主义与集体主义：西方文化强调个人目标与自由，而东亚文化更重视群体和谐与责任。

(3) 不确定性规避：高规避文化(如日本)依赖规则与稳定性，低规避文化(如美国)更能容忍模糊性。“铁饭碗”现象即高规避的典型表现。

(4) 男性化与女性化：男性化社会推崇竞争与成就(如日本职场文化)，女性化社会注重合作与生活质量(如北欧福利制度)。

(5) 长期导向与短期导向：长期导向文化(如中国)重视节俭与传统，短期导向文化(如美国)更关注即时满足。

3. (1) 国际企业的战略选择和演化模式：

① 国际战略：母国开发优势产品直接输出海外，总部集中控制决策权，适用于技术领先型企业。典型表现为在东道国仅建立制造/营销职能，协作程度低且忽视本地化需求。

② 多国本土化战略：高度分权运营，针对各国市场定制产品，但成本较高且难以形成规模效应。

③ 全球化战略：通过全球标准化实现成本领先，生产集中化并由总部控制，适合需求同质化行业。

④ 跨国战略：兼顾效率与适应性，双向技术转移，需平衡全球化协作与本土响应能力。

(2) 战略演化如下图所示：

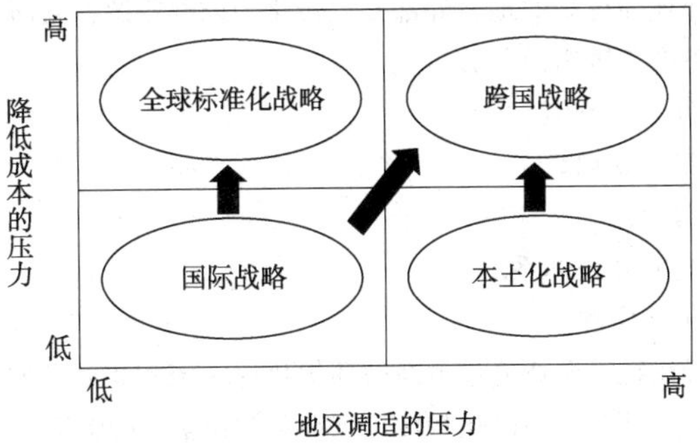

4.（1）外派失败的主要原因包括：

① 文化适应困难：员工可能无法适应新的语言、习俗、工作方式，导致效率低下或情绪问题。

② 家庭因素：配偶或子女不适应新环境，造成员工压力，迫使提前返回。

③ 选拔不当：企业未评估员工跨文化能力或技能匹配度，导致外派后无法胜任。

④ 缺乏支持：未提供培训、心理辅导或资源支持，员工感到孤立。

⑤ 职业发展不明确：外派后晋升路径模糊，员工缺乏动力。

（2）后果：

① 经济损失：包括外派成本、替换员工费用及业务中断损失。

② 士气下降：失败案例影响其他员工外派意愿，团队稳定性受挫。

③ 企业声誉受损：国际合作伙伴或客户可能对管理能力产生怀疑。

④ 员工发展受阻：失败经历可能导致员工被边缘化或离职，影响长期职业规划。

5. 跨国企业供应链总成本是指企业在全球范围内运营时，从原材料采购到最终产品交付给消费者的全过程中所产生的全部费用。它与各环节生产成本的联系主要体现在：

（1）原材料采购成本：作为供应链的起点，跨国企业需要平衡全球采购的价格优势与运输、关税等附加成本。

（2）生产制造成本：包括直接人工、设备折旧等。跨国企业常通过"成本洼地"策略布局生产基地，如特斯拉在上海建厂降低人工成本，但需考虑当地供应链配套程度对生产效率的影响。

（3）物流运输成本：国际运输方式选择（海运/空运）、关税及库存持有成本构成重要部分。采用越南+墨西哥"双跳板"模式的企业，虽规避了部分关税，但中转仓储成本上升 30%。

（4）协调管理成本：跨时区运营带来的沟通成本、质量管控成本等。日本汽车厂商在东南亚的供应链管理成本通常比本土高 15%—20%。

（5）风险成本：汇率波动、政治风险等隐性成本。2024 年红海危机导致中欧航线成本骤增 40%，直接影响终端定价。

6. 构建双循环新发展格局的主要原因：

（1）应对外部环境挑战：

① 全球化动能减弱：逆全球化与单边主义抬头，传统国际大循环模式面临瓶颈，需通过国内大循环增强经济韧性。

② 产业链安全需求：国际产业分工重塑叠加地缘政治风险，需建立自主可控的产业链供应链体系。

（2）激活内生发展动力：

① 超大规模市场优势：发挥 14 亿人口内需潜力，形成"需求牵引供给、供给创造需求"的动态平衡。

② 高质量发展要求：通过科技创新突破"卡脖子"技术，推动产业升级。

（3）深化开放型经济：

① 国际竞争新优势：以国内大循环吸引全球资源要素，通过"一带一路"等机制提升国际合作水平。

② 双循环协同效应：促进内需与外需、进口与出口协调发展，培育国际合作新增长极。

7.（1）吸收能力理论，主要研究企业如何通过识别、吸收外部知识来提升创新能力和竞争力。该理论认为，具备较强吸收能力的企业能更高效地将外部知识转化为内部资源，从而获得持续竞争优势。

（2）吸收能力理论包含五个关键组成部分：

① 价值发现：认知外部知识的价值。

② 获取：识别对业务关键的知识。

③ 同化：理解、解释外部信息。

④ 转化：整合新知识到现有知识体系。

⑤ 开发：将知识应用于业务实践。

这五个阶段构成一个闭环系统，企业通过不断循环优化这一流程来强化吸收能力。其中，转化和开发是直接关联企业创新能力的核心环节，而同化和转化则涉及知识整合的关键过程。

三、论述题(25 分)

(1) 数字贸易对传统贸易理论的核心挑战

传统贸易理论以实体商品和有形要素为基础，数字贸易的虚拟性、数据驱动性对其基本假设和结论构成冲击：

① 对比较优势理论的突破。传统理论强调劳动、资本等有形要素的比较优势，而数字贸易中，数据、技术和人力资本成为核心竞争力。数字服务(如云计算、人工智能)可通过互联网即时交付，生产与消费的地理边界被打破，要素禀赋的决定性作用弱化，传统比较优势难以解释数字服务的跨境流动。

② 要素禀赋理论的适用性受限。要素禀赋理论假设要素不可跨境流动，而数字贸易中数据要素可全球流动，企业可通过数据跨境获取全球市场信息、优化生产布局，削弱了国家间要素差异对贸易模式的决定作用。

③ 规模经济理论的拓展。传统规模经济依赖实体生产规模，数字贸易则通过平台网络效应实现零边际成本扩张，用户数量和数据积累成为关键，突破了物理空间对规模经济的限制，形成“赢者通吃”的市场格局。

④ 贸易政策理论的滞后。传统贸易政策聚焦关税和非关税壁垒，而数字贸易涉及数据主权、数字税、知识产权保护等新议题，现有多边贸易规则难以应对数据跨境流动、平台垄断等新挑战。

(2) 我国数字贸易优势对企业国际化经营的影响

我国数字贸易优势体现在数字基础设施、平台经济、产业链整合和政策支持等方面，对企业国际化经营产生深远影响：

① 降低国际化门槛，拓展全球市场。数字平台(如电商、社交平台)为企业提供低成本的全球触达渠道，中小企业可绕过传统中间商直接对接海外消费者，实现“小单化”“定制化”出口，打破传统贸易的规模壁垒。

② 数据驱动提升竞争优势。企业通过数字技术整合全球供应链数据，优化库存管理、精准匹配供需，提升运营效率；同时利用用户行为数据开发差异化产品，增强对海外市场的适应性。

③ 推动服务贸易与价值链升级。我国在数字支付、云计算、人工智能等领域的优势，促进数字服务出口从低附加值的外包转向高附加值的技术解决方案输出，推动企业从“产品出口”向“服务+数据+生态”的综合国际化转型。

④ 面临的挑战与应对。企业需应对数据跨境流动限制、数字贸易壁垒(如本地化存储要求)等风险，加强合规能力建设，同时依托“一带一路”数字丝绸之路倡议，参与全球数字治理规则制定，为国际化经营创造有利环境。

云南财经大学2023年434国际商务专业基础试题

一、单项选择题(每题2分，共30分)

1. 以传统、先例和习俗惯例为基础的法律体系是(　　)。

A. 大陆法　　B. 普通法　　C. 宗教法　　D. 罗马法

2. 一般认为，一国国际储备数量应满足(　　)的进口需要。

A. 1个月　　B. 3个月　　C. 6个月　　D. 12个月

3. 按照霍夫斯泰德理论，下列哪一类国家具有更低的权力距离。(　　)

A. 欧美　　B. 亚洲　　C. 非洲　　D. 拉丁美洲

4. (　　)是缔约国双方在通商航海关税、公民法律地位方面相互给予的，不低于现时或将来给予任何第三国的优惠、特权或豁免待遇。

A. 普惠制　　B. 最惠国待遇　　C. 国民待遇　　D. 特惠制

5. 出口商为规避未来外汇收入的汇率风险，应与外汇银行签订(　　)。

A. 卖出远期外汇合约　　B. 买入远期外汇合约

C. 买入即期外汇　　D. 卖出即期外汇

6. 生产全球化的重要推动力量是(　　)。

A. 生产设备不重要　　B. 运输成本不断上升

C. 外包业务的快速发展　　D. 劳动力跨国移民放开

7. 政府对某种产品实施进口配额措施，这一措施的受益人是(　　)。

A. 该产品消费者　　B. 该产品国内的生产者

C. 政府　　D. 以上都是

8. 战略性贸易政策的一个重要作用就是帮助本国企业在国际市场上(　　)。

A. 制定战略　　B. 开展贸易　　C. 获得先动优势　　D. 避开关税

9. (　　)是一个国家在正常贸易过程中，其用来贸易的产品以低于该产品的正常价值之价格出口到另外一个国家或地区的行为。

A. 倾销　　B. 出口　　C. 进口　　D. 配额

10. 按照筹措资金是否为发行地所在国货币划分，国际债券分为(　　)。

A. 外国债券与欧洲债券　　B. 欧洲债券与美洲债券

C. 欧洲债券与亚洲债券　　D. 外国债券与本国债券

11. 从独立供应商那里购买零部件的好处不包括(　　)。

A. 给公司更大灵活性　　B. 保护知识产权

C. 压低公司花费结构　　D. 快速响应市场需求

12. 跨国公司采用不同的战略在绩效考核中会带来不同的绩效模糊性，其中(　　)的绩效模糊性最低。

A. 全球标准化战略　　B. 本土化战略

C. 跨国战略　　D. 国际战略

13. 一般来说，企业的生产技术越复杂，学习效应越(　　)。

A. 显著　　B. 不显著　　C. 完全没有　　D. 不确定

14. 企业在跨国经营中，要利用区位经济和经验曲线效应来降低成本，那么应该选择(　　)进入世界市场。

A. 出口　　B. 交钥匙工程　　C. 技术授权　　D. 特许经营

15. 与许可贸易具有相似之处的国际市场进入模式是(　　)。

A. 管理合同　　B. 合同制造　　C. 特许经营　　D. 间接出口

二、名词解释(每题 6 分，共 30 分)

1. 生产全球化
2. 海关税则
3. 双重纳税
4. 价格歧视
5. 对等贸易

三、简答题(每题 8 分，共 40 分)

1. 国际商务中，跨文化冲突的主要原因是什么?
2. 欧洲货币市场作为一种新型的国际金融市场，与传统的国际金融市场相比有什么特点?
3. 跨国公司操纵转移价格可获得哪些好处?
4. 分销策略在国家间的差异体现在哪些方面?
5. 简述组织结构中垂直差异化的两种类型，以及各自赞成的理由。

四、论述题(每题 15 分，共 30 分)

1. 近年来国际上贸易保护主义日益盛行的原因是什么?
2. 论述影响国际会计体制的因素。

五、案例分析题(1 题，共 20 分)

党的二十大报告提出要高水平对外开放，稳步扩大规则、规制管理标准等制度型开放。请分析制度型开放的含义及其具体措施。

云南财经大学 2023 年 434 国际商务专业基础试题解析

一、单项选择题(每题 2 分，共 30 分)

1. B。普通法体系以司法判例(先例)、传统法律惯例为核心渊源，区别于依赖成文法典的大陆法系。
2. B。国际储备的常规标准是满足 3 个月的进口支付需求，以维持国际收支平衡和汇率稳定。
3. A。霍夫斯泰德文化维度理论中，欧美国家普遍表现出更低的权力距离(如平等主义倾向)，而亚洲、非洲等地区权力距离较高。
4. B。最惠国待遇要求缔约方给予对方的优惠不低于任何第三国，属于非歧视性贸易原则的核心条款。
5. A。出口商需锁定未来外汇收入的本币价值，通过卖出远期外汇合约对冲汇率下跌风险。
6. C。外包通过全球分工降低生产成本，是推动生产全球化的关键因素。
7. B。进口配额限制外国产品竞争，直接保护国内产业，生产者是主要受益者。
8. C。战略性贸易政策通过补贴或保护扶持本国企业抢占国际市场先机。
9. A。倾销指以低于正常价值的价格出口产品，属于 WTO 禁止的不正当竞争行为。
10. A。国际债券按货币类型划分为外国债券(发行地货币)和欧洲债券(第三国货币)
11. B。从外部采购可能导致知识产权泄露，无法保护专有技术。
12. A。全球统一标准使绩效指标明确，模糊性最低。
13. A。技术复杂度高的生产过程中，经验积累带来的学习效应更明显。
14. A。区位经济下，集中生产并通过出口扩张能最大化经验曲线效应。

15. C。特许经营与许可贸易均涉及技术/品牌授权，但特许经营包含更完整的商业模式输出。

二、名词解释(每题6分，共30分)

1. 生产全球化，指跨国公司通过全球供应链配置生产要素，形成跨国生产网络。其核心是利用各国要素成本差异实现效率最大化，表现为外包制造、离岸生产等模式。典型案例包括苹果产业链(全球零部件采购+中国组装)。

2. 海关税则，是一国海关凭以征收关税的法律依据和税率表，包含商品分类目录、税则号列、税率及征税规则。按税率栏目可分为单式税则(一种商品一个税率)和复式税则(对不同国家采用不同税率，如最惠国税率、普通税率)。其核心作用是保护国内产业、调节贸易流量及增加财政收入。

3. 双重纳税，指同一纳税人的同一笔所得因税收管辖权重叠(如居民管辖权与来源地管辖权)在两个或以上国家被重复征税的现象。分为法律性双重征税(同一主体、同一所得)和经济性双重征税(如母子公司股息分配被分别征税)。国际上通过税收协定、抵免法、免税法等机制消除，例如中国企业海外所得可享受税收抵免。

4. 价格歧视，指企业对同一种商品向不同消费者群体收取不同价格的策略，需满足市场分割、消费者需求弹性差异等条件。分为三级：一级(对每个消费者定价不同，如拍卖)、二级(按购买量定价，如批发折扣)、三级(按群体定价，如学生票)。目的是最大化利润，但可能因“反倾销”“反垄断”法规受到限制。

5. 对等贸易，指以货物或服务交换为核心的贸易方式，常见于外汇短缺国家，形式包括易货贸易(直接换货，如石油换食品)、互购(双方承诺购买对方产品)、补偿贸易(技术进口方以产品偿还)。优势是平衡国际收支、拓展市场，但存在效率低(商品匹配难度大)、定价复杂等问题。

三、简答题(每题8分，共40分)

1. 跨文化冲突的核心源于文化维度差异与沟通障碍，具体包括：

(1) 价值观与思维模式差异：如个人主义(欧美)与集体主义(东亚)对决策方式的影响；高不确定性规避文化(如日本)对风险的厌恶与低规避文化(如美国)的创新容忍。

(2) 沟通风格冲突：直接沟通(北欧)与间接沟通(东亚)易导致误解，如“是”在日本可能表示“理解”而非“同意”。

(3) 非语言沟通差异：肢体语言(如手势、空间距离)、时间观念(单时制文化如德国强调守时，多时制文化如巴西更灵活)。

(4) 制度与规范差异：宗教禁忌(如伊斯兰国家对猪肉的禁忌)、商业礼仪(如中东商务谈判需先建立关系)、法律体系(普通法 vs 大陆法对契约的不同要求)。

2. 欧洲货币市场的核心特征是“非居民交易+监管豁免”，具体表现为：

(1) 货币属性：欧洲货币市场交易的是“境外货币”，即非市场所在国货币(如在伦敦交易美元)，突破了传统市场的国别货币限制。

(2) 监管环境：不受市场所在国金融法规约束(如存款准备金、利率管制)，没有资本流动限制，税费更低。

(3) 市场结构：95%以上交易为银行间同业拆借，具有批发市场特性，单笔交易金额巨大。

(4) 利率机制：存贷利差小(仅0.25%—0.5%)，利率完全由市场供求决定，形成独立于各主权国家的利率体系。

(5) 资金来源：吸纳全球各国政府、企业和个人的闲置资金，不受单一国家资本规模限制。

3. 转移价格(内部交易定价)的核心优势在于“全球资源优化配置”，具体包括：

(1) 税务筹划：通过高税率国子公司(如美国)向低税率国子公司(如爱尔兰)低价出口，降低整体税负(据 OECD 统计，跨国公司通过转移定价每年避税超2000亿美元)。

(2) 外汇与资本管制规避：将资金从外汇管制国家(如阿根廷)以“高进口价”形式转移至离岸账户，规避汇出限制。

(3) 利润调节：掩盖亏损子公司业绩(如新兴市场子公司)，或降低高利润子公司(如石油企业)的政治风险(避免东道国提高税率)。

（4）融资便利：通过人为提高子公司利润，改善其信用评级以获取更低成本的贷款。

4. 分销策略因市场环境与文化特征呈现显著差异，主要体现在：

（1）渠道结构：发达国家（如美国）以短渠道为主（制造商→零售商，如苹果直营店）；发展中国家依赖多层中间商（如印度快消品需通过3-4级批发商覆盖农村市场）。

（2）零售业态：欧美以连锁超市（沃尔玛）、电商（亚马逊）为主；东南亚、非洲则依赖小型杂货店（印尼warung、肯尼亚duka）。

（3）控制模式：标准化策略（如可口可乐全球统一瓶装标准）vs本土化策略（如联合利华在印度与本地企业合资建厂）。

（4）法规与基础设施：中国对跨境电商的"9710"监管代码要求；非洲物流落后导致依赖独家经销商模式。

5. 垂直差异化指组织层级的划分方式，核心类型为：

（1）高耸型结构（多层级）：

赞成理由：严密监控（如制造业生产线的质量控制）、明确权责（适合标准化任务）、晋升阶梯清晰（激励员工）。代表企业：传统汽车制造商（如丰田，层级达12级）。

（2）扁平型结构（少层级）：

赞成理由：决策速度快（如互联网企业响应市场变化）、员工授权（激发创新，如谷歌的"20%自由时间"政策）、降低管理成本（减少中层管理者）。代表企业：初创科技公司（如字节跳动，层级通常≤5级）。

（3）两者无绝对优劣，需匹配企业战略：全球化企业（如宝洁）倾向高耸结构保证全球统一标准；创新型企业（如特斯拉）则偏好扁平结构提升敏捷性。

四、论述题（每题15分，共30分）

1. 贸易保护主义回归是全球化进程遭遇挫折的集中体现，其深层原因可归结为经济失衡、政治博弈与体系失效的叠加：

（1）经济层面：全球化红利分配失衡与增长乏力

2008年金融危机后，全球经济陷入"长期停滞"，主要经济体劳动生产率增速放缓。发达国家中低技能劳动者因制造业外移（如美国铁锈地带失业率长期高于全国平均水平）和自动化冲击，将收入差距扩大归咎于自由贸易。新兴经济体通过产业政策实现弯道超车（如中国新能源产业全球份额超60%），对欧美传统优势产业形成竞争压力，触发保护本能。

（2）政治层面：民粹主义崛起与多边体系式微

社交媒体放大"本土利益受损"叙事，政客将贸易政策作为政治动员工具。特朗普政府的"美国优先"政策（对中国加征301关税）、英国脱欧（主张"夺回贸易主权"）均为典型案例。同时，WTO多边贸易框架陷入困境：争端解决机制瘫痪（美国自2019年起阻挠上诉机构运作）、规则更新滞后（未能覆盖数字贸易、环境标准等新议题），导致各国转向双边协定（如USMCA）和单边制裁。

（3）国际环境：大国竞争与地缘冲突催化

中美战略竞争升级突破传统经贸范畴，延伸至科技领域（芯片出口管制）、意识形态。俄乌冲突后，能源（欧盟对俄石油禁运）、粮食（印度暂停小麦出口）等关键商品保护主义抬头，凸显"经济安全化"趋势。发展中国家则通过"进口替代政策2.0"（如印度生产关联激励计划）保护本土产业，形成"全民保护主义"浪潮。

2. 国际会计体制的多样性源于法律、经济、文化等制度环境的差异，核心影响因素有：

（1）法律体系与监管模式

大陆法系国家（如德国、法国）采用"立法主导型"会计体制，会计准则嵌入《商法典》或《公司法》，强调税务合规（如法国会计利润需与应税利润一致）；普通法系国家（如美国、英国）实行"民间主导型"模式，由独立机构制定准则，侧重投资者保护。

（2）融资结构与资本市场特征

股权分散型市场（如美国纳斯达克）要求"透明度优先"，会计准则强调信息披露；债权主导型市场（如日本主银行体系)会计目标偏向债权人保护，财务报告侧重偿债能力分析。德国“双元制”公司治理中，银行代表监事会，会计信息更注重稳健性。

(3) 文化维度与职业判断空间

霍夫斯泰德文化理论中，集体主义文化(如中国)倾向于统一会计制度(如企业会计准则由财政部制定)，个人主义文化(如美国)容忍职业判断差异(如商誉减值测试的管理层估计)。高不确定性规避文化(如瑞士)偏好规则导向会计准则，低规避文化(如英国)接受原则导向(依赖“真实公允”原则)。

(4) 政治经济与国际趋同压力

政府干预程度高的国家(如北欧福利国家)会计制度与社会政策联动(如员工薪酬披露要求)；税收政策驱动型体制(如巴西)会计准则直接服务于税务征管。21 世纪以来，IFRS 全球采用形成趋同压力，但本地化调整持续存在，反映国家主权与全球标准的平衡。

五、案例分析题(1 题，共 20 分)

(1) 制度型开放的含义及具体措施

制度型开放是我国高水平对外开放的新阶段，核心是从“商品要素流动型开放”转向“规则、规制、管理、标准等制度层面开放”，通过对接国际高标准经贸规则，构建与全球经济治理体系相适应的国内制度体系。与传统开放相比，其突出特点是：

① 从“边境上开放”转向“边境后规则”：不仅降低关税、扩大市场准入，更注重国内规则与国际接轨(如知识产权保护、竞争政策)。

② 从“政策优惠”转向“制度保障”：以法治化、透明化的制度环境替代临时性优惠政策，稳定外资预期。

③ 从“被动适应”转向“主动引领”：在参与全球经济治理中推动规则创新(如数字贸易规则、绿色低碳标准)。

(2) 制度型开放的具体措施

① 对接国际高标准经贸规则。主动融入《全面与进步跨太平洋伙伴关系协定》(CPTPP)、《数字经济伙伴关系协定》(DEPA)等框架，在知识产权、环境标准、劳工权益等领域深化改革。例如，CPTPP 要求的“禁止业绩要求”(如外资企业无须强制转让技术)、DEPA 的“数据跨境流动规则”，已在海南自贸港等试点区域先行先试。

② 扩大服务业制度型开放。以负面清单管理为核心，放宽金融、教育、医疗等服务业准入限制，同步完善监管制度。如 2023 年版《外商投资准入特别管理措施(负面清单)》进一步缩减金融业限制，允许外资银行参与国债期货交易；上海试点“跨境服务贸易负面清单”，在研发设计、跨境数据服务等领域突破制度壁垒。

③ 优化市场化法治化营商环境。强化公平竞争审查，清理妨碍统一市场的政策；完善知识产权全链条保护(如扩大专利开放许可范围、设立知识产权法院)；推行“准入即准营”改革，简化企业注册、审批流程。世界银行《2023 年营商环境报告》显示，我国“办理破产”“保护中小投资者”等指标已达到 OECD 高收入经济体水平。

④ 参与全球经济治理规则创新。在数字贸易、绿色低碳、供应链韧性等新兴领域提出中国方案。例如，推动 WTO 电子商务谈判，主张“发展导向”的数字规则；发起《全球数据安全倡议》，平衡数据安全与流动；在 RCEP 框架下推动区域内标准互认，降低贸易便利化成本。

⑤ 深化自贸试验区(FTZ)制度创新。赋予自贸试验区更大改革自主权，开展“压力测试”。如海南自贸港实施“零关税”商品清单管理，探索“一线放开、二线管住”的货物贸易自由便利；上海自贸试验区试点“数据跨境流动白名单”，为全国制度创新积累经验。

(3) 制度型开放的意义

通过制度型开放，我国正从“政策红利驱动”转向“制度红利驱动”，既为外资提供稳定、透明、可预期的制度环境，也为国内高质量发展注入动力，实现从“规模扩张”到“质量效益”的开放转型。

中国人民大学2023年434国际商务专业基础试题

一、简答题(每题10分，共50分)

1. 竞争中性原则是什么，对中国参与世界经贸有什么影响？

2. 区位经济的内涵是什么，跨国公司采用什么样的战略和组织架构最有利于形成区位经济？

3. 美联储加息，人民币对美元一度贬值，但人民币指数依旧稳定，这是为什么？

4. 全球价值链形成的原因，疫情对全球价值链的影响有哪些？

5. 什么是负面清单管理制度，对世界经贸的影响有哪些？

二、论述与计算(每题20分，共60分)

1. 假设在开放经济下，A、B两国资本自由流动，且两国债券风险溢价相同。已知A国债券一年期收益率6%，B国债券1年期收益率2%。

(1) 假设2国实际利率均为3%，运用费雪效应分析，哪个国家通胀率更高？长期来看，两国汇率会如何变化？

(2) 若A国2年期债券的收益率是7%，根据远期利率理论，推测A国下一年的利率是多少？

2. 根据以下两国的囚徒困境表格，回答问题：

	B国自由贸易	B国贸易保护
A国自由贸易	4，4	1，5
A国贸易保护	5，1	2，2

(1) 如果两个国家独立制定贸易政策，他们会制定什么样政策？

(2) 如果两个国家展开了经贸谈判，又会制定什么样的政策？

(3) 据此阐述一下你认为的WTO在世界经贸中的作用是什么？

(4) 当前WTO治理存在什么问题，应当如何解决？

3. 什么是要素价格均等化定理？由此推测中国产品竞争力将来会有什么趋势？

三、案例题(每题20分，共40分)

1. 近年来，以苹果、大众为代表的跨国公司加速调整全球研发布局。近年来，苹果公司关闭部分欧美研发中心，转而在中国深圳、上海等地增设人工智能与硬件研发基地。宝马沈阳研发中心聚焦电动化，奔驰上海设计中心开发本土化智能座舱系统。

(1) 为什么它们都来中国建立研发中心？

(2) 跨国公司建立的研发中心对中国市场有什么影响？

(3) 跨国公司在不限于中国的新兴经济体建立跨国公司有什么机遇和挑战？

2. 近年来，中国数字贸易快速发展，成为推动外贸增长的新引擎。某生产型外贸企业通过数字化转型，实现了生产效率提升20%、供应链协同效率提高30%、海外订单处理周期缩短50%的显著成效。该企业利用工业互联网、大数据分析和智能供应链管理系统，优化了生产流程、库存管理和全球客户服务，成功拓展了“一带一路”市场。

(1) 什么是数字化转型？企业为什么要进行数字化转型？

（2）什么是生产型外贸企业？和贸易型外贸企业有什么不同？

（3）该公司数字化转型的过程有何借鉴意义？

中国人民大学2023年434国际商务专业基础试题解析

一、简答题（每题10分，共50分）

1.（1）竞争中性，是指政府应确保国有企业与私营企业在市场竞争中享有平等的地位，避免因政府所有权或政策倾斜而扭曲市场公平竞争。这一原则核心内容包括：

① 税收中性：国企不应享受特殊税收优惠。

② 监管中性：国企与私企适用相同的监管标准。

③ 债务融资中性：国企不应凭借政府隐性担保获得更低融资成本。

④ 公共服务补偿透明化：若国企承担公共服务职能，政府补贴需公开透明。

（2）竞争中性对中国参与世界经贸的影响：

① 国际规则接轨的挑战。CPTPP、WTO改革等国际协定均将竞争中性作为重要条款，中国若加入需调整国企补贴、市场准入等政策。

② 国企改革压力。中国推动“分类改革”（商业类/公益类国企），但部分国企仍享有政策红利（如低息贷款、行业准入壁垒）。竞争中性要求可能倒逼国企提升效率，减少行政垄断（如能源、电信行业）。

③ 对外贸易摩擦的诱因。美欧常以“非市场经济地位”指责中国国企扭曲竞争，引发反补贴调查（如光伏、钢铁行业）。

④ 市场化改革的机遇。竞争中性可推动要素市场化配置（如土地、劳动力、资本），提升私营经济活力。自贸试验区试点“负面清单”管理模式，逐步放宽市场准入。

2.（1）区位经济，是指企业通过优化地理布局，利用特定地区的资源禀赋、产业集聚或政策优势，降低生产成本、提高效率并增强竞争力的经济现象。其核心要素包括：

① 要素成本优势（劳动力、土地、能源等）。

② 产业集群效应（上下游配套、知识溢出）。

③ 政策红利（税收优惠、补贴、自贸区政策）。

④ 市场邻近性（贴近消费者或原材料产地）。

（2）跨国公司采用全球地区组织结构最有利于形成区位经济。该结构以地区为单位设立分部，每个地区分部负责当地市场的产品营销策略，能针对不同市场的需求灵活调整经营策略，同时发挥地区优势降低成本。

3. 美联储加息导致美元走强，人民币对美元贬值，但人民币对一篮子货币（如欧元、日元等）保持稳定甚至升值，因此人民币指数（如CFETS指数）变化不大。

（1）美元太强：美联储加息后，全球资金流向美元，非美货币（欧元、日元等）跌得比人民币更多，所以人民币相对它们反而稳住了。

（2）中国贸易强：出口赚的外汇多，企业结汇需求支撑人民币。

（3）央行调控：通过外汇工具（如调整准备金率）平滑汇率波动，避免大起大落。

4.（1）全球价值链（GVC）形成的原因

① 技术进步：通信、运输技术（如集装箱、航空物流）降低跨国分工成本。

② 成本驱动：企业将生产环节分散到劳动力、资源成本更低的国家。

③ 贸易自由化：WTO规则、区域自贸协定减少关税和壁垒，推动跨国生产。

④ 跨国公司主导：苹果、特斯拉等企业通过全球布局供应链，实现效率最大化。

（2）疫情对全球价值链的冲击

① 短期中断。封城、物流停滞导致零部件断供（如芯片短缺影响汽车业）。

② 成本上升。海运价格暴涨（2021年上海至美国航线运费上涨5倍），推高全球通胀。

③ 产业链重组。区域化：企业将供应链迁至邻近地区(如“中国+1”策略，转向越南、墨西哥)；本土化：欧美推动关键产业(芯片、医药)回流，减少对外依赖。

④ 数字化加速。远程协作、3D打印等技术部分替代传统跨境生产。

5.(1)负面清单，是一种国际通行的外资准入管理模式，即政府以清单形式明确列出禁止或限制外资进入的领域，清单之外的行业则完全开放。与中国传统的“正面清单”(仅允许清单内领域开放)相反，负面清单体现“法无禁止即可为”的市场原则。

(2) 对世界经贸的影响

① 推动制度型开放。通过明确规则减少贸易壁垒，增强国际投资信心。例如海南自贸港负面清单对标国际高标准经贸规则，允许外资进入更多领域，提升国际竞争力。

② 优化全球产业链布局。负面清单制度降低市场准入门槛，吸引全球资源聚集特定区域，促进产业链全球化协作。

③ 促进规则对接。中国通过实施负面清单制度主动对接国际规则，减少政策差异带来的贸易成本，为全球企业提供更稳定透明的投资预期。

二、论述与计算(每题20分，共60分)

1.(1)根据费雪效应，A国通胀率=6%-3%=3%；B国通胀率=2%-3%=-1%。显然A国通胀率更高。根据相对购买力平价，通胀率高的货币远期贬值，贬值率=3%-(-1%)=4%。

(2) 根据远期利率计算公式可得：

$$(1+6\%)(1+f)=(1+7\%)^2$$

计算可得$f=8\%$。

2.(1)在非合作博弈下，两国会陷入“囚徒困境”：A国决策：若B国自由贸易，A国选择保护(5>4)；若B国保护，A国选择保护(2>1)。可见，A国必然选择贸易保护。B国同理，也会选择保护。结果：双方选择(保护，保护)，收益为(2，2)——帕累托次优，个体理性导致集体非理性。

(2) 若两国通过谈判达成协议：选择(自由贸易，自由贸易)，收益(4，4)更优。两国会制定贸易自由主义政策。

(3) WTO通过制度设计有效破解国际贸易中的囚徒困境，其核心机制包括：

① 规则刚性约束：最惠国待遇原则强制成员国平等开放市场，单边保护将面临系统性违约成本。

② 重复博弈框架：定期贸易政策审议机制将单次博弈转化为长期互动，成员国需持续证明政策合规性。

③ 收益再平衡：特殊与差别待遇条款允许发展中国家暂缓开放敏感领域，避免“赢者通吃”引发的集体对抗。

(4) WTO的缺陷：

① 决策效率低下：164个成员“协商一致”原则导致改革停滞。

② 争端解决瘫痪：美国阻挠上诉机构法官任命，12起案件悬而未决。

③ 规则滞后：未涵盖数字贸易、国企补贴等新议题，中国光伏产业遭欧美“双反”围攻时缺乏有效规则。

解决方案：

① 灵活决策机制：采用“关键多数”模式，部分协议可由意愿联盟先行。

② 恢复上诉机构：限制过度司法化，允许成员国对裁决提出合理异议。

③ 新规则制定：将碳边境税、数据本地化等纳入谈判，避免单边主义泛滥。

3.(1)要素价格均等化定理指出，在完全自由贸易和相同生产技术的条件下，国际贸易会促使各国同质生产要素(如劳动、资本)价格趋于相等。这一过程通过商品价格均等化传递到要素市场，最终使丰裕要素(如劳动力)价格上涨，稀缺要素(如资本)价格下降。

(2) 中国产品竞争力分析：

① 短期趋势(5—10年)：中国制造业的传统成本优势正逐渐减弱，劳动力成本已显著高于东南亚国家，但通过自动化升级和生产效率提升，仍能维持部分劳动密集型产业的竞争力。同时，研发投入的持续

增加推动高附加值产品(如新能源、高端装备)的国际市场份额扩大，形成新的竞争优势。

② 长期趋势(10年以上)：随着国际贸易深化，要素价格将进一步趋近，中国劳动力成本可能接近中等发达国家水平。届时，竞争力将更多依赖规模经济、供应链整合和技术创新，而非单纯的低成本。然而，若产业升级速度滞后于成本上升，可能面临“中等技术陷阱”，即低端产业外流而高端技术未能突破的困境。

三、案例题(每题20分，共40分)

1.(1)跨国公司在中国建立研发中心的主要原因：

① 市场导向：中国是全球最大的消费市场之一，本土化研发能更精准地适应中国消费者的需求。

② 人才优势：中国拥有庞大的工程师红利，尤其在人工智能、硬件制造等领域的高性价比技术人才储备丰富。

③ 供应链协同：中国具备完整的制造业产业链，研发与生产紧密结合可加速产品迭代。

④ 政策支持：中国鼓励外资研发投入，提供税收优惠，并推动“智造”转型，吸引企业布局高新技术领域。

(2) 对中国市场的影响：

① 技术溢出效应：跨国研发中心带来先进技术和管理经验，促进本土企业技术升级(如新能源汽车产业链的成熟)。

② 就业与人才培育：创造高技能岗位，培养本土研发人才，提升行业整体水平。

③ 市场竞争加剧：本土企业面临更直接的竞争压力，但也倒逼创新(如华为、比亚迪等与跨国公司的技术竞合)。

(3) 机遇：

① 市场潜力：新兴经济体人口红利大，消费需求增长快(如印度、东南亚)。

② 成本优势：人力、土地成本较低，政策激励较多(如越南的制造业补贴)。

挑战：

① 政治与法律风险：政策稳定性不足(如印度外资审查趋严)。

② 供应链短板：基础设施和配套产业不完善，可能增加运营成本。

③ 文化差异：需适应本地消费习惯和管理模式(如宗教、劳工政策等)。

2.(1)数字化转型指企业利用数字技术(如工业互联网、人工智能)重构生产、管理和服务流程，实现降本增效与模式创新的系统性变革。

企业转型的核心动因包括：

① 效率提升：如案例中生产效率提高20%，通过自动化减少人力成本。

② 市场响应：数字化缩短海外订单处理周期50%，满足全球化敏捷需求。

③ 供应链韧性：智能系统实现全球库存协同，应对突发风险(如疫情中断)。

④ 政策与竞争：各国推动“数字贸易”政策，倒逼企业升级技术(如中国“十四五”数字经济规划)。

(2) 生产型外贸企业与贸易型外贸企业的区别：

① 生产型外贸企业以自主制造为核心，直接出口产品，典型代表如华为、比亚迪。其特点是：重资产投入、全链条控制、技术壁垒高。

② 贸易型外贸企业则侧重流通环节，如利丰集团，特征为：轻资产运营、灵活性优先。

关键差异在于生产型企业通过数字化直接优化制造，贸易型企业则需数字化营销与数字化物流系统。

(3) 该企业的成功经验可总结为以下四方面：

① 技术选择与业务深度绑定：工业互联网优化生产流程，大数据分析预测“一带一路”市场需求，避免技术脱离实际。

② 供应链全球化协同：智能管理系统实现跨国库存实时调配，将传统“串联式”供应链升级为“并联式”响应网络。

③ 数据驱动决策机制：通过客户行为分析调整产品设计，取代经验主义决策。

④ 生态化合作路径：借助第三方云平台快速部署系统，降低中小企业独立研发的风险与成本。

中央财经大学 2023 年 434 国际商务专业基础试题

一、名词解释(每题 4 分，共 40 分)

1. 对外贸易量
2. 自愿出口限制
3. 林德假说
4. 寄售
5. 普通关税
6. 出口信用保险
7. 斯托尔珀-萨缪尔森定理
8. 金汇兑本位制
9. 汇率超调
10. 特别提款权

二、单项选择题(每题 1 分，共 12 分)

1. 在特定要素模型中，一国贸易开放会(　　)。
   A. 增加出口产业中特定要素的收入
   B. 减少进口产业中特定要素的收入
   C. 可能减少，也可能增加流动要素的收入
   D. 以上都对
2. 以下关于传统国际贸易理论的说法错误的是(　　)。
   A. 在李嘉图模型中，国际贸易的产生是因为劳动生产率的国际差异
   B. 在特定要素模型中，特定要素不能在产业间流动
   C. 在 H-O 模型中，国际贸易的产生是因为生产要素禀赋的国际差异
   D. 李嘉图模型、特定要素模型和 H-O 模型从各自角度对国际贸易的收入分配效应提供了解释
3. 下列哪一项不是跨国公司内部贸易实行转移价格的目的？(　　)
   A. 减轻纳税负担　　B. 发展多种跨国结算模式
   C. 增强子公司在国际市场上的竞争能力　　D. 减少或避免金融风险
4. 在 WTO 的组织结构中，下列哪一个是最高决策机构？(　　)
   A. 总理事会　　B. 理事会
   C. 部长级会议　　D. 贸易与发展委员会
5. 下列哪一项信息通常不包括在一国海关税则的关税税率表中？(　　)
   A. 税则号列　　B. 附加关税　　C. 税率　　D. 货物分类目录
6. 下列关于非关税措施表述错误的是(　　)。
   A. WTO 允许正当的非关税措施
   B. 非关税措施往往与一国环保、技术和国民意愿有关
   C. 非关税措施总是对一国对外贸易造成负向影响
   D. 非关税措施也可能增进一国国民福利
7. 一国对外援助和向外国人支付的赠予，通常被记录在国际收支平衡表中如下哪个账户中？(　　)
   A. 贸易账户　　B. 经常账户
   C. 资本与金融账户　　D. 错误和遗漏账户
8. 对于当前美国的经常账户与跨境资本流动，以下论述正确的是(　　)。

A. 当前美国经常账户顺差，资本是流出的

B. 当前美国经常账户逆差，资本是流入的

C. 当前美国经常账户顺差，资本是流入的

D. 当前美国经常账户逆差，资本是流出的

9. 当一国处于经济衰退与对外贸易呈现顺差时，政府应采用下列何种政策搭配才能实现内外平衡？(　　)

A. 紧缩国内支出，本币升值　　B. 扩张国内支出，本币贬值

C. 扩张国内支出，本币升值　　D. 紧缩国内支出，本币贬值

10. 国际金本位制度下的国际收支自动调节机制是(　　)。

A. 利率调节机制　　B. 收入调节机制

C. 价格-铸币流动机制　　D. 货币-价格调节机制

11. 汇率制度选择需要在独立性和纪律性中进行权衡，(　　)。

A. 相比于浮动汇率制，固定汇率制更加有纪律性，但缺乏独立性

B. 相比于浮动汇率制，固定汇率制更加有独立性，但缺乏纪律性

C. 固定汇率制无论在纪律性还是独立性方面表现都不如浮动汇率制

D. 相比于浮动汇率制，固定汇率制无论在纪律性还是独立性方面表现都较好

12. 如果抛补的利率平价与未抛补的利率平价都成立，则(　　)。

A. 即期汇率等于远期汇率

B. 未来的即期汇率等于远期汇率

C. 两国名义利率相等

D. 远期汇率未来会回到当前的即期汇率

三、简答题(每题 7 分，共 56 分)

1. 简述克鲁格曼贸易模型的主要论点和学术贡献。
2. 简述新新贸易理论的代表人物及其主要观点。
3. 简述贸易制裁的主要方式。
4. 简述世界价格的作用及其影响因素。
5. 简述国际生产折中理论的主要内容及启示。
6. 简述影响企业国际沟通效果的关键因素及对策。
7. 简述新兴经济体应采取怎样的政策应对当前美联储的加息。
8. 简述布雷顿森林体系解体的原因。

四、计算题(10 分)

下表是 2021 年美国和墨西哥消费的最终产品的产量和价格(数据为虚构)。表中美国的商品价格以美元表示，墨西哥的商品价格以比索表示。两个国家的一篮子商品包括一单位的贸易品和两单位的非贸易商品，购买同样一篮子商品，在美国需要花费 35 美元，在墨西哥需要花费 250 比索。贸易品在国际上是可以自由贸易的。阅读下表，回答下面的问题：

商品	美国		墨西哥	
	数量	价格(美元)	数量	价格(比索)
贸易品	10	5	4	50
非贸易品	20	15	8	100

1. 贸易品满足一价定律，计算两国间 2021 年的名义汇率（用 1 美元兑换多少比索来表示）。

2. 美元/比索的实际汇率是多少？哪个国家的价格水平更低？

3. 如果绝对购买力平价成立，2021 年两国间的名义汇率是多少？（用 1 美元兑换多少比索来表示）

五、论述题（每题 16 分，共 32 分）

1. 新冠疫情的暴发与蔓延已经给全球生产、消费和国际贸易带来了巨大冲击。请分析新冠疫情对全球产业链和供应链的影响，并提出保障我国产业链、供应链安全稳定的政策建议。

2. 在“双碳”目标下，绿色低碳已成为我国各行业发展的方向。请分析我国对外贸易绿色转型面临的挑战以及可能的实现路径。

中央财经大学 2023 年 434 国际商务专业基础试题解析

一、名词解释（每题 4 分，共 40 分）

1. 对外贸易量是剔除价格变动影响后以不变价格计算的对外贸易规模指标。它通过以固定年份为基期的价格指数调整对外贸易额，消除通货膨胀或紧缩对贸易额的扭曲，真实反映一国对外贸易的实际数量变化。相较于对外贸易额，对外贸易量更能准确衡量贸易发展水平和实际增长情况，是分析贸易长期趋势的核心指标。

2. 自愿出口限制是出口国在进口国压力下自愿承诺限制特定商品出口数量的非关税壁垒措施。进口国通常以贸易制裁相威胁迫使出口国接受限制，表面为“自愿”实则具有强制性。该措施隐蔽性强，通过控制出口量抬高进口商品价格，保护进口国国内产业，本质是变相的配额管理，违反自由贸易原则。

3. 林德假说又称需求相似理论，认为两国人均收入水平越接近，需求结构越相似，贸易可能性越大。该理论强调重叠需求是国际贸易的基础，解释了产业内贸易现象：收入水平相近的国家倾向于消费同类品质的商品，从而产生双向贸易。林德假说突破了传统比较优势理论对资源禀赋的依赖，更适用于解释制成品贸易。

4. 寄售是委托代售的贸易方式，委托人将货物运至受托人所在地，受托人按委托协议规定的条件代为销售，货物所有权归委托人，风险由委托人承担。受托人赚取佣金，不承担经营风险。寄售的特点是先出运后成交，有利于开拓新市场，但委托人资金周转慢，对受托人依赖度高，属于典型的委托代理关系。

5. 普通关税是对未与本国签订贸易协定或未建交国家征收的非优惠关税，税率较高，具有明显的歧视性。它与最惠国关税、普惠制关税相对，适用于没有特殊贸易安排的国家。普通关税通常作为贸易报复工具或谈判筹码，其高税率旨在限制进口，保护本国产业，但可能引发贸易战。

6. 出口信用保险是承保出口商因进口商违约或政治风险导致无法收汇的政策性保险。分为短期（1 年以内）和中长期（1—10 年），保障范围包括商业风险（如买方破产）和政治风险（如战争、外汇管制）。由政府或专业机构办理，不以营利为目的，旨在鼓励出口，提升企业国际竞争力，是支持对外贸易的重要金融工具。

7. 斯托尔珀-萨缪尔森定理基于 H-O 模型，认为国际贸易使出口行业密集使用的要素价格上升，进口替代行业密集使用的要素价格下降。例如，劳动密集型产品出口国的工资水平将提高，资本价格下降，导致收入分配格局变化。该定理揭示了贸易对国内要素收入分配的影响，为贸易保护主义提供理论依据。

8. 金汇兑本位制是不完全的金本位制，本币与某金本位制国家货币挂钩，保持固定汇率，通过持有该货币间接兑换黄金。本国货币不能直接兑换黄金，但可兑换挂钩货币再兑换黄金。该制度节省黄金储备，利于小国采用，但依赖核心国家货币稳定，如布雷顿森林体系前期的美元与黄金挂钩机制。

9. 汇率超调是短期内汇率波动幅度超过长期均衡水平的现象，由多恩布什提出。当货币供给变动时，因商品价格黏性，汇率即刻大幅调整(超调)，而商品价格缓慢变化，长期汇率回归均衡。该理论解释了汇率短期剧烈波动的原因，强调商品市场与资产市场调整速度差异对汇率的影响。

10. 特别提款权(SDR)是 IMF 创设的账面储备资产，基于美元、欧元、人民币等一篮子货币定值，用于成员国间官方结算和补充外汇储备。它非实体货币，但可用于换取可兑换货币或偿还 IMF 债务，俗称“纸黄金”。SDR 的分配与成员国份额挂钩，增强国际储备多元化，提升全球流动性管理能力。

二、单项选择题(每题 1 分，共 12 分)

1. D。特定要素模型中，贸易开放使出口行业特定要素收入上升，进口行业特定要素收入下降，流动要素收入不确定(可能增加或减少)，因此三项表述均正确。

2. D。李嘉图模型仅解释国际贸易的成因(比较优势)，未涉及收入分配效应；特定要素模型和 H-O 模型才对收入分配效应提供了解释，D 选项错误。

3. B。转移价格目的包括减轻纳税负担、增强子公司竞争力、规避金融风险等，“发展多种跨国结算模式”是手段而非目的。

4. C。WTO 最高决策机构是部长级会议，每两年召开一次，决定重大事项；总理事会为常设执行机构。

5. B。关税税率表通常包含税则号列、货物分类目录、税率，附加关税(如反倾销税)属于临时措施，不列入常规税率表。

6. C。正当非关税措施(如环保标准、技术法规)可能增进国民福利，并非“总是对贸易造成负向影响”。

7. B。对外援助和赠予属于“经常账户”中的“经常转移”子项，反映无偿转移收支。

8. B。美国长期维持经常账户逆差，需通过资本流入(外国购买美国资产)弥补国际收支缺口。

9. C。经济衰退需扩张国内支出(财政/货币政策)刺激需求；贸易顺差需本币升值以抑制出口、增加进口，实现内外平衡。

10. C。国际金本位制下，“价格-铸币流动机制”自动调节收支：逆差→黄金流出→货币供给减少→价格下降→出口增加、进口减少→逆差改善。

11. A。固定汇率制通过锚定汇率抑制通胀(纪律性)，但丧失货币政策独立性；浮动汇率制则相反。

12. B。抛补利率平价：远期汇率升水=利差；无抛补利率平价：预期即期汇率变动=利差。两者同时成立时，远期汇率=预期未来即期汇率。

三、简答题(每题 7 分，共 56 分)

1. (1)克鲁格曼贸易模型以规模经济和不完全竞争为核心，突破传统比较优势理论的完全竞争假设。其核心论点包括：

① 规模经济驱动贸易：企业通过扩大生产降低平均成本，形成内生比较优势，即使两国要素禀赋相同，也会因规模经济产生贸易。

② 产品差异化与产业内贸易：消费者对多样化产品的需求促使企业生产差异化产品，导致发达国家间制成品双向贸易(产业内贸易)，如汽车、电子产品贸易。

③ 垄断竞争市场结构：企业在垄断竞争市场中定价高于边际成本，通过贸易扩大市场规模，实现规模经济与消费者福利提升的双赢。

(2) 学术贡献：

① 开创新贸易理论：首次将产业组织理论融入贸易分析，解释传统理论无法说明的产业内贸易现象，填补比较优势理论的空白。

② 政策启示：为战略性贸易政策提供理论依据，主张政府通过补贴、关税等政策培育具有规模经济的产业(如半导体、航空业)，提升国家竞争力。

③ 现实解释力：阐明经济一体化(如欧盟)的贸易创造效应，为区域经济合作提供理论支撑，推动贸易自由化实践。

2. (1)新新贸易理论代表人物：

① 马克·梅里兹(Marc Melitz)：哈佛大学教授，2003 年发表《贸易对行业内资源再配置与生产率的影响》，奠定新新贸易理论基础。

② 波拉·安特拉斯(Pol Antràs)：麻省理工学院教授，将契约理论融入贸易分析，拓展跨国企业组织研究。

(2) 新新贸易理论主要观点：

① 企业异质性与出口决策(梅里兹模型)：企业生产率差异是国际贸易的核心驱动力。高生产率企业能承担出口固定成本(如市场调研、合规成本)，因此只有少数高效率企业选择出口；贸易开放会淘汰低生产率企业，提升行业整体生产率，解释“出口企业生产率溢价”现象。

② 跨国生产组织与契约理论(安特拉斯模型)：跨国公司通过股权一体化或外包组织全球生产，取决于契约环境与投入品关系专用性。若中间品投入高度依赖特定供应商(如芯片设计)，企业倾向一体化以降低契约风险；若契约环境完善(如知识产权保护严格)，则选择外包以利用市场效率。

3. 贸易制裁的主要方式包括：

(1) 进口限制

① 全面禁运：禁止进口目标国特定商品(如能源、农产品)，直接切断其出口市场，打击经济命脉。

② 配额与关税壁垒：对目标国进口商品实施配额限制或大幅提高关税，削弱其价格竞争力，减少市场准入。

③ 进口许可管制：通过烦琐的许可审批程序延迟或拒绝进口，增加贸易不确定性。

(2) 出口管制

① 技术封锁：限制关键技术、设备及零部件出口(如高端芯片、工业软件)，阻碍目标国产业升级。

② 军民两用产品限制：禁止出口可能用于军事领域的产品(如精密仪器、特种材料)，防范战略风险。

(3) 金融制裁

① 资产冻结：冻结目标国政府、企业及个人海外资产，切断外汇获取途径。

② 融资限制：禁止国际金融机构向目标国提供贷款，限制其在国际资本市场融资。

③ 次级制裁：惩罚与目标国交易的第三国企业，扩大制裁覆盖面，迫使国际社会选边站队。

(4) 投资与合作限制

① 禁止直接投资：限制对目标国能源、基建等关键领域投资，削弱其经济增长动力。

② 限制技术合作：终止科技合作项目，禁止学术交流，阻碍知识与技术转移。

4. (1)世界价格的作用：

① 引导国际分工：各国依据比较优势生产世界价格高于国内价格的商品，出口获利；进口世界价格低于国内价格的商品，实现资源优化配置。

② 调节贸易流向与规模：世界价格上升刺激出口国增加供给，进口国减少需求；价格下降则相反，自动平衡国际贸易差额。

③ 影响国内市场与福利：世界价格通过进口商品传导至国内，抑制通胀或通缩；同时影响生产者剩余与消费者剩余，如低价进口提升消费者福利，但可能冲击国内产业。

(2) 影响世界价格的主要因素：

① 供求关系：主要出口国产量波动(如石油输出国组织限产)、全球消费需求变化(如经济复苏带动原材料需求)直接影响价格。

② 贸易政策：关税、配额、出口补贴等扭曲世界价格，如出口补贴压低国际价格，进口关税推高进口国国内价格。

③ 汇率波动：货币升值/贬值改变以本币计价的世界价格，影响商品竞争力与贸易流量。

④ 运输与交易成本：物流成本上升(如航运费用上涨)推高世界价格，技术进步(如数字化贸易)则降低成本。

⑤ 国际市场结构：垄断或寡头市场(如铁矿石巨头定价)可能操纵价格，竞争性市场则由供求自发调节。

5.（1）生产折中理论由英国经济学家邓宁于1977年提出，其核心是整合所有权优势理论、内部化理论和区位理论，形成“OLI三维范式”，系统解释企业对外直接投资的动因。该理论认为，企业进行跨国经营需同时满足以下三类优势：

① 所有权优势，指企业拥有的超越竞争对手的特定优势，包括无形资产（专利、技术诀窍、品牌、管理技能）和有形资产（规模经济、资金实力等）。

② 内部化优势，指企业将所有权优势通过内部市场（如子公司）而非外部市场（如技术许可、出口贸易）进行配置的能力。当外部市场存在交易成本（如信息不对称、契约风险）时，内部化可降低成本并保护核心优势。

③ 区位优势，指东道国具有的吸引外资的区位条件，包括自然资源、劳动力成本、市场规模、政策环境（如税收优惠、贸易壁垒）、基础设施等。

（2）生产折中理论的启示：

① 企业层面：国际化战略需结合自身优势与目标市场区位条件。若仅具备所有权优势，可选择出口；若兼具前两种优势但缺乏区位优势，可采用技术授权；三者兼备时，对外直接投资为最优选择。

② 政府层面：发展中国家需通过改善基础设施、优化政策环境等提升区位优势，吸引外资；同时鼓励本土企业培育所有权优势，增强国际竞争力。

6.（1）影响企业国际沟通效果的关键因素：

① 文化差异：价值观、沟通风格、非语言习惯差异可能导致信息误读。

② 语言障碍：翻译精准度不足、专业术语理解偏差、方言与俚语使用不当，削弱信息传递准确性。

③ 沟通渠道选择：过度依赖单一渠道或忽视本地偏好，降低信息触达率。

④ 法律法规限制：目标国广告法、数据隐私法、内容审查制度限制沟通内容与形式，合规风险高。

（2）针对性对策：

① 跨文化能力建设：开展文化敏感度培训，组建多元文化团队，聘请本地顾问参与沟通策略制定。

② 本土化语言与内容：使用目标国母语沟通，避免直译；适配文化符号，确保信息与本地价值观共鸣。

③ 多元化沟通渠道：结合数字平台与传统渠道，优化渠道组合。

④ 合规与风险管理：建立法律审核机制，确保内容符合当地法规；采用模块化沟通策略，灵活调整以应对政策变化。

7. 美联储加息通过利差扩大引发资本外流、货币贬值与外债压力，新兴经济体需采取综合政策应对：

（1）货币政策协调。适度加息以维持与美国的利差，抑制短期资本外流，但需避免过度紧缩拖累经济增长。部分国家可采用“加息+量化紧缩”组合，平衡汇率稳定与流动性管理。

（2）资本流动管理。实施临时性资本管制：对短期跨境资本流入征收“托宾税”，限制投机性外汇交易；加强对外债期限结构的监管，鼓励长期债务融资，降低偿债风险。

（3）外汇储备与汇率管理。动用外汇储备干预汇市，避免货币无序贬值，但需保留充足储备应对持续性外流。推行有管理的浮动汇率制度，增强汇率弹性以释放压力，减少干预频率。

（4）结构性改革与吸引外资。改善营商环境，加大基础设施投资，发展高附加值产业，提升长期增长潜力。通过税收优惠、产权保护等政策吸引外商直接投资，降低对短期投资的依赖。

（5）区域金融合作。加强多边货币互换协议，参与区域外汇储备池建设，提升集体外汇干预能力。推动本币结算，减少美元依赖，降低汇率波动对贸易的冲击。

8. 布雷顿森林体系解体源于内在矛盾与外部冲击的叠加：

（1）特里芬难题的内在矛盾。美元作为储备货币需通过贸易逆差提供全球流动性，导致美元信用削弱；而维持币值稳定又需贸易顺差，形成“清偿力与信心”的根本矛盾。1960年代美国黄金储备从2.2万吨降至8000吨，无法满足美元兑换需求。

（2）美国经济相对衰落与政策失误。20世纪60—70年代美国深陷越战泥潭，财政赤字扩大，通胀率攀升至两位数，削弱美元购买力。1971年尼克松政府实施“新经济政策”，暂停美元与黄金兑换，直接冲击体系基础。

（3）固定汇率制度僵化。美元高估难以通过贬值调节国际收支，各国货币被迫维持对美元的固定汇率，导致政策自主性丧失。1960—1971 年多次爆发美元危机，投机资本冲击英镑、法郎等货币，体系稳定性动摇。

（4）国际经济格局变化。西欧、日本经济崛起，贸易顺差积累大量美元储备，形成“美元过剩”。1971 年各国纷纷抛售美元兑换黄金，美国黄金储备加速流失，最终无力维持双挂钩机制。

四、计算题（10 分）

1. 根据一价定律，贸易品价格经汇率调整后相等。则名义汇率为：

$$e=\frac{\text{墨西哥贸易品价格}}{\text{美国贸易品价格}}=\frac{50}{5}=10\text{ 比索/美元}$$

2. 一篮子：1 单位贸易品+2 单位非贸易品

美国价格水平：5+2×15=35 美元

墨西哥价格水平：50+2×100=250 比索

则实际汇率为：

$$E=\frac{e\times\text{美国物价水平}}{\text{墨西哥物价水平}}=\frac{10\times35}{250}=1.4$$

根据绝对购买力平价，理论上二者的实际汇率是 1，现在计算出的实际汇率是 1.4，说明美国价格水平高于墨西哥。

3. 根据绝对购买力平价，可得名义汇率为：

$$e=\frac{250}{35}=7.14\text{ 比索/美元}$$

五、论述题（每题 16 分，共 32 分）

1.（1）新冠疫情对全球产业链和供应链的影响

① 供给端中断与价值链断裂。疫情导致多国生产停摆，核心零部件与中间产品供应短缺，全球价值链出现区域性断裂。企业被迫暂停或转移产能，传统“效率优先”的全球化布局面临重构压力，产业链呈现“短链化”“区域化”趋势。

② 需求萎缩与库存积压。消费需求大幅下降，企业面临订单取消与库存积压双重压力，投资意愿减弱，产业链陷入“需求不足—产能闲置—就业下降”的恶性循环，长期可能导致部分产业永久性退出市场。

③ 物流梗阻与贸易成本上升。跨境运输受阻、港口拥堵、航空货运能力下降，推高物流成本。贸易保护主义抬头，关税壁垒与非关税措施增加，供应链弹性与抗风险能力受到严峻考验。

④ 地缘政治风险加剧。部分国家以“国家安全”为由推动产业链“去中国化”，技术封锁与投资审查强化，全球供应链体系面临分裂风险，产业链协同效率下降。

（2）保障我国产业链供应链安全稳定的政策建议

① 强化核心技术自主可控。加大基础研发投入，突破关键零部件、高端装备与工业软件瓶颈，培育自主知识产权体系。支持专精特新企业发展，构建自主可控的产业链核心环节。

② 构建多元化供应链体系。拓展多元化进口来源与出口市场，降低对单一区域的依赖。推动供应商多元化，建立备选供应商名录，提升供应链冗余度与抗风险能力。

③ 推动产业链数字化与智能化转型。发展工业互联网平台，实现供需精准匹配与产能协同调度。推广智能制造与柔性生产，提升生产环节的灵活性与适应性，减少对人工的依赖。

④ 深化区域产业链协同合作。参与区域贸易协定，推动与周边国家产业链协同发展，构建区域供应链网络。支持国内产业园区与海外产业园区联动，形成互补共赢的产业链布局。

⑤ 完善产业链应急保障机制。建立关键物资储备体系与产能备份机制，制定供应链中断应急预案。加强产业链风险监测与预警，提升危机响应速度与处置能力。

2.（1）对外贸易绿色转型面临的核心挑战

① 贸易结构与碳排放矛盾。出口产品仍以高能耗、高排放产业为主，绿色低碳产品占比偏低，转型过程中面临传统产业退出成本高、新兴产业培育周期长的结构性矛盾。

② 绿色技术与标准壁垒。核心环保技术与设备依赖进口，自主创新能力不足；国际绿色标准日益严格，形成“绿色贸易壁垒”，增加出口合规成本。

③ 产业链协同减排不足。上下游企业绿色发展理念差异大，物流运输、包装材料等环节碳减排缺乏协同机制，全链条低碳转型难以推进。

④ 外部碳政策压力。欧盟碳边境调节机制等单边碳关税政策逐步实施，高碳出口产品面临额外成本，国际市场竞争力受冲击。

（2）实现对外贸易绿色转型的路径

① 优化贸易结构与产业布局。抑制高碳产品出口，扩大新能源、节能环保等绿色产品和服务出口；推动传统产业绿色升级，培育低碳贸易新增长点。

② 强化绿色技术创新与标准对接。加大绿色技术研发投入，突破低碳核心技术与装备瓶颈；参与国际绿色标准制定，推动国内标准与国际接轨，提升出口产品合规能力。

③ 构建绿色供应链体系。建立绿色供应链管理认证制度，推动上下游企业采用清洁生产技术，实现研发、生产、物流全链条碳减排协同。

④ 完善政策激励与市场机制。实施出口退税倾斜、绿色信贷支持，引导金融资源流向低碳产业；发展碳交易市场，将出口企业碳排放纳入全国碳市场管理，通过市场化手段倒逼减排。

⑤ 深化国际绿色合作。参与全球气候治理与绿色贸易协定谈判，推动建立公平合理的国际碳定价机制；加强与发展中国家绿色技术合作，提升全球供应链低碳发展能力。

对外经济贸易大学 2024 年 434 国际商务专业基础试题

一、单项选择题(每题 2 分，共 40 分)

1. 关于税收管辖权现状，以下说法中正确的是(　　)。

A. 目前多数国家同时实施地域管辖权、居民管辖权和公民管辖权

B. 中国香港地区同时实施地域管辖权和居民管辖权

C. 美国等国家单一实施地域管辖权

D. 中国内地实施的税收管辖范围包括本国居民的境内所得、本国居民的境外所得和非居民的境内所得

2. 关于国际商务中的法律环境，以下说法中错误的是(　　)。

A. 英美体系强调“遵循先例”的原则，也称“普通法系”

B. 大陆法系的应用范围包括欧洲大陆、泰国、日本等

C. 伊斯兰教法是现代世界使用最为广泛的宗教法律制度之一

D. 英美法系的应用范围包括拉丁美洲、印度尼西亚、澳大利亚等

3. 有关全球经营中的公司所得税问题，以下说法错误的是(　　)。

A. 国外子公司的当地经营税前利润一般有当地的所得税义务

B. 国外分公司在东道国作为常设机构，通常被视为东道国的税收居民

C. 国外分公司虽不是东道国当地法人，但各国都将其作为独立法人对待

D. 子公司一般涉及预提税，但分公司通常不涉及

4. 以下关于知识产权的说法中，错误的是(　　)。

A. 知识产权属于无形财产，是智力活动的产物

B. 知识产权广义上包括工业产权和版权

C. 我国发明专利权的有效期限为 10 年

D. 我国商标权的确立规则通常是“谁先注册，谁拥有”

5. WTO 成员方实施保障措施的主要特征不包括(　　)。

A. 特定性　　B. 平等性　　C. 暂时性　　D. 递减性

6. 国际企业对管理人员的选择淡化国籍影响的人力资源配置类型是(　　)。

A. 母国中心型　　B. 多中心型　　C. 区域中心型　　D. 全球中心型

7. 吸引外国投资的优惠措施，通常不包括(　　)。

A. 所得税减免　　B. 利润再投资优惠

C. 投资情报服务　　D. 土地使用优惠

8. 以下关于汇率风险的说法中，正确的是(　　)。

A. 折算风险又称为经营风险

B. 交易风险同时具有追溯性和前瞻性

C. 经济风险以过去发生的事件为基础，具有追溯性

D. 折算风险是基于未来的判断，具有前瞻性

9. 根据区域一体化程度从低到高的层次进行排序，以下错误的是(　　)。

A. 自由贸易区、共同市场、政治联盟　　B. 关税同盟、自由贸易区、经济联盟

C. 关税同盟、共同市场、经济联盟　　D. 共同市场、经济联盟、政治联盟

10. 以下不属于母国采取的反避税措施的是(　　)。
A. 针对转让定价的税务法规　　B. 限制法人避税性移居的措施
C. 受控外国公司立法　　D. 限制资本弱化的规定

11. 通过数量限制以及类似限制措施发挥作用的政策工具不包括(　　)。
A. 预缴押金制　　B. 进口配额　　C. 外汇管制　　D. 自愿出口限制

12. 外汇期权又被称为(　　)。
A. 现汇交易　　B. 货币期权　　C. 期汇交易　　D. 外汇期货

13. 关于国际企业战略，以下说法中错误的是(　　)。
A. 公司战略是对于整个企业而言的，所以又称整体战略
B. 国际企业战略内容的特别之处在于，经营活动在地域维度上的含义
C. 公司战略也被称为竞争战略，要同行业与竞争环境相契合
D. 只要企业的商业活动进行任何跨越国界的地域扩张，国际化就会发生

14. 国际企业组织中的协调方法不包括(　　)。
A. 通过控制进行协调　　B. 通过计划进行协调
C. 通过标准进行协调　　D. 通过相互调整进行协调

15. 关于国际企业员工绩效评估的基本标准，通常不包括(　　)。
A. 母国标准　　B. 全球性标准　　C. 区域标准　　D. 行业标准

16. 在全球视角下企业战略统筹规划中，不属于“对抗性”的方式是(　　)。
A. 交叉补贴　　B. 跨国报复　　C. 错位竞争　　D. 跨国牵制

17. 下列有关进出口合同达成的说法中，错误的是(　　)。
A. 合同达成的过程一般包括询盘、发盘、还盘和接受四个环节
B. 从法律角度看，合同的达成只需要有效的要约和承诺这两个法律环节
C. 现行法律中没有对合同格式严格要求
D. 形式发票的作用与销售确认书一样，具有正式发票的作用

18. CPT 对应的贸易术语是(　　)。
A. 运费付至　　B. 成本加运费　　C. 完税后交货　　D. 工厂交货

19. 相比于分散生产，集中生产的特征表现在(　　)。
A. 最小效率规模较大　　B. 区位优势不明显
C. 固定成本水平更低　　D. 进口国贸易壁垒较高

20. 关于外国债券市场的说法中，错误的是(　　)。
A. 国际债券市场就是进行国际债券交易的场所
B. 美国发行的外国债券被称为扬基债券
C. 武士债券是外国借款人在日本发行的以日元标值的债券
D. 熊猫债券首次发行就受到国际资本市场的普遍青睐

二、判断题(每题 1 分，共 20 分，正确的打√，错误的打×)

1. DBB 项目管理模式的突出特点是只有在一个阶段结束后，另一个阶段才能开始，必须按照“设计-招标-建造”的顺序进行。

2. 政府采购政策是非关税贸易壁垒的一种直接形式。

3. 所有的不确定性都会给企业带来负面影响，导致企业利润减少。

4. 混合经济制度经常以经济转型这一动态形式呈现。
5. 大陆法系框架下起草的合同法往往对所有偶然事件都有非常详尽的说明。
6.《伯尔尼公约》是世界上第一个保护版权的国际公约，中国于1992年加入。
7. 过境关税是指对通过一国关境而最终目的地不在该国的商品征收的关税。
8. 反补贴税是进口国政府对于外国政府的出口补贴或生产补贴行为做出的回应。
9. 国民待遇与最惠国待遇属于绝对待遇标准。
10. 美国范本的BIT是美式投资协定标准。
11. 在包括中国在内的大多数国家，国内税收协定效力高于国际税法。
12. 离岸外汇市场是指居民之间进行外汇买卖的交易场所营运网络。
13. 环境责任保险通常不使用标准保单，这一点与普通商业财产责任保险不同。
14. 组织结构必须与企业的战略相匹配、相适应。
15. 最小效率规模的概念与规模经济有关。
16. 分销规划是渠道成员激励中复杂性和综合性最低的。
17. 模式标准化广告是标准化程度最高的全球广告。
18. 利用人均GNI并不能反映一个国家真实的生活成本。
19. 外汇交易既有在固定的交易场所进行的，也有借助于通信网络来实的。
20. 社会保障基金的缴纳是非强制性的，雇主或雇员可视情况自愿缴纳。

三、简答题(每题6分，共30分)

1. 辨析一个国家实行利率市场化的利与弊。
2. 什么是出口信贷？提供出口信贷的目的是什么？
3. 区域经济组织的投资规则主要包含哪些类型？
4. 简述《牙买加协议》所包含的主要内容。
5. 简述企业采用外购方式进行生产的目的。

四、论述题(共60分)

1. 服务贸易(20分)

商务部近日发布数据显示，今年前9个月，我国服务贸易进出口总额48180.7亿元，同比增长7.7%，继续保持增长态势。9月在北京召开的2023年中国国际服务贸易交易会(简称“服贸会”)以“开放引领发展　合作共赢未来”为主题。此次服贸会线下参展企业超2400家，国际化率超20%，线上参展企业6700余家，83个国家和国际组织以政府或总部名义设展办会。服贸会“朋友圈”进一步扩大，国际参与度和影响力进一步提升。数字化、智能化、绿色化，是外媒和参会展商对本届服贸会特征的共同感受。通过服贸会，海外企业聚焦中国服务贸易高质量发展趋势。

(1) GATS是WTO规则中最能体现出贸易与投资一体化关系的协定。GATS的全称是什么？(2分)GATS的设立宗旨是什么？(4分)

(2) GATS中涉及的服务贸易具体包括哪些类型？(4分)

(3) 服务贸易壁垒是一国政府对外国服务业在本国的发展所设置的各种限制，服务贸易壁垒有哪些类型？(4分)

(4) 近年来我国服务贸易数字化进程发展加快，数字化将如何助推服务贸易的发展？(6分)

2. 出口管制(20分)

2018年以来，美国对华贸易制裁持续加剧，在当今世界格局动荡和两国科技竞争加剧的背景下，美国对华遏制重点逐渐从军事范围的航空航天领域转向更广泛的高科技领域，试图通过遏制中国高科技领域的发展来扼杀中国制造业升级乃至整个经济的竞争优势。美国工业与安全局更新实体清单对中国针对性显著，中国是实体清单中数量增长最多、增速最快的国家。

(1) 企业进行出口活动的主要内部因素包括哪些？(6分)

(2) 与国内贸易相比，企业从事进出口活动通常面临哪些挑战？(4分)

(3) 在国际商务活动中，出口往往是很多企业选择进入国外市场的第一步，背后的原因是什么？(4分)

(4) 出口管制是对外贸易管理的一项典型举措，对外贸易管理有哪些方面的特征？(6分)

3. 国际税务(20分)

在“一带一路”经贸合作中，税收发挥基础性作用。2023年第四届“一带一路”税收征管合作论坛上代表共有300余人参会。“一带一路”税收征管合作机制由中国首倡，2019年4月成立，现有36个成员、30个观察员，税收协定为企业消除双重征税提供法律保障。

(1) 什么是国际重复征税？(2分)导致国际重复征税的原因有哪些？(4分)

(2) 对国际税收管理和税收问题的处理，通常遵循的原则是什么？(4分)

(3) 居民所在国国内税法范畴内避免重复征税的措施有哪些？(4分)

(4) 什么是国际税收协定？(2分)国际税收协定都有哪些主要类型？(4分)

对外经济贸易大学2024年434国际商务专业基础试题解析

一、单项选择题(每题2分，共40分)

1. D。中国内地实施居民管辖权+地域管辖权，涵盖居民境内外所得及非居民境内所得。A错误(多数国家不同时实施三种管辖权)；B错误(香港仅实施地域管辖权)；C错误(美国实施居民+地域管辖权)。

2. D。印度尼西亚属于大陆法系(受荷兰殖民影响)，英美法系不包括印尼。

3. C。分公司在东道国被视为常设机构，并非独立法人；子公司才是独立法人。

4. C。我国发明专利权期限为20年(实用新型和外观设计为10年)。

5. B。保障措施特征：特定性(针对特定产品)、暂时性、递减性，不具有平等性。

6. D。全球中心型淡化国籍，全球范围内选拔最优人才；A(母国)、B(东道国)、C(区域)均有国籍倾向。

7. C。投资情报服务属于信息支持，而非税收或土地等优惠措施。

8. B。交易风险涉及已发生和未来交易，具有追溯性和前瞻性；A错误(折算风险≠经营风险)；C错误(经济风险具前瞻性)；D错误(折算风险基于历史数据)。

9. B。正确排序：自由贸易区→关税同盟→共同市场→经济联盟→政治联盟。B中“关税同盟”高于“自由贸易区”，排序错误。

10. A。转让定价法规是东道国和母国共同的反避税措施，并非仅母国采取。

11. A。预缴押金制属于财政措施，进口配额、外汇管制、自愿出口限制均为数量限制。

12. B。外汇期权又称货币期权，赋予持有者买卖外汇的权利；A(现汇交易)、C(期汇交易)、D(外汇期货)均不同。

13. C。公司战略又称整体战略，竞争战略是业务层战略(如成本领先、差异化)。

14. A。协调方法包括计划协调、标准协调、相互调整，控制是管理职能而非协调方法。

15. D。国际企业绩效评估标准包括母国标准、东道国标准、全球标准，行业标准不是特定标准。

16. C。错位竞争属于差异化非对抗策略。

17. D。形式发票是报价单，不具有正式发票的法律效力；销售确认书是合同凭证。

18. A。CPT(Carriage Paid To)即“运费付至”；B(CFR=成本加运费)、C(DDP=完税后交货).D(EXW=工厂交货)。

19. A。集中生产依赖较大最小效率规模以实现规模经济；B、C、D为分散生产特征。

20. A。国际债券市场属于典型的无形市场，其交易通过电子通信网络完成，无固定交易场所。

二、判断题(每题1分，共20分，正确的打√，错误的打×)

1. √

2. ×。政府采购政策属于间接非关税壁垒(通过偏向本国产品限制进口)，而非直接形式。

3. ×。不确定性可能带来机会(如技术变革、市场需求突变)，并非必然导致利润减少。

4. √

5. √

6. √

7. √

8. √

9. ×。最惠国待遇属于相对待遇标准(给予一国的优惠自动适用于其他国)，国民待遇属于绝对待遇标准。

10. √

11. ×。在包括中国在内的多数国家，国际税收协定效力高于国内税法(国际法优先原则)。

12. ×。离岸外汇市场是非居民之间进行外汇交易的市场(如伦敦离岸市场)，居民间交易属于在岸市场。

13. √

14. √

15. √

16. ×。分销规划是渠道成员长期协作的高级形式，复杂性高于简单折扣、返利等激励措施。

17. √

18. √

19. √

20. ×。社会保障基金缴纳具有强制性，雇主和雇员需依法缴纳。

三、简答题(每题6分，共30分)

1. 利率市场化是通过市场供求关系决定利率水平的金融改革。

(1) 利：一是优化资源配置效率，使资金流向边际收益更高的领域，提升整体经济效率；二是增强金融机构自主定价能力，推动金融产品创新和服务质量提升；三是改善货币政策传导机制，使利率工具更灵敏地反映宏观经济调控意图。

(2) 弊：一是利率波动频率和幅度增加，可能引发金融市场不稳定；二是商业银行传统息差收入收窄，盈利模式面临转型压力；三是部分高风险企业融资成本可能上升，加剧信贷资源分配不均；四是对金融监管体系提出更高要求，需防范系统性风险。

2. (1)出口信贷是一国政府为支持本国大型资本货物或技术出口，由官方或半官方金融机构提供的中长期优惠贷款。其核心特征是利率低于市场水平，通常配合出口信用保险降低风险。

(2) 提供出口信贷的目的包括：

一是增强本国出口产品的国际竞争力，通过融资支持降低进口方的资金门槛；

二是推动本国战略性产业发展，促进技术密集型和资本密集型产业的海外市场拓展；

三是实现国家对外经济政策目标，通过贸易合作深化双边经济关系；

四是平衡国际收支结构，扩大高附加值产品出口，改善经常项目状况。

3. 区域经济组织的投资规则可分为三大类：

（1）市场准入规则，界定外资进入的范围和条件，核心内容包括负面清单管理（明确禁止或限制外资进入的领域）、国民待遇原则（外资与内资企业享受同等权利）和最惠国待遇原则（外资待遇不低于第三国投资者）。

（2）投资保护规则，旨在保障外资权益和降低投资风险，主要包括征收与补偿规则（明确征收条件及补偿标准）、投资者-国家争端解决机制（提供跨境投资纠纷的国际仲裁途径）和知识产权保护条款（规范技术转让和专利保护）。

（3）投资便利化规则，致力于简化投资流程和降低交易成本，具体措施包括简化行政审批程序、提高投资政策透明度、促进跨境资本自由流动等。

4. 1976 年生效的《牙买加协议》是国际货币体系改革后的重要文件，其主要内容包括：

（1）浮动汇率合法化，成员国可根据自身经济状况自主选择汇率制度安排，包括单独浮动、联合浮动或钉住汇率制，但需避免采取竞争性贬值措施。

（2）黄金非货币化，取消黄金的官方定价，黄金不再作为国际货币体系的基础，成员国央行可按市场价格自由交易黄金。

（3）扩大特别提款权（SDR）的作用，推动 SDR 成为国际储备体系的核心资产，逐步替代黄金和美元的储备地位。

（4）调整国际货币基金组织（IMF）的份额与投票权，增加发展中国家在 IMF 中的代表性和话语权，完善 IMF 的资金救助机制。

5. 企业采用外购方式进行生产的核心目的包括：

（1）降低生产成本，通过专业化分工利用外部供应商的规模经济优势，减少固定资产投资和管理费用支出。

（2）聚焦核心竞争力，将非核心生产环节外包，集中资源投入研发、营销等核心业务领域，提升企业整体创新能力。

（3）提高生产灵活性，快速响应市场需求变化，避免因产能过剩或不足导致的经营风险，增强企业对市场波动的适应能力。

（4）分散经营风险，通过与多个供应商合作，减少对单一生产环节的依赖，降低技术更新和市场环境变化带来的不确定性。

四、论述题（共 60 分）

1. （1）GATS 的全称：《服务贸易总协定》（General Agreement on Trade in Services）。

GATS 设立的宗旨：

① 促进服务贸易的自由化和逐步开放，减少或消除服务贸易壁垒；

② 建立多边服务贸易的规则框架，确保服务贸易的透明度和公平竞争；

③ 推动发展中国家更广泛地参与服务贸易，促进其服务产业的发展与竞争力提升；

④ 通过协商机制解决服务贸易争端，维护全球服务贸易的稳定与可持续发展。

（2）GATS 将服务贸易分为四种类型：

① 跨境交付：服务从一成员境内向另一成员境内提供；

② 境外消费：服务消费者到另一成员境内接受服务；

③ 商业存在：一成员的服务提供者在另一成员境内设立商业机构提供服务；

④ 自然人流动：一成员的自然人到另一成员境内提供服务。

（3）服务贸易壁垒主要包括以下类型：

① 市场准入壁垒：通过数量限制、股权限制、经营范围限制等限制外国服务提供者进入本国市场；

② 国民待遇壁垒：外国服务提供者在税收、监管、补贴等方面享受的待遇低于本国服务提供者；

③ 法律法规壁垒：通过复杂的审批程序、资格认证、技术标准等间接限制服务贸易；

④ 文化与行政壁垒：因文化差异、行政效率低下或非透明规则形成的贸易障碍。

(4) 数字化对服务贸易的推动作用体现在：

① 降低交易成本：减少中间环节并提高服务交付效率，降低跨境服务的时间与资金成本；

② 突破时空限制：使远程服务成为可能，拓展服务贸易的覆盖范围和市场半径；

③ 提升服务质量：通过大数据与人工智能优化服务流程，实现个性化服务与精准供需匹配；

④ 催生新业态：推动数字内容、云计算、在线教育等新型服务贸易业态的发展；

⑤ 促进贸易便利化：数字化平台简化跨境支付、认证与监管流程，提升服务贸易的便捷性与透明度。

2. (1)企业出口决策的内部驱动因素包括：

① 产品竞争力：产品质量、技术优势、价格水平等满足国际市场需求的能力；

② 财务资源：支撑出口所需的资金储备，涵盖市场调研、物流、风险应对等成本；

③ 管理能力：国际市场营销、跨文化沟通、外贸流程管理的专业团队与经验；

④ 生产能力：产能规模与柔性化生产水平，适应国际订单的批量与交付要求；

⑤ 风险承受能力：应对汇率波动、贸易壁垒、政治风险等国际市场风险的能力；

⑥ 战略目标：企业国际化战略布局中，出口作为市场扩张或多元化的路径选择。

(2) 与国内贸易相比，进出口活动面临的主要挑战包括：

① 法律法规差异：需遵守进出口国贸易政策、关税规则、外汇管制等，合规复杂性高；

② 物流与供应链管理难度：国际运输周期长、成本高，涉及多式联运、报关报检等复杂环节；

③ 跨文化沟通障碍：语言差异、商业习惯与价值观不同可能导致合作效率降低；

④ 风险因素多元化：面临汇率风险、信用风险、政治风险等多种国际市场风险。

(3) 出口成为企业国际化初期选择的核心原因：

① 低投入与低风险：无须海外建厂，固定资产投入少，退出成本低；

② 灵活性高：可根据市场反馈调整出口规模与策略，逐步积累国际经验；

③ 市场试探功能：通过出口了解目标市场需求与竞争格局，为后续布局奠定基础；

④ 政策支持便利：多数国家提供出口退税、补贴等激励措施，降低初期进入门槛。

(4) 对外贸易管理的核心特征包括：

① 国家主体性：由政府主导实施，体现国家对进出口活动的调控意志；

② 规范性与强制性：基于法律法规框架(如外贸法、海关法)，企业需强制遵守；

③ 目标多元性：兼顾经济目标(促进出口、平衡国际收支)与非经济目标(国家安全、环境保护)；

④ 灵活性与动态性：根据国内外经济形势调整政策工具，如关税税率、出口退税等；

⑤ 国际协调性：需符合 WTO 等国际规则，同时通过双边协定协调管理措施；

⑥ 手段多样性：综合运用关税、非关税壁垒、出口鼓励、外汇管制等多种政策工具。

3. (1)国际重复征税是指两个或两个以上国家对同一纳税人的同一课税对象在同一纳税期间征收相同或类似的税收。

(2) 原因：

① 税收管辖权冲突：居民管辖权与地域管辖权重叠(如一国按居民身份征税，另一国按所得来源地征税)；

② 居民身份认定标准差异：不同国家对居民身份的判定标准(如注册地、管理机构所在地)不同，导致同一纳税人被多国认定为居民；

③ 所得来源地认定标准差异：各国对所得来源地的判定标准(如劳务所得按提供地或支付地)不同，导致同一所得被多国认定为境内所得；

④ 税制差异：各国税种设置、征税范围、税率等不同，可能对同一经济行为重复征税。

(2) 国际税收管理的基本原则包括：

① 税收主权原则：各国有权根据本国法律行使税收管辖权，决定征税范围和税率；

② 避免双重征税原则：通过单边措施或双边协定消除或减轻国际重复征税，确保税收公平；

③ 税收中性原则：税收不应影响跨国经济活动的区位选择和投资决策，保持中性；

④ 税收公平原则：跨国纳税人应按其经济能力承担相应税负，避免税收歧视。

（3）居民所在国(母国)通常采用以下单边措施：

① 免税法：对居民来源于国外的所得免予征税，仅对国内所得征税；

② 抵免法：允许居民用在国外已纳的税款抵免国内应纳税额(分直接抵免和间接抵免)；

③ 扣除法：将居民在国外已纳的税款作为费用从应税所得中扣除，仅对扣除后的余额征税；

④ 减免法：对居民来源于国外的所得按较低税率征税，减轻重复征税程度。

（4）国际税收协定是两个或两个以上主权国家为协调税收关系、避免双重征税而签订的书面协议。主要类型：

① 双边税收协定：两个国家之间签订的税收协定；

② 多边税收协定：三个或三个以上国家之间签订的税收协定；

③ 综合性税收协定：涵盖各种所得类型和税收问题的全面协定(如 OECD 范本、UN 范本)；

④ 专项税收协定：针对特定税种或特定经济活动的协定(如关税协定、空运税收协定)。

暨南大学 2024 年 434 国际商务专业基础试题

一、单项选择题(每题 4 分，共 20 分)

1. “贸易金融”主要是指(　　)。

A. 贸易融资和信用保险　　B. 外汇交易和金融衍生品交易

C. 国际投资和跨国并购　　D. 跨境支付和结算

2. 在国际贸易谈判中，“关税豁免”是指(　　)。

A. 临时取消关税　　B. 对特定国家取消关税

C. 双边贸易协议中的特殊安排　　D. 多边贸易谈判中的关税减让

3.《国际商法统一法》(CISG)适用于(　　)。

A. 合同法律问题　　B. 国际贸易中的仲裁程序

C. 跨国公司的税收政策　　D. 跨国货物销售合同

4. “贸易谈判”中的“最低限价”指的是(　　)。

A. 进口商品的最低限价　　B. 出口商品的最低限价

C. 成员国在谈判中的底线要求　　D. 商品价格在国际市场上的最低水平

5. 贸易补贴通常会导致的结果是(　　)。

A. 提高本国生产成本　　B. 增加对外国商品的需求

C. 加速国内产业结构调整　　D. 提升进口商品的质量

二、名词解释(每题 8 分，共 40 分)

1. 行业内贸易指数

2. 福利恶化型增长

3. 纵向一体化

4. 公平贸易

5. 投资促进

三、简答题(每题 20 分，共 40 分)

1. 跨国公司对全球经济的发展有哪些作用?

2. 简述国际直接投资和国际间接投资的区别。

四、论述题(每题 25 分，共 50 分)

1. 如何理解党的二十大报告提出的“维护多元稳定的国际经济格局和经贸关系”?

2. 如何推动我国数字贸易实现升级发展?

暨南大学 2024 年 434 国际商务专业基础试题解析

一、单项选择题(每题 4 分，共 20 分)

1. A。贸易金融的核心业务包括贸易融资(如信用证、押汇、福费廷等)和信用保险，旨在为进出口贸易提供资金支持和风险保障。

2. C。关税豁免通常指通过双边或区域贸易协定，对特定商品或国家实施的关税减免措施，属于特殊贸易安排而非全面取消关税。

3. D。CISG 明确适用于营业地位于不同缔约国的当事人之间的货物销售合同，不涉及仲裁、税收或一般合同法律问题。

4. B。最低限价是谈判中为保护本国产业设定的出口价格底线，防止倾销或恶性竞争，而非进口商品价格或市场水平。

5. B。出口补贴会降低本国出口商品的成本，使其在国际市场上更具价格优势，从而刺激出口量增加。这种价格优势可能导致外国商品在本国市场的竞争力下降，进而增加对外国商品的需求。

二、名词解释(每题 8 分，共 40 分)

1. 行业内贸易指数(IIT)是衡量同一产业内双向贸易规模的量化工具，反映国家间专业化分工和贸易结构特征。它揭示了即使在同一产业内，不同国家也可能因为技术差异、产品差异化或消费者偏好的不同而进行广泛的贸易活动。高 IIT 值通常意味着两国在某一产业上的互补性强，能够促进双方资源的优化配置和专业化分工，进而推动产业升级与经济增长。该指数对分析区域经济一体化(如欧盟、东盟)的产业协同效应具有重要价值。

2. 福利恶化型增长指一国经济增长反而导致整体福利下降的现象，其核心机制在于贸易条件恶化效应超过增长收益。发生需满足四个条件：①大国经济地位，能显著影响国际市场价格；②出口偏向型增长，产能扩张集中于出口领域；③出口商品需求价格弹性低，价格下跌无法通过销量增长弥补；④高度依赖贸易，出口收入占国民收入比重大。该理论由巴格瓦蒂提出，虽现实中罕见，但对依赖大宗商品出口的发展中国家具有警示意义。

3. 纵向一体化是企业沿产业链延伸业务的战略，通过控制上下游环节实现内部化经营。分为前向一体化(向下游延伸，如制造商自建销售渠道)和后向一体化(向上游延伸，如车企自建电池厂)。其优势包括降低交易成本、保障供应链稳定、增强议价权；但存在管理复杂度增加、资金需求大、新业务风险等挑战。该战略适用于资本密集型行业，需权衡控制力与专业化分工的平衡。企业在实施时需评估行业特性、资源能力和市场环境，避免过度扩张带来的经营风险。

4. 公平贸易是一种旨在促进发展中国家生产者公平待遇的贸易模式，其核心是通过建立公正的价格、体面工作条件和环境保护标准来改善弱势生产者的生计。主要原则包括：保证生产者获得合理的最低收购价；提供技术支持和能力建设；禁止童工和强迫劳动；提倡民主决策和性别平等；鼓励可持续生产方式。这种贸易模式常见于咖啡、可可、茶叶等农产品领域，通过认证标识帮助消费者识别符合标准的产品。公平贸易不仅改善了数百万小农户和工人的生活，也推动了负责任的消费理念。然而，其发展仍面临认证成本高、市场渗透有限等挑战。

5. 投资促进是政府或专业机构为吸引资本流入而采取的系统性举措，其核心在于构建具有竞争力的投资环境。现代投资促进包含三大关键要素：一是营商环境优化，通过简化审批、税收优惠等政策降低投资壁垒；二是产业精准对接，基于区域优势产业定向吸引配套投资；三是全周期服务，从项目洽谈到落地运营提供一站式支持。典型措施包括建立投资促进机构、举办招商活动、提供信息服务等。有效的投资促进能显著提升资本配置效率，但需注意避免过度政策竞争导致的资源浪费。

三、简答题(每题 20 分，共 40 分)

1. 跨国公司作为经济全球化的核心载体，对全球经济发展具有多维度影响，其作用可系统归纳如下：

(1) 促进全球资源配置。跨国公司通过全球产业链布局，整合各国资源禀赋(如劳动力、原材料)，降低生产成本，提高资源利用效率。

(2) 增加国际资本流动。跨国直接投资(FDI)带动资本、技术和管理经验的跨国转移，推动东道国经济增长，但也可能导致资本集中风险。

(3) 推动国际贸易和技术转移。跨国公司占据全球贸易主要份额，通过内部贸易和技术授权加速技术扩散，促进产业升级，但可能形成技术依赖。

(4) 影响东道国经济政策。跨国公司规模庞大，可能在税收优惠、环保政策谈判中影响东道国政策制定，甚至引发主权与市场权力的博弈。

(5) 加剧国际经济不平衡。发达国家的跨国公司占据优势地位，可能扩大与发展中国家在技术、利润分配上的差距，导致全球经济结构性失衡。

2. 国际直接投资(FDI)与间接投资的核心区别在于控制权和参与程度。直接投资通过控股或参股获得企业经营权，而间接投资仅通过购买金融证券获取资本收益。

（1）控制权差异。直接投资通过参股、并购等方式获得企业经营权，投资者对投资项目有控制权；间接投资仅购买金融证券，不参与企业日常经营管理。

（2）投资形式不同。直接投资涉及实体资产、生产线等生产要素的转移，间接投资主要为金融证券，流动性更高。

（3）收益性质区别。直接投资获取长期经营利润（如分红、资产增值），间接投资主要获得短期资本收益（如股息、利息）。

（4）风险与流动性。直接投资周期长、风险高但稳定性强，资金一旦投入难以撤回；间接投资流动性大、风险低，但收益相对稳定。

四、论述题（每题25分，共50分）

1.（1）多元稳定格局的双重内涵

党的二十大报告首次提出“维护多元稳定的国际经济格局和经贸关系”。其中，“多元”和“稳定”两个关键词具有深远内涵。“多元”的国际经济格局意味着对多边主义的坚定维护，对多元化合作伙伴和经贸关系的坚定维护，并积极扩大同各国利益的汇合点，深化同世界开放合作。“稳定”意味着只有构建稳定的、安全的国际经济格局和经贸关系，才能避免世界经济分化，防止产业链和供应链断裂，防止“数字鸿沟”扩大，实现世界各国经济的合作共赢。

（2）逆全球化浪潮下的中国担当

近年来，经济全球化遭遇了逆风逆流，一些国家出于一己私利，企图构筑“小院高墙”，实行“脱钩断链”。对此，中国坚信全球化是历史趋势，不会也不可能由于个别国家的倒行逆施而逆转，因此中国领导人多次强调，“必须站在历史正确的一方”。中国坚定不移地推进自身高水平开放进程，是维护多元稳定的国际经济格局的重要动力所在。14亿人的开放选择，在推动自身产业结构升级的同时，也为其他经济体提供重要的产业发展机遇，对全球具有无可置疑的重要影响。例如，共建“一带一路”成为深受欢迎的国际公共产品和国际合作平台，一部分制造业向东盟区域的转移，形成了新的区域产业链价值链，为东盟地区的较快发展注入了重要的动力。

因此，中国坚定维护以联合国为核心的国际体系、以国际法为基础的国际秩序、以联合国宪章宗旨和原则为基础的国际关系基本准则。国际上的事应由大家共同商量着办，世界前途命运由各国共同掌握，国际社会应该按照各国共同达成的规则和共识来治理，而不能由一个或几个国家来发号施令。回望历史，人类推动多边主义的初衷是为了化干戈为玉帛，多边主义为寻求和平而诞生。

（3）危机时代的中国方案

现如今，全球面临诸多的不确定性，局部战争不断、能源危机频现、粮食危机凸显，又有大国霸权主义破坏全球多元稳定格局。只有不断推进和维护多边主义，才是妥善解决人类生存发展问题的有效路径。我国积极参与全球治理体系改革和建设，以高水平开放维护多元稳定的国际经济格局，维护与推进的是真正的多边主义。这不仅是我国的高质量发展需要，也是在人类命运共同体意识下，我们为解决世界发展难题提供的中国方案。

2.（1）数字贸易是指以数据为关键生产要素、数字服务为核心、数据订购与交付为主要特征的贸易，作为数字经济的重要组成部分，其带动全球产业链供应链价值链加速整合优化，并且加快重构全球贸易模式、结构和规则。

据商务部解释，数字贸易包括数字货物贸易、数字技术贸易、数字服务贸易和跨境数据流动贸易4个部分。

① 数字货物贸易，除了各种有形产品的线上交易外，还包括出版、影视、演艺、艺术展览、动漫游戏以及创意设计等折叠而成的数据贸易。今年大热的国产3A游戏《黑神话：悟空》，卖到多个国家，收获一批粉丝，这类交易就属于数字货物贸易。

② 数字技术贸易，主要有电信、计算机和信息服务贸易等。近几年，中国快速发展的物联网、云计算、卫星导航等领域开展的对外贸易，就属于这一板块。

③ 数字服务贸易，包括金融保险服务、知识产权使用费服务等。人们熟悉的在线教育、远程医疗都是数字服务贸易，云外包、平台分包等服务外包，也是数字服务贸易的新业态。

④ 跨境数据流动贸易，主要包括ICT（信息通信技术）、工业互联网、智能制造、物联网、人工智能等数据流平台生成的数据，被广泛应用于研发、生产、运营、服务等价值链环节而产生的数据供求服务贸易。

（2）推动我国数字贸易实现升级发展需从以下方面发力：

① 优化政策规则。加大数字贸易发展的政策支持力度，落实好《中共中央办公厅 国务院办公厅关于数字贸易改革创新发展的意见》，加快数字贸易领域标准制定，推动标准国际化，建立健全数字贸易统计监测体系。

② 壮大经营主体。培育具有较强创新能力、国际竞争力的数字贸易领军企业和外向度高、具有独特竞争优势的中小型数字贸易企业，支持企业走专精特新发展道路。

③ 提升开放水平。放宽数字领域市场准入，鼓励外商扩大数字领域投资。完善数据跨境流动治理体系，促进和规范数据跨境流动。抓好跨境服务贸易负面清单的实施工作。

④ 深化国际合作。积极参与世贸组织电子商务谈判，积极推动加入数字经济伙伴关系协定（DEPA）和全面与进步跨太平洋伙伴关系协定（CPTPP）进程。深化与中亚国家、金砖国家、上海合作组织、“一带一路”共建国家等多双边和区域数字贸易对话与合作。

南京大学 2024 年 434 国际商务专业基础试题

一、名词解释(每题 5 分，共 30 分)

1. 国际贸易量
2. H-O 定理
3. 国际生产折中理论
4. 特别提款权
5. 信用违约互换
6. 丁伯根法则

二、简答题(每题 12 分，共 72 分)

1. 什么是服务贸易？服务贸易的主要形式有哪些？

2. 简述斯托尔珀-萨缪尔森定理的基本内容，并说明其作用机制。

3. 请对下面两个观点加以评论：

(1) 只有当一个国家的生产率在国际竞争中处于领先地位时才可以在国际贸易中获利；

(2) 如果来自外国的竞争是建立在低工资的基础上，这种竞争是不公平的，会损害其他竞争国的利益。

4. 请简述蒙代尔的“不可能三角”和克鲁格曼的“三难选择”，并分析它们之间的异同。

5. 请简要解释购买力平价理论在经验数据前经常出问题的原因。

6. 请简述蒙代尔的最优通货区理论，并用此理论分析欧元区不断扩张的态势。

三、论述题(每题 24 分，共 48 分)

1. 我国有近 9 亿劳动力，每年新增劳动力都超过 1500 万，人力资源丰富，仍然是中国的突出优势。更重要的是，我国接受高等教育的人口已超过 2.4 亿，新增加劳动力平均受教育年限达到 14 年。可以说，我们的“人口红利”没有消失，“人口红利”正在形成，发展动力依旧强劲。请结合上述材料揭示的事实以及雷布津斯基定理，谈谈你对中国比较优势产业的未来趋势以及可能的政策措施的理解。

2. 2023 年，美国继续实施扩张性财政政策，与此同时美联储启动加息紧缩政策。请用蒙代尔-弗莱明模型分析美国的政策配合效果。

南京大学 2024 年 434 国际商务专业基础试题解析

一、名词解释(每题 5 分，共 30 分)

1. 国际贸易量是剔除价格变动影响后，以不变价格计算的国际贸易规模指标。通过以固定年份为基期的价格指数调整贸易额，真实反映国际贸易的物量变化，避免因通货膨胀或汇率波动导致的贸易值失真。例如，若以特定年份为基期，后续年份贸易量需用当年贸易额除以对应价格指数，从而客观对比不同时期的实际贸易增长水平。

2. H-O 定理认为，各国应出口密集使用本国丰裕要素的产品，进口密集使用稀缺要素的产品。其核心逻辑是：要素禀赋差异导致要素价格差异，进而决定商品比较优势和贸易模式。例如，劳动力丰裕国家出口劳动密集型产品，资本丰裕国家出口资本密集型产品。该理论是新古典贸易理论的核心，弥补了李嘉图比较优势理论对要素差异解释的不足。

3. 国际生产折中理论认为，企业对外直接投资需同时具备所有权优势(如技术、品牌)、区位优势(如廉价资源、政策优惠)和内部化优势(如降低交易成本)。三者缺一不可：所有权优势是基础，区位优势决定投资地点，内部化优势促使企业将优势内部化而非通过市场交易。该理论整合了垄断优势论、区位理论和内部化理论，为跨国公司对外投资决策提供了系统性分析框架。

4. 特别提款权(SDR)是IMF创设的补充储备资产，由一篮子货币定值(含美元、欧元、人民币等)，用于成员国官方储备补充和国际收支调节。SDR本身非货币，可用于换取可自由使用货币或偿还IMF债务，其价值由篮子货币汇率加权计算，稳定性高于单一货币，是全球储备体系的重要补充。

5. 信用违约互换(CDS)是一种信用衍生品，买方定期支付费用给卖方，以转移参考实体(如债券发行人)的违约风险。若参考实体违约，卖方需赔偿买方损失。CDS最初用于对冲信用风险，后发展为投机工具，其交易不要求实物标的，可能放大金融市场波动，是2008年金融危机的重要推手之一。

6. 丁伯根法则认为，政府实现N个独立经济目标，至少需要N种独立的政策工具，且工具与目标需一一对应。例如，要同时实现内外均衡(经济增长+国际收支平衡)，需至少两种政策工具(如财政政策+货币政策)。该法则为宏观经济政策搭配提供理论基础，强调政策工具的数量匹配和协同使用。

二、简答题(每题12分，共72分)

1. (1)服务贸易的定义

服务贸易是指跨越国界进行的服务产品交易活动，即服务提供者从一国向另一国消费者提供服务并获取报酬的过程。其核心特征包括无形性(如金融、咨询)、生产与消费同步性(如旅游、教育)、不可储存性及较强的技术和人力资本依赖性。与货物贸易不同，服务贸易通常不涉及实物跨境流动，而是通过人员、技术或信息等载体实现。

(2) 服务贸易的主要形式

① 跨境交付。服务提供者在一成员境内向另一成员境内消费者提供服务，如通过互联网提供的远程教育、跨境金融支付、云计算服务等，其核心是服务通过网络或电信手段跨越国界，无须提供者或消费者移动。

② 境外消费。消费者到服务提供者所在国境内接受服务，典型案例包括国际旅游、境外留学、海外医疗等。例如，中国游客赴欧洲旅游或留学生赴美就读，均属于境外消费模式。

③ 商业存在。服务提供者在另一成员境内设立商业机构或专业机构提供服务，如外资银行在东道国设立分支机构、跨国零售企业开设门店、外资医院建立诊疗中心等。这是目前全球服务贸易最主要的形式，直接体现投资与服务的结合。

④ 自然人流动。服务提供者以自然人身份进入另一成员境内提供服务，如外籍教师来华授课、外国专家参与国内工程项目咨询、跨国企业派遣技术人员短期工作等。此类服务具有临时性和个体性特征，通常受东道国签证和劳动许可限制。

2. (1)基本内容

S-S定理，是要素禀赋理论的重要延伸。其核心结论为：国际贸易会提高出口商品所密集使用的生产要素的价格，降低进口竞争商品所密集使用的生产要素的价格。长期来看，贸易将导致一国丰裕要素所有者的实际收入上升，稀缺要素所有者的实际收入下降，即国际贸易对要素收入分配具有显著影响。该定理揭示了国际贸易对国内收入分配的深层影响，为理解贸易政策争议(如保护主义诉求)提供了理论基础，也为政府制定要素再分配政策(如税收调节、技能培训)以缓解贸易不平等效应提供了依据。

(2) 作用机制

S-S定理的作用机制基于商品价格传导和要素流动性假设，分三阶段实现：

① 商品价格变动：国际贸易使出口商品价格上升(需求扩大)，进口竞争商品价格下降(海外竞争加剧)。

② 要素需求调整：出口行业扩张，增加对丰裕要素的需求；进口竞争行业收缩，减少对稀缺要素的需求。

③ 要素价格均等化：国内要素自由流动下，丰裕要素从收缩行业流向扩张行业，需求增加推高其价格；稀缺要素供过于求导致价格下降。最终，贸易通过商品价格差异驱动要素价格向国际水平趋同，使丰裕要素所有者收入上升，稀缺要素所有者收入下降。

3. (1)对“生产率领先才能获利”观点的评论

该观点混淆了“绝对优势”与“比较优势”的核心差异，违背了国际贸易的基本理论逻辑。根据李嘉图的比较优势理论，即使一个国家在所有产品生产上生产率都低于他国(即无绝对优势)，只要存在相对生产率差异，仍可通过专业化生产并出口具有比较优势的产品获利。历史上，英国工业革命初期在纺织品贸易中的优势、日本战后通过技术引进实现的产业升级，均验证了比较优势而非绝对优势是贸易获利的基础。该观点忽视了分工协作和资源禀赋差异带来的互利空间，若按此逻辑推行保护主义，将导致全球资源配置效率下降，损害各国消费者福利。

(2) 对“低工资竞争不公平”观点的评论

该观点将要素价格差异等同于“不公平竞争”，误解了国际贸易的本质。根据赫克歇尔-俄林定理，各国工资水平差异主要源于要素禀赋(如劳动力丰裕度、人力资本)和生产率差异，低工资可能反映劳动力供给充足或产业结构差异，而非人为压低工资的“倾销”行为。此外，进口低工资国家的商品可降低本国消费者生活成本，倒逼国内产业向价值链高端升级(如从劳动密集型转向技术密集型)。斯托尔珀-萨缪尔森定理虽指出贸易可能短期冲击进口竞争行业的要素收入，但长期通过要素流动和技术进步可实现收入再分配与整体福利提升。将低工资竞争视为“不公平”，实则是保护主义的借口，最终会削弱全球贸易的互惠基础。

4. (1)蒙代尔“不可能三角”，由罗伯特·蒙代尔于20世纪60年代提出，指开放经济中一国货币政策面临的三重目标冲突：资本自由流动、固定汇率制度和独立货币政策三者不可同时实现，最多只能满足其中两项。保罗·克鲁格曼于1999年在《萧条经济学的回归》中对“不可能三角”进行通俗化表述，核心结论完全一致：开放经济体在汇率稳定、货币政策独立和资本自由流动之间只能择二。其贡献在于通过“三角形”模型直观展示政策目标冲突，并结合亚洲金融危机案例(如泰国钉住美元汇率导致货币政策失效)，强调固定汇率与资本自由流动的危险性。

(2) 二者的相同点

① 理论内核一致：均基于开放宏观经济学的MF模型(蒙代尔-弗莱明模型)，揭示国际资本流动下汇率制度与货币政策的内在冲突。

② 政策启示相同：证明固定汇率、资本自由流动与独立货币政策的“不可能共存性”，为各国汇率制度选择提供理论依据(如新兴市场多采用有管理的浮动汇率)。

(3) 二者的不同点

① 提出背景与侧重点：蒙代尔理论源于布雷顿森林体系崩溃后汇率制度争论，侧重理论框架构建；克鲁格曼则针对亚洲金融危机后新兴市场的政策困境，更强调现实政策选择的“艰难性”。

② 表述方式与传播影响：蒙代尔使用“不可能三角”的学术术语，克鲁格曼以“三难选择”简化表述，并通过媒体和畅销书扩大公众影响力，成为政策讨论的常用工具。

5. 购买力平价(PPP)理论认为汇率应使不同货币的购买力相等，但其预测常与经验数据不符，核心原因在于理论假设与现实经济环境的差异：

(1) 核心假设与现实脱节。PPP假设商品完全同质、无交易成本且自由流动，但现实中存在运输成本、关税、配额等贸易壁垒，阻碍跨境套利。例如，农产品因保鲜成本和进口检疫限制，价格难以通过贸易趋于一致，削弱PPP的套利机制。

(2) 非贸易品与巴拉萨-萨缪尔森效应。服务等非贸易品(如医疗、教育)无法跨境交易，其价格由国内供求决定。巴拉萨-萨缪尔森效应指出，发达国家非贸易品生产率更高，推高整体物价水平，导致实际汇率系统性偏离PPP。

(3) 短期价格黏性与汇率超调。商品价格存在黏性(如菜单成本、劳动合同限制)，而汇率受资本流动和预期影响波动剧烈。根据多恩布什超调模型，汇率短期内会过度偏离PPP，长期才缓慢收敛，导致短期数据与PPP显著不符。

(4) 非价格因素主导短期汇率波动。汇率在短期内受利率差异、避险情绪、货币政策等因素驱动。例如，套息交易和地缘政治风险会导致汇率与物价水平脱节，与PPP预测背道而驰。

(5) 价格指数构造差异。各国CPI篮子商品权重和统计口径不同，直接影响跨国价格比较的准确性。例如，发展中国家食品权重更高，而发达国家服务权重更大，导致PPP测算失真。

6.（1）蒙代尔最优通货区理论核心内容

最优通货区（OCA）理论，认为要素自由流动是区域采用单一货币的核心标准：当劳动力和资本能在区域内自由转移时，单一货币可消除汇率波动成本，同时通过要素流动替代汇率调整，实现宏观经济稳定。后续学者补充经济开放度、产品多样性、通胀趋同、财政一体化等辅助标准，共同构成OCA理论框架。该理论为货币联盟建设提供了“最优边界”判断依据，即成员国经济趋同性越高，货币联盟收益越大、成本越小。

（2）欧元区扩张的态势与OCA理论的矛盾

欧元区自成立以来持续扩张至多个国家，东扩至中东欧地区，其扩张逻辑更多基于政治一体化目标，而非严格满足OCA理论条件：

① 要素流动性不足：欧元区劳动力流动受语言、文化、社会保障体系差异制约，核心国与外围国失业率长期分化，无法通过劳动力流动缓解失衡。

② 经济结构异质性：核心国以高端制造和出口导向为主，外围国家依赖旅游业和低端制造，对货币政策敏感度差异大。欧央行统一利率政策对高负债国家造成债务压力。

③ 财政联盟缺失：欧元区无统一财政转移机制，危机时无法通过财政转移对冲不对称冲击。欧债危机中，部分国家因无法自主贬值和财政紧缩陷入衰退，暴露货币联盟“统一货币但分散财政”的制度缺陷。

（3）理论启示与现实挑战

OCA理论揭示欧元区扩张的核心矛盾：政治驱动的扩张速度超过经济趋同进程。尽管欧元区通过财政纪律公约和稳定机制强化约束，但劳动力市场整合、财政联邦化等OCA关键条件仍未完全满足。未来扩张需平衡政治目标与经济现实，通过结构性改革（如劳动力市场自由化）和制度建设（如财政联盟）提升区域经济趋同性，才能实现蒙代尔理论所预言的最优货币区收益。

三、论述题（每题24分，共48分）

1.（1）理论与要素禀赋背景

雷布津斯基定理指出，要素禀赋变化会推动密集使用该要素的产业扩张。中国劳动力资源丰富，且高等教育人口增加、新增劳动力受教育年限提高，人力资本要素持续积累，正从“人口数量红利”向“人力资本红利”转型，为比较优势产业升级奠定基础。

（2）比较优势产业未来趋势

① 技术密集型产业成为新主导。人力资本增加将推动高端制造、数字经济、研发服务等产业扩张。这些产业密集使用技能型劳动力，能通过技术创新和生产率提升占据全球价值链中高端，逐步替代传统低技能劳动密集型产业的比较优势地位。

② 传统劳动密集型产业的转型。依托人力资本升级，传统产业可向“技能增强型”转型，如通过自动化改造和数字化管理，提升产品附加值（如精密制造、定制化服务），实现从“规模扩张”到“质量效益”的转变。

（3）政策措施建议

① 深化人力资本培育。优化高等教育和职业培训体系，定向培养产业升级所需的技术人才和复合型人才，避免人力资本与产业需求错配，强化要素质量对产业升级的支撑。

② 引导要素向高生产率行业流动。通过市场化改革破除劳动力跨行业、跨区域流动障碍，完善创新激励机制，促进资本、技术与人力资本向技术密集型产业集聚。

③ 推动产业协同与转型。支持技术密集型产业集群发展，同时设立专项基金助力传统产业技术改造，实现“要素升级-产业升级”联动，将人力资本优势转化为产业竞争力。

（4）中国要素禀赋的结构性变化为比较优势升级提供了契机。在雷布津斯基定理框架下，未来需通过人力资本深化、要素市场化配置和产业政策引导，推动比较优势向技术密集、知识密集领域延伸，将“人口红利”转化为持续发展动力。

2.（1）模型框架与政策背景

蒙代尔-弗莱明模型（M-F模型）用于分析开放经济下财政与货币政策的交互效应，核心假设为资本完全流动和浮动汇率制度(美国适用)。2023 年美国政策组合为：

① 扩张性财政政策：增加政府支出或减税，旨在刺激总需求。

② 紧缩性货币政策：美联储加息，减少货币供给以抑制通胀。

(2) 政策配合的传导机制

① 扩张性财政政策的初始效应：财政扩张使 IS 曲线右移，总需求增加推动产出上升；同时，货币需求增加导致利率上升。在资本完全流动下，利率上升吸引国际资本流入，外汇市场上美元需求增加，美元升值(BP 曲线向上调整)。

② 紧缩性货币政策的叠加效应：加息使 LM 曲线左移，货币供给减少进一步推高利率，加剧资本流入和美元升值。高利率抑制私人投资(挤出效应)，部分抵消财政扩张的产出刺激；美元升值削弱净出口(出口减少、进口增加)，IS 曲线因净出口恶化向左回移，进一步抑制产出。

③ 最终均衡结果。财政扩张与货币紧缩共同推高利率，形成“高利率陷阱”；财政扩张的产出效应被货币紧缩和净出口恶化部分抵消，实际产出增长有限或趋于停滞；美元持续升值导致贸易逆差扩大，加剧外部失衡。

(3) 政策配合的核心矛盾

① 内部平衡冲突：财政扩张刺激需求与货币紧缩抑制通胀的目标相互牵制，可能导致“滞胀”压力(高利率抑制增长，财政扩张推高物价)。

② 外部平衡恶化：资本流入和美元升值削弱出口竞争力，与美国“产业回流”战略相悖，长期可能加剧全球贸易失衡。

(4) 结论

2023 年美国政策组合通过 M-F 模型机制呈现以下特征：利率显著上升、美元升值、产出效应中性偏负面、贸易逆差扩大。这种“紧货币+宽财政”的搭配虽短期抑制了通胀，但长期可能因高利率和强美元带来对私人投资与出口的压制，导致经济增长动力不足，凸显开放经济下政策协同的复杂性。

南京审计大学2024年434国际商务专业基础试题

一、简答题(每题10分，共60分)

1. 简述哪些国际贸易理论可以有效解释产业内贸易现象。

2. 简述国际商务中的跨文化管理战略主要有哪几种。

3. 简述调节国际收支失衡的政策措施。

4. 简述资本国际流动的政策含义。

5. 简述企业国际目标市场选择的战略。

6. 简述影响汇率变化的因素。

二、论述题(每题15分，共60分)

1. 论述重商主义的特征，并对重商主义进行评价。

2. 出口贫困化增长的条件有哪些？并结合实例论述出口国通常使用哪些政策手段来应对本国发生的出口贫困化增长。

3. 比较绿地投资与跨国并购两种模式的优缺点，并论述企业进入国际市场时如何在二者之间进行选择。

4. 论述经济全球化的动因。

三、综合分析题(每题15分，共30分)

1. 2022年1月1日《区域全面经济伙伴关系协定》(RCEP)正式生效，试用区域经济一体化的相关理论分析该协定对中国的企业和消费者带来的影响。

2. 分析数字经济时代如何推动跨境电商高质量发展。

南京审计大学2024年434国际商务专业基础试题解析

一、简答题(每题10分，共60分)

1. 产业内贸易现象可以通过以下国际贸易理论得到有效解释：

(1) 规模经济贸易理论：突破传统完全竞争假设，强调产品差异化和垄断竞争市场结构的作用。工业品具有类似但不同质的特性，规模经济效应促使同类产品双向贸易。

(2) 需求偏好相似理论：认为人均收入水平相近的国家会形成重叠需求，推动产业内差异化产品的相互贸易。新产品通常先满足本国需求，再出口到偏好相似的国外市场。

(3) 产品差异化理论：产业内贸易的核心驱动力是同类产品的垂直差异(质量)或水平差异(特性)，消费者通过多样化选择获得福利提升

(4) 规模报酬递增理论：不完全竞争市场下，企业通过扩大生产规模降低成本，形成专业化分工，导致同类产品在不同国家的互补性贸易。

(5) 战略性贸易理论：政府干预可帮助本国企业在规模经济产业中获得竞争优势，典型案例如航空制造业的产业内贸易。

2. 国际商务中的跨文化管理战略主要包括以下几种：

(1) 本土化策略：根据“思维全球化和行动当地化”原则，通过人力资源、产品和营销方式的本土化，加速与当地文化的融合，减少文化冲突

(2) 文化相容策略：分为平行相容(文化并存)和隐去主体文化的和平相容两种方式，通过尊重文化差

异实现和谐共处。

（3）文化创新策略：将母公司文化与东道国文化进行整合，构建新型企业文化作为管理基础，形成独特的跨文化优势。

（4）文化规避策略：在宗教或文化敏感领域主动规避冲突，特别是在宗教势力强大的国家需特别注意尊重当地信仰。

（5）文化渗透策略：通过渐进式文化培训，使东道国员工逐步适应并维护母公司文化。

（6）第三方文化策略：借助与双方文化都有共识的中立第三方文化进行管理，避免直接文化冲突。

（7）占领式策略：直接将母公司文化强加于海外子公司，消除当地文化影响(通常适用于文化强势企业)。

3. 国际收支失衡的调节措施可分为五类核心政策：

（1）外汇缓冲政策。通过动用外汇储备或临时国际融资抵消短期收支差额，适用于偶发性失衡，但储备规模限制其可持续性。

（2）财政与货币政策。财政政策通过增减政府支出或税率调节总需求，紧缩政策可减少逆差，扩张政策缓解顺差；货币政策调整利率或货币供应量，高利率吸引资本流入但可能抑制经济增长。

（3）汇率政策。主动调整本币汇率，贬值可提升出口竞争力改善逆差，但可能引发通胀或贸易摩擦。

（4）直接管制。包括外汇管制(限制资本流动)、贸易管制(配额/关税)，见效快但扭曲市场并易遭反制。

（5）结构性改革与国际合作。供给侧结构性改革优化产业结构，增强长期竞争力；通过国际协调(如货币互换、贸易协定)缓解全球性失衡。

4. 国际资本流动的政策含义主要体现在以下几个方面：

（1）收益分配调整。资本国际流动会导致国内资本与劳动收益重新分配。例如，资本输入国通常会出现资本报酬增加而劳动收益减少的现象，反之亦然。这种分配差异可能引发国内政策调整，例如通过税收或社会保障体系平衡不同群体的利益。

（2）汇率与货币政策影响。资本流动可能引发汇率波动和货币政策调整。例如，短期资本流动可能加剧外汇市场波动，迫使央行调整汇率政策以维持金融稳定。长期资本流动则可能影响货币供应量，需要货币政策应对。

（3）风险防范与监管。资本流动可能带来金融风险，需通过监管政策降低系统性风险。例如，国际借贷需严格审查借款方信用资质，避免债务危机；短期投机性资本流动需监控以防止市场异常波动。

（4）国际贸易与外资管理。资本流动与国际贸易密切相关。例如，东亚地区通过吸引外资促进经济发展，但过度依赖外资也可能引发债务危机(如1997年金融危机)。政策需平衡外资利用与风险控制。

5. 企业国际目标市场选择的战略有：

（1）无差异营销战略。企业将全球市场视为同质化整体，提供标准化产品和服务，通过规模经济降低成本。适用于需求共性高、文化差异小的市场(如基础工业品)。

（2）差异性营销战略。根据地理、文化或消费行为差异，将国际市场细分为多个子市场，并针对不同市场定制产品组合。例如快消品企业针对欧美与东南亚市场推出不同配方。

（3）集中性营销战略。聚焦单一细分市场(如特定国家或消费群体)，集中资源建立局部竞争优势。适合资源有限的中小企业，如跨境电商专攻中东高端电子产品市场。

6. 影响汇率变化的因素有：

（1）经济基本面

① 国际收支：顺差增加外汇供给，推动本币升值；逆差则导致贬值。

② 通胀差异：高通胀国货币购买力下降，汇率倾向贬值。

（2）货币政策与利率

① 利率水平：高利率吸引外资流入，推升本币汇率。

② 央行干预：外汇市场操作或政策调整可短期影响汇率。

（3）市场心理与预期

① 投机行为：对经济前景或政策的预期引发短期资本流动，加剧波动。

② 政治稳定性：政局动荡易触发资本外逃，导致本币贬值。

（4）全球环境联动

① 经济增长率：强劲增长吸引外资，长期支撑本币。

② 风险情绪：全球避险需求上升时，避险货币（如美元、日元）通常升值。

二、论述题（每题 15 分，共 60 分）

1.（1）重商主义主要特征

① 财富观：认为金银是唯一真实财富，通过贸易顺差积累货币。

② 国家干预：政府通过关税、特许经营等手段保护本土产业。

③ 殖民扩张：争夺海外市场与原料产地，如英国《航海条例》垄断殖民地贸易。

④ 零和思维：视国际贸易为存量竞争，强调“多卖少买”。

（2）历史进步性

① 资本积累的催化剂：作为 15—17 世纪欧洲主流经济思想，重商主义通过国家干预（如关税保护、殖民扩张）加速了资本原始积累，为工业革命奠定物质基础。其贸易顺差理论推动西欧国家建立全球贸易网络，西班牙、葡萄牙等早期殖民帝国由此崛起。

② 民族国家形成的经济支柱：该理论将金银储备等同于国家实力，强化了中央集权政府对经济的调控能力，促进统一市场形成。英国通过《航海条例》等政策实现工商业与海军力量的协同发展。

（3）理论局限性

① 财富认知的片面性：将货币与真实财富等同，忽视劳动价值与生产效率。18 世纪欧洲“价格革命”证明，货币超发反而导致通胀危机。

② 零和博弈的贸易观：视国际贸易为“你失我得”的竞争，催生贸易保护主义。现代经济证明，自由贸易可通过比较优势实现双赢。

③ 政策实施的负面影响：过度干预扭曲市场，如英国《羊毛法案》抑制原料流通，最终损害本土纺织业创新；殖民地经济单一化加剧全球发展失衡。

（4）重商主义虽被古典经济学取代，但其政策工具（如产业补贴、出口退税）仍被新兴经济体用于工业化初期。历史表明，经济发展需平衡国家干预与市场机制。

2.（1）出口贫困化增长的发生条件

① 出口大国地位：该国需在国际市场占据显著份额，其出口量变动能显著影响全球价格。

② 出口导向型增长：经济增长集中于出口行业，产能扩张进一步压低国际价格。

③ 低需求价格弹性：国际市场对出口商品需求弹性低，价格下跌无法通过销量增长弥补收入损失。

④ 经济高度依赖出口：出口收入占 GDP 比重高，贸易条件恶化直接冲击国民福利。

（2）应对政策手段与实例分析

① 产业升级与多元化

政策：扶持技术密集型产业，减少对单一出口品的依赖。

实例：中国通过“中国制造 2025”计划推动高端装备出口，抵消纺织品贸易条件恶化损失。

② 出口配额与价格联盟

政策：联合主要出口国限制供给（如 OPEC 石油限产）。

实例：东南亚橡胶出口国通过协议稳定价格，避免恶性竞争。

③ 汇率干预与关税调整

政策：本币贬值提升出口竞争力，或对低价进口品加征反倾销税。

实例：巴西曾通过雷亚尔贬值缓解大豆出口收入下滑。

④ 国内市场培育

政策：扩大内需以降低出口依赖度。

实例：印度通过“自力更生印度”计划刺激本土消费，减少电子产品出口风险。

⑤ 技术创新与品牌建设

政策：提升产品附加值(如专利技术、品牌溢价)。

实例：韩国三星通过研发投入将半导体出口从价格战转向技术垄断。

3.(1)绿地投资的优劣势

① 优势：

控制力强：企业自主建厂或设立分支机构，完全掌控技术、管理和品牌；

政策优惠：部分国家为吸引外资提供税收减免或土地补贴；

风险隔离：避免并购中的隐性负债或文化冲突。

② 劣势：

周期长：需耗时完成审批、建设及本土化运营；

成本高：前期固定资产投资和资源投入较大。

(2) 跨国并购的优劣势

① 优势：

快速进入：直接获取目标市场的渠道、客户和成熟团队；

资源整合：通过技术或品牌协同提升竞争力；

规避壁垒：绕过东道国的行业准入限制。

② 劣势：

整合风险：企业文化、管理体系的融合难度大；

估值风险：可能因信息不对称导致溢价收购。

(3) 企业选择策略的核心考量

① 战略目标：若需快速扩张市场份额，优先并购；若追求长期控制权，选择绿地投资。

② 行业特性：技术密集型行业(如半导体)倾向绿地投资，服务行业(如零售)适合并购。

③ 东道国环境：政策稳定的发达国家适合并购，新兴市场需评估绿地投资的长期收益。

④ 企业资源：资金充裕但缺乏本土经验的企业可并购，反之则分阶段推进绿地项目。

4. 经济全球化的动因：

(1) 现代科技和生产力发展的基础性作用

技术进步是经济全球化的物质基础和首要驱动力。以信息技术革命为例，互联网和数字通信技术使跨国信息传递成本下降99%以上，全球实时协作成为可能。5G技术、云计算和区块链等创新进一步降低了跨境交易成本。同时，自动化生产技术和智能物流系统显著提升了跨国供应链效率，使全球价值链分工更加精细化。

(2) 资源禀赋差异形成的全球化内在需求

全球自然资源和要素禀赋的差异化分布构成了国际分工的客观基础。石油输出国组织(OPEC)控制全球约80%的石油储量，而中国拥有全球90%的稀土加工能力。这种不均衡促使各国通过贸易实现优势互补：澳大利亚出口铁矿石到中国，中国制造工业品销往欧美，形成资源-制造-消费的全球循环。劳动力成本差异同样驱动产业转移，越南凭借劳动力成本优势承接了全球12%的纺织业产能。这种基于比较优势的国际分工使全球资源配置效率提升约40%。

(3) 跨国公司的全球化运营实践

作为经济全球化的主要践行者，跨国企业通过全球布局实现生产要素最优配置。跨国公司的直接投资(FDI)更是全球化的重要推手。这些企业还通过全球标准化管理和技术溢出效应，加速了生产标准和商业模式的国际趋同。

(4) 市场化改革的制度保障

冷战结束后，市场经济体制被更多国家采纳，为全球化提供制度基础。国际货币基金组织研究表明，实行市场化改革的国家，其经济增长速度比封闭经济体平均高出2.3个百分点。

三、综合分析题(每题 15 分，共 30 分)

1. 区域经济一体化通过制度性安排消除贸易壁垒，促进生产要素的跨境流动与优化配置。RCEP 作为目前全球规模最大的自由贸易协定，其核心价值在于构建制度化的区域合作框架，推动成员国间的经济深度融合。从理论层面看，这种深度一体化将通过多重机制重塑中国企业和消费者的行为模式。

(1) 企业层面的动态调整机制

根据关税同盟理论，RCEP 通过原产地累积规则和渐进式关税减让，重构了区域价值链分工体系。中国企业面临双重效应：一方面，更开放的中间品市场降低了生产成本，如纺织企业可组合使用东盟棉纱与日韩化纤；另一方面，来自日韩的技术竞争压力形成“倒逼创新”效应，推动制造业向微笑曲线两端延伸。这种调整符合新结构经济学关于“有效市场与有为政府”的互动逻辑，政策红利与企业能动性共同决定转型升级路径。

(2) 消费者福利的结构性改善

斯托尔珀-萨缪尔森定理在 RCEP 框架下显现新的实践形态。贸易自由化不仅带来价格型福利，更通过以下渠道提升消费质量：

① 选择多样性：服务贸易负面清单管理模式，使日韩医疗美容、东盟文旅等特色服务加速进入中国市场。

② 标准趋同化：统一的卫生检疫与知识产权规则，降低消费者信息甄别成本。

③ 数字赋能：电子商务章节构建的跨境信任机制，使长尾商品触达率显著提升。

以上分析表明，RCEP 的经济效应本质上是市场机制与制度创新的协同产物。企业需要建立“规则适应-能力重构-价值跃迁”的响应体系，消费者则将经历从价格敏感型向品质导向型的消费范式转换。这种转变对中国构建新发展格局具有深远的战略意义。

2. 数字经济时代跨境电商高质量发展路径：

① 推进适应跨境电商发展的数字基础设施建设。推进仓储、物流、支付、数据等全球电子商务基础设施建设，支持跨境电商等贸易新业态使用人民币结算。促进与“一带一路”共建国家信息通信网络互联互通，合作推进跨境陆缆和海底光缆建设，拓宽信息通道。支持相关国家企业合作参与信息基础设施建设，提升网络互联互通水平。提高数字包容性，采取多种政策措施和技术手段缩小各国之间及各国内部的数字鸿沟，大力推进互联网普及。

② 加强国际交流合作。积极参与世贸组织、万国邮联等多双边谈判，推动形成电子签名、电子合同、电子单证等方面的国际标准。积极参与以电子商务为核心的数字领域国际规则制定，推动形成以货物贸易数字化为核心、以服务贸易数字化为延伸、以数字基础设施互通和安全为保障的国际规则体系。加强知识产权保护、跨国物流等领域国际合作，参与外贸新业态新模式的国际规则和标准制定。

③ 提升跨境电商服务能力。总结、推广促进跨境电商发展的成功实践经验，鼓励各地借鉴成功实践经验，进一步提高跨境电商综合服务能力，加快完善一站式综合服务，助力跨境电商安全、健康发展。加快跨境物流、产业园区等配套基础设施建设，鼓励跨境电商企业自主创新，培育具有竞争力的数字化平台，鼓励有实力的跨境电商企业建设海外仓。

④ 加强数字经济治理。有效保护消费者权益和个人信息，加强数字平台的知识产权保护，健全快速解决在线交易争议等法律保障机制。鼓励形成政府机构、企业、消费者、社会团体等共同参与的数字经济治理及监督机制，提升数字经济治理水平。

⑤ 鼓励创新与融合发展。鼓励企业充分发挥数字技术优势，精准链接消费需求、产业需求，促进传统商务活动的模式、业态创新，提供新产品和服务。比如，可构建形式多样的线上消费场景、探索人机互动新模式、培育高新视听新业态，创新网络消费方式，提升网络消费体验；还可探索跨境交易流程创新，推动企业建立跨境电商营销体系，助力跨境电商业务创新发展。

宁波大学 2024 年 434 国际商务专业基础试题

一、名词解释(每题 5 分，共 35 分)

1. 合同法
2. 雷布津斯基定理
3. IFDI
4. 利率平价
5. 组织变革
6. 企业联盟
7. 文化全球化

二、简答题(每题 7 分，共 21 分)

1. 简述跨文化管理相关战略。
2. 简述波特的竞争优势发展阶段理论。
3. 简述国际金本位体系的特点及缺点。

三、问答题(每题 8 分，共 24 分)

1. 什么是规模经济？规模内部经济对国际贸易有何影响？
2. 什么是新新贸易理论？其与新贸易理论有何异同？
3. 人民币贬值的可能原因有哪些？外汇保值有哪些举措？

四、案例分析题(每题 10 分，共 20 分)

1. 日本泡泡糖市场多年来一直被“劳特牌”独占，江崎糖业公司想打入这个市场。公司经过调查分析，认为劳特产品有不足，第一，劳特把重点放在儿童市场上，成人市场未开发；第二，劳特产品主要是果味型，而其他香味型未满足；第三，劳特产品定价 110 日元，顾客购买时多掏 10 日元硬币，很不方便；第四，劳特产品一直是单调的条板式样。这为江崎提供了进入市场的缝隙，江崎公司将市场确定在成人用功能性泡泡糖市场上。在这样一个成人市场上，又考虑到职业不同，开发了司机用泡泡糖(加入高浓度天然牛黄和薄荷，消除司机困倦)，交际用泡泡糖(清洁口腔，祛除口臭)，体育用泡泡糖(内含叶绿素和多种维生素，有利于消除疲劳和改善情绪)，学生用泡泡糖(清神醒脑)等多种式样，售价只有 100 日元的各种产品，一举占领市场，并与劳特在市场竞争中平分秋色。

思考题：

(1) 用市场细分理论分析，江崎公司是如何发现市场机会的？

(2) 用目标市场理论分析它是如何选择目标市场的？

(3) 除此之外，为了竞争，江崎在价格、产品因素方面采取了什么措施、策略？

2. 20 世纪八九十年代，我国彩电生产能力急剧扩张，加上外商转移到大陆的生产能力，到 90 年代末总生产能力突破 4000 万台/年，但内需加上出口总计不足 3000 万台/年。此外，一些核心技术仍控制在外商手中，并存在国产彩电严重趋同化等问题。自 1989 年长虹首次发动价格战以来，彩电市场频频爆发价格大战。其中，1996 年长虹成功地发动第五次价格大战，随后 TCL、康佳等加入价格战。这一年国产彩电销售形势大好，总市场占有率一度高达 85%，其中长虹彩电市场占有率首次超过洋品牌而荣登榜首。虽然以后又多次爆发价格大战，但终因缺乏技术、产品创新，国有品牌的总市场占有率不但没有上升反而下滑，洋品牌则又回升至 30%以上。2000 年长虹彩电市场占有率不但没有升至预期的 41%，反而下降到 10%左右，而其新开发的拥有自主知识产权的背投彩电年销售增长率却高达 200%—300%。

根据以上材料，试回答：

（1）我国彩电市场为什么会频频爆发价格大战？

（2）彩电降价为什么会有利于扩大销售？在后面的价格战中，长虹为什么失败？

（3）我国彩电行业停留在低水平的原因是什么？你认为我国彩电行业可以通过哪些途径振兴？

五、材料分析题（每题 10 分，共 20 分）

1. A 国 X 公司到 B 国去采购成套设备。A 国谈判小组成员因为上街购物耽误了时间。当他们到达谈判地点时，比预定时间晚了 30 分钟。B 国代表对此极为不满，花了很长时间来指责 A 国代表不遵守时间，没有信用，如果老这样下去的话，以后很多工作很难合作，浪费时间就是浪费资源、浪费金钱。对此 A 国代表感到理亏，只好不停地向 B 国代表道歉。谈判开始以后似乎还对 A 国代表来迟一事耿耿于怀，一时间弄得 A 国代表手足无措，说话处处被动，无心与 B 国代表讨价还价，对 B 国提出的许多要求也没有静下心来认真考虑，匆匆忙忙就签订了合同。合同签订以后，等到 A 国代表平静下来，头脑不再发热时才发现自己吃了大亏，上了 B 国的当，但已经晚了。

根据以上材料，试回答：

（1）B 国公司在谈判开始时运用了何种策略？

（2）如果你是 A 国代表，面对 B 国代表应该如何回应？

（3）从这一案例中，A 国代表要吸取什么教训？

2. 2023 年 11 月 24 日，第二届全球数字贸易博览会“高标准经贸规则（DEPA）视野下数字自贸区贸易便利化研讨会”在杭州举行。国内外自贸区代表、中新专家学者和企业深入研讨，为提升数字贸易便利化、推进数字型开放，促进数字经济创新发展展开“头脑风暴”、DEPA 规则体系里面，最主要的特征可以用“三个化”来概括：电子商务的便利化、数据转移的自由化以及个人信息的安全化。新加坡管理大学教授高树超认为，DEPA 主要包括便利数字贸易、赋能数字贸易和建立数字贸易信任度三个方面，通过一系列措施实现不同系统之间互相交互。在数字经济飞速发展的当下，积极对接 DEPA 等高标准经贸规则，推动以数字贸易为标识的数字自贸区贸易便利化，对我国自贸试验区建设具有重要意义。

根据以上材料，试回答：围绕 DEPA，我国应当如何打造数字自贸试验区？

六、论述题（30 分）

试述中国式跨国公司的发展及特征。

宁波大学 2024 年 434 国际商务专业基础试题解析

一、名词解释（每题 5 分，共 35 分）

1. 合同法，是我国民事法律体系的重要组成部分，指调整平等主体之间设立、变更、终止民事合同关系的法律规范总称。根据《民法典》合同编规定，其核心内容包括合同的订立、效力认定、履行规则及违约责任四大制度体系。作为市场经济的基础性法律，合同法在规范交易秩序、降低交易成本、促进资源优化配置等方面发挥着不可替代的作用。

2. 雷布津斯基定理，揭示要素禀赋变动对产业结构的影响：在商品价格不变条件下，单一要素增长将促使密集使用该要素的产业扩张，其他产业收缩。其机制在于新增要素需被完全吸收，导致资源向要素适配产业转移。这一定理为发展中国家产业政策制定提供了重要理论依据，解释了要素积累如何重塑国家比较优势格局。

3. IFDI(外商直接投资)，指外国投资者通过并购、绿地投资等形式获得东道国企业长期经营权的资本流动。其核心特征包括：股权控制(通常≥10%)、技术溢出效应和就业创造。作为全球化重要载体，IFDI既能促进东道国产业升级，也可能引发国家安全审查。

4. 利率平价理论阐释利率与汇率的联动关系，分为抛补(CIP)和非抛补(UIP)两种形式。CIP指出两国利差应等于远期汇率与即期汇率升贴水率，通过套利机制实现均衡。UIP则预期汇率变动会抵消利差收益(如高利率货币预期贬值)。

5. 组织变革指企业为适应内外部环境变化而系统性调整战略、结构或文化的过程。主要动因包括技术革新、市场竞争和政策调整。常见形式有：结构变革、流程再造、文化转型。当前数字化转型加速推动组织向敏捷型、生态化方向演进。

6. 企业联盟指两个及以上独立企业通过契约建立的长期协作关系，旨在实现资源互补或风险共担。主要类型包括：研发联盟、供应链联盟和市场拓展联盟。其核心价值在于降低创新成本、加速市场渗透。

7. 文化全球化指文化要素(价值观、艺术形式、生活方式等)通过跨国流动形成互联的动态过程，其核心驱动力包括数字平台、跨国企业和移民潮。该进程促进文明对话，但也引发文化霸权争议和地方文化保护运动。

二、简答题(每题7分，共21分)

1. 国际商务中的跨文化管理战略主要包括以下几种：

(1) 本土化策略：根据“思维全球化和行动当地化”原则，通过人力资源、产品和营销方式的本土化，加速与当地文化的融合，减少文化冲突。

(2) 文化相容策略：分为平行相容(文化并存)和隐去主体文化的和平相容两种方式，通过尊重文化差异实现和谐共处。

(3) 文化创新策略：将母公司文化与东道国文化进行整合，构建新型企业文化作为管理基础，形成独特的跨文化优势。

(4) 文化规避策略：在宗教或文化敏感领域主动规避冲突，特别是在宗教势力强大的国家需特别注意尊重当地信仰。

(5) 文化渗透策略：通过渐进式文化培训，使东道国员工逐步适应并维护母公司文化。

(6) 第三方文化策略：借助与双方文化都有共识的中立第三方文化进行管理，避免直接文化冲突。

(7) 占领式策略：直接将母公司文化强加于海外子公司，消除当地文化影响(通常适用于文化强势企业)。

2. 迈克尔·波特的竞争优势发展阶段理论将国家经济发展分为四个递进阶段，每个阶段对应不同的竞争优势来源和产业特征。

(1) 生产要素驱动阶段：主要依赖自然资源、非熟练劳动力等初级生产要素，产业以农业、矿业等资源密集型为主。

(2) 投资驱动阶段：通过资本投入和标准化技术提升效率，典型产业包括大规模制造业和基础设施建设。此时企业开始注重规模经济和技术模仿。

(3) 创新驱动阶段：竞争优势转向产品差异化与技术创新，企业具备自主研发能力，高端制造业和服务业成为主导。钻石模型中的四大要素(生产要素、需求条件、相关产业、企业战略)形成协同效应。

(4) 财富驱动阶段：经济重心转向消费和服务，但创新动力可能减弱，需警惕竞争力下滑风险。该阶段强调通过社会价值共享维持优势。

3. (1)国际金本位体系的特点：

① 黄金锚定机制。各国货币与黄金固定挂钩，含金量之比决定汇率，纸币可自由兑换实物黄金。

② 自动调节功能。逆差国黄金外流→货币紧缩→物价下降→出口竞争力恢复。通过黄金输送点(铸币平价±运输成本)将波动控制在极窄范围内。

③ “三自”原则。金币本位制下实现自由铸造、自由兑换、自由输出输入黄金，形成无干预的货币流通体系。

(2) 主要缺点：

① 刚性约束问题。黄金产量增速远低于商品增长，导致通货紧缩压力；政府无法通过货币政策应对危机(如大萧条时期)。

② 国际分配失衡。1914年前70%黄金集中于美英德法等国，削弱小国货币稳定性。

③ 特里芬难题。储备货币国需同时维持黄金兑换和货币输出，最终必然崩溃。

三、问答题(每题8分，共24分)

1.(1)规模经济指企业通过扩大生产规模降低单位成本的经济现象。其本质是生产要素的协同增效，表现为：①长期平均成本曲线下降；②产量增幅大于投入增幅。按作用范围可分为：内部规模经济(企业自身规模扩张带来的专业化分工、技术升级等优势)和外部规模经济(产业集聚产生的知识溢出、基础设施共享等正外部性)。

(2) 内部规模经济对国际贸易的影响：

① 重塑贸易模式：使要素禀赋相似的国家也能通过专业化分工获得贸易利益；解释产业内贸易现象。

② 强化大国优势：国内市场大的国家更易实现规模生产，形成出口竞争力，如中国制造业通过本土规模效应降低国际市场价格。

③ 改变政策逻辑：催生战略性贸易政策(政府扶持关键产业获取规模优势)；传统比较优势理论被修正，技术差异和要素禀赋不再是唯一决定因素。

2.(1)新新贸易理论是21世纪初由Melitz等经济学家提出的国际贸易理论，聚焦企业异质性和全球化生产决策。其核心包含两大模型：

① 异质企业模型：揭示同一产业内企业效率差异，解释为何仅高生产率企业选择出口。

② 企业内生边界模型：分析企业在出口与对外直接投资(FDI)间的战略选择，涉及全球价值链布局。

该理论突破传统贸易理论的国家/产业层面分析，将研究维度细化至企业微观层面，解释了外包、中间品贸易等新型贸易现象。其政策主张更倾向自由贸易，强调市场对高效企业的自然筛选机制。

(2) 新新贸易理论与新贸易理论的异同可归纳为以下三个层面：

① 理论视角差异。新贸易理论以产业为分析单位，强调规模经济和不完全竞争对产业内贸易的影响；而新新贸易理论则聚焦企业异质性，揭示生产率差异如何决定企业出口决策。

② 解释范畴拓展。二者均突破传统比较优势理论，但新新理论进一步解释了外包、全球价值链等21世纪贸易现象，并引入企业组织边界选择(出口/FDI/外包)的内生决策机制。

③ 政策启示对比。新贸易理论支持战略性贸易干预(如补贴特定产业)，新新理论则主张市场自发筛选高效企业，更倾向自由贸易政策。这种演变反映了全球化背景下“企业微观经济学”对传统宏观贸易理论的超越。

3.(1)人民币贬值的原因：

① 中美货币政策分化。美联储持续加息，而中国维持宽松货币政策，利差扩大导致资本外流压力。

② 美元指数走强。美元对全球主要货币升值，人民币相对贬值幅度较小，但被动承压明显。

③ 外贸顺差收窄。虽然中国保持贸易顺差，但全球需求减弱和产能恢复削弱出口优势。

④ 市场预期与投机行为。部分投资者抛售人民币兑换高息美元套利，叠加央行干预减少积累贬值压力。

(2) 外汇保值举措

① 央行调控工具：通过外汇储备干预市场；调整存款准备金率等政策工具缓冲冲击。

② 企业应对策略：使用外汇衍生品锁定汇率；增加本币结算比例。

③ 个人资产配置：分散持有硬通货资产；避免单一货币负债，对冲留学/旅游成本。

四、案例分析题(每题10分，共20分)

1.(1)江崎公司通过市场细分理论发现市场机会的核心路径如下：

① 识别竞争对手缺陷。系统分析行业龙头“劳特”的四大不足：仅聚焦儿童市场、产品单一(果味型)、

包装陈旧、定价不便，凸显成人市场需求未被满足。

② 多维细分标准。按消费场景（驾驶/社交/运动/减压）和功能需求（提神/清洁/营养补充）双重维度切割成人市场，开发四大功能性产品线，精准匹配细分需求。

③ 差异化价值设计。通过包装创新（便携造型）、定价策略（50/100 日元规避找零），构建与儿童市场的显性区隔，形成竞争壁垒。

（2）STP 理论应用路径：

① 市场细分（S）。突破传统糖果按年龄分类法，首创“功能需求+消费场景”双维度网格：横向划分提神/清洁/营养补充功能，纵向覆盖驾驶/社交等四大场景，构建 12 个细分单元。

② 目标市场（T）。选择成人市场中三个高潜力单元：商务场景、驾车场景、社交场景，放弃儿童红海市场，规避与劳特直接竞争。

③ 定位（P）。通过产品命名（如司机活力片）和包装设计（药盒式）强化功能属性，塑造“成人专业功能糖果”认知，实现与传统糖果的品类隔离。

（3）①价格策略：

第一，整数定价法：设定 50/100 日元两种价格，避免 110 日元带来的找零困扰，提升支付便利性。

第二，性价比重构：通过功能附加（如维生素、牛黄等成分）支撑溢价，形成“高价值感”认知。

② 产品策略：

第一，功能创新：开发四大场景化产品线（司机/交际/体育/轻松型），以薄荷、叶绿素等成分实现生理需求精准满足。

第二，形态革新：突破传统条板造型，采用药片式包装增强便携性与专业感，视觉上区别儿童泡泡糖。

2.（1）价格战频发原因

① 产能严重过剩：90 年代末总产能达 4000 万台/年，而实际需求不足 3000 万台/年，供需失衡迫使厂商通过降价消化库存。

② 产品同质化竞争：核心技术依赖外商（如显像管技术），国产彩电功能、外观趋同，仅能通过价格争夺市场份额。

③ 行业集中度低：长虹等企业试图通过价格战淘汰中小厂商，短期内提升市场占有率。

（2）降价效应与长虹失败根源

① 短期销量提升：降价吸引价格敏感型消费者，1996 年国产彩电市占率飙升至 85%。

② 长期失败原因：

技术空心化：过度依赖价格战，忽视核心技术研发（如背投技术被外资垄断）。

创新乏力：2000 年长虹背投彩电虽增长 200%—300%，但整体仍缺乏差异化产品。

（3）①核心问题：

技术受制于人：关键部件（如芯片、面板）依赖进口。

产业链低端锁定：长期代工模式导致附加值低。

② 突破路径：

自主研发：重点突破 Mini LED 等新型显示技术。

双循环布局：利用内需市场（如 618 促销）反哺技术投入，同时拓展高端出口。

差异化竞争：开发场景化产品（如百英寸大屏），避免同质化价格战。

五、材料分析题（每题 10 分，共 20 分）

1.（1）B 国代表运用了“情绪施压+时间压力”组合策略：

心理威慑：通过长时间指责迟到行为，制造 A 国代表的愧疚感，削弱其谈判信心。

主导节奏：利用 A 方慌乱心态，加速推进条款讨论，迫使对方仓促决策。

锚定效应：将“不守时”与“不可信”关联，预设 A 方需让步的谈判基调。

（2）四步危机化解法：

① 真诚道歉+责任切割：“我们对迟到深表歉意，这绝不代表我方合作诚意不足”（避免道德绑架）。

② 转移焦点：提议延长当天谈判时间或调整议程，强调“确保双方利益不受影响”。

③ 反设锚点：“既然贵方提到时间价值，我们更应高效讨论核心条款”（将压力转化为效率要求）。

④ 暂停谈判：若对方持续施压，可要求休会 15 分钟以“重新整理资料”，打破心理压制。

（3）A 国需吸取的教训

① 时间管理红线：国际谈判中，迟到被视为重大失信行为，需预留双倍缓冲时间。

② 心理防御训练：面对指责时，应快速调整心态（如深呼吸），避免情绪主导决策。

③ 条款复核机制：紧急情况下，至少需坚持 24 小时合同审查期，防止被动签约。

④ 文化差异预案：提前研究 B 国谈判风格（如德国守时、日本重礼），制定应对脚本。

2. 围绕 DEPA，我国打造数字自贸试验区需重点推进以下方向：

（1）推动跨境数据流动规则对接。自贸试验区应主动对标 DEPA 关于数据跨境流动的规则要求，探索建立数据分类分级保护制度，制定跨境数据流动负面清单，明确数据出境安全评估标准。支持自贸试验区企业参与国际数据合作项目，例如与新加坡等国家开展物流信息交换合作，实现跨境数据申报与物流跟踪互通。

（2）创新数字贸易监管机制。借鉴 DEPA 数字贸易规则框架，在自贸试验区试点电子签名、电子提单等无纸化交易方式，推动数字身份认证和电子票据应用。支持建立数据跨境合规监测平台，研发数据出境合规管理系统，为企业提供跨境数据流动合规指导服务。

（3）构建开放数字营商环境。允许自贸试验区企业以保税物流方式开展特殊商品混配业务，探索生物医药研发用品进口“白名单”制度。支持新型离岸国际贸易业务发展，符合条件的企业可申请技术先进型服务企业认定。通过制度创新打破数据流动壁垒，吸引国际数字企业集聚。

（4）强化数据安全保障体系。建立跨境数据流动风险评估机制，对重点领域实施数据出境备案管理。依托自贸试验区数据安全实验室，研发数据跨境合规监测大屏，形成可追溯、可监管的数据流动闭环管理。

六、论述题（30 分）

（1）发展历程

中国式跨国公司的演进与国家战略、经济转型深度绑定，大致可分为三个阶段：

① 起步探索阶段（20 世纪 80 年代—21 世纪初）：改革开放初期，企业以间接出口和代工为主，逐步积累国际市场经验。部分资源型企业开始涉足海外资源开发，以满足国内工业化需求。这一阶段的核心特征是“引进来”与“走出去”并行，但海外业务规模有限，以贸易和初级投资为主。

② 快速扩张阶段（21 世纪初—2010 年代）：伴随“走出去”战略的全面推进，企业通过大规模并购和绿地投资拓展海外市场，重点布局能源、矿产、制造业等领域。同时，政策支持体系逐步完善，金融机构加大对海外投资的融资支持，推动跨国经营从资源获取向市场拓展转型。

③ 全球化布局阶段（2010 年代至今）：依托“一带一路”倡议，企业加速全球价值链整合，从单一业务拓展转向研发、生产、营销的全球化网络构建。技术创新能力提升推动产业升级，从低成本竞争转向品牌与技术输出，新兴产业（如数字技术、新能源）成为跨国经营的新增长点。

（2）核心特征

① 政策驱动与市场导向的双重逻辑。兼具国家战略属性与市场主体特征：一方面响应政策号召参与国际合作，另一方面通过市场化机制优化资源配置，形成“政策引导-企业执行-市场反馈”的闭环。

② 规模扩张与多元化经营。通过并购实现快速规模扩张，业务覆盖从传统制造业向服务业、高科技领域延伸，部分企业形成跨行业、跨区域的多元化布局，以分散风险并捕捉全球市场机遇。

③ 技术追赶与创新转型。早期以技术引进和模仿为主，近年来加大研发投入，在 5G、人工智能、新能源等领域实现从跟跑到并跑，部分企业构建起自主知识产权体系，推动“中国制造”向“中国创造”转型。

④ 新兴市场导向与差异化竞争。深耕发展中国家市场，凭借成本优势、适应性技术和灵活的商业模式，在基础设施建设、数字经济等领域形成差异化竞争力，同时逐步渗透发达国家高端市场。

⑤ 产权结构与治理模式的多样性。国有企业与民营企业协同发展：国企在资源、能源等战略领域发挥主导作用，民企凭借灵活性在制造业、服务业领域快速成长，形成多元主体共同参与的跨国经营格局。

（3）总结

中国式跨国公司的发展是国家战略、市场力量与技术进步共同作用的结果，其特征既体现后发国家企业的追赶路径，也反映全球价值链重构中的中国定位。未来，随着创新能力提升和治理模式完善，将进一步向全球产业链高端迈进。

上海财经大学2024年434国际商务专业基础试题

一、名词解释(每题6分，共30分)

1. 比较优势
2. 绿地投资
3. 市场集中度
4. 外汇市场
5. 区位优势

二、简答题(每题10分，共40分)

1. 简要说明国际货币体系的发展进程，并说明目前主要的国际货币体系是什么？
2. 简述产业结构演进的特征和基本规律。
3. 什么是企业集群？企业集群给所在地区带来的经济优势的三个主要来源是什么？
4. 国际直接投资给东道国带来的收益有哪些？

三、论述与分析题(每题20分，共80分)

1. 新建和收购企业的优缺点分析。
2. 试讨论“国际贸易导致要素价格的完全均等”。
3. 生活用品行业与工业用品行业相比，哪个行业产品差异化的作用更为重要，为什么？
4. 分析导致国际金融危机的常见因素，并列举政府和国际组织应对危机的有效策略。

上海财经大学2024年434国际商务专业基础试题解析

一、名词解释(每题6分，共30分)

1. 比较优势，指一个国家或地区在生产某种商品时，其机会成本低于其他国家的相对优势。即使一国在所有产品生产上都不具备绝对优势，仍可通过专注于生产相对劣势较小的商品，进口相对劣势较大的商品，实现贸易互利。其决策原则为“两利相权取其重，两弊相权取其轻”。比较优势揭示了国际贸易的基础是相对成本差异而非绝对效率差异，解释了不同发展水平国家间贸易的合理性。

2. 绿地投资，指跨国公司等投资主体依照东道国法律，通过新建工厂、设施或分支机构的方式进入目标市场，其资产所有权归外国投资者所有。主要形式包括独资企业和合资企业，适用于东道国工业化程度较低且投资者具备技术优势的场景。该投资方式因需“从零开始”建设而得名，常见于制造业扩张或新兴市场布局。

3. 市场集中度是衡量特定行业内竞争格局的核心指标，反映少数头部企业占据的市场份额总和。高集中度通常意味着寡头垄断或完全垄断，企业议价权强但可能抑制创新；低集中度则对应充分竞争市场，但可能导致资源分散。该指标广泛应用于反垄断监管、并购审查及行业分析中。

4. 外汇市场，是国际上进行货币兑换和外汇买卖的全球性交易网络，核心功能包括促进国际购买力转移、便利跨境结算及调节资金跨国流动。其参与者涵盖中央银行、商业银行、金融机构及企业个人，形成零售市场、批发市场和央行干预市场三层结构。交易方式主要包括即期、远期及套利掉期等衍生操作。

5. 区位优势是跨国投资决策的核心考量，指东道国特有的经济地理条件能为企业带来的战略价值。其作用机制包括：要素成本(降低生产成本)、市场准入(规避贸易壁垒)、制度环境(政策稳定性保障)及集聚效应(产业链协同)。跨国公司通过系统评估这些维度，选择最优区位以实现全球资源配置效率最大化。

二、简答题(每题 10 分，共 40 分)

1.(1)国际货币体系的历史演变

① 国际金本位制(19 世纪中期—1914 年)：以黄金为基准货币，各国货币与黄金固定兑换，黄金自由流通形成自动调节机制。一战爆发导致黄金分布失衡，1929 年经济危机后彻底崩溃。

② 布雷顿森林体系(1944—1973 年)：1944 年确立美元与黄金挂钩，其他国家货币与美元固定汇率。IMF 和世界银行成立以维护体系稳定。因美国贸易逆差和黄金储备不足，1971 年尼克松宣布美元与黄金脱钩，体系瓦解。

③ 牙买加体系(1976 年至今)：1976 年《牙买加协议》确认浮动汇率合法化，黄金非货币化，国际储备货币多元化。该体系缺乏统一规则，依赖市场调节机制。

(2) 现行牙买加体系的核心特点包括：

① 汇率制度多样化：多数国家采用有管理的浮动汇率(如人民币汇率中间价机制)。

② 储备货币多元化：美元占比约 58%(2025 年数据)，欧元占比 20%，人民币升至 2.45%。

③ 调节机制灵活化：结合汇率波动、资本流动及 IMF 贷款等多渠道平衡国际收支。

2.(1)产业结构演进的主要特征

① 阶段递进性。产业结构演进呈现从农业主导(第一产业)向工业(第二产业)再向服务业(第三产业)逐步过渡的阶段性特征。这一过程与经济发展水平高度相关，通常伴随人均 GDP 增长而推进。

② 技术驱动性。技术进步是核心动力，工业革命推动机械化生产，信息技术革命则加速服务业升级。当代数字技术正重塑产业边界，催生“第四产业”(数字经济)。

③ 全球化联动性。国际分工深化使产业转移呈现梯度特征：发达国家向高附加值环节集中，发展中国家承接劳动密集型产业。全球价值链成为现代产业结构的重要组织形式。

④ 服务化趋势。后工业化阶段普遍出现“两个 70%”现象：服务业占 GDP 比重超 70%，其中生产性服务业占比超 70%，反映产业融合与知识经济崛起。

(2) 产业结构演进的基本规律

① 配第-克拉克定理：劳动力随经济发展依次向高收入产业转移，根源在于需求收入弹性差异(农业<工业<服务业)。

② 库兹涅茨法则：农业产值比重下降速度快于就业比重；工业占比先升后降；服务业占比持续上升。

③ 霍夫曼定理：工业化进程中，消费品工业与资本品工业的比值(霍夫曼系数)持续下降，反映重工业化趋势。

3.(1)企业集群是某一区域内关联企业与机构基于分工协作形成的空间集聚体，通过地理集中创造竞争优势，本质为资源整合与协同共享的现代企业生态模式。

(2) 经济优势的三个主要来源：

① 资源共享与协同效应。企业集群通过共用基础设施、技术平台和供应链资源，降低单个企业的运营成本。例如，共享研发设施、物流网络和原材料采购渠道，减少重复投入。

② 专业化分工与协作。集群内企业根据核心能力进行专业化分工，形成动态网络。例如，制造业集群中不同企业分别负责设计、生产、物流等环节，通过协同提升整体效率。

③ 区域品牌与市场拓展。集群企业通过集体营销强化区域品牌影响力，扩大市场份额。例如，产业集群形成的“产业带”或“特色小镇”，增强消费者对当地产品的信任度。

4. 国际直接投资(FDI)对东道国的收益主要体现在以下方面：

(1) 资本补充。FDI 为东道国注入资金，缓解国内投资不足，支持基础设施建设及产业发展。

(2) 技术与管理经验。外资企业引入先进技术、管理模式和创新能力，通过技术外溢效应提升东道国产业技术水平及生产效率。例如跨国公司为获取市场优势，会转移成熟技术和管理经验，促进本土企业技术升级。

(3) 就业与收入。外资企业直接创造就业岗位，并带动上下游产业就业。数据显示，外资企业每新增一个岗位可能带动多个本地就业机会，同时提高居民收入水平。

（4）产业结构升级。FDI 推动第二、三产业发展，优化东道国产业结构。例如外资投向制造业或服务业，促进产业链延伸，提升整体经济效率。

（5）出口促进。外资企业通过全球网络扩大东道国产品出口渠道，提升国际市场竞争力。例如跨国公司帮助本土企业融入全球供应链，拓展海外市场。

三、论述与分析题(每题 20 分，共 80 分)

1.(1)新建企业的优点

① 灵活性高：决策速度快，运营成本低，管理结构简单，适应市场变化快。

② 客户关系紧密：与客户建立直接联系，便于快速响应市场需求。

③ 自主性强：可完全掌控企业战略方向，避免文化冲突和原有管理团队的制约。

（2）新建企业的缺点

① 风险较高：初期经济效益波动大，融资难度高，缺乏信用记录可能导致资金链紧张。

② 速度较慢：从立项到运营周期长，难以快速占领市场。

③ 人才吸引力不足：初期难以吸引高水平人才，管理团队建设成本较高。

（3）收购企业的优点

① 快速进入市场：利用目标企业的销售渠道和现有资源，缩短建设周期，快速扩大市场份额。

② 降低风险：通过收购获得技术、专利等无形资产，减少研发成本和时间。

③ 规模效应：通过整合资源实现协同效应，提升企业竞争力。

（4）收购企业的缺点

① 成本高：可能支付过高溢价，整合过程中存在文化碰撞和人员安置问题。

② 法律政策限制：受目标国法律和政策约束，审批流程复杂。

③ 不确定性：对目标企业真实价值评估困难，失败率较高。

2. 要素价格均等化定理是赫克歇尔-俄林-萨缪尔森理论体系的核心推论，揭示了国际贸易对生产要素价格的深层影响机制。该定理指出，在满足严格假设条件下，国际贸易不仅会促使商品价格趋同，还将导致各国生产要素的相对价格和绝对报酬趋于均等化。

国际贸易理论上能够促进要素价格趋同，但现实中的完全均等化难以实现，主要体现在三个维度：

（1）理论机制的内在逻辑

① 价格传导链条。商品自由贸易→改变相对价格→重塑要素需求→调整报酬水平，该传导需满足严格假设条件。例如发展中国家出口劳动密集型产品会推高本国工资，但实际传导效率受多重因素制约。

② 要素替代弹性。当资本与劳动的替代弹性较低时，要素价格对贸易变动的敏感性下降。纺织业自动化程度提高会削弱工资上涨幅度。

（2）现实障碍的关键层面

① 制度性壁垒。移民政策限制劳动力跨境流动，资本管制阻碍收益率趋同。即便在欧盟内部，成员国间工资差异仍存在 30%—50%的落差。

② 市场不完全竞争。垄断企业通过操纵定价权维持要素报酬差异，工会组织能使其成员工资高于市场均衡水平 15%—25%。

（3）动态均衡的特征表现

① 趋同速度差异。资本报酬的调整速度显著快于劳动力市场，金融全球化使跨国利率差在 10 年内缩小 60%，而工资差距仅缩小 20%。

② 结构性分化。技能溢价现象导致要素内部出现分层，高技能劳动者报酬全球化增长，低技能群体反而面临实际收入下降。

这种有限度的趋同表明，要素价格均等化是长期渐进过程，其实现程度取决于各国制度协调、技术扩散和市场完善程度。当前全球化背景下，观察到的是相对价格而非绝对价格的收敛趋势。

3.(1)生活用品行业面向终端消费者，产品差异化的作用更为重要，核心原因如下：

① 消费者决策的感性驱动。消费者对生活用品的选择依赖品牌认知、情感体验和个性化需求。差异化

通过设计创新(如外观、功能)、品牌故事(如价值观、生活方式)、场景化体验(如便捷性、环保属性)等建立情感连接，形成不可替代性。例如，通过材质创新或文化 IP 联名，可使产品从同质化竞争中脱颖而出。

② 市场竞争的白热化与同质化。生活用品行业进入门槛低，产品功能易复制，价格战普遍。差异化是突破低价竞争的关键，通过塑造独特卖点吸引细分市场(如母婴群体、极简主义消费者)，实现品牌溢价。缺乏差异化的企业难以建立用户忠诚度，易陷入市场份额萎缩的困境。

③ 购买频率与传播效应。生活用品消费频率高，差异化体验易通过口碑传播形成裂变效应。例如，独特的包装设计或使用场景创新可激发社交分享，扩大品牌影响力，而同质化产品难以触发传播行为。

(2) 工业用品行业面向企业客户，差异化作用弱于生活用品行业，原因在于:

① 购买决策的理性逻辑。企业客户注重产品性能、可靠性、成本控制和供应链稳定性，决策基于技术参数、长期合作关系和服务能力，而非感性因素。例如，工业设备的差异化更多体现在技术指标或定制化解决方案，但核心竞争力仍依赖质量稳定性和性价比。

② 行业标准与技术壁垒。工业用品多遵循行业标准，技术参数透明化程度高。差异化空间主要集中于技术创新或垂直领域深耕，但客户更关注产品是否符合生产需求，而非独特性，例如，零部件供应商的差异化难以通过设计创新实现，需依赖技术专利或规模效应。

(3) 生活用品行业的产品差异化作用更为重要，其本质在于通过感性价值创造品牌壁垒，应对同质化竞争和消费者易变性；而工业用品行业因决策逻辑理性化、技术标准化程度高，差异化更多服务于特定客户需求而非大众市场竞争。因此，生活用品企业需将差异化作为战略核心，工业用品企业则可侧重技术深耕与成本控制。

4. (1) 常见金融危机成因

① 金融体系内在脆弱性。金融机构过度杠杆化、风险定价失灵和金融衍生品滥用，导致风险在体系内累积。例如，复杂金融工具的不透明性掩盖了信用风险，一旦基础资产违约，危机迅速扩散。

② 宏观经济失衡。长期贸易逆差与资本账户顺差的失衡、财政赤字高企或房地产泡沫等结构性问题，削弱经济抗风险能力。当外部冲击出现时，失衡状态难以持续，触发危机。

③ 国际资本流动波动。短期投机资本大规模流入新兴市场，推高资产价格；一旦市场情绪逆转，资本快速撤离导致汇率暴跌、外汇储备耗尽，引发货币危机。

④ 政策失误与监管缺位。宽松货币政策导致流动性过剩，监管规则滞后于金融创新，纵容影子银行扩张和监管套利，加剧系统性风险。

⑤ 全球经济关联性增强。国际贸易和金融市场一体化使局部危机通过资本流动、贸易渠道和信心传导扩散至全球，形成“多米诺效应”。

(2) 政府与国际组织的应对策略

① 政府层面

第一，货币政策工具。降息或量化宽松向市场注入流动性，缓解信贷紧缩；通过利率走廊稳定货币市场利率，恢复金融机构融资功能。

第二，财政刺激与救助措施。增加公共支出、减税以提振总需求；对系统性金融机构实施注资、国有化或资产剥离，防止危机蔓延。

第三，金融监管改革。强化资本充足率要求、限制高风险业务、建立宏观审慎监管框架，防范跨境风险传染。

② 国际组织层面

第一，国际货币基金组织(IMF)。提供紧急贷款援助，附加紧缩性调整条件(如财政紧缩、结构性改革)，帮助危机国稳定汇率和国际收支。

第二，国际清算银行(BIS)与巴塞尔委员会。制定全球统一的资本监管标准(如巴塞尔协议Ⅲ)，推动金融机构提高风险抵御能力，加强跨境监管合作。

第三，世界银行与区域开发银行。提供长期贷款支持实体经济复苏，资助基础设施建设和产业升级，缓解危机对就业和民生的冲击。

第四，全球政策协调。通过 G20 等平台协调货币政策和财政政策，避免竞争性贬值和贸易保护主义，维护全球金融稳定。

(3) 总结

国际金融危机的成因具有复杂性和系统性，需通过“微观监管+宏观调控+国际合作”多维度应对。政府需平衡短期救助与长期改革，国际组织则应强化全球金融治理，防范危机重演。

首都经济贸易大学 2024 年 434 国际商务专业基础试题

一、简答题(每题 15 分，共 90 分，中英文回答均可)

1. Please explain how the theories of international trade differ in terms of their support to government intervention.

2. Please discuss why are tariff rates on agriculture products generally higher than tariff rates on manufactured products or services?

3. Please discuss the advantages of global capital market in comparison with a purely domestic capital market.

4. Please summarize determinants of enterprise valuation and discuss its implications for business operation.

5. Please discuss why a firm should decentralize its decision-making.

6. Please explain the three main factors that affect the decision of locating production.

二、论述题(每题 20 分，共 60 分)

1. 根据联合国贸易和发展会议《2023 年世界投资报告》，2022 年主要发达经济体和中国、巴西、印度、墨西哥、阿联酋、印度尼西亚、智利等少数发展中经济体；大多数发展中国家的外商直接投资流入停滞不前，最不发达国家甚至出现了下降。针对非洲的国际项目融资交易价值下降了 47%，46 个最不发达国家吸引的外商直接投资下降了 16%，海湾地区引入的外商直接投资也出现了整体下降。根据上述信息，结合国际商务理论，试分析：

（1）影响外商直接投资的因素有哪些？（10 分）

（2）一国或地区作为市场或投资场所的综合吸引力取决于哪些因素？（10 分）

2. 根据 wind 数据，2023 年 11 月 11 日，纽约市场尾盘显示，美元指数跌 0.08%，非美货币涨跌不一：欧元兑美元涨 0.17%，英镑兑美元涨 0.01%，澳元兑美元跌 0.08%，美元兑日元涨 0.12%，美元兑加元跌 0.09%，美元兑瑞士法郎涨 0.01%，离岸人民币兑美元跌 87 个基点。试根据国际商务理论解释：

（1）汇率变化的原因。（6 分）

（2）预测汇率的方法。（7 分）

（3）从事国际商务的企业如何规避外汇风险。（7 分）

3. 随着新一代信息通信技术和数字技术取得重大突破，数字贸易迅速发展。作为新型贸易模式，数字贸易极大减少了贸易成本和时间，不仅使新的贸易产品不断涌现，而且正在改变几乎所有行业的贸易方式和贸易规模，成为国际贸易发展的新动力。商务部数据显示，2021 年，中国数字服务贸易 2.33 万亿元人民币，同比增长 14.4%，其中，数字服务出口 1.26 万亿元，增长 18%。数字贸易正成为当前中国促进对外贸易创新发展的重要力量。请回答：

（1）数字贸易包含的种类。（6 分）

（2）数字贸易对我国贸易发展的作用。（7 分）

（3）我国发展数字贸易的着力点。（7 分）

首都经济贸易大学2024年434国际商务专业基础试题解析

一、简答题(每题15分，共90分，中英文回答均可)

1. 国际贸易理论对政府干预的支持程度存在显著差异，主要可分为以下三类：

(1) 反对政府干预的理论

① 绝对优势理论：主张自由贸易，认为各国应专注生产具有绝对效率优势的产品，政府干预会扭曲资源配置。

② 比较优势理论：即使一国在所有领域均无绝对优势，仍可通过专业化分工和自由贸易获益，干预会降低整体福利。

③ H-O理论：基于要素禀赋差异的自然分工，政府干预可能阻碍要素价格均等化。

(2) 有条件支持政府干预的理论

① 幼稚产业保护理论(李斯特)：新兴工业需通过关税或补贴实现规模经济，待成熟后再开放竞争，但需严格限定保护期限。

② 战略性贸易政策(克鲁格曼等)：

利润转移理论：在不完全竞争市场下，政府可通过补贴帮助本国企业抢占国际市场份额。

外部经济理论：对具有技术外溢效应的产业(如新能源)实施干预，可带动关联产业发展。

(3) 强烈支持政府干预的理论

① 重商主义：早期主张限制进口、积累金银，晚期强调贸易顺差，政府需通过补贴和关税直接干预。

② 管理贸易理论。在全球化背景下，政府需通过非关税壁垒维护公平竞争，尤其针对倾销和补贴行为。

2. 农产品关税通常高于工业品或服务关税的原因可从以下多维度分析：

(1) 农业生产的特殊性

① 资本有机构成差异。农业资本有机构成长期低于社会平均水平，导致其价值高于生产价格，需通过关税保护维持利润空间。

② 土地垄断性。土地私有权的垄断阻碍资本自由流动，使农产品难以通过市场竞争实现价格均衡，需关税补偿价值差额。

(2) 政策目标差异

① 粮食安全战略。农产品关税可减少进口依赖，保障国内粮食供应稳定性。

② 农民收入保护。农业易受自然风险和市场波动影响，高关税可缓冲国际低价农产品对本土农民的冲击。

(3) 国际贸易规则影响

① WTO农业例外条款。《农业协定》允许成员国对农产品实施更高关税(如关税配额)，而工业品受非关税壁垒限制更严。

② 补贴替代效应。部分国家通过关税替代直接补贴，规避WTO对农业补贴的限额约束。

(4) 经济结构因素

① 价格弹性差异。农产品需求刚性较强，关税转嫁消费者难度低于工业品，政策阻力小。

② 产业升级需求。制造业通过技术进步降低成本，而农业效率提升慢，更依赖关税保护。

3. 全球资本市场的核心优势主要体现在资本配置效率、风险分散、流动性提升及国际合作促进等方面，具体表现为：

(1) 资本有效配置。全球资本市场通过自由流动将资本分配至高回报地区或行业，优化资源配置效率，支持全球经济增长。

(2) 风险分散。投资者可跨国家、跨资产类别投资，降低单一市场或经济体的系统性风险。例如，A

股不同指数的分层突破，为投资者提供了多元化选择。

（3）流动性提升。全球化市场参与者增多，交易活跃度增加，降低买卖成本和资产流动性风险。例如，A股日均成交额超1.8万亿元，科创50等小盘股换手率超200%。

（4）国际合作促进。发展中国家通过国际融资推动基础设施和技术升级，加强跨国经济联系。例如，南向资金持续流入港股，为市场注入增量资金。

（5）价格发现机制。广泛的参与者使资产价格更准确地反映供求关系，提升市场效率。例如，科创50成分股研发投入占比达12.3%，反映科技企业的价值。

4.（1）企业价值的影响因素

① 基础价值构成要素：

持续盈利潜力：企业创造未来收益的能力构成估值基石。

风险补偿要求：资本承担经营风险所要求的回报水平。

长期发展动能：保持竞争优势的可持续性增长空间。

② 外部环境作用机制：

经济周期定位：不同宏观经济阶段的行业价值波动规律。

产业演进阶段：新兴产业与传统产业的估值逻辑差异。

市场竞争形态：行业集中度对价值分配的关键影响。

③ 内部能力映射关系：

资产配置效率：资源转化为价值的转化率基准。

组织管理质量：决策机制与执行能力的溢价效应。

财务结构健康：资本稳定性对价值评估的调节作用。

（2）对经营实践的深层启示

① 战略聚焦原则。核心能力的持续培育比规模扩张更能获得资本认可，需要建立与价值驱动因素相匹配的资源投入机制。

② 动态平衡智慧。在追求增长与风险控制之间建立弹性机制，既要把握周期机遇又要构筑抗风险壁垒。

③ 价值沟通策略。通过信息披露构建与资本市场的共识语言，消除信息不对称导致的估值偏差。

④ 生态协同意识。将企业价值置于产业链价值网络中考量，通过生态位优化获取系统红利。

5. 企业分权化决策的核心价值：

（1）提升响应速度。分权结构允许各级管理者快速应对市场变化，避免因层层审批而错失机遇。

（2）增强组织灵活性。赋予基层自主权能更好地适应不同地区的需求差异，提高战略落地的精准度。

（3）激发创新活力。决策权下放可调动员工的主动性和创造力，避免集权导致的思维僵化。

（4）优化人才发展。分权体系为管理者提供实践机会，加速能力培养与领导力形成。

（5）分散经营风险。避免单一决策失误对全局的冲击，通过局部试错降低系统性风险。

（6）适应技术变革。数字化时代要求快速迭代，分权架构更利于技术应用的本地化适配。

6. 生产选址决策的三大关键因素：

（1）经济要素。生产成本（包括劳动力、能源和原材料）与目标市场的距离构成基础考量。企业需权衡运营支出与市场覆盖效率，同时评估当地消费能力对长期经营的影响。

（2）战略基础设施。包含交通物流网络的完备性（如港口、铁路）、公共设施（水电供应）的稳定性，以及当地政策环境（税收制度、监管框架）对运营的支撑程度。这些硬件与软件条件共同决定生产体系的可持续性。

（3）环境适配性。需综合评估自然条件（如气候、地质）对生产流程的兼容性，区域产业协同效应（上下游配套），以及未来发展空间是否符合企业扩张需求。现代选址越来越重视生态合规与绿色生产要求。

二、论述题（每题20分，共60分）

1.（1）外商直接投资的因素有：

① 东道国市场因素：如市场规模、增长潜力及竞争程度，直接影响企业收益预期。

② 政治法律因素：东道国政策稳定性、法规限制（如外资准入、税收政策）、贸易壁垒，可能增加投资风险或限制经营自由。

③ 经济环境因素：包括汇率波动、通胀率、基础设施完善程度，影响企业运营成本和财务稳定性。

④ 社会文化因素：文化差异、语言障碍、消费习惯等，可能引发管理或市场适应问题。

⑤ 资源获取情况：如自然资源、劳动力质量与成本、技术资源的可获得性，决定企业能否实现资源互补。

⑥ 企业战略目标：市场扩张、技术获取或分散经营风险等目标决定投资方向。

⑦ 风险因素：涵盖政治风险（如战争）、经济风险（如债务危机）及法律风险（如知识产权保护不足）。

（2）一国或地区作为市场或投资场所的综合吸引力本质上是收益、成本与风险三要素的动态平衡。其核心影响因素可结构化分析如下：

① 收益潜力：

市场规模：超大规模市场能释放持续内需潜力，为外资提供广阔发展空间。

经济增长率：稳定的经济增长支撑企业长期盈利。

② 运营成本：

基础设施：完善的基础设施降低企业运营成本。

劳动力成本：高素质劳动力资源丰富且成本具有竞争力。

③ 风险程度：

政治稳定性：稳定的政治环境增强外资信心。

法律保障：完善的法律体系保护知识产权和合同执行。

汇率与物价：货币汇率长期稳定、物价总体可控，降低企业经营不确定性

2.（1）汇率变化的原因分析：

① 宏观经济政策差异：各国央行货币政策分化是主要驱动因素。美联储加息周期放缓预期导致美元指数承压，而欧洲央行相对鹰派立场支撑欧元汇率。

② 国际贸易收支变化：商品货币澳元下跌反映中国等主要贸易伙伴需求减弱，而日元波动与日本持续贸易逆差密切相关。

③ 市场风险偏好转换：避险情绪变化影响美元/日元和瑞郎走势，当日数据显示风险资产偏好回升。

④ 利率平价短期偏离：跨境资本流动导致即期汇率与利率差出现暂时性偏离，尤其体现在英镑和加元走势上。

（2）预测汇率的方法主要有：

① 基本面分析。通过分析经济指标（如贸易差额、物价水平、资本流动）来预测汇率走势。例如，当中国对西非贸易顺差扩大时，人民币对西非法郎可能升值。

② 技术分析。利用图表分析（如趋势线、支撑位）和历史数据预测未来汇率波动。例如，通过分析西非法郎兑人民币的日间波动规律，可短期预测汇率变化。

③ 即期汇率预测法。认为当期即期汇率可直接作为下一期预测值，适用于外汇市场平稳的短期场景。

（3）企业在签订涉外经济合同时防范外汇风险的主要措施包括：

① 选择有利的计价货币：优先使用本币或汇率稳定的“硬币”作为结算货币，降低汇率波动风险。

② 保值条款：在合同中加入汇率联动调整条款或挂钩一篮子货币，确保合同价值相对稳定。

③ 金融衍生工具：通过远期合约锁定未来汇率，利用期权对冲风险（支付期权费以保留获利机会），或通过互换协议转换货币现金流。

④ 时间策略：根据汇率预测提前收汇（预期本币贬值时）或延后付汇（预期本币升值时），优化资金流动。

⑤ 货币多样化：采用多币种结算，分散单一货币波动的影响。综合上述措施，企业可通过合同条款设计及金融工具组合有效降低外汇风险。

3. (1) 数字贸易主要可划分为四类：

① 数字产品贸易，涉及各类短视频以及游戏、影视、动漫、音乐、电子书等数字化内容。

② 数字服务贸易，涉及软件外包、数字金融以及其他可数字化交付的专业服务。

③ 数字技术贸易，涉及通信、云计算、大数据、人工智能等新一代信息技术服务。

④ 数据贸易，以数据为交易对象，涉及数据的收集、存储、处理及安全保护。

(2) 数字贸易对我国贸易发展的作用主要体现在：

① 推动外贸增长。数字贸易通过降低交易成本、拓展市场空间，显著提升了外贸效率，助力外贸总量持续扩大。

② 优化贸易结构。数字贸易推动高技术、高附加值产品出口，如云计算、大数据、人工智能等领域形成出口优势。同时，数字内容产品的多元化出口，在促进贸易增长的同时传播中国文化。

③ 增强国际竞争力。数字贸易通过政策创新和基础设施建设，夯实发展基础，提升国际话语权。

④ 促进服务贸易发展。数字贸易通过远程医疗、在线教育等服务创新，拓展了服务贸易的地理空间和产品范围。

⑤ 应对外部挑战。在关税壁垒和国际贸易保护主义抬头背景下，数字贸易凭借低成本、高效率的特点，成为应对外部冲击的关键工具。

(3) 我国发展数字贸易的着力点主要包括以下方面：

① 制度型开放。以放宽外资准入、促进数据跨境流动为核心，构建适应数字经济发展的国际贸易规则体系。

② 基础设施建设。加强大数据、云计算、5G 等数字基础设施建设，打造数字贸易发展平台。利用区块链技术构建服务平台，推动跨境电商 B2B 与 B2C 综合发展，并依托进博会、数贸会等展会扩大国际合作。

③ 细分领域发展。数字产品贸易，提升数字内容制作质量，拓展跨境交付渠道。数字服务贸易，重点发展数字金融、在线教育、远程医疗等专业服务，推动服务外包数字化转型。数字技术贸易，加强通信、物联网、人工智能等领域核心技术研发，提升国际竞争力。

④ 经营主体培育。培育具有全球资源配置能力的数字贸易领军企业，支持中小型企业向专业化、特色化发展，形成大中小企业协同的产业生态。

中国邮电大学 2024 年 434 国际商务专业基础试题

一、名词解释(每题 5 分，共 40 分)

1. 国际贸易摩擦
2. 雷布津斯基定理
3. 有效关税
4. 反倾销
5. 数字经济
6. 重商主义
7. 欧洲货币单位(ECU)
8. 一带一路

二、简答题(每题 10 分，共 40 分)

1. 请简述比较优势理论与 H-O 理论的主要异同点。
2. 请简述绿色贸易壁垒的主要特征。
3. 请简述跨文化管理的概念及主要特点。
4. 请简述数据跨境流动的概念及其对国际贸易的影响。

三、计算题(10 分)

某外汇市场上美元汇率为 1 欧元兑 1. 2686 美元，预期一年后汇率为 1 欧元兑 1. 3129 美元(中间价)，那么美元兑欧元年预期贬值率是多少？

四、案例分析题(每题 10 分，共 20 分)

1. 2023 年是共建“一带一路”倡议提出十周年。十年来，在习近平总书记的亲自倡导和推动下，共建“一带一路”取得举世瞩目的巨大成就。特别是自 2017 年共建“一带一路”科技创新行动计划启动以来，从扩大科技人文交流到共建联合实验室，从加强科技园区合作到推进技术转移中心建设，一系列务实举措推动创新合作取得丰硕成果。沿着这条创新之路，一个发展理念相通、要素流动畅通、科技设施联通、创新链条融通、人员交流顺通的创新共同体正从美好愿景变为现实。

问题：请结合国际生产折中理论分析为什么“一带一路”可以成为创新之路？

2. 自 2019 年起，美国政府对华为实施了更加严厉的制裁措施，如禁止美国企业向华为出口或转让任何涉及美国技术或软件的产品和服务，要求任何使用了美国技术或软件生产的芯片在出口给华为之前都需要获得美国政府许可证、将华为和其子公司加入实体清单等。在这一系列制裁措施下，2023 年 8 月 29 日华为发布了最新款手机，搭载了自主研发的芯片。为了限制华为的发展，美国政府又制定了七大制裁条款。

问题：这些制裁措施对华为等中国科技企业的影响有哪些？应如何应对？

五、论述题(每题 20 分，共 40 分)

1. 请阐述世界贸易组织的主要职能、基本原则和改革方向。
2. 请阐述欧元的积极意义及其对欧洲货币政策的主要影响。

中国邮电大学 2024 年 434 国际商务专业基础试题解析

一、名词解释(每题 5 分，共 40 分)

1. 国际贸易摩擦是指不同国家或地区在经贸往来中因政策、规则或利益冲突引发的经济纠纷现象。其核心特征表现为关税壁垒(如反倾销税)、非关税壁垒(技术标准限制)以及贸易救济措施(反补贴调查)等对抗形式。此类摩擦往往源于贸易失衡、产业保护或地缘政治因素，可能升级为贸易战并冲击全球供应链。

2. 雷布津斯基定理指出：在商品相对价格不变条件下，若一国某种生产要素（如资本或劳动力）单独增加，将导致密集使用该要素的产业产出扩张，而其他产业产出必然萎缩。该定理揭示了要素禀赋变动对产业结构的非对称影响，为解释国际产业转移和要素流动提供了关键理论支撑。

3. 有效关税，衡量关税结构对国内产业增值部分的实际保护程度，其核心公式为：$ERP=(T_n-\sum a_i\times T_i)/(1-\sum a_i)$，其中 T_n 为最终产品名义税率，T_i 为中间品税率，a_i 为中间品成本占比。当最终品关税高于中间品时，实际保护率将显著高于名义税率，这种“关税升级”效应能引导资源向高附加值产业流动。

4. 反倾销，进口国针对外国商品以低于正常价值的价格销售行为采取的贸易救济措施。根据 WTO《反倾销协定》，实施需满足三个要件：存在倾销行为（出口价低于正常价值）、国内产业遭受实质损害、两者间存在因果关系。典型措施包括征收反倾销税和价格承诺。

5. 数字经济，是以数字技术为核心驱动力的新型经济形态，包含数字产业化（如 5G、AI、区块链）和产业数字化（如智能制造、智慧农业）两大范畴。其核心特征包括：数据成为关键生产要素、平台化运营、边际成本趋零。

6. 重商主义是 16—18 世纪盛行于欧洲的经济政策体系，主张通过国家干预积累金银货币实现国力增强。其核心特征包括：①将金银视为财富唯一形态，强调贸易顺差是获取财富的根本途径；②主张政府通过关税壁垒、出口补贴等手段限制进口、鼓励出口，实施保护主义贸易政策；③认为国际贸易是零和博弈，殖民地成为原料供应和市场垄断的重要支撑。

7. 欧洲货币单位（ECU）是 1979—1999 年欧洲货币体系的核心记账单位，由德国马克、法国法郎、英镑等 12 种货币按经济规模加权组成。欧洲货币单位的主要用途是：作为确定各成员国货币之间的固定比价和波动幅度的标准；作为共同体各机构经济往来的记账单位；作为成员国货币当局的储备资产。

8. 一带一路，是中国 2013 年提出的跨国经济合作倡议，包含“丝绸之路经济带”和“21 世纪海上丝绸之路”两大板块。该倡议通过政策沟通、设施联通、贸易畅通、资金融通和民心相通“五通”建设，构建横跨亚欧非的经贸合作网络。其创新性体现在：①首创“共商共建共享”全球治理原则；②建立亚投行（AIIB）等新型金融机制；③形成“硬联通+软联通”双轮驱动模式，已成为全球规模最大的发展合作平台。

二、简答题（每题 10 分，共 40 分）

1. (1) 比较优势理论与 H-O 理论的区别

① 理论基础。比较优势理论认为国际贸易源于各国劳动生产率的相对差异，而 H-O 理论强调要素禀赋差异是国际贸易的根源。

② 要素投入。比较优势理论假设生产仅使用劳动一种要素，而 H-O 理论采用多要素模型（如资本、劳动等），认为不同产品生产需要不同要素比例投入。

③ 贸易利益来源。比较优势理论通过专业化生产相对效率更高的产品实现互利，H-O 理论则认为贸易利益源于不同国家要素禀赋的差异。

(2) 比较优势理论与 H-O 理论的相同点

① 专业化分工。两者均主张通过专业化生产具有比较优势（或要素禀赋优势）的产品参与国际分工。

② 要素流动。两者均认为国际贸易会促进要素流动，但 H-O 理论更强调要素禀赋差异对贸易的直接决定作用。

2. 绿色贸易壁垒的特征是：

(1) 隐蔽性。绿色贸易壁垒借环境保护之名，行贸易保护之实。它以形式上的合法性、表面上的公正性，掩盖了其实质上的不公正。

(2) 双重性。对于进口国，主要是发达国家，实施的绿色贸易壁垒——一系列环境保护措施，一方面要看到环保意识渗透到国际贸易领域，确实可以起到保护有限的资源、环境和人类健康的作用，有利于全球经济的可持续发展；但另一方面由于它以保护本国市场为目的，在客观上又限制了某些商品的进口。对于发展中国家而言，一方面绿色贸易壁垒严格的环境标准与环境要求，使其在进出口贸易中处于被动地位，但另一方面发展中国家也应该充分意识到可持续发展的重要性，积极主动采取措施，不断提高环保水平，依靠科学冲破壁垒。

(3) 歧视性。进口国实施绿色壁垒，往往会对特定国家采取歧视性待遇，其实质是利用环境保护制度来妨碍正常的贸易活动，以保护本国市场。这违反了 WTO 的最惠国待遇原则和国民待遇原则。

(4) 广泛性。进口国以保持环境为名设定绿色贸易壁垒的针对范围广泛，不仅有直接关系到人体健康的食品和药品，而且还将纺织品、纸制品、电池、家庭清洁用品、家用电器等消费品纳入其中，甚至还包括转基因产品和包装材料。

3. (1)跨文化管理，是指企业在国际化经营过程中，针对不同国家、地区的文化差异，采取相应的管理策略，以提高组织效率、减少文化冲突，并实现全球化战略目标的管理活动。其核心在于理解、适应和融合不同文化背景下的价值观、行为模式和管理方式。

(2) 跨文化管理的特点：

① 文化多样性：源于成员不同的文化背景(如语言、价值观)。

② 复杂性：多文化交织增加管理难度，需考虑法律、习俗等综合因素。

③ 动态适应性：文化环境变化(如全球化)要求管理策略灵活调整。

④ 沟通协调性：跨文化沟通障碍(如非语言差异)需通过有效沟通化解。

⑤ 冲突与融合并存：文化差异可能引发冲突，但也能通过整合转化为创新资源。

4. (1)数据跨境流动指数据从一国向另一国传输或被境外主体访问的行为，包括数据传输、转移及未跨境但被境外主体访问的情形。

(2) 对国际贸易的影响：

① 促进贸易便利化。数据跨境流动可降低跨境电商、国际支付等业务的成本，提升供应链效率。

② 推动数字贸易发展。数据作为新型生产要素，其流动能释放数字红利，促进全球资源配置优化。

③ 增强企业国际竞争力。安全的数据跨境流动可提升跨国企业信任度，帮助企业拓展国际业务。

④ 面临安全挑战。敏感数据跨境流动可能威胁国家安全和个人隐私。需建立分级分类管理机制，如重要数据本地化存储，并加强技术防护。

三、计算题(10 分)

美元兑欧元的预期贬值率为：

$$\text{贬值率}=\frac{1/1.3129-1/1.2686}{1/1.2686}=\frac{1.2686-1.3129}{1.3129}=-3.37\%$$

四、案例分析题(每题 10 分，共 20 分)

1. (1)国际生产折中理论(OLI 范式)由英国经济学家邓宁提出，核心认为企业跨国直接投资需同时具备三种优势：

① 所有权优势(O)：企业独有的技术、品牌或管理能力等资产优势。

② 内部化优势(I)：通过内部管理而非市场交易更高效利用资源的能力。

③ 区位优势(L)：东道国的低成本劳动力、市场潜力或政策红利等吸引力。

该理论综合了垄断优势、内部化及区位理论，解释了企业选择出口、技术授权或直接投资的条件，成为分析跨国公司全球化战略的主流框架。

(2) 国际生产折中理论(OLI 范式)认为，跨国合作需同时具备所有权优势(O)、内部化优势(I)和区位优势(L)。共建“一带一路”通过整合这三类优势，构建了全球创新合作的新范式，具体表现为：

① 所有权优势(O)：技术共享与创新资源互补。中国在高铁、5G、新能源等领域的技术优势，通过联合实验室、技术转移中心等平台转化为创新合作，例如与沿线国家共建的 70 多家联合实验室覆盖农业、生命健康等关键领域。同时，沿线国家的特色资源(如东南亚数字化潜力、中东欧工业基础)与中国技术形成互补，共同孵化新质生产力。

② 内部化优势(I)：降低交易成本与协同创新。通过“五通”机制(政策沟通、设施联通等)和标准化规则，减少技术转移壁垒。例如中欧班列统一通关标准加速跨境技术流通，中白工业园等科技园区整合研发、生产环节，形成创新集群效应。此外，国际技术转移中心(如成渝地区)通过市场化机制促进科技成果

双向转化。

③ 区位优势(L)：差异化资源与市场联动。基础设施互联互通(如瓜达尔港、数字基建)为技术扩散提供载体。共建“一带一路”国家的政策红利(如税收减免)和新兴市场需求，激励企业布局创新节点。例如“一带一路”科技园区合作推动人工智能、低碳技术等前沿领域落地。

2.(1)制裁的主要影响

① 供应链断裂。美国限制对华为的芯片供应，导致其面临5G芯片缺失、4G芯片受限等问题，直接影响手机业务和研发进程。

② 技术封锁。美国将华为列入实体清单，禁止其使用美国技术，包括人工智能、云计算等领域的关键组件。

③ 全球市场压力。制裁措施不仅针对华为本身，还波及第三方企业，例如使用华为芯片的企业可能面临法律风险。

(2) 应对策略与突围路径

① 自主研发：华为已投入1409亿元研发经费(2022年数据)，重点突破芯片设计、人工智能等领域。

② 多元化供应链：转向国内厂商(如紫光国微)或国际非美供应商(如英特尔特供版芯片)，以规避美国限制。

③ 国际合作：寻求与荷兰、日本等非美技术来源国的合作，突破技术封锁。

④ 法律应对：通过国际仲裁等方式挑战美国制裁的合法性，维护企业权益。

五、论述题(每题20分，共40分)

1.(1)WTO的主要职能

① 多边贸易规则制定与管理。WTO负责制定并监督执行涵盖货物贸易(GATT)、服务贸易(GATS)及知识产权(TRIPS)等领域的全球贸易规则，确保成员国政策符合非歧视性、透明度等核心原则。

② 组织多边贸易谈判。通过乌拉圭回合等多轮谈判推动关税削减与非关税壁垒消除，最新聚焦数字贸易、环境产品等新兴议题。

③ 争端解决机制。作为“国际贸易法院”，WTO通过争端解决机构(DSB)处理成员国贸易纠纷，年均受理案件超20起，裁决执行率达90%以上。

④ 贸易政策审议。定期评估成员国贸易政策透明度，2024年完成对中国第九次审议，覆盖产业补贴、知识产权保护等关键领域。

⑤ 技术援助与发展支持。向发展中国家提供能力建设支持，如非洲国家贸易便利化培训，帮助其融入全球价值链。

(2) WTO的基本原则

① 非歧视性原则。最惠国待遇：一国给予他国的优惠需无条件扩展至所有成员国。国民待遇：进口商品与服务享有与本国同等待遇。

② 自由贸易原则。通过谈判逐步降低关税(目前全球平均关税已从1947年的40%降至9%以下)并减少配额限制。

③ 公平竞争原则。禁止倾销和扭曲性补贴，允许成员国采取反制措施。

④ 透明度原则。要求成员国公开贸易法规变动，如中国年均向WTO通报政策超200项。

⑤ 特殊与差别待遇。允许发展中国家享有过渡期和灵活条款，如印度农产品补贴豁免。

(3) WTO改革方向

① 争端解决机制改革。因美国阻挠上诉机构法官任命导致其停摆，2025年成员国正推动临时仲裁机制制度化。

② 规则现代化。将数字贸易、气候变化等纳入新议题谈判，应对跨境电商数据流动等挑战。

③ 增强包容性。平衡发达国家与发展中国家利益，如中国主张保留特殊待遇条款。

④ 应对单边主义。针对美国关税战等行为，强化多边规则约束力，维护全球贸易稳定。

2.(1)欧元的积极意义主要体现在促进欧洲经济一体化、降低交易成本、增强金融稳定性等方面，同时对欧洲货币政策产生了深远影响。

① 促进欧洲经济一体化。欧元通过统一货币降低了成员国间的汇率波动风险，推动了贸易和投资自由化，促进了欧盟内部市场的深度融合。例如，欧元流通后，欧盟成员国间的贸易结算更加便捷，跨境交易成本显著降低。

② 增强金融稳定性。欧元作为单一货币减少了成员国货币政策的冲突，降低了资本外流风险，增强了区域金融体系的抗冲击能力。例如，在科索沃战争期间，欧盟通过欧元结算系统绕开 SWIFT 制裁南联盟，展现了货币主权的重要性。

③ 推动成员国财政改革。欧元区成员国需满足《马约》规定的趋同标准(如财政赤字不超过 GDP 的 3%、国债率不超过 GDP 的 60%)，迫使各国加强公共财政管理，推动经济体制改革。

(2) 对欧洲货币政策的影响：

① 货币政策集中化。欧元区成员国让渡部分经济主权，由欧洲央行统一制定货币政策，各成员国中央银行负责实施。这种机制降低了成员国货币政策的碎片化风险，增强了政策协调性。

② 降低通胀风险。欧洲央行将货币供应量增长率(M3)设定为 4. 5%的参考值，作为通胀控制的核心指标，有效抑制了成员国过度发行货币的行为，维护了价格稳定。

③ 挑战与争议。欧元区也面临政策协调难题，如希腊债务危机暴露了成员国财政自律不足的问题。此外，地缘政治冲突和全球货币体系变化对欧元地位构成挑战。

中央财经大学2024年434国际商务专业基础试题

一、名词解释(每题4分，共40分)

1. 转口贸易
2. 进口替代
3. 一般贸易
4. 原产地规则
5. 约束关税
6. 收入贸易条件
7. 本国市场效应
8. 净误差与遗漏账户
9. 利率平价
10. 欧洲美元

二、单项选择题(每题1分，共12分)

1. 根据比较优势原理，一国从对外贸易中获益的条件是(　　)。

A. 以较低的机会成本进口产品而不是在国内生产

B. 能够实现出口顺差

C. 比贸易伙伴国生产能力更强

D. 拥有劳动生产率的绝对优势

2. 提供跨国远程教育服务属于GATS规定的四种国际服务贸易提供方式中的(　　)。

A. 跨境交付　　B. 境外消费　　C. 商业存在　　D. 自然人流动

3. 下列关于国际贸易与国际资本流动之间关系表述正确的是(　　)。

A. 存在替代关系，但没有互补关系　　B. 存在互补关系，但没有替代关系

C. 既有替代关系，又有互补关系　　D. 既无替代关系，又无互补关系

4. 梅里兹(Melitz)模型中的选择效应表现为(　　)。

A. 生产率最低的那些企业在试水后选择退出市场

B. 生产率居中的那些企业在试水后选择在国内市场销售

C. 生产率最高的那些企业在试水后选择成为出口企业

D. 以上都是

5. 当进口国最终产品的名义关税税率高于所用的进口原材料的名义关税税率时，该国的有效关税保护率则(　　)。

A. 高于最终产品的名义关税税率　　B. 等于最终产品的名义关税税率

C. 低于最终产品的名义关税税率　　D. 小于零

6. 在小国情形下，生产补贴与出口补贴相比，最主要的区别体现在(　　)。

A. 不会带来生产的扭曲　　B. 不会带来消费的扭曲

C. 政府的收益不同　　D. 没有区别

7. 布雷顿森林体系下的汇率制度属于(　　)。

A. 浮动汇率制　　B. 联合浮动汇率制

C. 可调整的浮动汇率制　　D. 可调整的固定汇率制

8. 关于标价法的说法，错误的是(　　)。

A. 直接标价法与间接标价法互为倒数

B. 人民币采用的是直接标价法

C. 以一单位外国货币为标准，折算成若干单位的本国货币，此为间接标价法

D. 美国、英国等少数国家采用间接标价法

9. 在蒙代尔-弗莱明模型中，固定汇率制度下允许资本完全自由流动，政策效果表现为(　　)。

A. 货币政策有效，财政政策无效　　B. 货币政策无效，财政政策有效

C. 货币政策和财政政策都有效　　D. 货币政策和财政政策都无效

10. 欧元正式启动的时间是(　　)。

A. 2002 年　　B. 1999 年　　C. 1993 年　　D. 2008 年

11. 2022 年 3 月至今，美联储不断提高利率，这会导致美国的内外平衡中(　　)。

A. 产出下降，经常账户逆差下降　　B. 产出扩张，经常账户逆差扩大

C. 产出下降，经常账户逆差扩大　　D. 产出扩张，经常账户逆差下降

12. 固定汇率制度下，以下哪种组合下内部平衡和外部平衡会出现冲突？(　　)

A. 通货膨胀和贸易顺差　　B. 通货膨胀和贸易逆差

C. 失业和贸易顺差　　D. 通货膨胀和经济过热

三、简答题(每题 7 分，共 56 分)

1. 简述新贸易理论与新新贸易理论之间的联系与区别。

2. 简述里昂惕夫之谜的含义及其主要解释。

3. 简述贸易引力模型的基本原理及其应用。

4. 简述国际贸易影响经济增长的主要途径。

5. 简述内部化理论的主要内容及其启示。

6. 简述企业国际化战略的主要类型及其内涵。

7. 简述国际储备的作用。

8. 简述货币危机的代表性理论。

四、计算题(10 分)

假定 A 国的商品价格以里拉表示，B 国的商品价格以比索表示。购买同样篮子商品，2021 年在 A 国需要花费 20 里拉，在 B 国需要花费 100 比索；2022 年在 A 国需要花费 25 里拉，在 B 国需要花费 150 比索。

1. 如果绝对购买力平价理论成立，请计算两国 2021 年和 2022 年的名义汇率(用 1 里拉兑换多少比索来表示)。

2. 如果相对购买力平价理论成立，2021 年到 2022 年两国间的名义汇率变化多少？比索相比于里拉是升值还是贬值了？

五、论述题(每题 16 分，共 32 分)

1. 2023 年 10 月 18 日，第三届“一带一路”国际合作高峰论坛在北京胜利召开，形成的重要共识是开启高质量共建“一带一路”新阶段。请谈谈对“一带一路”高质量发展内涵的理解，并提出对策建议。

2. 近年来，以美国为代表的西方国家积极推行“近岸外包”和“友岸外包”。请分析这一趋势对我国参与全球价值链的潜在影响，并提出相应的对策。

中央财经大学2024年434国际商务专业基础试题解析

一、名词解释(每题4分，共40分)

1. 转口贸易是指货物从生产国运往第三国(转口国)，未经加工再转售至消费国的贸易方式。其核心特征是货物不进入转口国关境，中间商通过价差获利，依托转口国地理位置或贸易政策优势(如自由港)。转口贸易可规避贸易壁垒，优化物流路径，但需承担价格波动与信用风险，是国际贸易中的重要中间环节。

2. 进口替代是发展中国家通过限制进口、实施保护政策(如高关税、配额)扶持国内产业替代进口品的工业化战略。旨在减少对外依赖，培育民族产业，但可能导致效率低下、技术停滞与贸易伙伴报复，需与出口导向战略动态平衡。

3. 一般贸易是单边进出口货物的贸易方式，货物所有权随交易转移，不涉及保税加工或转口环节。其特点是流程简单、自主性强，是最基本的贸易形式，与加工贸易、易货贸易等并列，反映一国贸易结构的独立性。

4. 原产地规则是确定货物"国籍"的法律标准，用于实施关税优惠、配额管理、反倾销等贸易措施。分为完全原产地(货物完全在一国生产)和实质性改变标准(如税则归类改变、增值百分比、加工工序)，是国际贸易政策实施的技术基础。

5. 约束关税是WTO成员承诺的最高关税税率，载入关税减让表，不得随意提高，体现多边贸易谈判成果。其作用是保障贸易政策稳定性，降低关税壁垒，是WTO非歧视原则的重要体现，约束税率与实施税率的差距反映关税减让空间。

6. 收入贸易条件是衡量出口收入实际购买力的指标，计算公式为：(出口价格指数/进口价格指数)×出口数量指数。相较于净贸易条件，它考虑出口数量变动，更全面反映贸易利益变化，是评估贸易对经济增长贡献的重要工具。

7. 本国市场效应是新经济地理学概念，指规模经济下，拥有较大国内市场的国家将成为该产品出口国。国内需求支撑大规模生产，降低平均成本，形成比较优势，解释产业内贸易中市场规模与出口能力的正相关关系。

8. 净误差与遗漏账户是国际收支平衡表的调节账户，用于抵消统计误差(如走私、资本外逃未记录)，使借贷方总额相等。若长期大额顺差或逆差，可能反映数据失真或未被记录的资本流动，需结合宏观经济分析其背后原因。

9. 利率平价理论认为，两国利差等于汇率远期升水或贴水。抛补利率平价通过远期合约对冲汇率风险，未抛补利率平价依赖预期汇率变动，两者共同解释外汇市场短期均衡，是利率与汇率联动的核心理论。

10. 欧洲美元指存放在美国境外的美元存款，不受美联储监管，形成离岸美元市场。其特点是交易自由、利率市场化，促进国际融资与美元国际化，但也增加金融监管难度，是全球流动性的重要来源。

二、单项选择题(每题1分，共12分)

1. A。比较优势原理核心是"两优取其重，两劣取其轻"，即一国应进口机会成本高于本国的产品，出口机会成本低于他国的产品。出口顺差(B)、绝对生产能力(C)、绝对优势(D)均非比较优势的核心条件。

2. A。GATS将服务贸易分为四类：跨境交付(服务跨越国境，如远程教育)、境外消费(消费者赴国外，如留学)、商业存在(设立机构，如外资银行)、自然人流动(个人入境，如外籍教师)。

3. C。国际贸易与资本流动存在双重关系：替代关系(如资本输出可替代商品出口)和互补关系(如贸易增长带动资本流动以扩大生产)。

4. D。梅里兹(Melitz)模型的选择效应指出：生产率最低的企业退出市场，生产率居中的企业仅在国内销售，生产率最高的企业成为出口企业，三者共同构成行业内资源再配置。

5. A。有效关税保护率公式为：$EPR=\dfrac{T-\sum a_i t_i}{1-\sum a_i}$($T$为最终产品关税，$a_i$为原材料占比，$t_i$为原材料关税)。当$T>t_i$时，$ERR>T$。

6. B。生产补贴仅影响国内生产(扭曲生产)，不影响消费；出口补贴既扭曲生产(过度出口)，又扭曲消费(国内价格上升)。两者均需政府支出，政府收益无差异(C 错误)。

7. D。布雷顿森林体系(1944—1971)实行“双挂钩”制度：各国货币与美元挂钩(固定汇率)，美元与黄金挂钩，允许汇率在1%范围内调整，因此属于“可调整的固定汇率制”。

8. C。间接标价法是以一单位本国货币为标准折算外国货币，直接标价法才是以外国货币为标准(如1美元=7元人民币)。选项C混淆了两种标价法。

9. B。固定汇率+资本完全流动下，货币政策无效(扩张货币导致资本外流，外汇储备减少抵消货币扩张)；财政政策有效(扩张财政吸引资本流入，货币供应量增加强化政策效果)。

10. B。欧元于1999年1月1日正式启动电子交易，2002年1月1日纸币和硬币开始流通。

11. C。美联储加息抑制国内需求，产出下降；同时吸引资本流入推高美元汇率，出口减少、进口增加，经常账户逆差扩大。

12. A。固定汇率下，通货膨胀需紧缩货币(抑制需求)，但贸易顺差需扩张货币(增加进口)，政策目标冲突。B项(通胀+逆差)可通过紧缩货币同时缓解，C项(失业+顺差)可通过扩张货币缓解，D项为内部失衡。

三、简答题(每题7分，共56分)

1.(1)理论联系

两者均突破传统贸易理论的完全竞争与规模报酬不变假设，以不完全竞争市场为分析框架，解释产业内贸易现象。新贸易理论为新新贸易理论提供宏观基础，后者是前者在微观层面的延伸，均强调市场结构对贸易模式的决定性作用，否定了“比较优势是贸易唯一动因”的传统观点。

(2)核心区别

① 分析单位不同。新贸易理论以产业为研究对象，聚焦产业层面的规模经济与产品差异化(如垄断竞争模型)；新新贸易理论以企业为基本单位，关注企业异质性(如生产率差异、组织形式)对出口行为的影响。

② 贸易动因差异。新贸易理论认为贸易源于规模经济与消费者偏好多样性，企业在产业内专业化分工；新新贸易理论强调贸易源于企业间生产率差异，只有高效率企业才能承担出口固定成本并进入国际市场。

③ 政策含义不同。新贸易理论主张战略性贸易政策，通过补贴或关税保护国内优势产业；新新贸易理论则强调提升企业自身竞争力，如鼓励研发投入、优化资源配置，政策重点从产业扶持转向企业微观效率改善。

④ 市场结构假设深化。新贸易理论假设产业内企业同质；新新贸易理论引入企业异质性假设，解释了现实中“只有少数企业出口”及“出口企业生产率高于非出口企业”的现象，使理论更贴近现实贸易格局。

2.(1)里昂惕夫之谜的含义

里昂惕夫之谜是对要素禀赋理论(H-O理论)的实证挑战。1953年，瓦西里·里昂惕夫利用投入-产出分析法对美国贸易结构进行研究，发现美国作为资本充裕国家，出口产品的资本劳动比低于进口替代产品，即出口劳动密集型产品、进口资本密集型产品，与H-O理论“资本充裕国应出口资本密集型产品”的预测相悖，这一矛盾现象被称为“里昂惕夫之谜”。

(2)里昂惕夫之谜的主要解释

① 人力资本说。美国劳动力包含更高的人力资本(教育、培训、技能)，若将人力资本计入资本范畴，美国出口的实际是“人力资本密集型产品”，符合H-O理论逻辑。

② 要素密集度逆转。同一产品的要素密集度随国家技术水平变化而逆转。例如，小麦在资本充裕的美国是资本密集型(机械化生产)，在劳动力充裕的国家是劳动密集型(手工种植)，导致统计结果偏差。

③ 需求偏好逆转。美国消费者对资本密集型产品(如奢侈品、高端设备)需求强烈，国内供给不足迫使进口增加，抵消了要素禀赋决定的贸易模式。

④ 贸易保护说。美国对劳动密集型产业(如纺织业)实施高关税保护，限制进口竞争，同时通过出口补贴促进劳动密集型产品出口，扭曲了自然贸易结构。

⑤ 自然资源说。H-O理论忽略自然资源要素。美国进口的矿产、农产品等资源密集型产品被统计为“资本密集型”，若剔除自然资源因素，贸易结构符合H-O理论预测。

3. (1) 贸易引力模型基本原理

贸易引力模型以万有引力定律为理论基础，核心逻辑是：双边贸易流量与两国经济规模成正比，与地理距离成反比。模型将贸易视为经济质量(GDP)和空间阻力(距离)共同作用的结果，同时纳入贸易协定、共同语言、制度差异等虚拟变量，解释传统比较优势理论未涵盖的贸易现象。其本质是通过多元回归分析，量化各类因素对贸易的边际影响，成为实证贸易研究的基准框架。

(2) 贸易引力模型的主要应用

① 贸易流量分析。通过经济规模、距离、关税等变量的系数估计，测算潜在贸易额，识别贸易不足或过度的国家，为贸易潜力评估提供量化依据。

② 区域一体化评估。检验自由贸易协定的实际效果，量化制度安排(如统一市场、关税同盟)对贸易的促进作用，支持区域经济合作政策制定。

③ 贸易政策效果检验。分析非关税壁垒、运输成本、边境管理效率等因素对贸易的抑制效应，为优化贸易便利化措施提供实证支持。

④ 边界效应研究。解释国内贸易偏好现象，量化语言、法律、文化等隐性壁垒对跨境贸易的阻碍作用，深化对贸易成本构成的理解。

4. 国际贸易通过五大核心途径影响经济增长，形成动态驱动机制：

(1) 资源优化配置。基于比较优势的专业化分工(如发展中国家出口劳动密集型产品，发达国家出口技术密集型产品)，提升全球生产效率，扩大总产出规模。

(2) 技术进步与创新。进口高端设备、中间品带来技术转移(如中国通过进口半导体设备提升制造业水平)，出口竞争倒逼企业增加研发投入，形成“出口学习效应”，推动全要素生产率提升。

(3) 规模经济实现。全球市场扩大生产规模，降低单位成本(如汽车行业通过跨国生产实现零部件标准化)，尤其利好高固定成本的资本密集型产业，提升国际竞争力。

(4) 资本积累加速。出口创汇补充外汇储备，吸引外商直接投资(FDI)，缓解发展中国家资本短缺(如东南亚通过出口加工区吸引外资)，促进投资驱动型增长。

(5) 制度与效率提升。贸易开放推动国内制度改革(如知识产权保护、海关效率优化)，倒逼政策与国际规则接轨，降低交易成本，长期改善增长环境。

这些途径相互强化，分工深化扩大市场规模，技术进步提升分工层次，制度改进降低交易成本，共同构成国际贸易驱动经济增长的良性循环。

5. (1) 内部化理论的主要内容

市场不完全导致中间产品(技术、管理技能、信息等)交易成本过高，企业通过建立内部市场替代外部市场，实现资源配置效率最大化。理论框架包含三个维度：

① 市场不完全假设：外部市场存在信息不对称、交易壁垒、不确定性等缺陷，导致中间产品定价困难、知识产权保护不足。

② 内部化动因：企业通过垂直或水平一体化，将中间产品交易纳入内部管理，降低谈判成本、避免政府干预、保护核心技术，同时实现资源跨部门优化配置。

③ 内部化边界：当内部化的边际收益等于边际成本时，企业停止扩张。跨国公司的对外直接投资是内部化跨越国界的延伸，通过海外子公司网络构建全球内部市场。

(2) 内部化理论启示

① 企业战略层面。跨国公司应优先通过内部化整合产业链，而非依赖外部市场。例如，技术密集型企业通过海外研发中心内部化技术转移，避免技术外溢；资源型企业通过垂直一体化控制原材料供应，稳定成本。

② 政策制定层面。政府需减少贸易壁垒与行政干预，降低市场交易成本，抑制企业过度内部化倾向；同时加强知识产权保护，缓解技术交易的市场失灵，促进创新要素自由流动。

③ 理论发展意义。内部化理论突破传统贸易理论对最终产品的关注，揭示了跨国公司组织形式的本质，为国际生产折中理论(OLI 范式)中的“内部化优势”提供了微观基础，推动了国际直接投资理论的系统化。

6. 企业国际化战略是企业跨越国界配置资源、开展经营活动的核心框架，主要分为四种类型：

（1）国际战略。企业将国内成熟产品或服务推向国际市场，总部集中控制战略决策，海外子公司以销售职能为主，较少进行本土化调整。其核心是利用母国优势（如技术、品牌）实现规模扩张，适用于产品差异化程度低、品牌影响力强的行业。

（2）多国本土化战略。根据东道国市场需求定制产品、营销和运营模式，决策权下放至海外子公司，强调本地响应能力。通过适应文化差异、法规要求和消费偏好提升市场份额，适用于食品、零售等文化敏感性强的行业，但可能因过度分权导致全球协同不足。

（3）全球标准化战略。推行全球统一的产品设计、生产流程和营销方案，以规模经济和成本领先为目标，集中化管理研发与生产。通过全球资源整合降低单位成本，适用于技术密集型、成本敏感的行业（如电子制造），但可能忽视本地市场独特需求。

（4）跨国战略。整合全球效率与本地响应能力，兼具集中控制与分权灵活。企业通过全球网络共享知识与资源，同时允许子公司根据本地需求调整策略，平衡全球化整合与本土化创新。适用于复杂环境中的大型跨国公司（如汽车、科技行业），是当前国际化战略的主流模式。

7. 国际储备是一国政府持有的可自由兑换资产，主要包括外汇储备、黄金储备、特别提款权等，其核心作用是保障开放经济下的宏观经济稳定，具体表现为以下五个方面：

（1）平衡国际收支。当一国出现贸易逆差或资本外流时，国际储备可直接用于支付进口或偿还外债，弥补外汇缺口，避免因收支失衡引发的经济衰退或货币危机，为调整经济结构争取时间。

（2）稳定汇率水平。通过在外汇市场买卖储备资产，调节本币供需关系，抑制汇率过度波动。对于实行固定或有管理浮动汇率制的国家，储备是维持汇率目标的物质基础，增强市场对本币的信心。

（3）增强国际清偿能力。充足的储备是一国偿债能力的重要指标，可提升国际信用评级，降低对外融资成本。同时，储备水平是国际投资者评估国家风险的关键依据，直接影响外资流入规模。

（4）应对突发事件。在金融危机、自然灾害、地缘政治冲突等突发情况下，储备作为“缓冲资金”保障进口能源、粮食等战略物资供应，维持经济基本运转，避免外部冲击演变为系统性危机。

（5）支持宏观经济政策。储备规模影响货币政策独立性，充足储备可降低资本管制必要性，支持资本账户开放；同时，储备变动反映外汇市场供求，为货币政策制定提供重要参考，助力实现内外均衡目标。

8. 货币危机理论是解释固定汇率制崩溃的学术框架，主要理论为：

（1）第一代理论（克鲁格曼-弗拉德-戈博模型）：固定汇率制下，政府扩张性货币政策（如财政赤字货币化）导致外汇储备持续流失。当储备降至临界水平，投机者发动攻击，卖空本币直至固定汇率崩溃。理论假设：危机由宏观经济基本面失衡引发，具有必然性和可预测性，政策含义是维持货币政策纪律。

（2）第二代理论（奥伯斯菲尔德模型）：引入多重均衡与自我实现预期。即使基本面稳健，市场恐慌也可能引发投机攻击，迫使政府在维持汇率（高利率成本）与放弃汇率（贬值成本）间选择。理论突破：强调危机的“自致性”，政策可信度和市场预期是关键变量，为汇率制度灵活性提供理论支持。

（3）第三代理论（新兴市场危机模型）：聚焦金融脆弱性与道德风险。克鲁格曼提出“金融过度”理论，认为资本流入导致金融机构过度放贷，资产泡沫破裂引发货币贬值；麦金农指出，政府隐性担保刺激风险投资，外债美元化加剧货币错配，危机时本币贬值与债务负担螺旋上升。

四、计算题（10分）

1. 2021年汇率：100/20=5比索/里拉，2022年汇率：150/25=6比索/里拉。

2. A国通胀率：(25−20)/20=25%，B国通胀率：(150−100)/100=50%。根据相对购买力平价理论，汇率变化率=B国通胀率−A国通胀率=50%−25%=25%，即比索相对于里拉贬值25%。

五、论述题（每题16分，共32分）

1.（1）高质量发展的核心内涵

“一带一路”高质量发展是对共建理念、合作模式和项目效益的系统性升级，其核心内涵体现为四个维度：

① 发展理念转型：从以基础设施互联互通为主的“硬联通”，向政策沟通、规则对接、民心相通的“软联通”延伸，注重发展的包容性与可持续性，强调项目的经济、社会、环境综合价值。

② 合作模式升级：从单一工程承包转向产业链协同与能力建设，推动共建国家产业升级与技术转移，

构建“共商共建共享”的新型合作关系，强化项目的本地化参与和利益共享机制。

③ 风险防控深化：将债务可持续性、环境社会治理(ESG)纳入项目全生命周期管理，建立多边风险共担机制，避免债务依赖与生态破坏，确保项目长期稳健运营。

④ 开放包容拓展：超越双边合作范畴，推动多边规则与标准对接，吸纳更多新兴市场国家和国际组织参与，形成多元化的伙伴关系网络，提升倡议的国际公共产品属性。

（2）推进高质量发展的对策建议

① 强化互联互通的质量效益：优化基础设施布局，聚焦关键通道与节点，提升联通的经济性与安全性；推动数字基础设施与传统基建融合，构建智慧物流与数字贸易网络，增强互联互通的韧性。

② 深化产业与创新合作：围绕共建国家产业需求，搭建技术转移与创新合作平台，推动绿色技术、数字经济、高端制造等领域的产能合作，培育本地化产业链与价值链，避免低端产能转移。

③ 完善风险防控体系：建立多边债务协调机制，推广“债务可持续性分析框架”，优先支持低债务、高社会效益项目；制定统一的 ESG 标准与评估体系，将环境影响与社区利益纳入项目决策。

④ 推动规则标准对接：加强与国际组织合作，参与制定基础设施、贸易便利化、金融合作等领域的国际规则，推动共建国家在海关、税务、知识产权等方面的制度协调，降低跨境交易成本。

⑤ 促进民心相通与能力建设：扩大教育、文化、卫生等民生领域合作，开展技术培训与人才交流项目，提升共建国家自主发展能力；通过民间组织合作与媒体交流，增进文化互信，夯实民意基础。

（3）核心原则

高质量发展需坚持“共商共建共享”的全球治理观，平衡发展效率与公平，兼顾短期项目落地与长期战略协同，推动“一带一路”从“大写意”向“工笔画”深化，成为推动构建人类命运共同体的实践平台。

2.(1)潜在影响

以美国为代表的西方国家推行“近岸外包”(地理邻近国家布局)和“友岸外包”(政治盟友优先)，对我国全球价值链参与产生双重影响：

① 短期挑战：中低端制造业面临订单分流压力，部分劳动密集型产业外迁，传统出口导向型企业的全球市场份额可能收缩。全球价值链分工中，我国在组装加工环节的传统优势弱化，面临“低端锁定”与“高端脱钩”的双重挤压。

② 长期机遇：倒逼产业结构升级，加速数字技术与实体经济融合，推动制造业向研发设计、品牌营销等高附加值环节延伸。同时，外部压力促使关键核心技术自主创新，减少对外部技术依赖，提升国内价值链与全球高端环节的协同能力。

（2）应对策略

① 强化产业链自主可控：聚焦高端制造、新材料、核心零部件等关键领域，加大研发投入，突破“卡脖子”技术瓶颈。通过“揭榜挂帅”等机制整合产学研资源，构建自主可控、安全高效的产业链体系，提升全球价值链位势。

② 构建多元化区域价值链：深化与“一带一路”沿线国家及区域全面经济伙伴关系协定(RCEP)成员国的产业合作，推动产业链供应链区域化布局。通过海外产业园区建设，带动中间产品出口与技术转移，形成“中国+周边国家”的区域价值链网络。

③ 推进制度型开放与规则对接：对接国际高标准经贸规则，优化知识产权保护、数据跨境流动等制度环境，吸引跨国公司将研发中心、地区总部落地中国。参与全球数字贸易规则制定，推动电子商务、远程服务等新业态的国际互认，拓展数字价值链参与空间。

④ 培育新型全球化企业：支持企业通过跨境并购、绿地投资等方式整合全球创新资源，构建“研发在海外、制造在国内、市场在全球”的新型布局。鼓励企业参与国际标准制定，提升自主品牌国际影响力，从“产品出口”向“品牌输出”“标准输出”转型。

⑤ 夯实国内大循环基础：依托超大规模市场优势，强化内需对产业链的支撑作用，通过“以需促产”拉动高端装备、绿色技术等领域的进口替代。完善国内价值链分工体系，推动东中西部产业协同，形成“以内促外、内外联动”的双循环格局。

东南大学2025年434国际商务专业基础试题

一、名词解释(每题6分，共30分)

1. 钻石理论
2. 对等贸易
3. 全球库存管理
4. 官方国际储备
5. 冲销性外汇干预

二、简答题(每题15分，共60分)

1. 在过去几十年里，东亚国家增加了它们在世界GDP中的份额。同样，不仅东亚国家整体的贸易在世界贸易中的份额增加了，而且东亚国家内相互的贸易也增加了。应用引力模型解释这一现象。

2. 中国进行了严格的稀土金属的出口限制，其理由是不符合环境标准，该出口限制会不会对中国的制造业带来巨大的成本优势，以及是否会提高质量和环境标准？

3. 全球产业链管理的核心领域有哪些？

4. 简述区域经济一体化的经济依据和政治依据，论述为什么在当今世界中没有实现实质性的一体化？

三、论述题(每题30分，共60分)

1. 新质生产力的崛起为国际贸易带来深刻变革与发展机遇，请结合新质生产力的定义分析其对国际贸易的影响。

2. 国际商务当中的伦理问题以及不道德根源有哪些？如何因地制宜地制定跨国界、跨产业的伦理标准？

东南大学2025年434国际商务专业基础试题解析

一、名词解释(每题6分，共30分)

1. 钻石理论认为，国家竞争优势取决于四个基本要素和两个辅助要素的相互作用：生产要素(包括人力资源、自然资源、知识资源等)、需求条件(国内市场需求的性质和规模)、相关产业和支持产业(上下游产业的发展水平)、企业战略、结构和竞争(企业组织方式和国内竞争程度)，以及政府和机会两个辅助要素。这六要素构成动态互动的“钻石体系”，共同决定一个国家特定产业的国际竞争力。

2. 对等贸易是一种以货物或服务交换为基础的国际贸易方式，交易双方约定在一定时期内相互提供等值商品或服务，以达到贸易平衡。对等贸易的主要目的是帮助外汇短缺国家扩大出口，规避汇率风险，促进国际贸易平衡发展。这种贸易方式在发展中国家之间以及与发达国家的贸易中较为常见，尤其适用于大宗商品和大型设备交易。

3. 全球库存管理是跨国企业对其全球范围内的库存进行统一规划、协调和控制的管理活动。关键策略包括：集中化库存管理、需求预测技术、JIT系统、供应商管理库存等。有效的全球库存管理能够提高供应链响应速度，降低资金占用，增强企业应对国际市场波动的能力，是全球化运营的重要组成部分。

4. 官方国际储备是一国货币当局持有的、可用于国际支付和维持汇率稳定的资产总和。主要构成包括：外汇储备、黄金储备、特别提款权和在国际货币基金组织的储备头寸。其主要作用是：维持本国货币汇率稳定、保证国际支付能力、应对金融危机和外部冲击、维护国家金融信誉。

5. 冲销性外汇干预是中央银行在外汇市场买卖外汇以影响汇率的同时，通过公开市场操作(如买卖国债）抵消外汇交易对国内货币供应量影响的政策行为。与非冲销性干预相比，冲销性干预不会改变国内货币供应量，因此对国内经济（如利率、通胀）影响较小，但可能削弱对汇率的干预效果。

二、简答题（每题 15 分，共 60 分）

1. 引力模型的核心逻辑为：两国贸易流量与经济规模成正比，与地理距离成反比。东亚国家贸易增长现象可从三方面用该模型解释：

（1）经济规模扩张：贸易增长的基础动力。

过去数十年，东亚国家经济持续快速发展，整体经济规模显著扩大。这直接提升了区域内的市场需求与供给能力，使贸易双方的经济总量乘积大幅增加，根据引力模型核心公式，这自然推动了贸易流量的上升。随着各国收入水平提高，进口需求从基础消费品向中间品和高端制成品延伸，进一步扩大了贸易空间。

（2）制度距离缩短：区域一体化的政策红利。

尽管地理距离固定，但东亚国家通过区域经济合作持续降低“制度距离”。多国签署自由贸易协定，逐步取消关税壁垒和非关税限制，统一贸易规则和标准，相当于在模型框架中降低了“贸易阻力系数”。同时，生产网络的深度整合形成专业化分工体系，各国在产业链中形成互补关系，强化了区域内贸易的内在需求。

（3）有效距离压缩：基础设施与数字化赋能。

交通物流网络的完善和数字化技术的应用，显著降低了实际贸易成本。港口、铁路和航空运输效率的提升缩短了物流时间，跨境电商和数字平台的发展则突破了传统贸易的时空限制。这些因素共同压缩了贸易的“有效距离”，使引力模型中的距离因子对贸易的阻碍作用被削弱，进一步释放了区域贸易潜力。

综上，东亚国家通过经济规模扩张、制度协同和基础设施升级，完美印证了引力模型的核心机制—经济总量增长与贸易阻力下降的双重作用，共同推动了区域内贸易的持续繁荣。

2. 中国实施稀土出口限制政策，以环境保护为主要理由，其对制造业成本优势和环境标准的影响呈现双重性：

（1）对制造业成本优势的复杂影响

短期内，出口限制可能推高国际市场稀土价格，导致国内下游制造业面临原材料成本压力。稀土作为电子、新能源等产业的关键原材料，价格上涨可能直接增加相关企业的生产成本，尤其对依赖进口稀土的外资企业影响显著。

但长期来看，限制政策可能倒逼国内制造业转型升级。一方面，企业可能通过技术创新提高稀土资源利用效率，降低单位产品稀土消耗量；另一方面，可能加速替代材料的研发与应用，减少对稀土资源的依赖。这种产业升级若成功，可能形成新的技术优势，从依赖资源转向依赖技术，构建更可持续的竞争力。

此外，出口限制可能促使稀土产业链向国内延伸，吸引下游制造环节向中国集聚，形成完整的产业生态系统，从而通过产业集群效应降低整体生产成本。

（2）对环境标准的推动作用

出口限制政策通常伴随国内环保法规的强化，迫使稀土生产企业提升环保投入，改进生产工艺，减少污染物排放。这虽然短期内增加了生产企业的环保成本，但长期来看，有助于推动整个行业环境标准的提升。

严格的环保要求会淘汰落后产能，促进优势企业加大绿色技术研发，推动稀土产业向清洁生产转型。同时，环境标准的提高有助于改善区域生态环境，减少资源开发对生态系统的破坏，符合可持续发展目标。

此外，环保压力可能催生稀土回收利用产业的发展，形成资源循环利用体系，进一步降低对原生稀土开采的依赖，实现经济效益与环境效益的统一。

3. 全球产业链管理需统筹多维度协同，核心领域包括：

（1）供应链网络优化。聚焦全球生产与配送网络的战略布局，平衡集中化与分散化模式。通过分析资源分布、市场需求和成本结构，优化基地选址与区域覆盖，构建弹性供应体系。关键在于整合上下游资源，实现生产、仓储与配送的空间协同，提升市场响应速度并降低物流成本。

（2）运营与技术整合。融合物流管理与数字化技术应用，实现全链路高效协同。通过多式联运优化运输方案，采用智能仓储与实时追踪系统提升可视性。依托数字化平台整合供需信息，应用大数据分析优化库存与生产调度，推动精益运营与准时配送，减少资源浪费。

（3）风险与合规管控。建立全链条风险防控机制，识别地缘政治、贸易壁垒等不确定性因素。通过多元化供应、备选方案设计增强韧性，同时确保符合目标市场法规要求，涵盖劳工标准、环保规范与知识产权保护，规避跨境经营风险。

（4）可持续发展管理。将ESG标准融入产业链全周期，推动绿色生产与资源高效利用。通过清洁能源应用、循环经济模式减少环境影响，强化供应链社会责任管理，平衡经济效益与环保目标，构建长期可持续的产业链生态。

这些领域相互支撑，共同实现全球产业链的效率提升与风险平衡，助力企业在全球化竞争中保持优势。

4.（1）区域经济一体化的双重依据

① 经济依据主要源于规模经济效应与资源优化配置需求。通过统一市场扩大生产规模，降低单位成本；依据比较优势进行产业分工，提升资源利用效率；消除贸易壁垒后，企业可接触更大消费群体，促进创新与竞争。这些因素共同推动区域内经济效率提升与福利增长。

② 政治依据侧重增强区域影响力与和平稳定。一体化组织能在国际谈判中形成统一立场，提升话语权；经济依存度加深可减少冲突风险，构建政治互信；通过集体机制共同应对全球化挑战，如跨境污染、移民潮等非传统安全问题，增强区域治理能力。

（2）尽管存在双重依据，实质性一体化仍面临多重挑战：

① 经济差异与利益分配失衡：成员国发展水平差距导致政策协调困难，发达国家与发展中国家在产业保护、财政转移等问题上存在分歧，难以达成利益共识。

② 政治主权让渡困境：税收、货币政策等核心主权的让渡触及国家核心利益，民众对“主权稀释”的担忧常引发政治阻力，导致一体化进程停滞于经济领域而难以向政治联盟迈进。

③ 文化认同与价值观差异：语言、历史记忆、社会制度的差异影响政策认同感，民族主义情绪可能抵制超国家机构权威，削弱一体化的社会基础。

④ 外部干预与地缘博弈：区域一体化可能触动外部大国战略利益，通过贸易协定、投资限制等手段施加压力，干扰一体化进程的自主性与连续性。

这些因素相互交织，使区域经济一体化多停留在自由贸易区或关税同盟阶段，难以实现包括统一货币、共同财政政策在内的深度一体化。

三、论述题（每题30分，共60分）

1.（1）新质生产力的核心定义

新质生产力是通过技术创新、数字化转型和绿色发展形成的先进生产力形态，核心特征体现为创新驱动、数字赋能、绿色低碳。它通过人工智能、新能源等前沿技术突破，重构生产要素配置方式，推动产业结构向高端化、智能化、绿色化转型。

（2）对国际贸易格局的变革性影响

① 贸易商品结构的深度调整。新质生产力推动知识密集型产品和数字服务贸易成为增长主力。技术创新催生的高端制造业产品（如智能装备、新能源汽车）和数字服务（如云计算、跨境数据服务）在贸易中的占比持续提升，传统资源密集型产品的贸易权重相对下降。技术领先国家在高附加值环节的优势进一步凸显，发展中国家面临“技术锁定”风险与产业升级机遇并存的局面。

② 贸易方式创新与规则重构。数字化技术重构国际贸易全流程，跨境电商、数字展会等新业态突破传统贸易时空限制。区块链提升供应链透明度，人工智能优化物流调度，降低交易成本。同时，绿色技术推动低碳贸易发展，碳足迹核算、绿色认证成为商品准入重要标准，新能源产业链的国际贸易规模显著扩大。新质生产力催生的技术竞争推动贸易规则向数字治理和绿色标准延伸。数字贸易协定对数据跨境流动、知识产权保护提出更高要求，碳边境调节机制等新型政策工具将环境成本纳入贸易定价体系。这为技术领先国家提供规则制定权，同时倒逼各国加快技术创新和制度改革。

(3) 应对启示

新质生产力正在重塑国际贸易的商品结构、交易模式和规则体系。各国需加快科技创新和产业升级，发展中国家应通过国际合作突破技术瓶颈；同时推动全球治理体系改革，构建包容、普惠的新型国际贸易秩序，以释放新质生产力带来的发展机遇。

2. (1) 国际商务核心伦理问题包括：

① 劳工权益争议：部分企业在发展中国家采用低工资、长工时、缺乏安全保障的劳动条件，引发人权争议。

② 环境破坏转移：将高污染生产环节转移至环保法规宽松地区，导致生态损害。

③ 腐败与商业贿赂：通过不正当支付获取市场准入或合同优势，破坏公平竞争。

④ 文化价值观冲突：因宗教信仰、社会习俗差异导致的伦理判断分歧，如广告内容冒犯当地文化。

(2) 不道德行为根源：

① 监管差异：各国法律对劳工保护、环保标准的要求不一，企业倾向选择“监管洼地”降低成本。

② 文化相对主义：认为伦理标准应因地制宜，导致企业在不同市场采用双重道德标准。

③ 利润最大化驱动：短期经济利益优先于社会责任，管理层对伦理风险重视不足。

③ 信息不对称：消费者难以获取产品全生命周期的伦理信息，缺乏市场约束。

(3) 跨国界、跨产业伦理标准的制定路径：

① 构建多层次标准体系。国际框架引导：以联合国全球契约、ISO 26000 等为基础，确立人权、环保、反腐败等核心原则；行业自律规范：各产业制定针对性标准，如电子行业的 RBA 准则、服装业的公平贸易认证；企业内部准则：结合母国法律与东道国文化，制定可执行的伦理手册，如微软的《商业行为准则》。

② 实施差异化落地策略。文化适配：在核心标准统一前提下，允许非原则性条款的本地化调整，如宗教节日的劳动安排；分阶段推进：对发展中国家供应商设置渐进式改善目标，提供技术与资金支持而非简单淘汰；多方参与治理：联合当地 NGO、工会、政府建立监督机制，如苹果公司的供应链责任劳工委员会。

③ 强化激励与约束机制。正向激励：将伦理表现与订单量、合作期限挂钩，通过溢价采购鼓励合规行为；透明化监督：利用区块链技术实现生产全流程追溯，公开伦理审计报告接受社会监督；能力建设：为合作伙伴提供伦理培训，提升当地企业的合规能力与意识。

复旦大学2025年434国际商务专业基础试题

一、单项选择题(每题3分，共30分)

1. 假设进口汽车的名义关税税率为25%，其发动机等中间品关税为77.5%，若国内组装环节的增值比率为40%，则汽车行业的有效关税保护率为(　　)。

A. 62.5%　　B. -53.75%　　C. 37.5%　　D. 21.5%

2. 衣服和小麦分别是劳动密集型和土地密集型产品，当贸易使得衣服价格升高时，根据S-S定理，劳动力工资(　　)。

A. 升高　　B. 降低　　C. 不变　　D. 不确定

3. 根据Linder的需求偏好相似理论，两个国家经济发展水平越接近，那么开展贸易的可能就(　　)。

A. 越大　　B. 越小　　C. 不变　　D. 未知

4. 完税价格的来源是(　　)。

A. 到岸价格　　B. 离岸价格　　C. 市场价格　　D. 成交价格

5. 一国政府用一单位政府支出，对下列哪种类型的国家，收入增加最多？(　　)

A. 固定汇率制下开放大国　　B. 浮动汇率制下开放大国

C. 固定汇率制下开放小国　　D. 浮动汇率制下开放小国

6. 根据巴罗-戈登模型，一个偏好短期经济收益但面临通胀与失业权衡的政府，下列哪种操作会使其损失函数最小化？(　　)

A. 持续实施扩张性政策以维持高通胀

B. 交替使用扩张与紧缩政策以随机调控市场预期

C. 坚持紧缩性政策以维护央行信誉(承诺零通胀)

D. 突然实施扩张性政策制造意外通胀以暂时降低失业率

7. 以出售目标公司获取利润的并购者是(　　)。

A. 战略并购者　　B. 财务并购者　　C. 个人投资者　　D. 机构投资者

8. 根据跨国公司内部贸易的分类，下列哪项符合“将专用技术和相关设备折价，并以资本形式注入海外分支机构进行项目投资”的定义？(　　)

A. 经营性内部贸易　　B. 投资性内部贸易

C. 混合型内部贸易　　D. 战略联盟型内部贸易

9. 金融冲击在(　　)下对宏观经济的影响更大，国际贸易冲击在(　　)下对宏观经济的影响更大。

A. 固定汇率制度，浮动汇率制度　　B. 固定汇率制度，固定汇率制度

C. 浮动汇率制度，浮动汇率制度　　D. 浮动汇率制度，固定汇率制度

10. 下列关于范围经济和规模经济的说法，正确的是(　　)。

A. 规模经济侧重于产品之间的关联性

B. 范围经济产生于大批量生产中

C. 规模经济和范围经济的作用机制类似

D. 范围经济多产生于产品多样化生产的企业中

二、简答题(每题 12 分，共 60 分)

1. 比较分析绝对优势理论和比较优势理论的区别，举例说明。

2. 比较分析贸易创造和贸易转移效应。

3. 简述汇率的外汇市场微观模型的基本逻辑。

4. 简述随着跨国经营的深入，跨国公司将如何利用组织结构管理不同类型的子公司。

5. 公司在进行国际营销调研中会遇到什么挑战，应该如何应对?

6. 在开放经济条件下，政府增加财政支出会如何影响经常账户国际收支?请结合贸易余额线(*TB* 线)与窖藏线(*S*–*I* 线)的相互作用，分别分析浮动汇率制和固定汇率制下的传导机制。

三、案例分析题(20 分)

2021 年 3 月 26 日，商务部发布 2021 年第 6 号和第 7 号公告，决定对原产于澳大利亚的进口相关葡萄酒征收反倾销税(税率为 116.2%—218.4%)，同时声明为避免双重征税，不征收反补贴税。反倾销税实施期限自 2021 年 3 月 28 日起 5 年，并以保证金形式执行。

1. 根据国际贸易规则，何为倾销?

2. WTO《反倾销协定》及中国《反倾销条例》规定，实施反倾销措施需满足哪些法定条件?

3. 中国对澳葡萄酒征收反倾销税是否违反《中澳自由贸易协定》(FTA)?

四、论述题(每题 20 分，共 40 分)

1. 比较分析里昂夫惕夫悖论和要素禀赋悖论。

2. 2000—2010 年人民币升值压力巨大，简述其原因和经济后果。

复旦大学 2025 年 434 国际商务专业基础试题解析

一、单项选择题(每题 3 分，共 30 分)

1. B。有效关税保护率为：

$$E=\frac{25\%-(60\%\times 77.5\%)}{40\%}=-53.75\%$$

2. A。Stolper-Samuelson 定理指出，贸易导致价格上升的密集使用要素的实际报酬将提高。衣服为劳动密集型产品，其价格上升将直接推高劳动力工资。

3. A。Linder 理论认为，两国需求结构相似(由人均收入水平决定)时，贸易潜力更大。

4. D。完税价格以成交价格为基础，经海关审定后确定，包括货价、运费、保险费等。

5. C。固定汇率制下，财政扩张→资本流入压力→央行被动买入外汇→货币供给增加→利率回归初始水平→收入效应最大化开放小国对国际利率无影响力，资本流动更敏感，政策传导更充分。

6. C。模型表明，承诺零通胀可最小化损失函数，避免时间不一致性问题。

7. B。财务并购者关注短期财务收益，而非长期战略整合。

8. B。将技术设备折价注入分支机构符合投资性内部贸易的定义。

9. B。金融冲击在固定汇率下影响更大(货币政策受限，无法应对资本流动冲击)。国际贸易冲击在固定汇率下影响更大(缺乏汇率调节机制，贸易失衡持续更久)。

10. D。范围经济源于多产品协同生产，规模经济源于单一产品批量生产。

二、简答题(每题 12 分，共 60 分)

1. (1)绝对优势理论(亚当·斯密提出)：强调国家应专业化生产其生产效率绝对更高的产品，并通过贸易交换。例如，A 国生产 1 单位小麦需 1 小时，B 国需 2 小时，A 国在小麦上具有绝对优势。

比较优势理论(大卫·李嘉图提出)：即使一国在所有产品上均无绝对优势，只要存在相对效率差异，仍可通过专业化生产机会成本更低的产品获利。例如，A 国生产 1 单位小麦需 1 小时(放弃 0.5 件衣服)，B 国需 3 小时(放弃 1 件衣服)，A 国在小麦上机会成本更低，具有比较优势。

(2) 二者的关键区别在于：

① 衡量标准不同：绝对优势关注生产效率的绝对值，比较优势则基于机会成本的相对值。例如，即使美国生产汽车和电脑均比中国高效，若中国生产电脑的机会成本更低，仍可专业化生产电脑并贸易。

② 适用范围不同：绝对优势理论仅解释部分贸易(如沙特出口石油)，而比较优势能解释所有贸易(如中国出口劳动密集型产品)。

2. (1)作为区域经济一体化的双重效应，贸易创造指成员国间关税壁垒消除后，高效率成员国产品替代本国低效生产，实现资源优化配置；贸易转移则指自贸协定使成员国产品因关税优惠取代非成员国更高效供给，可能导致全球福利损失。

(2) 二者的区别在于：

① 效率导向。贸易创造具有帕累托改进属性，通过竞争促使成员国专业化分工，如德国汽车在欧盟市场的份额提升；贸易转移则可能保护落后产能，典型案例如北美自贸区中墨西哥纺织业挤占亚洲供应商份额。

② 福利影响。前者同时提升生产者剩余和消费者剩余，表现为商品价格下降与选择多样性增加；后者虽使协定内生产者获益，但消费者可能面临较非成员国更高的实际采购成本。

③ 动态演变。长期来看，贸易创造效应往往能刺激技术创新与规模经济(如东盟电子产业供应链整合)；而贸易转移可能引发“协定依赖症”，抑制成员国提升国际竞争力的动力。

3. 外汇市场微观模型主要从市场参与者行为角度分析汇率形成机制，其核心逻辑包含三个关键层面：

(1) 订单流驱动机制。订单流反映了市场参与者的买卖意图，不同类型的订单流对价格有着不同的影响。例如，大额的买单可能会推动货币价格上涨，而卖单则可能导致价格下跌。通过分析订单流，我们可以更好地理解市场的短期走势和资金流向。

(2) 做市商分层管理。现代外汇市场呈现“银行间市场主导+零售投资者参与”的多元结构，做市商通过动态调整报价管理存货风险，其报价策略受监管政策显著影响。微观模型强调区分公共信息(如经济数据)与私有信息(如机构交易策略)，后者通过订单流逐步融入汇率形成过程，这解释了为何相同宏观新闻可能引发差异化市场反应。

(3) 流动性动态反馈。外汇市场的流动性动态反馈呈现非线性特征：当市场深度充足时，大额订单能被平稳吸收，价格波动维持在合理区间；但在流动性紧缩时期，即便微小订单也可能触发链式反应，导致汇率短期剧烈波动。

4. 随着全球化进程加速，跨国公司通过差异化组织结构实现对海外子公司的精准管控。当前主流管理模式呈现以下特征：

(1) 母子结构——战略性分权。该模式适用于核心技术子公司或合资企业，通过董事会席位和财务报告实施管控。

(2) 国际部结构——过渡性集权。该模式常见于国际化初期阶段，设立专职副总裁协调跨文化冲突。

(3) 职能分部结构——垂直专业化。该模式适合标准化制造基地管理，全球统一的质量控制体系。

(4) 产品分部结构——品类聚焦。该模式按产品线划分利润中心，利于技术保密与迭代，医疗器械行业普遍采用。

(5) 地区分部结构——本土化深耕。该模式按大区设置自治单元。

(6) 混合模式。这种模式是把上述的组织结构形式组合在一起而形成的组织结构。母子结构管理战略投资型子公司，职能分部管控标准化生产基地，地区分部负责新兴市场渠道建设。

(7) 矩阵结构。矩阵结构为公司同时实施地方性战略和全球性战略提供了理想的组织结构，地区分部注重国别的反应能力；而产品分部注重全球效率。

5. 国际营销调研面临的核心挑战可归纳为三个维度：

(1) 文化认知壁垒：消费习惯差异导致数据失真；语言多样性造成深度访谈障碍。

应对策略：组建本地化调研团队，成员需包含文化人类学家和双语督导；采用视觉化调研工具(如表情符号量表)降低语言依赖。

(2) 数据获取困境：新兴市场基础数据缺失率达40%(如非洲国家经济统计不完善)；欧盟GDPR等法规限制用户画像构建。

应对策略：建立多源数据验证机制(政府数据+商业数据库+社群监听)；运用区块链技术实现合规化数据追溯。

(3) 运营成本压力：跨国协调使平均项目周期延长2.8周；高关税国家(如巴西)使实地调研成本增加35%

应对策略：采用混合调研模式(线上定量+线下焦点小组)降低成本；与本土商学院共建共享样本库。

6. 在开放经济条件下，政府增加财政支出对经常账户国际收支的影响机制因汇率制度而异，可通过TB线(贸易余额线)与$S-I$线(窖藏线)的交互作用进行分析：

(1) 浮动汇率制下的传导

初始冲击：财政扩张($G\uparrow$)直接推高$S-I$线(国民储蓄减少)，形成$(S-I)<0$的缺口。

利率效应：国内利率上升吸引短期资本流入，本币升值($E\downarrow$)。

贸易调整：汇率升值使TB线下移(出口↓进口↑)，贸易赤字扩大直至与$(S-I)$缺口平衡。

最终结果：财政支出完全挤净出口($\Delta G=-\Delta NX$)，即“双赤字”现象。

(2) 固定汇率制下的传导

第一阶段：财政扩张同样导致$(S-I)<0$，但央行需干预外汇市场维持E固定。

货币被动扩张：为抵消资本流入压力，央行购汇释放本币($M\uparrow$)，推动LM曲线右移。

收入效应：国内收入($Y\uparrow$)通过边际进口倾向扩大进口，TB线内生性下移。

政策困境：若初始储备不足，可能引发国际收支危机(BP曲线持续左移)。

(3) 两种制度的本质差异在于：浮动汇率下汇率变动承担调节功能，而固定汇率下需通过货币供给变动实现均衡。

三、案例分析题(20分)

1. 倾销指在正常贸易中，一国产品以低于其正常价值的出口价格进入进口国市场。正常价值通常采用三种方式确定：①出口国国内市场可比价格；②第三国出口价格；③结构价格(生产成本+合理费用及利润)。

2. 根据WTO《反倾销协定》及中国《反倾销条例》，实施反倾销措施必须同时满足三个要件：

① 倾销事实：出口价格低于正常价值，且倾销幅度需量化计算。

② 实质损害：包括对国内产业的实际损害、损害威胁或产业建立阻碍，需审查15项指标(如利润、产能利用率等)。

③ 因果关系：需通过“非归因性测试”排除其他因素影响，证明损害由倾销直接导致。

3. 中国对澳葡萄酒征收反倾销税没有违反FTA，理由如下：

① 法律依据：FTA通常保留缔约方采取贸易救济措施的权利，WTO规则允许成员在满足条件时实施反倾销税。

② 程序合规：中国调查程序符合WTO透明度要求，且澳大利亚未在WTO争端解决机制中提出异议。

③ 特殊条款：FTA未排除反倾销措施，且中国为避免双重征税主动放弃反补贴税，体现协定精神。

四、论述题(每题20分，共40分)

1. 里昂惕夫悖论与要素禀赋悖论是现代国际贸易理论发展过程中的关键转折点，二者既有联系又存在本质区别。

(1) 理论渊源的差异化起点

里昂惕夫悖论作为1953年的里程碑式发现，通过投入产出法揭露了美国出口结构的反常现象：这个资本存量最高的国家竟主要出口劳动密集型产品。该悖论本质上是对 H-O 理论单一要素模型的精准爆破，其价值在于首次用计量方法验证了理论预测与现实数据的鸿沟。相较而言，要素禀赋悖论在广义上构成更宏大的理论批判体系，既包含里昂惕夫的实证反例，也涵盖发展中国家技术跃迁导致的要素逆转、数字经济时代数据要素的禀赋重构等新矛盾。

（2）解释框架的范式突破

在破解里昂惕夫悖论时，学者们主要沿着要素细分路径突破，如将劳动力分解为普通劳动与人力资本，或考虑自然资源禀赋的调节作用。这种解释具有明显的个案针对性，2023 年对中国新能源汽车出口的研究显示，其锂电技术优势实质是新型要素禀赋的体现。而要素禀赋悖论的解决则需要更系统的理论创新，包括引入制度质量指数、数字基础设施等 21 世纪新要素，这正是波特竞争优势理论在 RCEP 区域实践中展现的解释力优势。

（3）理论演进的双螺旋结构

两类悖论共同推动国际贸易理论的基因突变：里昂惕夫悖论催生了新要素经济学派，其 2015 年提出的“要素黏性”概念成功解释了德国制造业回流；要素禀赋悖论则孕育出新结构主义学派，林毅夫团队近年对非洲国家的实证表明，要素禀赋的动态适配性比静态存量更重要。这种互补性创新在 CPTPP 数字贸易规则谈判中尤为凸显，传统要素成本理论已无法解释数据本地化存储的贸易效应。

2.（1）升值压力的主要成因

① 国际收支双顺差的持续累积。这一时期，货物出口和外商直接投资的快速增长形成了经常项目与资本项目的双顺差格局，外汇市场上外汇供给持续大于需求，客观上推动人民币汇率面临升值压力。

② 国际政治经济环境的外部施压。部分发达国家以贸易不平衡为由，认为人民币汇率被低估，通过多边机制和双边谈判要求人民币升值，形成外部政治压力。同时，全球流动性过剩背景下，国际资本倾向于流入经济高增长的新兴市场，进一步加剧了对人民币的升值预期。

③ 国内经济基本面的内在驱动。经济持续高速增长带来生产率提升和要素回报改善，实际汇率存在升值趋势。长期实施的固定汇率制度与市场供求关系形成一定偏离，汇率弹性不足导致升值压力不断累积。

（2）升值压力的经济后果

① 积极影响：

第一，促进经济结构调整：升值压力倒逼出口企业转向技术创新和品牌建设，推动产业向价值链高端升级，减少对低成本竞争的依赖。

第二，提升进口能力：实际汇率上升降低进口商品相对价格，有利于扩大先进技术、关键设备和资源类产品进口，缓解资源环境约束。

第三，增强货币政策独立性：汇率形成机制改革进程加快，为货币政策从数量型调控向价格型调控转型创造条件，降低外部流动性输入的冲击。

② 消极影响：

第一，出口行业面临挑战：传统劳动密集型产业竞争力受到压制，部分企业面临利润收窄和转型压力，短期内对就业和局部区域经济稳定形成考验。

第二，金融风险积聚：升值预期吸引短期投机资本流入，可能加剧资产价格波动，增加外汇储备管理难度和宏观调控复杂性。

第三，外部失衡调整的阵痛：从外需依赖向内需驱动的结构转型过程中，总需求波动可能对经济增长速度产生阶段性影响。

（3）2000—2010 年的人民币升值压力是内外因素共同作用的结果，既反映了中国经济实力提升的客观趋势，也暴露了经济结构和汇率制度的深层次问题。这一过程推动了中国汇率形成机制的市场化改革，同时也为后续经济转型和对外开放积累了经验与挑战。

华东理工大学2025年434国际商务专业基础试题

一、名词解释(每题6分，共30分)

1. 比较优势理论
2. 斯托尔珀-萨缪尔森定理
3. 生产全球化
4. 母国与东道国
5. 本土化战略

二、简答题(每题15分，共60分)

1. 简述对于借款者而言和对于投资者而言，全球资本市场的吸引力。
2. 简述国际直接投资的两个主要方式。
3. 简述反倾销的标准和反倾销的条件。
4. 简述全球化地区分部结构和全球产品分部结构的优缺点。

三、论述题(每题30分，共60分)

1. 论述外汇风险的类型，以及管理外汇风险的办法。
2. 论述国际直接投资对于东道国和母国的经济影响。

华东理工大学2025年434国际商务专业基础试题解析

一、名词解释(每题6分，共30分)

1. 比较优势理论，由大卫·李嘉图在1817年提出的经典贸易理论，主张国家应专注于生产其相对效率更高的商品。该理论突破性地证明：即使A国在所有商品生产上均具绝对优势，只要B国存在相对成本差异，双方仍可通过分工贸易获益。该理论奠定了自由贸易的理论基础，但忽略了要素流动性和技术差异等现实约束。

2. 斯托尔珀-萨缪尔森定理，揭示国际贸易通过商品价格变动影响要素收入的传导机制。其数理推导证明：当劳动密集型产品因贸易开放涨价10%，工资涨幅将超过10%，实际工资水平必然上升。这解释了发达国家蓝领工人反对全球化的经济动因。该定理证明贸易自由化会加剧稀缺要素所有者的收入损失，需政府干预调节分配。

3. 生产全球化，指企业将生产环节分散至全球成本最优区位，形成跨国价值链。其本质特征表现为三个维度的系统性整合：首先在空间维度，企业依据要素成本差异将生产环节解构并配置至最优区位；其次在组织维度，形成以跨国公司为核心，涵盖供应商、代工厂、物流商的全球生产网络；最后在技术维度，通过数字平台实现跨国协同管理。

4. 母国指跨国公司总部所在国，负责战略决策和研发；东道国为接受外资的所在国，承担具体生产职能。两者的关系体现为技术转移与市场控制的博弈，母国通过知识产权维持优势，东道国则寻求产业升级与技术本土化。

5. 本土化战略，指跨国公司为适应东道国市场而调整产品、管理和营销策略的行为，包括产品规格本地适配、雇佣当地员工及遵守本土法规等。该战略能降低文化冲突风险，但可能增加协调成本并稀释品牌一致性。

二、简答题(每题15分，共60分)

1. 全球资本市场既有利于借款者，也有利于投资者。对借款者来说，全球资本市场增加了可借贷的资金供应量，降低了资金成本；对于投资者来说，提供了更广泛的投资机会，使投资者得以建立分散投资风险的国际性投资组合。

（1）借款者的视角：较低的资金成本。国内资本市场的流动性不足，而在全球市场中，更广泛的投资者群体意味着借款者可以付出较低的代价来获得资金。资金成本是借入资金的价格，即借款者必须向投资者支付的收益率，也就是债权融资中的利率和股权融资中的股息收入与预期股票差价。

（2）投资者的视角：分散风险。投资者在国际范围内进行分散投资组合，可以使其投资风险降低。当一个投资者在其投资组合中增加股票的种类时，投资风险就下降了。最初这种风险的下降是非常迅速的，但不久之后下降的速度就会减缓，接近于市场系统风险。

2. 国际直接投资主要有两种主要方式：绿地投资和跨境并购。

（1）绿地投资，指投资者在东道国新建企业或工厂，包括独资、合资等形式。这种方式通常需要较长的建设周期(3—5年)，适用于长期战略布局。例如，外国投资者在中国从零开始建设生产设施或研发中心。

（2）跨境并购，通过收购或合并境内企业的股权或资产，快速获得控制权。常见于跨国企业通过收购境内企业实现市场扩张或技术获取。例如，境外企业收购中国境内企业的股权达到实际控制比例。

两种方式均可通过独资、合资或合作等形式实施，具体选择取决于投资者战略目标、资金规模及市场环境等因素。

3.(1)反倾销标准

① 价格标准：进口产品以低于其正常价值(即出口国国内市场价格或第三国可比价格)在进口国销售。

② 因果关系：倾销行为与国内产业损害存在实质性因果关系，即倾销是导致损害的直接原因。

③ 损害结果：对进口国已建立产业造成实质性损害(如市场份额下降、利润减少)、威胁(如未来可能受损)或阻碍(如新产业无法建立)。

（2）反倾销条件：需同时满足上述三个要件，即存在倾销行为、损害结果及二者间的因果关系。例如，中国《反倾销条例》明确规定，进口产品以低于正常价值进入市场，并对国内产业造成实质性损害或威胁时，可启动反倾销调查。

4.(1)产品分部结构，根据主要产品的种类及其相关服务的特点设置部门，负责管理和协调不同类型产品的国际生产经营活动。

① 产品分部结构的优点：加强了公司总部对国际经营活动的控制与协调，通过统一管理和集中决策，提高组织效率；加强了公司总部与海外子公司之间以及海外子公司相互之间的联系，有利于信息的交流与管理人员的流动；促使各部门把主要精力集中在产品技术和产品市场上。

② 产品分部结构的缺点：经营决策权过于集中，海外子公司通常只是执行公司总部下达的计划，缺乏主动开拓业务的积极性；一种产品的全球性生产经营活动主要通过纵向联系管理和协调，不同产品部门之间相互独立，不利于横向交流。

（2）地区分部结构将企业的国际经营业务按地区划分，设地区性分部负责管理和协调企业在本地区内的生产经营活动。

① 地区分部结构的优点：授予地区经理较多的自主权，充分发挥他们的积极性和创造性，根据本地区特点开拓业务；有利于根据当地市场的变化及时作出决策；强调各东道国子公司作为利润中心的作用。

② 地区分部结构的缺点：各地区分部相对独立，互相之间缺乏必要的沟通与协调，不利于管理经验和技术在海外子公司之间以及地区分部之间互相交流；每个地区分部和海外子公司要设置与总公司组织结构相对应的职能部门，造成机构重叠和人才浪费；如果对地区分部的分权过多，总部将很难进行有效的管理和控制。

三、论述题(每题30分，共60分)

1.(1)外汇风险类型

① 交易风险，指以外币结算的交易过程中，因汇率波动导致的损益风险。例如进出口贸易中应收应付账款的汇率变动影响。

② 折算风险，指外币资产或负债在财务报表中按当期汇率折算时产生的账面价值波动，如子公司欧元资产因欧元贬值导致母公司合并资产减少。

③ 经济风险，指汇率长期波动影响企业未来现金流、市场份额等经营层面的潜在损失，如出口竞争力下降或成本上升。

(2) 风险管理方法

① 金融工具对冲：

远期合约：锁定未来汇率，适用于确定性收付。

期权合约：支付权利金保留盈利空间。

货币互换：对冲长期外币债务。

② 经营性策略：

合同条款优化：优先选择本币或硬通货计价，加入汇率调整条款。

收付时间管理：提前结汇或延迟付汇以规避预期波动。

多边净额结算：跨国子公司对冲头寸减少换汇需求。

③ 结构性调整：

业务多元化：通过全球分散经营抵消局部汇率影响。

供应链本地化：在销售市场建立采购体系降低币种错配。

2. 国际直接投资(FDI)对东道国和母国经济的影响具有双重性，具体表现如下：

(1) 对东道国的影响

① 积极影响：

第一，资金注入与经济增长：FDI直接弥补东道国资金缺口，刺激消费和投资需求，推动经济增长。

第二，技术转移与产业升级：外资企业引入先进技术和管理经验，通过示范效应促进本土企业技术进步和产业升级。

第三，国际收支改善：短期内外资流入有助于缓解国际收支压力，但长期可能因资本汇出导致国际收支恶化。

② 潜在问题：

第一，产业控制风险：外资可能主导关键产业，影响本土企业生存空间。

第二，环境压力：部分外资企业追求低成本生产，忽视东道国环保标准。

第三，技术溢出效应有限：多数外资仅转移标准化技术，高新技术转移较少。

(2) 对母国的影响

① 积极影响：

第一，技术升级与产业结构优化：跨国公司为保持竞争力，持续投入研发提升技术水平，推动母国产业结构向高附加值环节转型。

第二，出口扩张：母国企业通过跨国公司内部贸易增加出口机会，促进国际贸易总量增长。

② 潜在挑战：

第一，短期资本外流压力：对外投资导致国内资金流出，可能加剧国内失业和资本缺口。

第二，技术依赖风险：过度依赖外资技术可能导致本土创新能力下降。

综合来看，FDI对东道国多为短期利好、长期利弊兼具，而对母国更多体现为技术升级和出口促进的长期正面效应。

暨南大学 2025 年 434 国际商务专业基础试题

一、单项选择题(每题 2 分，共 20 分)

1. 蒙代尔-弗莱明模型中，货币政策在哪种情况下最有效？(　　)

A. 在固定汇率制下　　B. 在浮动汇率制下

C. 无论汇率制度如何　　D. 无法确定

2. 在 H-O 假设前提下，中国(贸易小国)生产劳动密集型的大米和资本密集型的钢铁。如果中国资本总额突然增加，根据罗勃津斯基定理可以做出预测(　　)。

A. 钢铁行业产量增加，进口减少，大米行业生产萎缩

B. 钢铁行业和大米行业的产量都会增加，进口减少

C. 大米行业的产量和出口增加，钢铁行业萎缩

D. 两个行业生产都会萎缩，进口增加

3. 政府对很多商品的保护采用配额而不是关税是因为(　　)。

A. 配额可以给政府带来更多的收入

B. 配额可以比关税能更精确更有效地控制进口

C. 配额不会妨碍国内市场竞争

D. 配额带来的福利损失较少

4. 弗农关于产品生命周期与国际贸易模式变化的理论是基于(　　)。

A. 不同国家要素禀赋差异的分析　　B. 不同国家生产规模的差异的分析

C. 不同国家需求偏好的差异的分析　　D. 不同国家成本优势动态变动的分析

5. 一种产品的国内市场价格与国际市场价格相差越大，则进口这种产品带来的(　　)。

A. 总福利效应越大　　B. 生产者剩余越大

C. 消费者剩余越小　　D. 政府的关税收益越大

6. 使用 L/C、D/P 和 D/A 三种支付方式结算货款，就卖方的收汇风险而言，从小到大依次排序为(　　)。

A. D/P、D/A、L/C　　B. D/A、D/P、L/C

C. L/C、D/P、D/A　　D. D/P、L/C、D/A

7. 关于贸易差额(顺差和逆差)与贸易的福利效应的关系，以下表述正确的是(　　)。

A. 贸易顺差越大，一国从贸易中获得的福利效应越大

B. 贸易顺差越小，一国从贸易中获得的贸易效应越大

C. 既没有顺差，也没有逆差时，贸易的福利效应最大

D. 贸易差额大小与一国从贸易中获得的福利效应大小，没有直接的关系

8. 以下哪一种贸易理论中，贸易模式是不可预测的？(　　)

A. H-O 理论　　B. 规模经济理论

C. 亚当·斯密的绝对优势理论　　D. 李嘉图的比较优势理论

9. 某年 9 月我某外贸公司与外商签订一份农产品出口合同，规定当年 10 月至 12 月交货，后因 10 月份以后价格猛涨，外贸公司因高额亏损不能出口，经查 8 月份产地曾发生严重水灾，在这种情况下，(　　)。

A. 我方可以利用不可抗力条款，免除责任

B. 我方不能利用不可抗力条款

C. 只要本省贸促会能出具不可抗力证书，我方可以免除责任

D. 我方可以利用不可抗力条款，减少承担的责任

10. 根据《联合国国际货物销售合同公约》的规定，合同成立的时间是(　　)。

A. 接受生效的时间　　B. 交易双方签订书面合同时

C. 在合同获得国家批准时　　D. 当发盘送达受盘人时

二、简答题(每题 15 分，共 45 分)

1. 区域经济一体化在消除贸易壁垒方面与世界贸易自由化是一致的，那么区域经济一体化是否一定能增进世界福利？为什么？

2. 林德的需求偏好相似理论如何解释发达国家之间的大量贸易？

3. 购买力平价理论为何容易高估发展中国家购买力，低估发达国家购买力？

三、案例分析题(1 题，共 15 分)

我某出口企业与某外商按 CIF 某港口、即期信用证方式付款的条件达成交易，出口合同和收到的信用证均规定不准转运。我方在信用证有效期内将货物装上直驶目的港的班轮，并以直运提单办理了议付，国外开证行也凭议付行提交的直运提单付了款。承运船只驶离我国途径某港时，船公司为接载其他货物，擅自将我方托运的货物卸下，换装其他船舶继续运往目的港。由于中途耽搁，加上换装的船舶设备陈旧，使抵达目的港的时间比正常直运船的抵达时间晚了两个多月，影响了买方对货物的使用。为此，买方向我出口企业提出索赔，理由是我方提交的是直运提单，而实际上是转船运输，是弄虚作假行为。我方有关业务员认为，合同用的是“到岸价格”，船舶的舱位是我方租订的，船方擅自转船的风险理应由我方承担。因此按对方要求进行了理赔。

问我方这样做是否正确？为什么？

四、论述题(每题 35 分，共 70 分)

1. 对贸易大国来说，如何在鼓励优势产品出口的同时避免因贸易条件的恶化带来的福利恶化型增长？请从逻辑上做出说明，并提供一些事实证据。

2. 如果某国有 A、B 两大生产行业，A 行业使用劳动与技术进行生产，B 行业使用资本和技术进行生产，技术是公共要素。如果该国遭遇国外的技术封锁，请使用特定要素模型分析可能造成的影响。

暨南大学 2025 年 434 国际商务专业基础试题解析

一、单项选择题(每题 2 分，共 20 分)

1. B。蒙代尔-弗莱明模型中，浮动汇率制下货币政策通过汇率波动影响总需求(如货币扩张→本币贬值→出口增加)，效果显著；固定汇率制下货币政策需维持汇率，无法独立调节经济。

2. A。罗勃津斯基定理指出，某要素(资本)增加会导致密集使用该要素的产业(钢铁)扩张，另一产业(大米)收缩。中国资本增加→钢铁产量上升，进口需求下降；大米因资源被挤占而萎缩。

3. B。配额直接限制进口数量，避免关税受需求弹性影响的不确定性(如需求激增时关税可能无法抑制进口)；配额收入归进口商或政府，关税收入归政府，但精确控制是主因。

4. D。弗农产品生命周期理论强调，产品技术随时间从创新国扩散到模仿国，成本优势动态转移(如美国→欧洲→发展中国家)，属于动态比较优势分析。

5. A。贸易小国国内外价差越大，进口后消费者剩余增加越多(生产者剩余减少有限)，总福利效应越

大(无贸易政策时)。

6. C。L/C(信用证)银行信用，风险最低；D/P(付款交单)买方付款后获单，风险次之；D/A(承兑交单)买方承兑即可获单，卖方面临钱货两空风险，风险最高。

7. D。福利效应取决于专业化分工和资源配置效率，与顺差/逆差无关(如小国出口劳动密集型产品，即使逆差仍可能福利增加)。

8. B。规模经济理论中，贸易模式可能由历史偶然因素(如先行优势)决定，而非要素禀赋或技术差异，因此不可完全预测。

9. B。不可抗力需满足“不可预见、不可避免、无法克服”，8月水灾与10—12月交货的价格上涨无直接因果关系(价格波动属市场风险，非自然灾害直接导致减产)。

10. A。《联合国国际货物销售合同公约》规定，接受送达发盘人时生效，合同即成立(除非另有约定书面形式)。

二、简答题(每题15分，共45分)

1. 区域经济一体化通过消除区域内贸易壁垒，与全球贸易自由化目标部分一致，但其对世界福利的影响并非绝对正向，核心取决于三大效应的平衡：

(1) 静态效应：贸易创造与贸易转移的博弈。区域一体化可通过贸易创造(区域内高效生产替代低效生产)提升资源配置效率，增加世界福利；但也可能产生贸易转移(区域内高成本生产替代区域外低成本供应)，导致全球资源错配。例如，北美自贸区使墨西哥对美出口增加，但部分亚洲国家因贸易转移福利受损。只有当贸易创造效应大于贸易转移时，世界福利才会净增加。

(2) 动态效应与对外歧视的风险。正向动态效应：统一市场促进规模经济(如欧盟航空业整合)、技术扩散(如东盟电子产业分工)，长期可能提升全球生产率。负向风险：对内自由、对外保护的特性可能形成排他性规则(如原产地限制、技术壁垒)，加剧全球贸易体系碎片化，尤其损害非成员国利益。

(3) 与多边贸易体系的协调。若区域一体化成为多边自由化的“跳板”(如RCEP对非成员部分开放)，则可能补充全球福利；若演变为“贸易集团”(如变相提高外部关税)，则会削弱WTO全球治理作用。

(4) 结论。区域经济一体化不一定增进世界福利，需满足：贸易创造主导、动态效应显著、对外歧视较低且与多边体系兼容。国际社会需推动“开放区域主义”，避免贸易集团化和规则碎片化，才能实现区域与全球福利的双赢。

2. 林德的需求偏好相似理论从需求侧系统解释了发达国家间的贸易现象，其核心逻辑为：收入水平决定需求结构，需求重叠催生贸易，最终形成以产业内贸易为主的贸易格局。

(1) 收入水平与需求重叠的内在关联。一国的需求结构由人均收入水平直接塑造：高收入国家的消费者更倾向于高质量、多样化的制成品(如高端汽车、智能家电、品牌服饰)，而低收入国家则侧重基本消费品。发达国家由于人均收入相近，其需求结构呈现高度重叠，例如，德国与法国对中档汽车、精密机械的品质要求相似，美国与日本对电子产品的功能需求接近。这种重叠不仅包括产品类型，还涵盖品质标准、设计偏好甚至品牌认知，为双向贸易奠定了基础。

(2) 国内需求驱动出口的闭环机制。林德指出，厂商的生产决策始终以国内需求为起点：首先满足本土市场需求以降低风险、优化产品，待形成规模经济后，再将产品出口到需求结构相似的国家。以汽车产业为例，德国车企先针对国内市场开发豪华轿车，凭借成熟技术和品牌优势出口到需求匹配的欧洲邻国及日本；日本车企则基于国内对节能、精密的需求研发混动汽车，继而进入欧美市场。这种“国内需求→生产优化→出口扩张”的闭环，使得发达国家间贸易呈现“双向流动”特征。

(3) 产业内贸易的形成与验证。需求重叠直接催生了发达国家间以产业内贸易(同一产品类别的双向贸易)为主的格局。高收入群体对产品差异化的追求(如汽车的性能、服饰的设计、电子产品的功能)，使得同一产品类别内出现多品牌竞争，进而形成相互出口。例如，美国出口特斯拉电动车到德国，同时进口德国宝马汽车。数据显示，OECD国家间贸易中70%为产业内贸易，这正是需求偏好相似理论的现实印证。

(4) 综上，林德理论通过“收入—需求—贸易”的逻辑链，清晰揭示了发达国家因需求结构重叠而产生大量贸易的内在机制，其核心价值在于突破了传统要素禀赋理论的局限，为产业内贸易提供了需求侧解释。

3. 购买力平价(PPP)理论高估发展中国家、低估发达国家购买力，根源在于其“一价定律”假设与现实经济结构的脱节，核心机制可概括为“价格形成差异—统计偏差—购买力误判”的连锁反应。

(1) 非贸易品价格差异扭曲整体购买力测算。PPP假设所有商品可贸易，但发展中国家非贸易品(如理发、医疗)占比超50%，且价格显著偏低：劳动力成本低(印度理发价格仅为美国1/10)、服务业效率差异，导致非贸易品价格被系统性低估，PPP换算时拉高整体购买力。相反，发达国家非贸易品(如大学学费、律师服务)价格高企，但PPP篮子中此类服务权重不足，货币购买力被低估。

(2) 商品品质差异未被充分剔除。发达国家商品价格包含品质溢价(如德国汽车的安全配置、日本电子产品的耐用性)，而发展中国家低价商品可能存在质量缺陷(如食品卫生标准低)。PPP将不同品质商品视为同质，导致：发达国家品质溢价被误判为“购买力不足”，发展中国家质量折让被误判为“购买力过剩”。

(3) 统计偏差放大测算误差。PPP篮子更贴近发达国家消费结构(如奢侈品权重较高)，忽视发展中国家特有商品；发展中国家非正规经济占比高(如印度非正规经济占GDP25%)，官方价格数据难以反映真实交易，进一步扭曲PPP结果。

综上，PPP因未考虑非贸易品价格差异、商品品质差异和统计偏差，导致系统性高估发展中国家、低估发达国家购买力。这提示，PPP更适用于长期汇率趋势分析，而非短期购买力比较。

三、案例分析题(1题，共15分)

我方不应向买方理赔，关键依据在于CIF术语的风险划分规则、信用证独立性原则及运输合同责任的明确界定：

(1) CIF术语下卖方责任有限

根据INCOTERMS 2020，CIF条件下卖方的核心义务是提交符合合同的货物和单据(包括直运提单)并支付运费，货物越过装运港船舷后，风险(包括运输延误、承运人违约)即转移给买方。本案中，我方已按信用证要求提交直运提单并完成议付，货物风险自装运后由买方承担，承运人擅自转船属于运输合同纠纷，与我方无关。

(2) 信用证是“单据交易”

信用证业务遵循UCP600“独立抽象原则”，银行仅审核单据表面相符性。我方提交的直运提单真实有效，开证行付款后，买方无权因实际运输问题(如转船)向我方索赔——单据相符即完成卖方义务，实际运输与信用证交易分离。

(3) 承运人擅自转船的责任归属

提单明确记载“直运”，承运人未经同意转船违反《海牙规则》第3条，构成违约，买方作为提单持有人应直接向承运人索赔延误损失(如滞港费、市场损失)。我方作为卖方，仅负责租船订舱，与承运人之间的运输合同纠纷应由买方处理，我方无义务承担承运人违约的后果。

(4) 我方错误的本质

业务员误将“CIF=卖方承担一切运输责任”，忽视了CIF术语下“风险转移”与“运输安排”的区别——卖方安排运输但不保证运输过程无违约，“到岸价格”仅指运费和保险费由卖方支付，而非运输责任由卖方承担。

(5) 结论

我方不应理赔，应拒绝买方索赔，建议其依据提单向承运人追责。本案理赔属于对贸易术语和运输合同责任的误解，正确做法是通过法律或行业规则明确责任边界，维护自身权益。

四、论述题(每题35分，共70分)

1. 贸易大国若过度依赖优势产品出口，易陷入“出口增加—价格下跌—贸易条件恶化—福利减少”的悲惨增长陷阱。其核心条件包括：出口产品需求弹性低(如大宗商品)、出口占全球市场份额超30%引发“大国效应”、经济增长高度依赖单一出口产业。避免这一陷阱需从结构优化、附加值提升、政策协调三方面系统应对：

(1) 产品与市场结构升级：降低单一依赖

① 理论逻辑：过度集中出口低弹性产品(如大宗商品)易引发“大国效应”(出口增量压低国际价格)。通过产品多元化和市场分散可缓解这一风险。

② 事实证据：巴西曾因大豆出口占全球40%导致价格下跌，后转向大豆加工品（豆油、蛋白饲料）出口，附加值提升的同时避免冲击国际市场；通过开拓非洲市场，单一市场依赖度从65%降至38%，贸易条件改善。

（2）提升附加值与需求弹性：技术溢价对冲价格风险

① 理论逻辑：低附加值产品需求弹性低，高附加值产品需求弹性更高，可通过技术创新形成溢价，抵消出口量增加带来的价格压力。

② 事实证据：韩国20世纪70年代出口低附加值钢铁，90年代转向高附加值半导体，全球市场份额从5%升至19%，但因技术溢价，出口价格稳定，贸易条件未恶化。

（3）政策协同：产业与贸易政策平衡

① 理论逻辑：通过出口配额管理过剩产能、研发补贴推动技术升级，可在扩大出口的同时维持价格稳定。

② 事实证据：欧盟通过"生产配额+绿色补贴"管理农产品出口，2000—2020年出口增长65%，但因产量增速低于全球需求增速，国际价格保持稳定，避免"量增价跌"。

（4）结论

贸易大国的核心是从"数量扩张"转向"质量竞争"：通过产品升级提升需求弹性，市场分散降低单一依赖，政策协同平衡出口增速与价格稳定。巴西、韩国及欧盟的实践表明，这一转型需要产业政策（研发投入）、贸易政策（配额管理）与国际合作的联动，方能在出口增长中维持贸易条件。

2. 技术封锁通过冲击公共要素（技术）的供给，引发可流动要素（劳动）的跨行业再配置，最终导致要素收入分化与经济结构失衡——这一过程可通过特定要素模型清晰呈现：

（1）技术封锁的初始冲击：两行业边际产出分化。模型假设经济存在技术依赖行业（如高科技制造业，使用劳动+技术）和资本依赖行业（如传统制造业，使用资本+技术），技术作为公共要素同时服务于两行业。当遭遇技术封锁时，两国技术扩散渠道中断，两行业技术水平均下降，但技术依赖行业因技术密集度更高，边际劳动产出（MPL）下降幅度显著大于资本依赖行业。这种边际产出分化成为后续要素流动的核心驱动力。

（2）劳动跨行业流动：从失衡到均衡的调整。边际产出分化打破初始均衡，引发劳动从技术依赖行业向资本依赖行业流动：

① 短期失衡阶段：技术依赖行业MPL大幅下降，劳动需求减少，工资水平（W_1）降低；资本依赖行业MPL下降较少，工资水平（W_2）相对较高，形成工资差（$W_2>W_1$）。

② 长期均衡阶段：劳动持续流入资本依赖行业，导致前者劳动投入减少（$L_1\downarrow$），MPL因"劳动稀缺"而逐步回升；后者劳动投入增加（$L_2\uparrow$），MPL因"劳动过剩"而逐步下降，直至两行业工资水平重新均等（$W_1=W_2$），要素流动停止。

（3）要素收入与经济结构的连锁反应。劳动流动进一步引发要素收入与经济结构的分化：

① 特定要素所有者：技术依赖行业的专用设备所有者因MPL下降且劳动流出，边际产出（MPK）进一步降低，收入显著萎缩；资本依赖行业的资本所有者虽面临MPL下降，但劳动流入部分抵消技术冲击，MPK下降幅度较小，收入相对稳定。

② 劳动所有者：整体工资水平低于封锁前，但资本依赖行业劳动者因需求增加，收入在调整期间始终高于技术依赖行业。

③ 经济结构：技术依赖行业因技术和劳动双重流失而衰退，资本依赖行业因劳动流入部分维持产出，但整体经济呈现"技术空心化"，总产出下降。

（4）长期增长风险：创新抑制与要素固化。若技术封锁长期持续，将形成双重负面效应：一是技术依赖行业因缺乏外部技术升级路径，创新动力被抑制；二是劳动过度集中于低技术行业，形成"低技术锁定"，抑制整体生产率提升。这两种效应叠加，最终导致长期经济增长放缓。

（5）结论。技术封锁通过公共要素质量下降，触发"边际产出分化→劳动流动→收入分化→结构失衡"的连锁反应，对技术依赖型经济造成结构性损害。特定要素模型揭示：技术可获得性不仅决定行业竞争力，更影响要素配置效率与长期增长潜力，技术依赖型国家需通过自主创新打破封锁，避免陷入"低技术均衡陷阱"。

江西财经大学2025年434国际商务专业基础试题

一、名词解释(每题6分，共30分)

1. 员工绩效管理
2. 企业联盟
3. 集中性营销战略
4. 垂直差异化
5. 多国战略

二、简答题(每题10分，共40分)

1. 什么是牙买加体系？如何评价？
2. 简述边际产品扩张理论并评价。
3. 简述雷布津斯基的内容，并举例说明。
4. 跨文化冲突是什么？跨文化冲突产生的主要因素有哪些？

三、论述题(每题25分，共50分)

1. 总结以产业内贸易为主要现象的新国际贸易理论的主要特征和核心观点。
2. 试述国际收支贸易乘数论的主要内容，并予以评价。

四、案例分析题(每题10分，共30分)

海尔集团创立于1984年。海尔始终以用户体验为中心，连续11年稳居欧睿国际世界家电第一品牌。海尔致力于建设衣食住行康养医教等物联网生态圈，为全球用户定制个性化的智慧生活。2020年6月30日，全球最大的传播集团WPP与品牌资产研究专家凯度集团(Kantar)联合发布了2020年BrandZ最具价值全球品牌100强，海尔以全球唯一物联网生态品牌蝉联百强。全球排名较上一年提升21位，品牌价值显著提升，生态品牌持续引领。同时，海尔还获得BrandZ授予的全球第一个“物联网生态品牌”奖。该奖项旨在表彰海尔在全球品牌进化方面的标杆引领。

2018年，海尔集团全球营业额达2661亿元，同比增长10%；全球利税总额突破331亿元，同比增长10%；生态收入达151亿元，同比增长75%。海尔拥有上市公司4家，孵化独角兽企业5家、瞪羚企业23家，在全球设立10大研发中心、25个工业园、122个制造中心，拥有海尔、卡萨帝统帅、美国GE Appliances、新西兰Fisher & Paykel、日本AQUA、意大利Candy，卡奥斯COSMOPlat，日日顺、盈康一生、海尔生物医疗、海纳云、海创汇、海尔兄弟等众多生态品牌和新物种。

从1984年创业至今，海尔集团经过了名牌战略发展阶段、多元化战略发展阶段、国际化战略发展阶段、全球化品牌战略发展阶段、网络化战略发展阶段和生态品牌战略发展阶段。

(1) 名牌战略发展阶段(1984—1991年)：

要么不干，要干就干第一。时代机遇：国家实行改革开放。一般企业做法：只注重产量，而忽视了质量。海尔创新做法：没有盲目上产量，而是严抓质量。海尔管理创新：实施全面质量管理，要么不干，要干就干第一。1985年，一位用户来信反映海尔冰箱有质量问题，张瑞敏让员工用大锤亲自砸毁76台有缺陷的冰箱，砸醒了员工的质量意识。

(2) 多元化战略发展阶段(1991—1998)：

海尔文化激活“休克鱼”。时代机遇：国家鼓励兼并重组。一般企业做法：兼并后发展不下去；反对多元化发展。海尔创新做法：兼并国内多家家电企业。海尔管理创新：实施

OEC管理模式，海尔文化激活“休克鱼”。以“海尔文化激活休克鱼”的思路先后兼并了国内十八家企业，使企业在多元化经营与规模扩张方面，进入了一个更广阔的发展空间。这一阶段，海尔开始实行OEC(Overall Every Control and Clear)管理法，即每人每天对每件事进行全方位的控制和清理，目的是“日事日毕，日清日高”。这管理法也成为海尔创新的基石。

(3) 国际化战略发展阶段(1998—2005)：

走出国门，出口创牌。时代机遇：中国加入WTO。一般企业做法：出口创汇，走出去又退回来做订牌。海尔创新做法：出口创牌，海外建立“三位一体”本土化模式。海尔管理创新：实施“市场链”流程再造走出国门，出口创牌。

(4) 品牌战略发展阶段(2005—2012年)：

创造互联网时代的全球化品牌。时代机遇：互联网的发展。一般企业做法：以企业为中心卖产品。海尔创新做法：以用户为中心卖服务。海尔管理创新：探索“人单合一双赢”商业模式。海尔整合全球的研发、制造、营销资源，创全球化品牌。

(5) 网络化战略发展阶段(2012—2019年)：

网络化的市场，网络化的企业。时代机遇：互联网的发展。一般企业做法：以自身为中心的传统型企业。海尔创新做法：互联网时代的平台型企业。海尔管理创新：继续探索“人单合一双赢”商业模式。在海尔看来，网络化企业发展战略的实施路径主要体现在三个方面：企业无边界、管理无领导、供应链无尺度，即大规模定制，按需设计，按需制造，按需配送。

(6) 生态品牌战略发展阶段(2019年至今)：

人是目的，有生于无。2019年12月26日，在海尔集团创业35周年暨第六个发展阶段战略主题和第四代企业文化发布仪式上，海尔集团董事局主席、首席执行官张瑞敏等共同开启了第六个战略阶段——生态品牌战略阶段。该战略是要跟用户交互，借助区块链、物联网等新工具，提供用户所需要的产品和服务。具体而言，在物联网语境下，将持续以用户需求为导向，让员工发挥最大价值为用户创造价值：以生活场景为目标，突破产品和行业的边界，深度挖掘和掌握用户动态的需求，持续为用户提供个性化产品和场景服务，打破过去价格交易的传统产品售卖逻辑，从而开启新的价值交互模式。

请回答：

1. 海尔许多的成就与其战略选择是否有相关性，为什么？
2. 海尔生态品牌战略的含义是什么，实施该战略有何重大意义？
3. 海尔各阶段战略有何相关性，其国际化战略有何特点？取得了哪些重要成就？

江西财经大学2025年434国际商务专业基础试题解析

一、名词解释(每题6分，共30分)

1. 员工绩效管理，是通过系统化方法持续提升员工工作效能的管理流程，包含目标设定、过程监控、结果评估和反馈改进四个核心环节。现代企业通常采用KPI、OKR或平衡计分卡等工具，将组织战略目标逐层分解为员工个人目标。

2. 企业联盟，指两个及以上独立法人实体为实现战略目标建立的长期合作关系，包括合资企业、研发联盟等形态。根据交易成本理论，联盟能降低市场交易费用并规避并购风险。典型的成功要素包括：清晰的权责划分、知识保护机制。

3. 集中性营销战略，指企业集中全部资源服务特定细分市场的竞争策略，通过选择重点产品系列、顾客群体或区域市场实现精准突破。适用于中小企业资源有限或新兴市场开拓阶段，与成本领先、差异化战略并称三大基本竞争战略。

4. 垂直差异化指企业通过技术升级或资源投入，推出在客观性能参数上优于竞品的产品(如手机芯片算力、汽车发动机效率)，形成可被消费者普遍认可的质量等级体系。其核心特征为：(1)可排序性：存在明确优劣标准；(2)偏好一致性：多数消费者认为高端产品更优；(3)溢价能力：高质量层级产品可获得显著价格溢价。

5. 多国战略是跨国企业本土化经营的高级形态，要求深度适应东道国市场特性。实施维度包括：产品调整、渠道变革、传播适配。与全球化战略相比，其优势在于文化敏感性(如联合利华在印尼推出的低价小包装洗发水)，但会导致研发重复投入。

二、简答题(每题10分，共40分)

1. (1)牙买加体系，是国际货币基金组织于1976年通过的《牙买加协定》，确立的国际货币体系框架，主要内容包括以下核心要素：

① 汇率制度多样化：浮动汇率成为主流，同时部分国家采用钉住汇率制度。这使得各国可以根据自身情况选择适合的汇率制度。

② 黄金非货币化：取消黄金官价，废除黄金作为国际货币的职能，中央银行可自由交易黄金。

③ 国际储备多元化。美元虽保持主要储备货币地位，但垄断格局被打破。这意味着除了美元，其他货币如德国马克、日元、英镑，甚至我国的人民币，都可以作为国际储备使用。

(2) 积极意义：

① 灵活性增强：多元储备和浮动汇率缓解了特里芬难题，适应了全球经济多极化趋势。

② 调节机制多样化：通过汇率、利率、国际金融市场等多渠道调节国际收支失衡。

(3) 主要缺陷：

① 汇率波动风险：浮动汇率导致外汇市场频繁动荡，加剧贸易与投资不确定性。

② 责任失衡：美元等主权货币作为储备货币，发行国享有铸币税特权却无须承担稳定责任。

③ 调节机制不完善：全球性收支失衡问题(如贸易逆差)仍缺乏有效解决方案。

2. (1)边际产业扩张理论核心观点是：对外直接投资应从本国已处于或即将处于比较劣势的产业(即边际产业)开始，这些产业在东道国具有比较优势或潜在比较优势。通过投资利用东道国的优势资源，扩大两国间的比较成本差距，从而创造更多贸易机会。

(2) 理论贡献：

该理论成功解释了日本企业在20世纪70年代的对外投资行为，尤其是中小企业如何通过转移适用技术到发展中国家，形成贸易创造型投资(而非替代型)。例如，日本企业将国内失去竞争力的制造业转移到东南亚等劳动密集型地区，既保留了技术优势又扩大了国际市场。

(3) 理论局限：

① 适用范围有限：主要适用于发达国家对发展中国家的垂直型产业转移，无法解释发展中国家通过吸引外资实现产业升级的现象。

② 技术转移特征：强调适用技术转移而非高新技术研发，这与日本企业实际投资行为相关，但忽略了技术创新的动态过程。

③ 动态调整不足：未考虑企业通过对外投资获取新技术或市场网络等新优势的可能性，无法解释跨国公司反向投资母国的案例。

3. (1)雷布津斯基定理是国际贸易理论中的重要命题，核心内容为：在商品相对价格不变的条件下，某一生产要素的增长会导致密集使用该要素的商品产量增加，而另一种商品产量减少。该定理基于完全竞争市场、生产技术不变等假设，揭示了要素禀赋变化对生产结构的影响。该定理在国际贸易中的意义在于：要素增长可能改变一国的比较优势和贸易模式，例如资本积累可能使原本出口劳动密集型商品的国家转向出口资本密集型商品。

(2) 例证：

① 荷兰病(资源诅咒)：1960年代荷兰发现天然气后，资本大量涌入能源行业，制造业投资下降25%，纺织品出口减少40%。

② 中国制造业扩张：1990—2010年，中国工业资本存量增长5倍，导致机械产品出口增加12倍，而农业就业人口下降30%，印证了定理的动态效应。

4. (1)跨文化冲突是指在文化差异背景下，不同文化群体或个体在价值观、行为方式、沟通方式等方面产生矛盾、隔阂或误解的现象。其核心在于文化要素的对立与排斥，常见于跨国经营、国际交流等场景。

(2) 产生的主要原因

① 价值观差异。不同文化对集体与个人、传统与现代等价值观存在根本对立(如东方集体主义与西方个人主义)，导致深层意识形态冲突。

② 沟通障碍。语言、非语言符号(如肢体语言)的差异会造成信息误解，例如日本某广告因文化差异被误解为宣传性疾病。

③ 行为规范差异。时间观念、社交礼仪等行为准则的不同(如商务场合的握手与作揖)，易引发具体行为层面的摩擦。

④ 历史与身份认同。历史遗留问题(如殖民记忆)和文化认同危机(如年轻一代的文化迷失)会加剧群体对抗。

⑤ 管理方式差异。管理风格(如专制型与民主型)的冲突，在跨国企业中尤为明显，例如中国式管理偏好民主协商。

三、论述题(每题25分，共50分)

1. (1)新国际贸易理论以产业内贸易现象为核心，其特征有：

① 规模经济与产品差异化。该理论强调规模经济在产业内贸易中的作用，企业通过扩大生产规模降低单位成本，同时产品差异化(如品牌、质量差异)满足消费者多样化需求。

② 不完全竞争市场结构。突破传统理论中完全竞争市场的假设，引入产业组织理论，分析不完全竞争市场下企业行为对贸易模式的影响，重点研究异质企业(如生产率差异、组织形式差异)的贸易决策。

③ 双向贸易流动特征。产业内贸易通常涉及同类产品的双向流动，例如发达国家之间的高技术产品贸易或发展中国家之间的劳动密集型产品交易。

(2) 产业内贸易现象可以通过以下国际贸易理论得到有效解释：

① 规模经济贸易理论：突破传统完全竞争假设，强调产品差异化和垄断竞争市场结构的作用。工业品具有类似但不同质的特性，规模经济效应促使同类产品双向贸易。

② 需求偏好相似理论：认为人均收入水平相近的国家会形成重叠需求，推动产业内差异化产品的相互贸易。新产品通常先满足本国需求，再出口到偏好相似的国外市场。

③ 产品差异化理论：产业内贸易的核心驱动力是同类产品的垂直差异(质量)或水平差异(特性)，消费者通过多样化选择获得福利提升

④ 规模报酬递增理论：不完全竞争市场下，企业通过扩大生产规模降低成本，形成专业化分工，导致同类产品在不同国家的互补性贸易。

⑤ 战略性贸易理论：政府干预可帮助本国企业在规模经济产业中获得竞争优势，典型案例如航空制造业的产业内贸易。

2. (1)国际收支乘数论认为，一国出口增加会通过以下路径影响经济：首先，出口增长直接提高国民收入；其次，收入增加带动国内消费需求上升，进而刺激进口增加；最后，进口增加又会部分抵消最初的出口增长效应。这一过程形成的乘数大小取决于边际进口倾向(*MPM*)和边际储蓄倾向(*MPS*)。其基本公式为：$k=1/(MPS+MPM)$，其中k代表国际收支乘数。当*MPS*或*MPM*越大时，乘数效应越小。

(2) 国际收支乘数论作为凯恩斯主义的核心理论之一，系统阐述了对外贸易与国民收入的互动机制。其理论价值主要体现在：首先，突破弹性论的局部均衡分析，构建了“出口增长→收入乘数→进口反馈”的全球循环框架，首次将国际收支调整纳入宏观经济整体分析；其次，揭示了贸易差额的动态平衡特性，指

出单边贸易顺差会通过收入传导机制引发“国外回应效应”，最终趋向均衡；再者，为政府实施需求管理政策提供了理论依据，特别是通过出口补贴等政策工具刺激经济复苏。

但该理论存在明显局限：其一，假设前提严苛，要求各国均存在闲置资源且未达到充分就业，否则出口扩张将引发需求拉动型通胀而非产出增长；其二，忽视资本流动影响，未考虑收入增长可能吸引外资流入从而抵消贸易逆差的作用；其三，作为短期静态分析模型，难以解释汇率变动、价格弹性等长期因素的影响。这些缺陷使其在解释当代复杂国际经济现象时显得力不从心。

四、案例分析题(每题 10 分，共 30 分)

1. 海尔的成就与其战略选择高度相关，各阶段战略均紧扣时代机遇并通过管理创新实现突破：

① 名牌战略：通过“砸冰箱”事件确立质量意识，实施全面质量管理，奠定品牌基础。

② 多元化战略：以“文化激活休克鱼”模式兼并重组，拓展产品线，形成规模效应。

③ 国际化与全球化品牌战略：从“出口创牌”到构建全球研发、制造网络，实现品牌国际化。

④ 生态品牌战略：通过“人单合一”模式转型平台型企业，孵化众多生态品牌，推动收入结构多元化。

2. (1)生态品牌战略以用户需求为核心，借助物联网、区块链技术，打破产品边界，提供场景化、个性化服务，构建开放的商业生态系统。

(2) 意义：

① 用户价值重构：从卖产品转向卖服务，通过动态交互挖掘用户需求，提升黏性。

② 产业模式创新：孵化独角兽企业和新物种，形成跨行业协同效应，拓展增长空间。

③ 行业引领地位：成为全球首个“物联网生态品牌”，树立数字化转型标杆。

3. (1)各阶段呈递进关系：名牌战略奠定质量与管理基础；多元化与国际化扩大规模、积累资源；网络化与生态品牌战略顺应互联网趋势，实现从企业到生态的跃迁。

(2) 国际化战略特点：

① 本土化模式：海外建立研发、制造、营销“三位一体”体系，避免单纯代工。

② 品牌并购：收购 GE Appliances、Fisher & Paykel 等国际品牌，快速切入当地市场。

(3) 国际化成就：

① 构建全球 10 大研发中心、25 个工业园布局。

② 形成多品牌矩阵，实现从“走出去”到“走进去”的跨越。

南京大学 2025 年 434 国际商务专业基础试题

一、名词解释(每题 5 分，共 30 分)

1. H-O-S
2. 贸易创造
3. 三元悖论
4. 可调整的钉住汇率制度
5. 弱式有效市场
6. 顺贸易增长

二、简答题(每题 12 分，共 72 分)

1. 简述黄金市场的参与者及其在金融市场的作用。

2. 简述对称性货币合作和非对称货币合作的异同。

3. 美国国内收入差距越来越大，同时美国对华的贸易保护也越来越显著。结合贸易政策的政治经济学原理来分析两者的联系。

4. 进口配额和等效进口关税有什么区别？

5. 国际收支逆差的自动调节机制和政策调节机制分别是什么？

6. 反倾销税征收的条件有哪些，商品价值如何确定？

三、论述题(每题 24 分，共 48 分)

1. 请结合国际生产折中理论，分析我国企业进行对外直接投资的原因。

2. 2024 年 9 月 18 日，美联储宣布降息 50 个基点。当日，人民币汇率单日波动 157 个基点，呈现典型的汇率超调特征。试结合美联储降息描述汇率超调模型。

南京大学 2025 年 434 国际商务专业基础试题解析

一、名词解释(每题 5 分，共 30 分)

1. H-O-S，又称要素价格均等定理。这里的 S 是指萨缪尔森(Samuelson)，是他在赫克歇尔与俄林的工作的基础上证明了这个定理，因此被称为 H-O-S 定理。要素价格均等定理讲的是：国际贸易会使各国同质要素获得相同的相对与绝对收入，这样一来国际贸易就成了国际间要素流动的替代品了。

2. 贸易创造，指区域经济一体化过程中，成员国间关税壁垒降低促使高成本国内生产被低成本伙伴国进口替代，从而新增的贸易流量。根据维纳的关税同盟理论，贸易创造需满足“生产效应”(资源优化配置)与“消费效应”(价格下降刺激需求)双重条件，区别于单纯的贸易转移。

3. 三元悖论理论指出，一国在货币政策独立性、资本自由流动与固定汇率制度三大宏观经济目标中，最多只能同时实现两项。例如中国选择货币政策独立+汇率稳定，需实施资本管制；美国保持资本自由流动+货币政策独立，则须放弃汇率干预；香港联系汇率制选择资本自由流动+汇率稳定，则丧失利率自主权。

4. 可调整固定汇率制度，是一种介于固定汇率与浮动汇率之间的汇率安排在可调整固定汇率制下，汇率通常长期固定，仅在出现经济基本面严重失衡(如国际收支危机)时由政府或央行主动进行一次性较大幅度的调整。1944—1971 年期间，可调整钉住制度被纳入布雷顿森林体系框架，成为当时国际货币体系的主要运行机制。

5. 弱式有效市场，是尤金·法玛有效市场假说的基础形态，其核心表现为证券价格已完全消化所有历史交易信息(包括历史价格序列、成交量、换手率等市场行为数据)。在弱式有效市场中，技术分析无效，投资者需依赖基本面分析或内幕信息(若存在)才能获取超额收益。

6. 顺贸易增长，指通过贸易自由化、降低关税壁垒、优化供应链等措施主动促进国际贸易规模扩大的经济发展模式。其核心特征包括：(1)政策导向性，如签订自贸协定；(2)产业协同性，推动出口行业与配套产业联动发展；(3)效益外溢性，通过技术扩散和竞争效应提升全要素生产率。

二、简答题(每题 12 分，共 72 分)

1. (1)黄金市场参与者主要包括中央银行、金融机构、矿业公司、珠宝制造商和个人投资者，他们在市场中扮演多重角色并影响价格波动。中央银行通过调整黄金储备影响市场供需；商业银行提供交易和流动性支持；投资机构如对冲基金和 ETF 通过买卖影响短期价格；生产商和加工商作为供应链的核心参与者；个人投资者通过实物或金融产品参与市场。

(2) 黄金市场在金融市场中的作用：

① 避险资产。当经济不稳定、政治冲突或金融危机发生时，黄金因其稀缺性和价值稳定性成为投资者避险的首选。

② 货币储备工具。黄金仍是各国央行重要的外汇储备资产，有助于稳定货币价值。

③ 资产配置工具。黄金与其他资产(如股票、债券)相关性低，可降低投资组合整体风险。例如将黄金纳入投资组合中，能在市场波动时平衡收益。

④ 商品属性。黄金在珠宝、电子工业等领域有广泛应用，其需求变化直接影响市场价格。

⑤ 流动性。黄金市场全球性且 24 小时交易，为投资者提供了灵活的交易渠道。

2. (1)对称性货币合作与非对称性货币合作的不同之处

① 权力结构。对称性货币合作，参与国经济实力相近，决策权相对均衡，例如欧元区成员国通过欧洲央行共同制定货币政策。非对称性货币合作，存在主导方，如布雷顿森林体系中美国主导美元与黄金挂钩，其他国家货币与美元挂钩。

② 政策协调。对称性合作要求成员国高度协调经济政策，甚至部分让渡主权；非对称性合作则更多体现为主导国单方面提供流动性支持或汇率锚定。

③ 经济基础。对称性合作通常基于经济趋同(如通胀率、财政赤字等指标相近)；非对称性合作则常见于经济差异较大的国家间，依赖主导国的信用或储备货币地位。

(2) 对称性货币合作与非对称性货币合作的相同之处

① 均旨在通过货币协作提升区域经济稳定性。

② 需建立制度框架(如协议、共同机构)以约束成员国行为。

3. 美国对华贸易保护的强化与国内收入差距扩大存在深层次的政治经济学关联。从政策内生性视角看，贸易政策本质上是国内利益集团博弈的结果，而收入分化通过改变政治力量对比直接影响政策走向。

(1) 收入差距扩大催生贸易保护的国内动力

① 选民基础重构。白人中产阶级收入停滞与贫富差距扩大，导致其将经济困境归咎于全球化竞争。这一群体构成特朗普政府贸易保护主义的核心支持者，推动政策向“对等关税”“制造业回流”等议题倾斜。

② 政治极化传导。收入分化加剧政治极化，共和党为巩固保守派基本盘，将对华强硬立场塑造为身份政治符号。贸易政策从经济工具异化为政治动员手段。

(2) 贸易保护政策反向加剧收入分化

① 利益分配的非对称性。关税措施短期内提升进口竞争行业利润，但资本所有者获益远高于劳工阶层。企业通过自动化替代人工进一步压缩工资空间，形成“保护主义—技术替代—就业质量下降”的恶性循环。

② 通胀税效应。对华关税推高消费品价格，低收入群体边际消费倾向更高，实际购买力受损更显著。美联储为抑制通胀被迫加息，又加剧债务负担，形成对弱势群体的双重挤压。

(3) 制度性锁定与路径依赖

现行选举制度放大铁锈地带摇摆州的政治权重，使贸易保护成为两党竞相承诺的“刚性政策”。利益集团通过政治献金巩固政策壁垒，导致即便经济证据显示政策失效仍难以调整。这种闭环机制持续强化收入差距与贸易保护的互馈关系。

4. 进口配额与等效进口关税的主要区别：

（1）限制方式。进口配额通过直接规定进口数量或金额上限来限制进口，超过限额则禁止进口；等效进口关税通过提高关税税率间接增加进口成本，从而限制进口量。

（2）政府收益。进口配额若通过拍卖分配，政府可获得类似关税的税收收入（配额租金）；等效进口关税直接增加政府财政收入。

（3）市场调节。等效进口关税下，进口量随国内需求弹性变化，例如需求增加可能导致进口量同步增加；进口配额则固定进口限额，市场波动不影响配额执行。

（4）经济影响：进口配额可能引发国内市场垄断（如许可证持有者操控价格），而等效进口关税通过价格机制调节市场，对国内生产量和价格影响较小。

5.（1）国际收支逆差的自动调节机制：

① 价格机制：逆差导致外汇储备减少→货币供应量下降→国内物价下跌→出口商品竞争力增强（价格下降）、进口商品相对昂贵→贸易收支改善。在金本位制下表现为“物价-现金流动机制”，黄金外流直接导致物价调整。

② 利率机制：货币供应收缩推高利率→吸引外资流入改善资本账户，同时抑制国内投资消费→减少进口需求。固定汇率制下尤为显著，如逆差国利率上升可吸引短期套利资本。

③ 收入机制：逆差导致国民收入下降→通过边际进口倾向减少进口需求→逐步修正贸易逆差。该机制存在时滞性，适合结构性失衡调节。

（2）国际收支逆差的政策调节机制：

① 需求管理政策。支出增减型：紧缩性财政（增税/减支）与货币政策（加息）抑制总需求，减少进口；支出转换型：主动贬值汇率、加征关税等改变需求方向。

② 直接管制措施。贸易管制：实施进口配额、许可证制度；外汇管制：限制资本外流、强制结汇等行政干预。

③ 供给端改革。通过产业升级、技术创新提升出口竞争力，属长期调节手段。

④ 国际协调手段。动用外汇储备、申请 IMF 贷款等资金融通措施短期平衡逆差，布雷顿森林体系时期多国采用此方式。

6.（1）反倾销税征收需满足三个核心条件：

① 构成倾销的条件：出口价格低于正常价值（正常价值可通过出口国国内市场价格、第三国可比价格或结构价格确定）。

② 国内产业受损条件：进口产品导致国内产业实质性损害（如销量下降、利润减少、产能利用率降低等）。

③ 因果关系条件：倾销行为与国内产业损害之间存在直接因果关系（需排除其他经济因素干扰）。

（2）正常价值确定方法：

① 国内市场价：出口国国内市场正常贸易中的可比销售价格（需满足销量≥出口量 5%等条件）。

② 第三国价格：若国内无销售或销量不足，采用出口至第三国的最高可比价格。

③ 结构价格：当上述两种方法不可行时，以生产成本加合理管理、销售、一般费用及利润计算。

三、论述题（每题 24 分，共 48 分）

1.（1）国际生产折中理论（OLI 范式）认为，企业对外直接投资需同时具备所有权优势、区位优势和内部化优势三大核心要素。所有权优势体现为企业独有的技术积累、品牌价值或规模效应等无形资产，这种优势需具备跨国转移的可行性；内部化优势源于企业通过直接投资降低交易成本、保护知识产权或规避市场不完全性，而非选择技术授权等外部化方式；区位优势则反映东道国在资源禀赋、市场潜力或制度环境等方面对特定产业的吸引力。三个优势必须同时具备且形成协同，才能支撑有效的对外直接投资决策。

（2）结合我国企业对外投资的实际情况，具体原因如下：

① 所有权优势。我国部分企业（如华为、联想）在技术、品牌、管理等方面拥有独特资源，这些优势成为其海外扩张的基石。例如华为的通信技术、联想的制造工艺等，通过内部化控制可避免技术泄露风险，

更适合通过直接投资而非技术授权。

② 区位优势。我国企业倾向于选择资源丰富(如非洲能源)、市场潜力大(如东南亚)或政策友好的"一带一路"国家。这些地区在劳动力成本、政策支持等方面具有吸引力，符合企业降低成本、扩大市场的需求。

③ 内部化优势。为避免技术、品牌等核心资源被外部市场侵蚀，我国企业更倾向于通过自建工厂等直接投资方式控制供应链。例如在海外设立制造基地，既能保护技术秘密，又能快速响应市场需求变化。

该理论还指出，当企业仅具备所有权优势时，倾向于技术授权；同时具备所有权和内部化优势时，则选择出口；仅当三种优势均具备时，才会进行国际直接投资。我国企业当前的投资模式与该理论高度契合。

2.(1)汇率超调是指汇率在短期内对经济冲击做出过度反应，随后逐渐调整到长期均衡水平的现象。其核心机制在于：当经济受到外部冲击时，资产市场价格(汇率、利率)能迅速反应，而商品市场价格因黏性调整滞后。短期内利率下降引发资本外流，导致本币贬值幅度超过长期均衡水平；长期中随着商品价格逐步调整，汇率最终回归均衡值。

(2) 2024年9月的汇率波动完美体现了多恩布什模型预测的超调特征：

① 短期过度反应：9月18日单日波动157个基点，幅度明显大于长期均衡水平。这种剧烈波动无法用基本面因素完全解释，更多是市场情绪的集中释放。

② 逐步回调：在随后几个交易日，人民币汇率波动幅度减小，逐步向合理均衡水平回归。9月26日中间价报7.0354，9月30日报7.0074，显示升值压力持续但波动趋缓。

③ 价格黏性表现：中国9月CPI同比仅为0.4%，PPI同比-2.8%，显示国内价格调整缓慢，与汇率快速变动形成鲜明对比。

④ 资本流动印证：降息后外资加速流入中国资本市场，2024年四季度北向资金净买入A股超800亿元，验证了利率平价机制的作用。

(3) 汇率超调产生的深层原因：

① 货币政策分化：美联储开启降息周期，而中国央行保持相对稳定的货币政策，导致中美利差收窄，资本流向人民币资产。

② 市场预期突变：美联储降息50个基点超出市场预期，引发投资者重新评估全球资本配置策略，形成"羊群效应"。

③ 流动性冲击：降息导致全球美元流动性增加，新兴市场资产普遍受益，人民币作为主要新兴市场货币受到追捧。

④ 杠杆交易平仓：部分做空人民币的投机资金被迫平仓，加剧了短期汇率波动。

南开大学 2025 年 434 国际商务专业基础试题

一、名词解释(每题 5 分，共 30 分)

1. 波特的五力模型
2. 权力理论
3. 保护国计民生产业理论
4. 钉住汇率制度
5. 跨国公司的组织结构
6. 国家相似理论

二、简答题(每题 10 分，共 80 分)

1. 离岸金融中心是什么？有何特点？
2. 简述马斯洛需求层次理论，理论对国际商务有何启示？
3. 进入一国的政治风险有哪些？如何预测政治风险？
4. 简述区域经济一体化带来的静态效应和动态效应。
5. 根据需求弹性理论，评价薄利多销适用于哪种需求弹性？一家企业固定成本高但边际成本低，适合薄利多销吗？
6. 解释消费者剩余，拍卖中，两人出价接近，还存在消费者剩余吗？
7. 新经济下会造成哪种失业？为什么？
8. 简述中央银行对货币供应量的调节措施，这些措施对经济增长和通货膨胀的影响。

三、论述题(每题 20 分，共 40 分)

1. 产品生命周期理论已被广泛运用于产品战略的制定，请根据该理论说明产品生命周期的不同阶段，生产、销售以及影响生产、销售的竞争、技术因素呈现何种特征，并分析各个阶段的营销策略。

2. 中国新能源汽车迅速发展的背景下，概括影响跨国公司集中或分散化生产的因素，并为中国新能源汽车制造与销售企业提供布局建议。

南开大学 2025 年 434 国际商务专业基础试题解析

一、名词解释(每题 5 分，共 30 分)

1. 波特五力模型，即在一个行业中存在着五种力量，新进入者的威胁、行业中现有企业间的竞争、替代或服务的威胁、供应商的讨价还价能力与用户的讨价还价能力。这五种基本力量的消长趋势以及综合强度决定了行业竞争的激烈程度和行业的获利能力，因而各行业的最终潜力不同。

2. 权力理论是社会科学中研究权力本质、来源及运作机制的理论体系，核心围绕“影响力与控制力”展开。权力理论主要分为三类：强制性权力(韦伯)、合法性权力(卢梭)、微观权力(福柯)。该理论广泛应用于国际关系、组织管理及社会批判。

3. 保护国计民生产业理论，主张通过核心技术自主化、战略物资储备和产业安全审查三大措施，保障粮食、能源、信息等关系国家经济命脉与民生基础的产业安全，维护国家经济主权和发展稳定性。当前美欧强化“小院高墙”策略背景下，这一理论对发展中国家具有特殊借鉴价值。

4. 钉住汇率制度是指一国货币当局将本币与特定货币(如美元、欧元)或一篮子货币的汇率固定在一个官方水平，并通过外汇市场干预维持汇率稳定的制度安排。其主要特点是：锚定参照物、有限波动、政策干预。

5. 跨国公司的组织结构，是为实现跨国经营目标而确定的一种内部权力、责任、控制和协调关系的形式。常见的跨国公司的组织结构有：国际分部结构、全球产品结构、全球地区结构、全球职能结构、矩阵结构、跨国网络结构。

6. 国家相似理论，指具有相似政治体制、文化传统或发展水平的国家更易形成合作关系。核心观点包括：意识形态趋同降低冲突风险；民主国家间存在“民主和平论”效应；经济结构相似性促进政策协调。

二、简答题(每题10分，共80分)

1. 离岸金融中心指提供税收优惠、宽松监管等特殊政策，吸引非居民资金运作的国际金融枢纽。主要特点包括：

(1) 低税/免税：企业所得税、资本利得税等税率极低甚至为零。

(2) 高度保密：严格保护客户隐私，部分允许匿名账户。

(3) 监管宽松：外汇管制少，资本自由流动。

(4) 服务专业化：专注跨境投资、离岸公司注册等业务。

(5) 地理便利：多位于岛屿或小型经济体(如开曼群岛、瑞士等)。

2. 马斯洛理论把需求分为生理需求、安全需求、爱和归属感、尊重和自我实现。该理论广泛应用于管理、营销等领域，强调差异化激励与人性化设计。

该理论对国际商务的启示包括：

(1) 市场定位：针对不同国家经济发展阶段调整产品策略(如欠发达国家侧重基础需求，发达国家关注高阶需求)。

(2) 跨文化管理：尊重员工文化差异，通过社交归属感(如团队建设)和尊重需求(本地化晋升)提升跨国团队效能。

(3) 品牌价值塑造：在高端市场通过环保、个性化等理念满足消费者自我实现需求。

(4) 投资风险评估：安全需求层面需关注东道国政治稳定性对供应链的影响。

(5) CSR战略：通过满足当地社区基础需求(如基建捐赠)提升企业形象。

3. (1)进入一国的政治风险类型

① 政权更迭风险：政策突变(如国有化、外汇管制)。

② 战争与动荡：内战、恐怖袭击、边境冲突。

③ 法律与监管风险：外资限制、环保/劳工法趋严。

④ 经济干预：汇率管制、资本冻结、高额征税。

⑤ 国际制裁：因外交问题受多国联合制裁。

⑥ 腐败与官僚主义：寻租成本高、行政效率低下。

(2) 政治风险预测方法

① 定量分析：参考国际评级、监测宏观经济指标(通胀率、外债/GDP)。

② 定性分析：跟踪东道国选举、社会抗议、关键政策辩论；评估地缘政治。

③ 情景模拟：设计“极端事件”应对预案(如突发征收外资资产)。

④ 本地化尽调：与律所、智库合作，获取非公开风险信号。

4. (1)静态效应是一体化初期关税壁垒消除后，资源重新配置产生的短期福利变化，核心包括：

① 贸易创造效应：成员国间取消关税，高效生产者取代低效生产者，扩大区域内贸易量，提升整体福利(如低成本成员国增加出口，高成本成员国减少低效生产)。

② 贸易转移效应：成员国从非成员国的低成本进口转向成员国的高成本进口，可能因关税同盟的排他性导致福利损失(如放弃原非成员国更低廉的产品)。

静态效应仅改变贸易流向和资源配置，不涉及生产能力提升，福利净效应取决于贸易创造与贸易转移的对比。

(2) 动态效应是一体化对经济增长潜力的长期结构性影响，主要包括：

① 规模经济效应：企业通过扩大生产降低单位成本，尤其适用于中小国家市场整合后的产业扩张。

② 竞争强化效应：区域内市场开放倒逼企业提升效率，减少垄断，推动技术创新和管理升级。

③ 投资刺激效应：统一市场吸引内外资流入，促进生产要素跨境流动，加速产业集聚和基础设施建设。

④ 技术扩散效应：成员国间技术、人才和管理经验的交流合作，提升区域整体生产力水平。

5. (1)薄利多销的需求弹性条件

根据需求弹性理论，薄利多销仅适用于需求价格弹性大于1(富有弹性)的商品。当商品富有弹性时，价格下降会导致需求量以更大比例增加，从而使总收益(价格×销量)上升。例如，奢侈品、非必需品等对价格敏感，降价可显著刺激消费；而需求弹性小于1(缺乏弹性)的商品(如生活必需品)，降价会导致总收益减少，不适合薄利多销。

(2) 固定成本高、边际成本低企业的策略适配性

此类企业(如软件、数字内容、公用事业等)具有规模经济效应，适合采用薄利多销策略，原因如下：

① 成本结构特性：固定成本占比高(如研发、设备投入)，边际成本极低(如软件复制、数据服务)，扩大销量能显著摊薄单位固定成本，提升利润率。

② 需求弹性与市场扩张：即使商品需求弹性接近1，低价策略仍可通过大规模销售覆盖固定成本，实现"以量补价"。若商品富有弹性，降价将进一步放大销量增长，形成"低价-高销量-低单位成本-高利润"的正向循环。

6. (1)消费者剩余是指消费者愿意支付的最高价格与实际支付价格之间的差额，反映了消费者从交易中获得的净收益。

(2) 在拍卖理论中，消费者剩余的存在性取决于拍卖机制和竞价策略：

① 英式拍卖是最常见的公开竞价形式：竞拍者轮番加价，价高者得。其特点是价格透明(如艺术品拍卖中公开叫价)、竞争充分，最终成交价通常接近物品真实价值。当两人出价接近时，竞争会推动价格逼近最高支付意愿，消费者剩余趋近于零。

② Vickrey 拍卖是一种激励真实报价的机制：竞标者独立提交密封报价，最高报价者获胜但只需支付第二高的报价。理论上，在完全信息且无合谋的拍卖中，最高出价者会以第二高价的价格成交，此时仍有少量消费者剩余。

7. 新经济以信息技术、人工智能、数字技术为核心驱动力，其对就业市场的主要冲击表现为结构性失业，即劳动力供需结构不匹配导致的失业。结构性失业的核心成因有：

(1) 技术替代传统岗位。新经济中，自动化、AI 等技术对重复性劳动(如制造业流水线、传统服务业)产生替代效应，导致低技能岗位减少。例如，智能算法替代客服、机器人取代装配线工人，而被替代劳动者短期内难以转型。

(2) 技能需求快速迭代。新兴行业(如大数据、区块链、新能源)对数字技能、创新能力的需求激增，但传统劳动者的知识结构老化，教育与培训体系滞后于技术变革速度，形成"技能鸿沟"。

(3) 产业结构剧烈调整。新经济加速传统产业(如纺织、印刷)衰退，同时催生平台经济、共享经济等新业态。劳动力在产业间转移存在刚性，部分劳动者因地域、年龄、技能限制无法转入新兴领域。

8. 货币政策措施及影响：

(1) 提高法定存款准备金率：当法定存款准备金率提高时，商业银行需要缴存更多的准备金给中央银行，可用于放贷的资金减少。货币乘数变小，从而使货币供应量减少。这有助于抑制通货膨胀，因为货币量减少会降低总需求。对于国际收支逆差，货币供应量减少会使国内物价有下降趋势，增强本国商品在国际市场上的竞争力，有利于出口，从而改善国际收支状况。

(2) 提高再贴现率：提高再贴现率会使商业银行向中央银行借款的成本增加，商业银行会减少向中央银行借款，进而减少贷款发放。货币供应量减少，市场利率上升。一方面，抑制国内投资和消费，减轻通货膨胀压力；另一方面，利率上升会吸引外资流入，改善国际收支逆差。

(3) 在公开市场上卖出国债等有价证券：中央银行在公开市场卖出国债，回笼货币，使货币供应量直

接减少。这可以抑制通货膨胀，同时，货币供应量减少会使利率上升，本币有升值潜力，进口减少，出口增加，有助于改善国际收支逆差。

三、论述题(每题 20 分，共 40 分)

1. (1)产品生命周期是指产品从进入市场到退出市场的完整过程，包含四个典型阶段：导入期、成长期、成熟期和衰退期。

① 导入期特征

生产：小批量定制化生产，生产线调试成本高。

销售：渠道建设初期，消费者教育成本高昂。

竞争：技术专利壁垒为主，先发企业优势显著。

技术：研发投入占比超 30%，续航/快充等核心技术迭代快。

② 成长期特征

生产：规模效应显现，单位成本下降 30%—50%。

销售：渠道网络快速扩张，年复合增长率>25%。

竞争：新势力品牌涌入，价格战初现端倪。

技术：平台化技术成熟，智能座舱成差异化卖点。

③ 成熟期特征

生产：全球化产能布局，OEM 代工模式普及。

销售：置换需求占比提升，金融方案成标配。

竞争：行业集中度>60%，服务生态竞争白热化。

技术：跨行业技术融合加速产业变革。

④ 衰退期特征

生产：产能利用率<60%，部分工厂转型。

销售：传统经销商网络收缩，二手市场活跃。

竞争：头部企业战略转移，细分市场存在机会。

技术：氢能源等替代技术涌现。

(2) 营销策略

① 导入期：验证市场需求，建立品牌认知，获取早期用户反馈。

② 成长期：优化产品功能，扩大生产规模，加强分销渠道建设。

③ 成熟期：差异化竞争(如产品升级、服务优化)，开拓新市场或细分用户群体。

④ 衰退期：逐步减产或退出，转向新产品开发，探索回收或再利用方案。

2. (1)跨国公司集中化生产驱动因素

① 规模经济：大规模生产可降低单位成本，如电池制造。

② 供应链集聚：核心零部件(如电池、电机)依赖成熟产业集群。

③ 技术壁垒：研发密集型环节(如智能驾驶)需集中投入。

(2) 跨国公司分散化生产驱动因素

① 贸易壁垒：关税、碳税等政策促使本地化生产。

② 市场响应：缩短交付周期，适应区域需求。

③ 政策激励：东道国补贴、税收优惠。

(3) 中国新能源汽车企业在全球化布局中应采取梯次化、差异化的战略，同时建立完善的风险防控体系。

① 在生产端，国内应聚焦高端制造环节，如智能驾驶系统、三电系统(电池、电机、电控)等核心技术研发与生产，保持技术领先优势；在海外布局上，针对发达市场(欧美)可通过与当地企业合作建厂或技术授权等方式规避贸易壁垒，而在新兴市场(东南亚、拉美)则应推行本地化组装策略，既降低生产成本，又

能快速响应市场需求。

② 在销售端，国内市场应采取差异化策略：在一、二线城市主推高端智能车型，满足消费升级需求；在下沉市场则重点发展经济型车型，抢占大众消费市场。海外销售策略也需因地制宜：在发达市场重点突出技术优势；在新兴市场则主打性价比，并针对当地特殊需求进行产品适配。

③ 风险防控方面需要建立三重保障：供应链安全上，应在东欧、东南亚等关键地区建立备份产能，防范地缘政治风险；合规管理上，需提前研究目标市场法规，避免合规风险；文化适配上，要尊重当地风俗习惯，提升产品接受度。这种“技术-市场-风险”三位一体的布局模式，将助力中国新能源汽车企业在全球市场实现稳健扩张。

上海外国语大学 2025 年 434 国际商务专业基础试题

一、名词解释(每题 5 分，共 30 分)

1. 海外仓
2. 区域经济一体化
3. 跨国并购
4. 绿地投资
5. 原产地证书
6. 保障措施

二、简答题(每题 16 分，共 80 分)

1. 简述战略性贸易政策。
2. 简述本土化战略的目的和措施。
3. 如何解决国际贸易争端？为什么仲裁是最主要的争端解决方式？
4. 出口倾销是什么？简述征收反倾销税的条件。
5. 对外贸易依存度是什么？我国对外贸易依存度下降说明了什么？

三、论述题(每题 20 分，共 40 分)

1. 2024 年 8 月下旬，世界贸易组织(WTO)公布谈判达成的电子商务协议文本。该协议文本源自 90 多个 WTO 成员五年来的谈判成果。谈谈你对此的看法，并分析 WTO 制定《电子商务协议》分歧明显的原因。

2. 数字贸易除了降低贸易成本外，未来还有哪些发展趋势？请结合生活中的经济现象进行分析。

上海外国语大学 2025 年 434 国际商务专业基础试题解析

一、名词解释(每题 5 分，共 30 分)

1. 海外仓，指国内企业在目标市场国家建立的本地化仓储及配送体系，用于存储商品并就近完成订单分拣、包装和派送。其核心作用是缩短跨境物流时间、降低运输成本、提升消费体验，是跨境电商优化供应链的重要模式。

2. 区域经济一体化，指地理位置相邻的国家或地区通过签订经济合作协议，逐步消除关税与非关税壁垒，实现商品、服务和生产要素自由流动，并协调经济政策的过程。根据一体化程度由低到高可分为六种形式：特惠贸易安排、自由贸易区、关税同盟、共同市场、经济联盟及完全经济一体化。

3. 跨国并购，指一国企业通过股权或资产交易，取得另一国企业的控制权或经营权，以实现市场扩张、资源整合或技术获取的商业行为。主要形式包括横向并购、纵向并购和混合并购。其核心特征涉及跨国法律合规、文化整合及汇率风险等挑战，是全球化背景下企业战略扩张的重要手段。

4. 绿地投资，指跨国企业通过在东道国新建生产设施、分支机构或全资子公司的方式进行直接投资，而非通过并购现有企业实现扩张。这一投资模式以自主性、战略性和长期性为核心特征，在全球产业链重构中扮演重要角色。

5. 原产地证书，是出口国官方机构(如海关、贸促会)出具的证明货物原产地的法律文件，用于确认商品的生产或制造来源。原产地证书是证明进出口货物原产地或制造地的重要文件，也是确定关税税率及享受优惠关税待遇的必要凭证，因此被称为“纸黄金”。

6. 保障措施，是世贸组织成员在进口激增并对国内产业造成严重损害或威胁时，依据《1994 年关税与贸易总协定》采取的临时进口限制措施，包括关税、配额等形式。该措施实施需满足进口激增、不可预见情形及因果关系的法定要件，并履行调查、通知和磋商程序，期限通常不超过4年。

二、简答题(每题16分，共80分)

1. 战略性贸易政策是20世纪80年代由经济学家巴巴拉·斯潘塞等提出的政府干预理论，主张在不完全竞争和规模经济条件下，通过生产补贴、出口补贴或国内市场保护等手段，提升本国产业的国际竞争力，转移外国企业的垄断利润以增加本国经济福利。

(1) 理论基础

① 利润转移理论：通过出口补贴或关税迫使外国企业降低价格，帮助本国寡头厂商扩大市场份额，从而获取超额利润。

② 外部经济理论：扶持具有技术外溢效应的产业，通过技术扩散带动相关产业发展，形成规模经济优势。

(2) 实施条件

① 不完全竞争市场：适用于寡头竞争或垄断竞争市场，便于政府通过政策干预改变竞争格局。

② 规模经济：企业通过扩大生产规模降低成本，增强国际竞争力。

(3) 政策手段

① 出口补贴：降低本国企业出口成本，扩大市场份额。

② 进口保护：通过关税或进口限制保护国内市场，促进本土产业成长。

③ 国内市场扶持：通过补贴或政策倾斜支持关键技术研发，推动产业升级。

(4) 争议与局限性

① 补贴政策易引发贸易伙伴报复，长期效果受限于各国政策抵消效应。

② 部分学者认为应结合技术进步等动态增长因素，避免过度依赖政策干预。

2. (1)本土化战略指跨国企业为适应目标市场，系统性调整产品、运营及文化的策略。本土化战略的核心目的是通过调整产品、服务、营销策略等，适应目标市场的文化、法律、商业习惯等差异，提升市场渗透能力和品牌接受度。

(2) 具体措施包括：

① 适应市场需求：针对不同地区的消费者偏好调整产品定位、价格及包装，例如餐饮企业根据当地口味调整菜单。

② 遵守法律法规：确保符合目标国家的贸易、劳动等法律法规，避免法律风险。

③ 融入商业习惯：适应当地销售渠道、促销方式及售后服务模式，例如与本土供应商合作以降低成本。

④ 提升品牌影响力：通过本地化营销策略增强消费者信任，长期巩固市场地位。

⑤ 人力资源本土化：招聘当地员工并培训，建立本地销售团队，减少文化差异导致的沟通障碍。

3. (1)国际贸易争端解决方式主要包括：

① 协商：双方直接沟通，达成和解。这是最快捷、成本最低的方式，但仅适用于争议金额较小或双方有诚意的情况。

② 调解：第三方协助解决争议，但无强制约束力。适用于争议复杂或双方不愿直接对抗的情况。

③ 仲裁：由第三方机构(如国际商会仲裁院)根据合同条款或国际规则裁决，裁决具有法律约束力，败诉方需执行。若不执行，胜诉方可申请法院强制执行。

④ 诉讼：通过司法程序解决，适用于争议涉及法律问题或双方对仲裁结果不满的情况。

(2) 仲裁成为最主要的解决方式，其优势在于：

① 效率高：仲裁程序通常比诉讼快，且裁决结果可快速执行。

② 专业性强：仲裁员多为行业专家，能快速定位争议焦点。

③ 成本低：相较于诉讼，仲裁费用较低且流程简化。

④ 关系维护：仲裁结果具有终局性，可避免长期纠纷对商业合作的影响。

⑤ 国际认可：裁决结果可在全球范围内强制执行，保障权益。

4. (1) 出口倾销是指一国企业以低于正常价值的价格向另一国市场销售商品的行为，其核心特征是通过价格歧视策略破坏进口国市场公平竞争环境。根据 WTO 规则，判定倾销需比较出口价格与正常价值(通常为原产国市场价格或生产成本)，若前者低于后者即构成倾销。倾销行为可分为三类：偶然性倾销(短期清仓)、持续性倾销(长期占领市场)和掠夺性倾销(旨在垄断后提价)。

(2) 征收反倾销税需同时满足三大法定条件，构成 WTO 所称的“合法性三脚架”：

① 倾销事实存在。需证明出口价格低于正常价值，计算方法包括：出口国国内市场可比价格、第三国出口价格或推定成本(非市场经济国家适用替代国数据)。

② 实质损害证据。包括三种情形：对已建产业造成可量化的销售下滑、利润锐减或失业增加；对产业构成实质性威胁；阻碍新产业建立。

③ 因果关系链。必须排除其他干扰因素(如经济周期、管理不善等)，证明损害直接由倾销导致。调查机构需采用“非归因分析法”进行量化评估。

5. (1) 对外贸易依存度是衡量一国经济对外开放程度的核心指标，其计算公式为：(出口总额+进口总额)/国内生产总值×100%。该指标反映国民经济对国际市场的依赖程度，数值越高表明外贸对经济拉动作用越强。根据类型可分为总依存度(进出口总额占比)和出口依存度(出口额占比)。

(2) 我国对外贸易依存度下降说明：

① 发展模式转变。从“出口导向”转向“双循环”战略，内需对经济增长贡献率显著提升，消费成为主要驱动力。这种转变降低了对外部市场的单向依赖，增强了经济韧性。

② 产业结构升级。劳动密集型产业比较优势减弱，加工贸易占比从超 50%降至 27%，同时服务业比重上升和技术密集型产业崛起，改变了传统贸易结构。机电产品等高端制造出口占比提升至 58%，推动价值链上移。

③ 开放格局优化。区域全面经济伙伴关系(RCEP)等协议促进贸易伙伴多元化，民营企业出口占比达 63%，形成更均衡的贸易体系。同时实际关税负担率降至 1.8%，开放质量显著提高。

该趋势反映我国从“量”到“质”的开放型经济转型，但需注意保持合理依存度以平衡开放与安全。未来需通过技术创新和制度型开放，构建更具韧性的国际循环体系。

三、论述题(每题 20 分，共 40 分)

1. (1) 协议核心价值与突破性意义

① 规则框架创新性。协议首次在 WTO 框架下确立数字贸易通用规则，涵盖电子签名、跨境数据流动、关税禁令等 14 项条款。其中禁止对电子传输征收关税的条款，将 1998 年以来的临时暂停措施转为永久性承诺，为全球数字贸易消除基础性政策风险。

② 发展包容性设计。文本设置“数字包容性”专章，要求发达成员向发展中成员提供技术援助，允许最不发达国家分阶段实施规则。这种差异化安排使参与成员占比达 WTO 成员总数的 51%，创 WTO 诸边协议参与度新高。

③ 经济效益量化。据 WTO 测算，协议实施后可使全球数字贸易成本降低 13%—17%，到 2030 年有望新增 1.8 万亿美元数字服务贸易额。这种增长动能主要来自中小企业跨境电子交易便利化条款的落地。

(2) 关键分歧点及成因分析

① 数据主权与自由流动之争。美欧分歧：美国主张完全自由的跨境数据流动，欧盟则坚持纳入 GDPR 合规要求，最终文本采用折中表述“在遵守国内法规前提下促进数据流动”；发展中国家关切：印度、南非等坚持数据本地化存储要求，最终通过脚注形式保留其政策空间。

② 数字产品定性矛盾。发达国家将数字产品归类为服务贸易，而巴西等农业出口国坚持视为货物贸易，协议最终采用模糊化处理，注明“不影响成员既有归类权利”。

③ 安全例外条款博弈。美国要求扩大“基本安全例外”适用范围至商业数据，遭到中国等成员反对。文本第 14 条最终沿用 GATT 第 21 条标准，但附加“不得构成任意歧视”限制。

(3) 深层次矛盾溯源

① 数字鸿沟现实。参与谈判的 91 个成员数字服务贸易额占全球 96%，而剩余 73 个成员(主要为非洲

国家）仅占4%，这种发展落差导致规则接受度分化。

② 规制哲学差异。美国“市场主导”模式主张最小化政府干预，欧盟“权利本位”模式强调隐私与消费者保护，中国“主权优先”模式注重数据管辖权重。

③ 地缘政治投射。协议谈判期间正值全球数字技术标准竞争白热化，5G、人工智能等关键技术的地缘属性被强化，导致各方将商业规则谈判视为战略竞争延伸。

2.（1）数字贸易是以数字技术为核心的新型贸易形态，通过互联网、大数据、人工智能等技术手段，实现商品、服务、数据和资金的高效跨境流动。它包含跨境电商、数字服务贸易（如云计算、在线教育）、数据要素交易等形态，具有无纸化、智能化、全球化特征。

（2）数字贸易除降低贸易成本外，未来主要呈现以下发展趋势：

① 多元化发展。数字贸易涵盖网络文学、数字游戏、网络动漫等文化产品出口，以及云计算、人工智能等技术服务。例如，中国企业在智能制造、工业互联网等领域提供数字化解决方案，推动全球产业升级。

② 区域协同效应东部地区（如上海、广东、北京）数字贸易规模优势突出，中西部地区通过政策扶持加速发展。例如，广州推出“服务贸易和数字贸易22条”政策，天津建设数字贸易产业园，促进区域协同发展。

③ 政策驱动。国家层面出台《关于数字贸易改革创新发展的意见》，地方出台专项政策（如广州、天津等地），推动产业链协同升级。5G基站覆盖率达全球60%，智能算力市场规模达8000亿元，为数字贸易发展提供基础支撑。

④ 跨境数据流动。中国构建安全与发展并重的跨境数据治理体系，推动数据信息流动，拓展贸易渠道。例如，通过数据知识产权案例促进数据贸易发展。

西南财经大学 2025 年 434 国际商务专业基础试题

一、简答题(每题 10 分，共 20 分)

1. 主张浮动汇率制度的理由是什么?

2. 简答渠道质量的内涵及其对跨国公司的影响有哪些?

二、简述题(每题 15 分，共 105 分)

1. 简述影响企业知识获取能力的主要因素。

2. 简述关税和配额政策效果的异同。

3. 简述自由贸易试验区深化改革创新的难点。

4. 简述企业实行内部贸易的特点及其原因。

5. 简述一国外汇储备的主要作用。

6. 简述欧洲货币市场具有利率优势的主要原因。

7. 简述企业营销战略与研发战略的联系及其战略协调的必要性。

三、论述题(25 分)

论述在新发展格局下，我国实行内外贸一体化的主要意义，企业在内外贸一体化进程中面临的挑战和应对措施。

西南财经大学 2025 年 434 国际商务专业基础试题解析

一、简答题(每题 10 分，共 20 分)

1. 主张浮动汇率制度的核心理由：

(1) 自动调节国际收支。浮动汇率能通过市场供求变化自动调整汇率，快速应对国际收支失衡，避免长期失衡引发经济问题。

(2) 增强货币政策独立性。浮动汇率下政府无须通过外汇市场干预调节汇率，货币政策可专注于国内经济目标，减少外部压力。

(3) 提高经济政策有效性。汇率波动反映市场真实供求关系，有助于建立均衡汇率，同时降低政府干预市场的成本。

(4) 促进经济稳定。浮动汇率通过市场机制隔离外部冲击，减少对国内经济的负面影响，并促进资源有效配置。

2. (1)渠道质量是指商品和服务从生产者向消费者转移过程的具体通道或路径的优劣程度。渠道质量涉及渠道的规模、渠道关系的稳定性、渠道合作、渠道冲突、渠道信任和渠道承诺等内容。

(2) 渠道质量对跨国公司的影响主要体现在：

① 市场覆盖与品牌曝光。高质量渠道能更精准覆盖目标市场，通过多层级分销网络扩大品牌触达范围，尤其在区域市场差异大的国家，高质量渠道可弥补本土化不足，增强消费者对品牌的认知度。

② 资源配置与成本控制。优质渠道能降低物流成本并提升运营效率，例如通过整合供应链实现集中配送，减少中间环节损耗。跨国公司可根据渠道质量调整全球布局，平衡自建渠道与第三方合作的比例，降低分销成本。

③ 风险管理与冲突应对。渠道质量直接影响跨国公司的风险控制能力，包括代理风险、法律风险等。当目标市场法律政策或商业习惯与母国差异较大时，高质量渠道可减少合规成本，同时通过专业化管理降低冲突概率。

二、简述题(每题 15 分，共 105 分)

1. 企业知识获取能力主要受以下因素影响：

(1) 知识基础与资源储备。企业现有知识储备和资源基础直接影响其判断外部知识价值的能力。若企业内部缺乏相关领域的知识积累或资源储备不足，可能导致无法有效识别关键外部知识。

(2) 外部知识源特性。外部知识的获取难度、时效性和可获取性直接影响企业获取能力。例如，技术专利、行业前沿研究等高门槛知识获取成本较高，需通过合作或购买获得。

(3) 内部管理机制。企业的知识获取流程(如信息筛选、评估机制)和资源配置策略直接影响获取效率。例如，缺乏高效的信息处理系统可能导致关键知识流失，而合理的激励机制可促进外部合作与知识引进。

(4) 行业环境特征。技术迭代速度、市场竞争态势等环境因素也会制约获取策略。例如，快速变化的技术领域需要企业建立动态获取机制，而垄断性行业可能限制外部知识流动。

2. (1)相同点：两者均减少进口量、提高国内商品价格，直接保护国内相关产业免受国际竞争冲击。

(2) 不同点：

① 政府收入：关税直接增加政府税收；配额若通过拍卖许可证产生收入，否则无政府收益。

② 市场调节机制：关税通过价格变动间接调节进口量，配额直接限制数量，导致价格波动更大。

③ 垄断风险：关税限制进口但允许市场竞争，配额可能引发国内企业垄断高价。

④ 寻租行为：配额易滋生企业争夺许可证的寻租活动，造成资源浪费。

⑤ 经济效率：配额因缺乏弹性导致社会净损失通常更大，关税效率更高。

3. 自由贸易试验区深化改革创新的难点：

(1) 制度创新与风险防控的平衡。既要突破现有政策限制(如金融开放、跨境数据流动)，又要防范系统性风险(如资本外逃、金融安全)。

(2) 政策协同与地方执行的矛盾。中央赋予的“先行先试”权与地方部门执行惯性存在冲突，部分改革因地方保守思维推进缓慢。

(3) 国际规则对接与中国特色制度的融合。需在高标准国际经贸规则(如 CPTPP、DEPA)与中国特色监管体系(如数据安全法)间找到适配路径。

(4) 产业升级与要素流动的瓶颈。高端产业(如生物医药、芯片制造)依赖全球供应链，但技术封锁(如美国出口管制)限制自贸试验区开放效果。

(5) 改革红利外溢与区域竞争的矛盾。自贸试验区政策红利易被周边地区“搭便车”，导致试点动力不足。

4. (1)产业内贸易的主要特点

① 同一产业内产品的双向流动。产业内贸易指同一产业内部相似产品的进出口同时发生。例如，德国既出口宝马汽车，又从日本进口丰田汽车，形成汽车产业的双向贸易。

② 交易产品具有相似的要素密集度。贸易产品通常属于同一行业，生产技术、资本和劳动力需求相近。

③ 差异化产品交易为主。产业内贸易主要涉及水平差异化(如不同品牌的智能手机)和垂直差异化(如不同档次的服装)，而非同质化产品。

④ 集中于工业化国家之间。发达国家因经济结构相似、消费需求重叠，产业内贸易占比更高。欧盟内部贸易中，约 60%属于产业内贸易，而发展中国家则以产业间贸易为主。

(2) 产业内贸易的形成原因

① 规模经济效应降低生产成本：企业通过大规模生产(如汽车制造)降低单位成本，从而在国际市场具备竞争力。

② 产品差异化满足多样化需求。消费者偏好多样性促使企业生产差异化产品。如苹果和三星手机在功能、设计上各有特色，推动美韩双向贸易。

③ 重叠需求理论的作用。林德理论指出，收入水平相近的国家需求结构相似，更易发生产业内贸易。

例如，北欧国家间的高端家具贸易。

④ 跨国公司全球布局的推动。跨国企业通过全球价值链促进产业内分工。例如，中国组装苹果手机后出口，同时进口美国芯片。

5. 外汇储备是指一国政府持有的国际储备资产中的外汇部分，包括外币现金、存款、债券等。作用主要包括：维持国际支付能力、调节汇率稳定、应对国际收支逆差、增强国家信用、防范金融风险。

外汇储备的作用：

(1) 维持国际支付能力，确保国家能偿还外债和进口支付。

(2) 通过干预外汇市场调节本币汇率，避免大幅波动。

(3) 在国际收支逆差时提供流动性缓冲。

(4) 充足的外汇储备提升国家信用评级，吸引外资。

(5) 在金融危机时抵御外部冲击，维护金融系统稳定。

6. 欧洲货币市场具有利率优势的主要原因包括：

(1) 成本优势。欧洲货币市场不受国内存款准备金要求、利率管制等限制，金融机构运营成本显著降低，能提供更有竞争力的存贷款利率。

(2) 竞争推动。市场参与者众多(包括跨国银行、机构等)，激烈竞争促使银行压缩利差，通过提高存款利率或降低贷款利率来吸引资金。

(3) 监管宽松。离岸金融市场不受所在国严格金融管制，交易自由度更高，减少了政策成本和合规负担，进一步优化利率水平。

(4) 创新支持。金融工具创新(如浮动利率票据、欧洲债券等)提升了资金流动性和风险管理效率，间接降低资金成本，支持更优利率。

7. (1)企业营销战略与研发战略的核心联系体现在目标协同性上。营销战略通过市场定位、客户需求分析指导研发方向，而研发战略为营销提供差异化竞争优势。二者共同服务于企业价值创造：研发决定“能否生产”，营销决定“能否变现”。

(2) 战略协调的必要性在于：

① 避免资源错配：研发脱离市场需求会导致技术冗余，营销缺乏技术支撑易陷入空泛承诺。

② 缩短创新周期：敏捷研发需实时响应营销反馈。

③ 构建竞争壁垒：特斯拉通过电池研发与直销模式协同，形成对手难以复制的“技术+渠道”双壁垒。

三、论述题(25分)

(1) 内外贸一体化是将国内国际市场有机结合起来，实现内外贸在资源、政策、规则等方面的互联互通和相互促进。内外贸一体化的意义有：

① 有利于进一步扩大高水平对外开放。首先，内外贸一体化有力支持外贸企业拓展国内市场。促进优质外贸产品进入我国消费市场，推动国内外市场对接和推广，增加消费者选择余地，促进国内消费。其次，内外贸一体化大力支持内贸企业拓展国际市场。帮助内贸企业采用跨境电商、市场采购贸易等方式开拓国际市场，拓展企业的国际发展空间。

② 有利于满足消费者对高品质商品需求、扩大国内消费。内外贸一体化有力推动经营主体利用国内国际两个市场、两种资源，实现国内国际双循环畅通，主动适应广大群众的消费升级，满足不同层次的消费需求，进一步激发消费者的消费潜力，促进消费市场的繁荣，更好地满足人民日益增长的美好生活需要。

③ 有利于用好两个市场两种资源、拓展发展空间。两个市场是指国内国际两个市场，两种资源是指国内资源和国外资源，包括资本、技术、管理、服务和规制等。内外贸一体化确保国内国际两个市场活力共同迸发，促进经济持续健康发展。

(2) 企业在内外贸一体化进程中面临的挑战：

① 国内外标准和认证体系不同。国内外产品技术标准差异(如家电电源接口、服饰质检标准)，出口转内销需重新获取CCC认证等国内资质。内贸企业升级至国际标准面临设备更新、技术引进等成本压力。

② 市场环境差异。贸易模式：外贸“大批量少批次”与内贸“小批量多批次”的渠道冲突，外贸企业缺

乏国内分销经验；结算周期：内贸账期长(先货后款)导致资金压力，外贸“见单即付”模式难以延续；政策衔接：转内销后失去出口退税等优惠政策，增加企业成本。

③ 人才短板。缺乏同时熟悉国内外法律、市场规则及双渠道运营的复合型人才。现有团队难以适应内外贸差异化流程。

(3) 应对措施：

① 政策工具利用。申请试点地区绿色通道，参与“同线同标同质”项目。借助跨境电商综合试验区政策，通过市场采购贸易拓展海外市场。

② 业务模式创新。外贸转内销：利用直播电商、社交平台建立直营渠道，减少中间环节；内贸出海：通过“跨境电商+海外仓”模式降低物流成本，适应国际结算习惯。

③ 能力建设。与高校合作定向培养跨境运营人才，引入国际认证培训；构建柔性供应链系统，实现内外贸订单协同生产。

④ 标准对接。参与国际标准制定，推动国内标准与 ISO 等体系互认。建立双轨质检体系，针对不同市场实施差异化品控。

浙江工商大学2025年434国际商务专业基础试题

一、名词解释(每题5分，共60分)

1. 对外贸易依存度
2. 幼稚产业保护说
3. 出口补贴
4. 反补贴税
5. 外汇倾销
6. 跨国生产标准化
7. 交钥匙工程
8. 国际市场营销
9. 水平型对外直接投资
10. 内部化理论
11. 管理浮动汇率制
12. 实际汇率

二、问答题(每题15分，共90分)

1. 简述自由贸易区的贸易创造效果和贸易转移效果。
2. 试述新贸易保护主义的主要特点。
3. 试述国际贸易摩擦的成因、形式和化解途径。
4. 试述中国应对逆全球化的主要策略。
5. 简述对外直接投资的主要动机和形式。
6. 试述国际商务运营环境的主要内容。

浙江工商大学2025年434国际商务专业基础试题解析

一、名词解释(每题5分，共60分)

1. 对外贸易依存度，指一国经济对进出口贸易的依赖程度，通常以进出口总额占GDP比重衡量。高依存度国家易受全球市场波动冲击，但能通过国际分工获得效率提升；低依存度国家经济自主性强，但可能错失全球化红利。

2. 幼稚产业保护说，由德国经济学家李斯特系统提出，主张对发展中国家具有战略价值但尚未成熟的产业实施阶段性保护。该理论强调通过关税壁垒(如高额进口税)和政府扶持(如技术引进补贴)，为本土产业争取成长时间，最终实现国际竞争力提升。

3. 出口补贴，指一国政府为了鼓励本国商品出口而给予出口厂商的现金津贴或财政上的优惠待遇。这种政策通常由政府或公共机构承担费用，旨在通过降低出口商品的价格来提高其在国际市场上的竞争力，从而增加出口量。

4. 反补贴税，是进口国对接受出口补贴的外国商品征收的进口附加税，旨在抵消政府补贴造成的价格优势。其征收需满足三要件：存在专项性补贴、对国内产业造成实质性损害，且两者存在因果关系。税额通常等于补贴金额，期限不超过5年(经复审可延长)。

5. 外汇倾销指主权国家通过主动贬值本币，使出口商品获得隐性价格优势的贸易手段。其生效需三要件：央行主导汇率干预、国内物价稳定、贸易伙伴未实施报复性关税。外汇倾销的可持续性依赖于国内外经济环境的动态平衡和外部容忍度。

6. 跨国生产标准化，是企业全球化运营的核心机制，其本质在于通过统一技术规范实现跨国界生产协同。当前发展呈现三大特征：一是模块化生产催生工艺标准全球统一；二是数字技术推动标准动态迭代；三是地缘政治重塑标准竞争格局。该体系通过降低跨国协作成本和提升供应链韧性，正成为跨国公司应对“链式脱钩”的战略工具。

7. 交钥匙工程，指的是一种工程承包方式，其中承包商负责整个项目的设计、采购、施工、调试等全过程，直到项目完成并交付给业主，业主只需“接过钥匙”即可使用。这种方式的核心特征是：全周期整合、风险转移、技术捆绑。

8. 国际市场营销，是企业在全球范围内识别市场需求，并通过产品开发、定价、分销和促销等策略，满足不同国家和地区消费者的需求，同时实现企业目标的经营活动。其核心特征包括：跨国性、系统性和目标导向。

9. 水平型对外直接投资是指企业在海外建立与母公司业务相同的生产或服务设施。其核心特征包括：复制母国商业模式、规避贸易壁垒、追求市场扩张。相比垂直型投资，其优势在于品牌协同效应，但面临文化适应和本地竞争双重挑战。

10. 内部化理论认为，由于市场的不完全性，若将企业所拥有的科技和营销知识等中间产品通过外部市场来组织交易，则难以保证厂商实现利润最大化目标；企业可以通过对外直接投资，将这些中间产品在企业内部进行转移，形成一个内部市场，从而克服外部市场的缺陷。它解释了为什么企业会选择在海外设立分支机构或子公司，以及如何通过内部网络在全球范围内整合资源、降低成本和提高效率。

11. 管理浮动汇率制是国家央行通过市场干预使汇率在目标区间波动的外汇制度。其特点包括：①央行通过外汇储备买卖调节供需；②允许基本面决定的趋势性波动；③保留应对投机冲击的主动权。相比自由浮动，既能缓解过度波动，又比固定汇率更具政策灵活性。

12. 实际汇率，是在名义汇率基础上，通过剔除通货膨胀因素或对比两国价格水平后调整得到的汇率。这一指标更加精确地反映了一国货币在对外贸易中的实际价值和商品的国际交换比率。

二、问答题(每题15分，共90分)

1. (1)贸易创造效果

贸易创造是自由贸易区的核心正向效应，指成员国间取消关税后，区域内高效生产者取代低效生产者，扩大贸易规模并提升整体福利。具体而言，自贸区内某成员国原本因高关税保护而由低效国内生产的商品，将被其他成员国的低成本进口替代，资源从低效产业转向高效产业，区域内贸易量增加，消费者获得更低价格，生产者实现规模经济，整体经济效率提升。

(2) 贸易转移效果

贸易转移是潜在的负向效应，指成员国从非成员国的低成本进口转向自贸区内成员国的高成本进口，可能导致福利损失。当自贸区内某成员国对非成员国仍维持关税，而区内另一成员国的生产成本虽高于非成员国，但因关税减免后价格低于国内原生产价格时，进口将从非成员国转向成员国，放弃原非成员国的更低成本供给，导致区域整体进口成本上升，资源配置效率下降。

(3) 净效应与关键差异

贸易创造与贸易转移的净效应取决于两者强度对比：若贸易创造大于贸易转移，自贸区提升整体福利；反之则可能导致福利损失。与关税同盟相比，自由贸易区因成员国对非成员国关税不统一，可能通过“贸易偏转”(从低关税成员国进口再转口)削弱贸易转移效应，但核心逻辑仍围绕资源重新配置对福利的影响。

2. 新贸易保护主义的主要特点体现在以下几个方面：

(1) 形式合法性。通过技术性贸易壁垒(如环保标准、知识产权保护)和反倾销调查等“合法”手段实施保护，区别于传统的直接关税手段。

(2) 目标多元化。不仅保护传统产业，更注重维护本国在数字经济、高新技术等新兴领域的支配地位。

(3) 隐蔽歧视性。采用区域性贸易协定排他条款、政府采购倾斜等非关税措施，具有针对特定国家的歧视性。

(4) 规则挑战性。通过单边立法架空多边贸易规则，建立有利于本国的替代性贸易框架。这种“体制性保护主义”直接冲击WTO争端解决机制。

(5) 措施联动性。将贸易与国家安全、人权等议题捆绑，形成政治经济复合型壁垒。

3. (1)国际贸易摩擦的成因：

① 发展权博弈。工业化国家与后发国家在产业升级窗口期的战略对冲，本质是全球化红利分配的结构性矛盾。

② 规则解释权争夺。WTO 等国际机构改革滞后，导致发达国家通过“规则再造”（如碳边境税）维持制度优势。

③ 安全叙事异化。将经济竞争泛安全化，形成“技术民族主义”新变体，如半导体领域的“小院高墙”策略。

（2）国际贸易摩擦的表现形式：

① 显性层面：关税战、反补贴调查等传统工具。

② 隐性层面：供应链审查、投资安全筛查等新型非关税壁垒。

③ 超国家层面：区域性经贸集团的标准输出（如 CPTPP 劳工条款）。

（3）国际贸易摩擦化解途径：

① 制度性协商。应建立常设对话机制，通过定期部长级会谈和技术工作组磋商，在关税、配额等核心争议上达成阶段性妥协方案。

② 产业链深度耦合。关键在于构建“你中有我”的产业生态，例如中美可在新能源领域形成“中国电池材料-美国汽车芯片”的嵌入式供应链，通过利益捆绑降低对抗意愿。

③ 多边规则维护。需重点改革 WTO 争端解决机制，推动形成更具包容性的数字贸易、绿色贸易新规则，避免单边主义泛滥。

4. 中国应对逆全球化的主要策略：

（1）制度韧性建设

① 双循环动态平衡机制。以内需市场为战略支点，通过统一大市场建设激活 14 亿人口消费潜力，形成对国际供应链波动的缓冲带。重点培育高端制造、数字经济等新质生产力，降低对外部技术迭代的路径依赖。

② 规则适配性改革。在坚守 WTO 多边框架前提下，灵活运用 RCEP 等区域协定构建“制度避风港”。针对碳关税等新型壁垒，建立与国际标准对接又具中国特色的监管体系。

（2）价值链重构

① 节点控制能力提升。聚焦半导体、生物医药等关键领域，通过“链长制”实现从原材料到终端产品的自主可控。同时保持中间品出口优势，维系与欧美企业的利益共生关系。

② 数字贸易新赛道布局。依托跨境电商综合试验区和数据要素市场培育，构建以数字服务、智慧物流为支撑的新型全球化参与方式，规避传统贸易摩擦。

（3）治理话语权博弈

① 发展叙事重构。通过全球发展倡议等公共产品供给，将“一带一路”升级为绿色低碳合作平台，对冲西方“去风险”话语体系。

② 危机转化能力建设。将外部压力转化为内部改革动力，在知识产权保护、国企改革等领域实施更高水平制度型开放，消除国际规则接轨障碍。

5.（1）FDI 的主要动机

① 市场寻求型。通过直接投资规避贸易壁垒，直接进入目标市场建立销售网络或生产基地。发展中国家企业尤其注重通过 FDI 获取发达国家消费市场，以弥补国内人均消费力不足的短板。

② 资源获取型。包括原材料（如矿产、能源）和战略资产（如技术专利、品牌）的全球配置。跨国公司通过并购快速获得目标企业的技术储备和市场渠道。

③ 效率优化型。通过全球布局降低生产成本，例如将劳动密集型环节转移至劳动力成本较低的国家。同时利用东道国税收优惠或产业集群效应提升竞争力

④ 风险对冲型。分散单一市场波动风险，通过多区域运营平衡经济周期影响。国内行业饱和时，海外投资成为持续增长的关键路径。

（2）FDI 的主要形式

① 股权参与模式

全资子公司：母公司 100%控股，享有完全控制权但承担较高风险。

合资企业：与东道国企业联合经营，适合受外资比例限制的领域。

② 资产运作模式

绿地投资：新建工厂或研发中心，实现产能转移与技术本地化。

跨国并购：通过股权收购快速整合产业链，需防范文化冲突与合规风险。

6. 国际商务运营环境的主要内容：

（1）政治法律环境

① 政权稳定性与政策连续性。包括东道国政府更迭风险、外资政策波动性、国有化倾向等。企业需特别关注国家安全审查机制和反垄断法规的执法趋势。

② 法律体系兼容性。大陆法系与普通法系的差异直接影响合同执行效率，而知识产权保护力度、劳动法合规要求等构成实质性运营门槛。

（2）经济市场环境

① 宏观经济指标。汇率波动机制、通货膨胀水平、主权信用评级共同决定资金安全边际，需建立动态监测模型。

② 市场结构特征。消费层级分布、渠道集中度、支付习惯等要素构成市场进入策略的基础参数，新兴市场的非正规经济占比值得警惕。

（3）社会文化环境

① 价值观差异。权力距离指数、不确定性规避倾向等霍夫斯泰德文化维度，直接影响管理架构设计和营销信息编码方式。

② 商业伦理标准。礼品往来界限、谈判节奏偏好等潜规则，往往比成文制度更深刻地影响商业合作的可持续性。

（4）技术生态环境

① 基础设施成熟度。物流网络覆盖密度、5G 商用化程度等硬指标，与数字支付渗透率等软指标共同塑造运营效率天花板。

② 技术监管框架。数据本地化要求、算法透明度标准等新型规制，可能重构行业竞争格局。

中央财经大学 2025 年 434 国际商务专业基础试题

一、名词解释(每题 4 分，共 52 分)

1. 专门贸易
2. 特里芬难题
3. 购买力平价
4. 水平型国际直接投资
5. 罗布津斯基定理
6. 对外贸易乘数理论
7. 补偿贸易
8. 全球价值链
9. 货币局制
10. 共同市场
11. 货币错配
12. 滑准税
13. 关税配额

二、简答题(每题 7 分，共 56 分)

1. 米德冲突及解决办法。
2. 显示性比较优势模型。
3. 数字贸易和传统贸易的异同。
4. H-O 模型和李嘉图模型的联系和区别。
5. 跨国并购失败的原因。
6. 国际收支平衡表的内容。
7. 新一轮科技革命对国际贸易的影响。
8. 技术授权的优缺点。

三、计算题(10 分)

已知美元的即期利率为 5%，日元的即期利率为 2%。假定即期外汇市场上 USD1 =JPY150。

(1) 一年之后的美元对日元的远期汇率是多少?

(2) 若一年后的汇率 USD1=JPY140，投资日元还是投资美元?

四、论述题(每题 16 分，共 32 分)

1. 自 1990 年以来，全球生效的区域贸易协定(RTAs)呈现指数级增长。WTO 数据显示，1990 年仅 50 个 RTAs 生效，至 2024 年已达 612 个，增长超 12 倍。试述 RTAs 兴起的背景、影响和中国对策。

2. 我国自 2018 年实施首版市场准入负面清单(151 项)以来，经过连续六年动态调整，至 2024 年事项已累计缩减 45 项，压减比例达 29.8%。试述中国缩减负面清单背景、意义、影响。

中央财经大学 2025 年 434 国际商务专业基础试题解析

一、名词解释(每题 4 分，共 52 分)

1. 专门贸易是国际贸易统计方式之一，以关境为划分标准，统计通过海关结关的进出口货物。其核心是仅计入实际进入境内消费或生产的进口商品，以及运出关境的出口商品，不包含过境、转口及保税仓库存储货物。该制度能更精准反映一国实际贸易规模，德国、法国等多数国家采用，与以国境为标准的"总贸易”共同构成全球贸易统计的两大体系。

2. 特里芬难题揭示了美元作为国际储备货币的内在矛盾：若美国长期维持贸易逆差（输出美元满足全球流动性需求），会导致美元贬值危机；若保持贸易平衡（限制美元输出），则会引发全球流动性短缺。这一悖论深刻解释了布雷顿森林体系崩溃的必然性，并持续影响着当前国际货币体系改革讨论。

3. 购买力平价理论指出，两国货币汇率应反映其购买力对比。核心包括：绝对 PPP 和相对 PPP。前者认为：汇率由两国一篮子商品价格比决定；后者认为汇率变动与两国通胀率差同步。该理论为长期汇率锚定提供依据，但短期受贸易壁垒、资本流动等干扰。实证中，发达国家适用性高于发展中国家。

4. 水平型国际直接投资是指企业在海外设立与母公司业务相似的子公司，从事相同或相近产品的生产与销售。其核心动机包括：规避贸易壁垒、贴近市场需求、资源优化配置。利用东道国劳动力、土地等要素成本优势该模式显著促进了技术转移和产业链整合，但可能引发东道国市场垄断担忧。

5. 罗布津斯基定理，揭示要素禀赋变动对产业结构的影响：在商品价格不变条件下，单一要素增长将促使密集使用该要素的产业扩张，其他产业收缩。其机制在于新增要素需被完全吸收，导致资源向要素适配产业转移。这一定理为发展中国家产业政策制定提供了重要理论依据，解释了要素积累如何重塑国家比较优势格局。

6. 对外贸易乘数理论源于凯恩斯主义，揭示出口增长通过乘数效应带动国民收入倍增的机制。其核心公式为 $k=1/(1-MPC+MPM)$，其中 MPC（边际消费倾向）决定收入转化为国内需求的比例，MPM（边际进口倾向）反映收入漏出效应。出口增加会通过生产扩张→收入提升→消费链式反应形成循环刺激，但进口会削弱该效应。

7. 补偿贸易是买方以信贷形式进口设备/技术，并用生产的产品或劳务分期偿还的贸易方式。其核心特征包括：信贷为基础，常见设备赊销形式；双向交换性，卖方须承诺回购产品；支付周期长。该模式可使外汇短缺国引进先进技术，同时帮助出口方拓展市场，但存在协议谈判复杂、产品质量要求高等局限。

8. 全球价值链，是指为实现商品或服务价值，由跨国企业主导的跨国家、跨区域生产协作网络，涵盖从研发设计、原料采购、生产制造到销售回收的全流程增值活动。全球价值链提供了一种基于网络的、用来分析国际性生产的地理和组织特征的分析方法，揭示了全球产业的动态性特征，考察价值在哪里、由谁创造和分配的。

9. 货币局制度是一种严格的汇率管理制度，其核心特征包括：(1)本币与锚定货币（如美元、欧元）按固定汇率无条件兑换；(2)发行基础货币需 100%外汇储备支撑，形成“发钞准备金制”；(3)央行丧失传统货币政策工具。该制度能有效抑制通胀并增强货币信用，但会丧失汇率调节功能，易受锚定国货币政策冲击。

10. 共同市场作为区域经济一体化的深度实践形态，其核心特征体现在三个方面：一是实现“四大自由流通”（商品、服务、资本、劳动力），如欧盟通过《申根协定》和统一货币消除流动壁垒；二是建立共同对外关税同盟，成员国对外实施统一贸易政策；三是需要超国家机构协调成员国法规标准。这种深度整合能降低企业跨境运营成本，但要求成员国在劳工标准、环保法规等领域保持高度协调。

11. 货币错配指经济主体资产与负债、收入与支出使用不同币种计价，导致汇率波动时产生净值风险的现象。常见于新兴市场国家，当本币贬值时，外币债务负担加重。主要成因包括：国内金融市场不完善、汇率制度僵化、企业过度依赖外币融资。防范措施需构建“三位一体”体系：宏观上保持汇率弹性，中观发展本币债券市场，微观要求企业建立外汇风险对冲机制。

12. 滑准税是一种弹性关税制度，其税率随进口商品价格波动反向调整。当进口价格低于基准价时自动提高税率，价格高于基准价时则降低税率。这种“价格越高税率越低”的机制具有双重功能：既保护国内产业免受低价冲击，又避免高关税推高下游成本。

13. 关税配额，是国际贸易中兼具数量限制和价格调节功能的特殊机制，其核心设计包含两个税率层级：对配额内进口征收较低关税，配额外则适用高关税。这种“双轨制”既能保障基础进口需求，又有效防止过量进口冲击国内市场。

二、简答题(每题 7 分，共 56 分)

1. (1) 米德冲突由英国经济学家詹姆斯·米德提出，特指固定汇率制度下，政府难以同时实现内部均衡(充分就业、物价稳定)与外部均衡(国际收支平衡)的政策困境。典型表现为两种矛盾组合：失业与国际收支逆差并存时，扩张政策加剧逆差，紧缩政策恶化失业；通胀与国际收支顺差并存时，紧缩政策扩大顺差，扩张政策推高通胀。

(2) 解决路径需多维度政策协同：

① 工具搭配：依据蒙代尔有效市场分类原则，财政政策主攻内部均衡(如减税刺激就业)，货币政策调节外部均衡(如加息吸引资本流入)；

② 制度优化：逐步推进汇率市场化改革，增强汇率弹性缓冲外部冲击；

③ 结构改革：通过收入分配调整(如提高居民收入占比至 60%以上)，从根本上改变经济增长方式，降低对外需依赖；

④ 国际协作：参与 G20 等国际政策协调机制，缓解“以邻为壑”的贸易保护主义倾向。

2. (1) 显示性比较优势(RCA)，是指一个国家的某种产品出口在该国出口中所占的份额与世界贸易中该类商品占世界贸易额的份额之比。显示性比较优势指数反映了一个国家某一种商品的出口与世界平均出口水平比较来看的相对优势。它剔除了国家总量波动的影响，较好地反映了该类商品的相对优势，因此自 80 年代开始进行相关竞争力的比较以来被广泛采用。一般而言，RCA 值接近 1 表示中性的相对比较利益，无所谓相对优势或劣势可言；RCA 值大于 1，表示该商品在国家中的出口比重大于在世界的出口比重，则该国的此产品在国际市场上具有比较优势，具有一定的国际竞争力；RCA 值小于 1，则表示在国际市场上不具有比较优势，国际竞争力相对较弱。

(2) 显示性比较优势指数的特点是不直接分析比较优势或贸易结构形式的决定因素，而是从商品的进出口贸易的结果来间接地测定比较优势。它在经验分析中可以摆脱苛刻的各种理论假设的制约，因而较适合于现实的国际贸易结构分析。然而显示性比较优势指数也有它的局限性：当一个产业的产业内贸易盛行时，以显示性比较优势指数所衡量的该经济体和产业的比较优势不具有客观性，更不能用来预测一个贸易发展的模式。另外，RCA 指数忽视了进口的作用。

3. (1) 相同点

① 经济本质相同。两者都是通过商品或服务的交换实现价值创造，遵循市场经济的基本规律。无论是数字贸易还是传统贸易，最终目的都是满足市场需求并获取利润。

② 依赖基础设施。都需要依托特定的基础设施开展。传统贸易依赖港口、公路等实体物流网络，数字贸易则依赖互联网、数据中心等数字基础设施。

③ 受政策法规约束。都受到国际贸易规则和各国法律法规的制约，需要遵守关税政策、质量标准等监管要求。

(2) 主要差异

① 交易对象不同。传统贸易主要交易实体商品，如机械设备、农产品等需要物理运输的有形物品。数字贸易则主要交易数字产品和服务，如软件、电子书、在线教育等可通过网络传输的无形资产。

② 交易方式不同。传统贸易通常需要面对面洽谈、纸质合同和实体支付。数字贸易则通过电子商务平台完成，实现全程在线交易，包括电子签约、在线支付等数字化流程。

③ 交易效率差异。数字贸易具有即时性特征，订单处理可以实时完成，交易周期大幅缩短。传统贸易由于涉及实体物流，从下单到交付往往需要数天甚至数周时间。

④ 成本结构不同。传统贸易的主要成本在于物流运输和仓储，通常占交易成本的 20%以上。数字贸易则省去了大部分物流成本，但需要投入更多资金用于数字平台建设和数据安全防护。

⑤ 监管重点不同。传统贸易监管侧重于商品质量检验、关税征收等实体环节。数字贸易监管则更关注数据跨境流动、数字版权保护等新型问题。

4. (1) 理论联系

① 共同理论基础：两者均以比较优势理论为核心，认为国际贸易能使参与国获得福利提升。H-O 模

型实质是对李嘉图单一要素框架的扩展，将劳动生产率的差异归因于要素禀赋差异。

② 分析方法延续性：均采用两国两商品的简化模型（李嘉图为 2×2×1，H-O 为 2×2×2），通过生产可能性边界（PPF）分析贸易模式。H-O 模型中的 PPF 曲线凹向原点，是对李嘉图直线型 PPF 的深化。

③ 政策指导一致性：均主张自由贸易，认为各国应专业化生产具有相对优势的产品并参与国际交换。

（2）核心区别

① 要素假设差异：李嘉图模型仅考虑劳动单一要素，认为技术差异导致劳动生产率不同；H-O 模型引入资本要素，强调要素密集度（劳动/资本密集型产品）与要素禀赋（丰裕/稀缺）的匹配关系。

② 分工程度不同：李嘉图模型推导出完全专业化分工（一国只生产优势产品），而 H-O 模型为不完全分工（两国仍生产两种产品）。这与要素流动性假设直接相关。

③ 贸易动因解释：李嘉图将贸易归因于技术差异带来的相对成本差别；H-O 模型则假定技术相同，强调要素禀赋差异通过影响要素价格进而决定比较优势。

④ 模型动态性差异：李嘉图模型采用恒定机会成本（PPF 为直线）；H-O 模型则体现递增机会成本（PPF 曲线凹向原点），更贴近现实生产中的资源再配置成本。这种差异缘于多要素投入的边际产出变化。

5. 跨国并购失败的原因有：

（1）文化差异：跨国并购中，企业常因与目标企业的管理理念、员工价值观等文化冲突导致团队融合失败。

（2）法律政策风险：部分国家对外资并购设置严格审查，跨国企业若未充分研究当地法规易导致交易失败。

（3）战略不清晰：部分企业盲目追求规模扩张而非战略协同，导致并购后无法实现资源互补。

（4）财务风险过高：高溢价收购导致债务负担加重，若目标企业盈利能力不足，易引发财务危机。

（5）整合能力不足：并购后业务、人员、技术整合复杂，跨国企业因经验不足或准备不充分常导致运营效率下降。

（6）政治因素干扰：东道国政府或舆论对跨国企业背景敏感，可能直接否决交易。

（7）尽职调查不充分：对目标企业隐性债务、合规风险等评估不足，导致并购后出现意外损失。

（8）管理经验缺乏：缺乏国际化管理团队，在谈判、决策及后续运营中易出现失误。

6. 国际收支平衡表是系统记录一国与其他国家经济往来的核心报表，其内容可概括为：

（1）经常账户

① 货物贸易：记录商品进出口，构成国际收支基础项。

② 服务贸易：涵盖运输、旅游等无形交易。

③ 初次收入：反映投资收益、雇员报酬等要素收入流动。

④ 二次收入：包括无偿援助、侨汇等单边转移支付。

（2）资本与金融账户

① 资本账户：记录债务减免、专利买卖等非金融资产交易。

② 金融账户：细分为直接投资（控制权投资）、证券投资（股票债券）、其他投资（存贷款）及储备资产变动（外汇黄金调整）。

（3）误差与遗漏账户：用于平衡统计误差的轧差项目。

7. 新一轮科技革命对国际贸易的影响主要有：

（1）规模扩张效应

① 生产率提升：人工智能与工业机器人显著提升企业生产效率，推动更多高生产率企业参与国际贸易，形成“技术进步→出口增长→技术迭代”的良性循环。

② 成本降低：智能营销、物流优化和自动化仓储大幅降低企业出口固定成本，中小企业通过数字技术突破传统贸易门槛。

（2）分工格局重构

① 制造业转移：东南亚国家凭借劳动力成本优势承接劳动密集型产业转移，发达国家通过“再工业化”

推动高端制造业回流。

② 服务贸易崛起：数字技术显著提升服务业可贸易化程度，生产性服务业与制造业深度融合，推动价值链升级。

(3) 交易模式创新

① 平台化转型：在线交易平台缩短供应链环节，降低信息不对称风险。物联网技术实现全球供应链智能化管理。

② 小宗化趋势：跨境电商推动碎片化贸易发展，3D 打印等技术促进定制化生产。

可见，科技革命通过“效率提升—格局重构—模式创新”三重路径，推动国际贸易向智能化、服务化和普惠化方向演进，为中小企业参与全球竞争创造新机遇。

8. (1) 技术授权的主要优点：

① 降低研发成本：直接获取成熟技术，节省自主研发所需的大量资金和时间投入。

② 快速市场进入：借助被授权方的现有渠道和资源，加速产品商业化进程。

③ 分散经营风险：将生产和销售环节的风险转移给合作伙伴。

④ 资源互补：结合被授权方的本地化经验和市场知识，实现优势互补。

(2) 技术授权的主要缺点：

① 控制力下降：对被授权方的实际运营难以完全掌控。

② 竞争风险：长期可能培养出新的市场竞争对手。

③ 收益受限：授权收入依赖被授权方的销售表现。

④ 技术保护：存在核心技术和商业机密外泄的风险。

三、计算题(10 分)

(1) 1 年后的远期汇率为：

$$f=e\times\frac{1+i_d}{1+i_f}=150\times\frac{1+2\%}{1+5\%}=145.71$$

(2) 实际汇率是 140，理论汇率是 145.71，说明美元被高估了，当前应该卖出美元资产，投资日元资产。

四、论述题(每题 16 分，共 32 分)

1. (1) RTAs 发展的时代背景

① 多边贸易体制停滞：WTO 多哈回合谈判长期受阻，全球贸易规则更新滞后，促使各国转向更灵活的区域合作机制。RTAs 通过局部突破实现贸易自由化，成为多边体系的补充甚至替代选项。

② 地缘经济竞争加剧：大国通过 RTAs 构建规则同盟，如美国主导的数字贸易规则和 RCEP 的亚洲区域整合，形成“规则俱乐部”效应。供应链安全考量推动区域化重组，降低对全球化生产的依赖。

③ 新经济议题涌现：数字贸易、绿色标准等 21 世纪议题超出传统 WTO 框架，RTAs 更易达成前沿规则(如数据跨境流动、知识产权保护)。

(2) 多维影响分析

① 经济层面：RTAs 通过降低关税和非关税壁垒显著提升区域内贸易流量，但不同标准体系形成的“规则碗”效应增加了企业跨境运营成本。

② 治理层面：美欧主导的高标准协定正在重塑全球经贸规则体系，发展中国家面临规则适应与政策空间平衡的双重压力。

③ 战略层面：RCEP 等超大型协定的出现正在改变传统地缘经济版图，形成新的区域价值链中心。

(3) 中国的战略选择

① 深化制度型开放：以 RCEP 实施为契机完善原产地累积规则，在数字经济等领域开展压力测试，构建与高标准国际规则相衔接的开放体系。

② 参与规则塑造：在数字贸易、环境标准等新兴领域提出包容性方案，通过“一带一路”合作培育发展导向的规则体系。

③ 平衡多边与区域路径：维护 WTO 核心功能的同时，建设性参与 CPTPP 等高标准协定谈判，推动建立更具包容性的区域合作框架。

2.（1）中国缩减外商投资准入负面清单的背景

① 全球疫情与经济低迷。新冠疫情导致全球贸易投资大幅下滑，跨国直接投资面临本世纪最大降幅。各国采取跨境流动限制，传统全球化模式暴露短板，同时"逆全球化"思潮抬头。

② 中国扩大开放的战略需求。作为疫情控制较好的国家，中国通过缩减负面清单推动跨国投资复苏，稳定全球产业链供应链。连续四年压减负面清单，展现高水平开放的决心，对接 CPTPP 等国际高标准经贸规则。

③ 国内经济高质量发展诉求。需弥补技术、品牌、服务等价值链高端环节的短板，提升供给质量与产业链韧性。

（2）中国缩减外商投资准入负面清单的意义

① 推动全球化深入发展。通过扩大开放反对"逆全球化"，维护国际产业链稳定，引导经济全球化向正确方向发展。

② 制度型开放的重要实践。缩减负面清单是对接国际规则的关键步骤，促进国内规则、标准等领域与国际接轨。为参与 WTO 改革及多边经贸谈判奠定基础，增强国际话语权。

③ 集聚高端要素资源。吸引外资企业的技术、管理、创新能力，推动产业链向高附加值环节升级。

（3）中国缩减外商投资准入负面清单的影响

① 全球经济层面。带动跨国投资回稳，通过产业链传导效应促进全球贸易复苏。

② 国内经济层面。产业升级：加速向研发、品牌、服务等价值链高端延伸，优化供给结构。营商环境优化：增强外资信心，推动市场化改革与制度创新。

③ 国际规则层面。提升中国在国际经贸治理中的主动性，为构建高标准全球规则提供中国方案。

2026 年科兴国际商务硕士全程班招生简章

一、适用高校：全国所有高校

二、课程设置

精品课程	课时(直播/面授)	A 计划	B 计划
基础精讲班	132	√	√
基础习题班	80	√	√
进阶习题班	64	√	√
定向一对一	20		√
课时/价格		3800 元	8800 元

三、服务体系

服务系统	内　　容
资料图书系统	教材：赠送指定教材纸质版
	课后习题：赠送指定教材课后习题解析
	真题：赠送历年真题详解
	讲义：发放线上线下课程讲义及习题答案
	测评：发放各阶段测评、模考测评试卷及其答案
	其他：赠送科兴在中国石化出版社出版的国商两件套出版物
教务管理系统	答疑：线上线下不限次数答疑
	自习：全年提供免费自习教室
	测评：每周一测，实时掌握学习进度
	沟通：企业微信建群，高效便捷

四、优惠政策

1. 限时优惠：2026 年 3 月 31 日前报名，A/B 计划均优惠 300 元，4 月开始恢复原价。

2. 团报优惠：在限时优惠的基础上，两人以上团报每人优惠 200 元。

五、联系我们

1. 电话：021-65111511

2. 上门：上海市杨浦区四平路 2158 号富庆国定大厦 407-410(近复旦、上财)

关于科兴

科兴教育位于上海杨浦区，毗邻复旦大学、上海财经大学等高校。依托周边学术资源，机构专注于经济金融领域的考研辅导，通过系统化的课程设计和多年积累的教学经验，为考生提供有针对性的专业课指导。自合并翔高教育后，科兴整合优化原有教研体系，逐步形成覆盖金融、经济等专业的全科辅导方案。近五年学员中，约六成进入国内重点院校攻读金融相关专业，部分毕业生现就职于证券、银行等金融机构。